嘉善县村志丛书

洪溪村志

洪溪村村志编纂委员会 编

方志出版社
Publishing House of Local Records

图书在版编目（CIP）数据

洪溪村志 / 洪溪村村志编纂委员会编. -- 北京 ：方志出版社，2021.7

ISBN 978-7-5144-4780-4

Ⅰ. ①洪… Ⅱ. ①洪… Ⅲ. ①村史－嘉善县 Ⅳ. ①K295.55

中国版本图书馆CIP数据核字（2021）第184572号

洪溪村志

编　　者：洪溪村村志编纂委员会
责任编辑：刘方圆

出 版 者：方志出版社
地址　北京市朝阳区潘家园东里9号（国家方志馆4层）
邮编　100021
网址　http://www.zgfzcb.cn
发　　行：方志出版社图书经销中心
电话（010）67110500
经　　销：各地新华书店
印　　刷：嘉兴宏扬印务有限公司

开　　本：889×1194　　1/16
印　　张：30.5
字　　数：569千字
版　　次：2021年7月第1版　2021年7月第1次印刷
印　　数：0001～1000册

ISBN　978-7-5144-4780-4　　**定价**：158.00元

嘉善县村志编纂工作指导小组

顾　　问：沈伟强　郁伟华　何慧琴　杭新江

组　　长：苏　元　夏　盛

副 组 长：陆志荣　谈萍莉　邵　伟　徐　邱

成　　员：林丽冬　朱庚生　钟爱德　苏丽华　沈路婧

嘉善县村志编纂工作指导小组办公室

名誉主任：张敏华

主　　任：夏　盛

副 主 任：陆志荣　林丽冬

成　　员：朱庚生　钟爱德　沈路婧　孙建明　钱育范　金雪根

天凝镇村志编纂工作领导小组

主　　任：戴根荣（2018年9月至2020年9月）　李敏娥（2020年9月起）

副 主 任：唐　统（2018年9月至2020年7月）　夏　皓（2018年9月起）

江晓健（2020年7月起）

委　　员：胡建芳（2018年9月至2020年10月）　季玉根（2018年9月至2020年6月）

陈俐勤（2018年9月至2020年9月）　徐秀兴（2018年9月至2020年10月）

陈春雷（2018年9月至2020年6月）　毛凌军（2018年9月起）

范根红（2020年6月起）　吴文华（2020年9月起）

金懿龙（2020年9月起）　姚煜峰（2020年10月起）

秦永嘉（2020年10月起）　薛其荣（2018年9月起）

洪溪村村志编纂委员会

《洪溪村志》编辑室

绿色低碳发展
建设美丽乡村

沈国舫

沈国舫，中国工程院原副院长、院士、林学及生态学专家

总 序 一

编修地方志，是中华民族的优秀文化传统。嘉善县在完成县志续修和镇志(部门志)普修的基础上，启动全县118个村的村志普修工作，这是我县地方志编修历史上的一项重大创举。“嘉善县村志丛书”是一套系统记述嘉善县各村发展历史的大型资料性文献，是全县修志工作者和相关各部门历时数年，群策群力、艰辛磨砺的结晶，是我县地方志领域的又一项丰硕成果。

嘉善地处江南水乡，六千年前已有先民聚落成村，在沼泽开田，从事水稻种植和家畜饲养及渔猎、制陶等生产活动。历经数千年耕作，到隋唐时期已成为江南富庶之地，皇粮的主要产区。古往今来，嘉善的先民们在这块土地上创造了悠久的历史文化，给嘉善留下丰厚的文化遗存和特色鲜明的人文景观。这里物产丰饶，风景秀美，底蕴丰厚，人才辈出。特别是近年来，嘉善被国家列为县域科学发展示范点和长三角生态绿色一体化发展示范区，经济社会加快转型，各项事业全面发展，城乡面貌日新月异。“嘉善县村志丛书”从记录村级发展历史，留存乡村文化，留住乡音乡愁，发掘历史智慧，助力嘉善发展的角度，将推动嘉善政治、经济、社会、文化各方面发展再上一个新台阶。

盛世修志，志载盛世。村志承载着一个村的历史与文化，也承载着一个村“看得见的乡愁”，一部村志就是一方人的精神家园。嘉善村志编纂工作从2018年开始，每个镇不少于2个村先行试点，取得经验后向全县铺开，由县档案馆（县史志研究室）指导推进，全县各镇（街道）共襄盛举，形成盛况空前的修志大好局面。编纂人员怀着对家乡的无比热爱之情，积极投身村志编纂工作，淡泊名利，历尽艰辛，搜集资料，考证史实，为家乡文化事业默默奉献，终使村志编纂工作全面顺利完成，给嘉善留下丰富的地情资料和厚重的文化宝典，不仅功在当代，更是利在千秋。

“治天下者以史为鉴，治郡国者以志为鉴。”村志编纂工作是一项泽被乡里、惠及后人的文化基础性工程，我们不仅要编好村志，更要发挥好村志“资治、存史、教化”功能，本着对历史负责、对嘉善人民负责的态度，从促进嘉善文化发展繁荣、提升嘉善文化软实力的高度，深入挖掘嘉善历史文化内涵，用翔实丰富的村情资料，为社会各界人士认识和了解嘉善提供有效的途径，为嘉善的美丽乡村建设提供有益的借鉴，全面助推嘉善各项事业的共同发展。

承先旨在启后，继往为了开来。让我们在全面深入认识嘉善乡村历史的基础上，奋发有为，开拓进取，用我们的勤劳和智慧，共创嘉善美好的明天!

中共嘉善县委常委、嘉善县常务副县长：

2021 年 8 月

总 序 二

嘉善素有编史修志的传统，从明宣德五年（1430）建县起至中华人民共和国成立，其间五百多年，共编修县志9部，为我们留下宝贵的历史文化遗产。进入社会主义建设时期，嘉善县政府启动两轮修志工程，共编修县志通志、续志各1部，县专业（部门）志21部，镇志11部。在此基础上，县政府又提出启动全县村志的普修工作，实现从县志编修扩大到镇、村三级地方志编修的全覆盖。这是一项具有深远历史意义和时代特色的重大文化工程。

村志是地方志的重要组成部分，是县志、镇志的延伸和根脉所在。它全面盘点村庄范围内自然、地理、经济、风俗、文化、教育、物产和人物等方面的历史与现存状况，详细记录乡村发展变化，追溯其乡村发展的历史渊源，总结乡村发展进程中的经验和教训，为嘉善乡村社会的变迁发展留下珍贵的历史资料。嘉善村志的编纂、出版也必将成为今后人们认识嘉善、了解嘉善的有效工具，成为后人缅怀家乡、寻根问祖的精神家园。

中华民族发源于乡村，历史上许多重大的社会变革，源远流长的民俗风情，都与乡村有着千丝万缕的联系。当前，随着新农村建设的不断深化和城市化进程的加快，昔日旖旎田园相望的农村田园风光已被鳞次栉比的高楼大厦和现代化建筑的居民住宅小区所替代，人们的生活方式、观念习俗也已经悄然发生了翻天覆地的变化，曾经伴随着我们农村数千年积淀的村落文化，开始不可避免地随之一步步走向弱化和消亡。那些散落在农村的古迹遗址、异闻传说、地名由来、民风民俗、方言土语、歌谣谚语、村规民约、传统艺术和名人轶事，由于没有得到及时挖掘和梳理而可能湮没在漫漫的历史长河中，甚至成为永远解不开的谜团。今天，我们通过编修村志的形式，把这些乡村的遗存抢救出来，发展变迁记录下来，并传承下去，这不仅是当代人必须担当的现实责任，更是地方志工作者义不容辞的历史使命。

在嘉善这片人杰地灵的土地上，不仅有6000多年历史的稻作文化，还哺育了一代又一代的名臣贤士。唐代名相陆贽、宋代才子陈舜俞、元代画家吴镇、明代思想家袁黄、清代状元蔡以台等，都出身于嘉善乡间耕读世家。中华人民共和国成立以来，尤其是改革开放以来，经济社会发生重大变化，昔日的农业社会实现了向现代工业和信息化社会的跨越，城乡发展一体化，居民生活从温饱型提高到小康型水平。在崇文尚教的耕读文化熏陶下，嘉善人的聪明智慧得到充分发挥，涌现出两院院士、专家、教授等一大批杰出人才。今天，我们编纂村志，就是要将时代的变迁，发展的成果，历史的创造者载入史册。历史将会证明，这是利国利民、功德无量的工作。

2018年8月，全县首批36个重点村先行试点村志编纂；2020年，全面部署118个村（社区）的村志启动工作。在县委、县政府的正确领导和各镇（街道）、村（社区）的大力支持下，村志编纂工作克服各种困难，通过搜集资料、初稿撰写、初审、复审、验收、出版等环节，求真存实，有序推进。广大修志同仁在十分困难的情况下，筚路蓝缕，数易寒暑，保障了村志编纂工作顺利开展。

嘉善县村志丛书的编纂任重而道远。我们相信，村志丛书将成为嘉善县乡村文化的重要资源库。我们感谢，为之艰辛努力的全体编纂人员和工作人员。我们祝愿，有着悠久历史和丰厚文化积淀的嘉善，在中共嘉善县委、县人民政府的坚强领导下，乘着国家“双示范”建设的春风，再次腾飞，创造新的更大的辉煌!

嘉善县档案馆（县史志研究室）馆长：夏盛

2021年8月

序 一

《洪溪村志》终于出版问世，自感无比高兴与激动。《洪溪村志》置于案头的时候，我相信无论是走出家乡远离故土的游子，还是天天坚守着这块故土的父老乡亲，都会为之心潮澎湃。悉心研读，见微知著，不仅可以从中感受人情世事沧桑，感悟现实生活启示，我们还可以从一个村的发展轨迹中看到一个国家向前跨越的矫健步伐，听到一个时代进步的厚重足音。《洪溪村志》既是留给每位子孙后代的一份珍贵史料，也是献给每位想认识洪溪村、了解洪溪村的同人们的一份特殊礼物。

洪溪村水清、河畅、岸绿、景美、人民幸福、人杰地灵、文化底蕴深厚、百姓勤劳、民风淳朴。

在漫漫历史长河中，先辈在这方热土上辛勤耕耘，繁衍生息，为建设美好家园奉献智慧与力量。科学家顾功叙在国难当头、民族存亡之际，放弃海外一切，学成回国，立志科学报国，为祖国强盛，民族复兴，呕心沥血。在社会主义建设时期，洪溪村人不竭追寻，探索发展新农村的道路，20世纪70年代中期，首先掀起新农村建设的高潮，描绘出一幅社会主义新农村建设的壮丽画卷。改革开放以来，洪溪村人更是继承祖辈聪明能干、敢为人先的精神，因地制宜、扬长避短，走在时代的前列。政治、经济、文化、社会、生态发展成就骄人。新农村建设和乡村旅游双发展，精神文明和文化体育双提高。农民篮球、“辣妈宝贝”远近闻名，是洪溪村民们的荣耀。

《洪溪村志》坚持辩证唯物主义和历史唯物主义的观点，引用大量的历史资料，纵述历史，横陈现状，较为全面、客观、真实、准确地记录了洪溪村的历史演变和社会风貌，系统地反映了洪溪的自然、政治、经济、文化和风土人情。尤其是突出地记载了解放后洪溪村的变化，写出时代特点和地方特色，做到了完整性、科学性、资料性的有机统一，这本志书是我们洪溪村的珍贵财富，对于我们发展农村经济，全面建设社会主义新农村，起到了积极的推动作用。

编修《洪溪村志》是洪溪村有史以来的首例，得到了全村人民的支持，尤其是许多老党员、老干部、老同志，为村志提供了大量宝贵的资料，保证了我们《洪溪村志》的质量。

本书编辑沈纪昌、俞仁杰同志，集采、编、写于一体，不辞劳苦，呕心沥血，为本书付出了大量的心血和汗水，更是功不可没，在此，我代表洪溪村党委、村委会向所有为《洪溪村志》作出贡献的同志们表示衷心感谢。

我们现在正处在一个伟大的变革时代，一个科学发展的年代，《洪溪村志》将为全村人民提供借鉴，发挥“存史、资政、育人”等重要作用。洪溪是我的家乡，也是我的精神家园，我沐浴着祖宗的恩泽，默默地行走在天地之间，在工作岗位上奉献着自己的聪明才智，为家乡做些力所能及的事，回报生我养我的这块土地。我相信洪溪村的人民会鉴古知今、继往开来、生生不息、再铸辉煌。衷心祝愿我们洪溪村经济更加发展、人民生活更加美好、环境更加美丽。

中共洪溪村党委书记：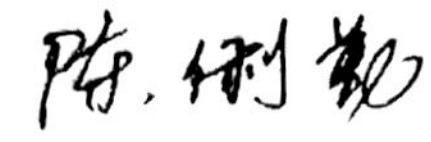

2020年10月1日

序 二

贯穿古今，阅尽沧桑。跨越世纪，共创辉煌。《洪溪村志》在村党委、村委会的领导下，在笔者不辞辛劳耕耘下，终于面世了。这是服务当代，惠及后人的千秋大事，将给村民和子孙后代留下一件无价之宝。也是献给每位走出家乡，远离故土的人们认识家乡、了解家乡的一份特殊礼物。

我自2013年12月起担任洪溪村村委会主任，2020年11月担任洪溪村党委书记和村委会主任。洪溪村是生我养我的家乡，身临其境、耳濡目染，深知洪溪村的自然环境和风土人情。从明万历《嘉善县志》已记载的西周浜、西周村庄、黄家滩等祖先村落到解放后的西周村、高浜村、洪溪村和社会主义建设时期的洪溪村，在漫长的历史长河中，洪溪人继承了祖辈们的聪明才干，一代又一代创造了今日之洪溪村。如今的洪溪村水清、河畅、岸绿、景美、人幸福，在创造了大量物质财富的同时，也积淀下厚实的历史和多彩的文化。

《洪溪村志》犹如一幅浓缩的乡村画卷，记录了古今洪溪村的翻天覆地的变化。《洪溪村志》记述了当代农村社会发展的轨迹，赋予我们的不仅是丰富翔实的史料，更多的是历史的启迪和时代的鞭策。《洪溪村志》是“昨天的记录，今天的镜子，明天的佐证”。我将不负众望，继承和发扬洪溪人的优良传统，再接再厉，带领全村人再创洪溪辉煌。

洪溪村籍的公职人员和外出务工经商者，均生于斯、长于斯，虽然离开了洪溪村家乡，但都难忘家乡的培育之恩。我相信《洪溪村志》的问世，将会进一步激励更多的有识之士关心家乡的经济建设和社会发展。祝愿家乡的明天更加美好！

《洪溪村志》由沈纪昌、俞仁杰同志收集、整理、编纂而成。这是他们3年的心血和汗水的结晶。该书付梓之际，我代表本届中共洪溪村党委、村民委员会谨向编辑室人员致以诚挚的谢忱！

中共洪溪村党委书记、洪溪村村民委员会主任：

2021年1月28日

洪溪村高浜自然村

洪溪村洪港岸

领导来访

▲ 2013年10月30日，浙江省委书记夏宝龙（左二）一行到洪溪村，考察新农村建设等方面工作

（顾梅森 摄）

▲ 2013年10月23日，省政协主席乔传秀(前左二)到洪溪村实地考察农村文化建设

（顾梅森 摄）

▲ 2018年6月13日，国务院研究室原党组书记魏礼群(右二)一行到洪溪村考察

（陈佳杰 摄）

▲ 2007年6月25日，浙江省委常委、宣传部部长黄坤明(前左)到洪溪村考察村级文化阵地建设

（顾梅森 摄）

▲ 2009年7月16日，省政协副主席王永昌(右四)到洪溪村考察社会化养老服务工作

（顾梅森 摄）

▲ 2018年8月1日，水利部副部长叶建春(前右一)到洪溪村考察水利工作（孟林娟 摄）

▲ 2016年2月17日，嘉兴市委书记鲁俊(左二)到洪溪村调研美丽乡村建设

（顾梅森 摄）

▲ 2008年4月9日，省民政厅厅长吴桂英(右二)到洪溪村调研农村居家养老工作

（顾梅森 摄）

▲ 2015年6月5日，中组部有关领导到洪溪村调研基层党建工作　（顾梅森 摄）

▲ 2019年8月1日，全国各省水利厅厅长由水利部领导带队到洪溪村考察水利工作

（顾梅森 摄）

▲ 2015年5月19日，省委组织部副部长陆发桃(左三)到洪溪村调研　　（孟林娟 摄）

▲ 2012年8月7日，嘉善县委副书记、县长许晴(右三)率领县防台抗台督查组到洪溪村督查指导抗击第12号强台风“海葵”准备工作　　（孟林娟 摄）

▲ 2011年8月5日，县委副书记、县长姚高员(中)率领县防台抗台督查组到洪溪村督查指导防台准备工作

（孟林娟 摄）

▲ 2017年5月4日，民政部基政司政权处副调研员李亚娟(前中)到洪溪村调研农村社区建设

（孟林娟 摄）

村容村貌

▲ 洪溪村办公大楼，摄于2013年9月15日　（顾梅森 摄）

▲ 洪溪文化礼堂，摄于2017年9月20日　（顾梅森 摄）

▲ 洪溪村洪巷岸新居，摄于2017年5月7日　　　　（顾梅森 摄）

▲ 洪溪村夜景，摄于2018年10月4日　　　　（顾梅森 摄）

▲ 洪溪村舞动广场，摄于2019年10月3日 （顾梅森 摄）

▲ 洪溪村高浜景区，摄于2018年9月25日 （顾梅森 摄）

▲ 洪溪村河道（1），摄于2018年6月2日　　（俞永华 摄）

▲ 洪溪村河道（2），摄于2018年6月2日　　（顾梅森 摄）

▲ 洪溪村牌楼，摄于2018年10月2日　（顾梅森 摄）

▲ 安澜桥，位于洪溪村洪港岸，重建于民国5年（1916），2017年1月13日被列入天凝古桥群，为浙江省文物保护单位，摄于2018年6月3日　（顾梅森 摄）

▲ 洪溪村洪港岸新区，摄于2018年6月10日 （俞永华 摄）

▲ 20世纪70年代，洪溪村集体统一建造的农户住房，摄于2017年9月7日

（顾梅森 摄）

洪溪篮球

▲ 1985年4月，洪溪篮球队代表嘉兴市参加全省“储蓄杯”比赛并获得第一名
左图：获奖的喜悦　右图：队员和领导合影　　（戴根荣　摄）

▲ 1989年10月，洪溪村篮球队代表嘉善县参加由华东地区组织的在洪溪乡举办的国庆篮球邀请赛　　（顾梅森　摄）

▲ 2007年6月，洪溪村举办全省农民“种文化”篮球擂台赛　（顾梅森 摄）

▲ 2007年10月19日，洪溪村篮球队参加洪溪镇第四届农运会　（顾梅森 摄）

▲ 2014年6月7日，洪溪村篮球队在天凝镇第二届TBA篮球俱乐部男子篮球联赛上夺冠

（顾梅森 摄）

▲ 2016年10月26日，洪溪村篮球队参加嘉善县第七届ＪＢＡ篮球俱乐部联赛

（顾梅森 摄）

▲ 2018年11月20日，洪溪村承办中国小康村篮球赛“十年冠军赛”　　（顾梅森 摄）

▲ 2019年11月20日，洪溪村篮球队代表嘉兴市参加浙江省第五届“乡村振兴(草莓)杯”篮球比赛　　（陈佳杰 摄）

辣妈宝贝

▲ 2007年6月3日，“篮球宝贝”啦啦队助兴篮球比赛

（顾梅森 摄）

▲ 2011年11月29日，“辣妈宝贝”在上海参加“中国达人秀”节目（嘉善电视台提供）

▲ 2012年12月，“辣妈宝贝”参加央视“三农记忆”晚会 （陈俐勤 摄）

▲ 2013年1月27日，“辣妈宝贝”在北京人民大会堂参加2013年全国乡村春节联欢晚会

（嘉善电视台提供）

▲ 2013年4月7日，“辣妈宝贝”参加央视一套“状元360”节目录制

（嘉善电视台提供）

▲ 2013年5月10日，“辣妈宝贝”参加央视一套“舞出我人生”节目录制

（顾梅森 摄）

▲ 2013年5月16日，“辣妈宝贝”和“至上励合”演唱组合影　（顾梅森 摄）

▲ 2013年7月8日，“辣妈宝贝”参加浙江电视台“我要上春晚”节目（顾梅森 摄）

▲ 2014年1月8日，“辣妈宝贝”参加嘉善县春节文艺晚会演出（顾梅森 摄）

▲ 2014年11月9日，“辣妈宝贝”参加浙江省文化礼堂乡村排舞大赛颁奖晚会（顾梅森 摄）

▲ 2015年1月18日，“辣妈宝贝”应邀参加东方卫视“与星共舞”节目录制

（顾梅森 摄）

▲ 2015年9月2日，“辣妈宝贝”在西班牙参加隆达国际艺术节表演　（金林峰 摄）

▲ 2016年1月8日，“辣妈宝贝”作为浙江省基层代表参加猴年全国乡村春节晚会演出

（顾梅森 摄）

▲ 2017年1月20日，“辣妈宝贝”在杭州参加浙江“春晚”演出 （顾梅森 摄）

各类活动

▲ 2004年9月21日，老年人在洪溪村高浜文化室参加活动　（顾梅森 摄）

▲ 2004年6月，洪溪村老年太极拳队　（顾梅森 摄）

▲ 2009年10月31日，洪溪村第三届“社级篮球赛”暨“五户评创”表彰会

（顾梅森 摄）

▲ 2009年7月30日，洪溪村舞龙队表演 （顾梅森 摄）

▲ 2011年9月9日，村老年电大第四个秋季班开学典礼

（孟林娟 摄）

▲ 2012年5月11日，洪溪村举办首届排舞大赛　（顾梅森 摄）

▲ 2012年12月7日，洪溪村军民共建文艺晚会 （顾梅森 摄）

▲ 2013年12月18日，洪溪村第三届农民文化体育节暨乡风文明“五户评创”表彰会及趣味运动会 （顾梅森 摄）

▲ 2014年6月10日，台湾高雄市妇女会一行19人到洪溪村进行文化交流（顾梅森 摄）

▲ 2014年9月17日，洪溪村党总支书记陈俐勤(右四)入围2014年度央视“寻找最美村官”评选
（戴紫薇 摄）

▲ 2014年9月28日，洪溪村书画展和灶画展　　（顾梅森 摄）

▲ 2016年5月14日，洪溪村举办嘉兴市“美丽洪溪”摄影比赛　　（顾梅森 摄）

▲ 2017年9月27日，洪溪村举办75周岁以上老年夫妇金婚庆典活动　（沈海铭 摄）

▲ 2018年9月23日，洪溪村举办洪港岸小区邻里节　（顾梅森 摄）

▲ 2018年10月13日，洪溪村举办“百桌千人宴”重阳节活动　（顾梅森 摄）

▲ 2018年12月27日，洪溪村举办春节联欢晚会　（顾梅森 摄）

▲ 洪溪村观光农产品——葡萄，摄于2017年6月 （顾梅森 摄）

▲ 洪溪村特色小吃——青团子 （顾梅森 摄）

▲ 洪溪村村民顾梅森作品《早春二月》荣获2017年浙江省摄影家协会主办的平安嘉善摄影比赛金奖

（顾梅森 摄）

▲ 2020年8月28日，嘉善县村志编纂工作指导小组专家对《洪溪村志》进行评审

（顾梅森 摄）

▲ 2021年4月，洪溪村党委会和村民委员会人员合影 （顾梅森 摄）

▲ 2021年4月，洪溪村村志编纂委员会和《洪溪村志》编辑室全体人员合影

（顾梅森 摄）

荣　誉

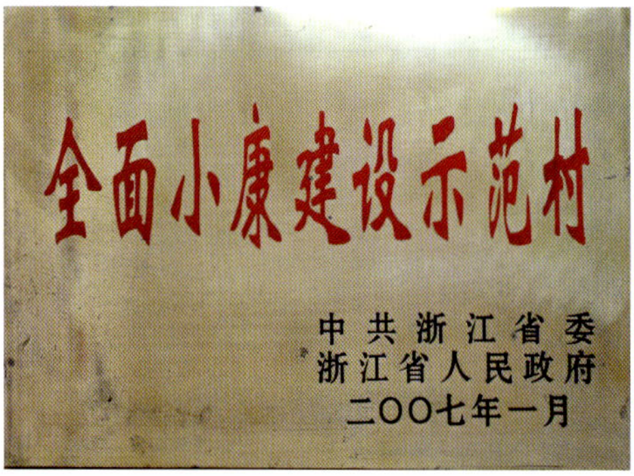
全面小康建设示范村
中共浙江省委
浙江省人民政府
二OO七年一月

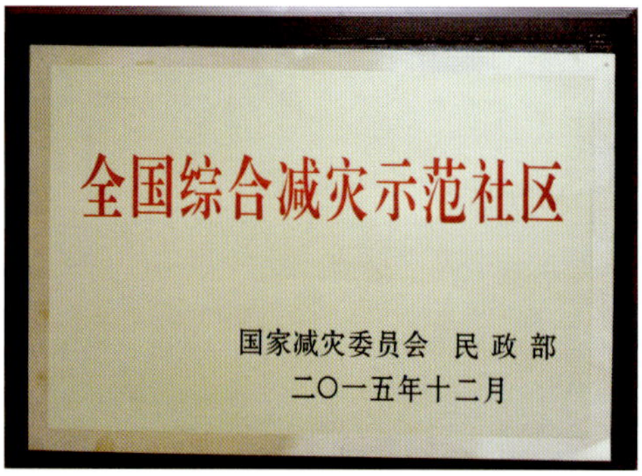
全国综合减灾示范社区
国家减灾委员会 民政部
二〇一五年十二月

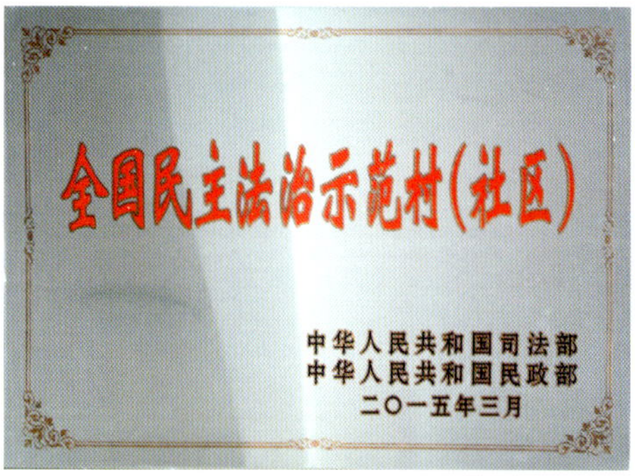
全国民主法治示范村（社区）
中华人民共和国司法部
中华人民共和国民政部
二〇一五年三月

全国妇联基层组织建设
示范村
中华全国妇女联合会
二〇一一年十二月

全国乡村治理示范村
中央农村工作领导小组办公室 农业农村部
中央宣传部 民政部 司法部
2019年12月

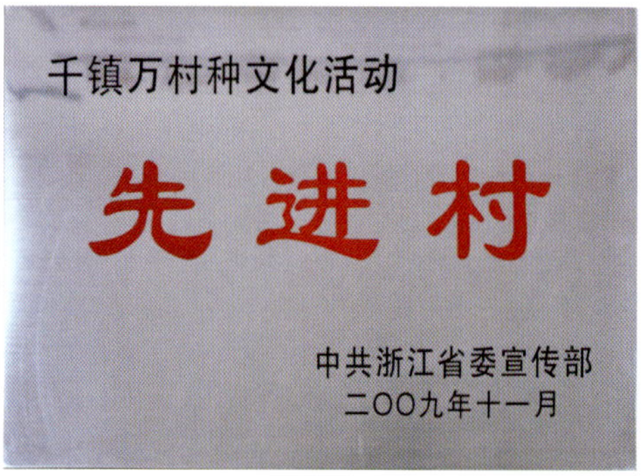
千镇万村种文化活动
先进村
中共浙江省委宣传部
二OO九年十一月

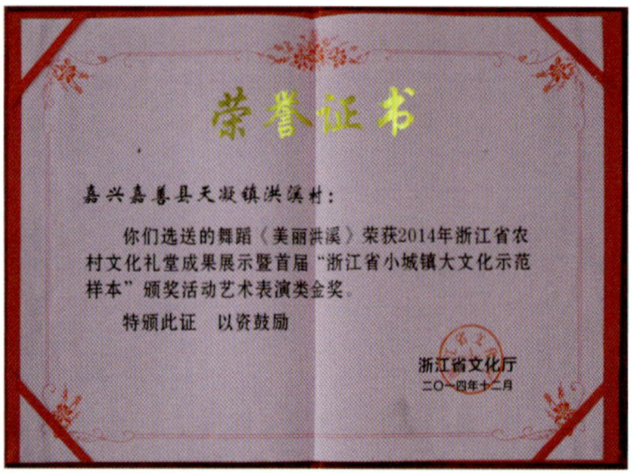
荣誉证书
嘉兴嘉善县天凝镇洪溪村：
你们选送的舞蹈《美丽洪溪》荣获2014年浙江省农村文化礼堂成果展示暨首届“浙江省小城镇大文化示范样本”颁奖活动艺术表演类金奖。
特颁此证 以资鼓励
浙江省文化厅
二〇一四年十二月

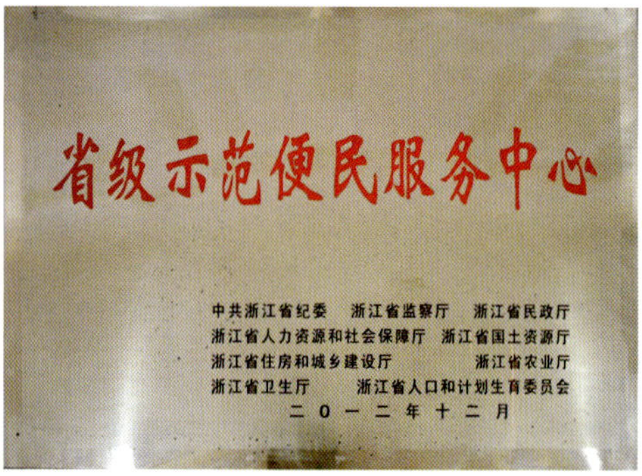
省级示范便民服务中心
中共浙江省纪委 浙江省监察厅 浙江省民政厅
浙江省人力资源和社会保障厅 浙江省国土资源厅
浙江省住房和城乡建设厅 浙江省农业厅
浙江省卫生厅 浙江省人口和计划生育委员会
二〇一二年十二月

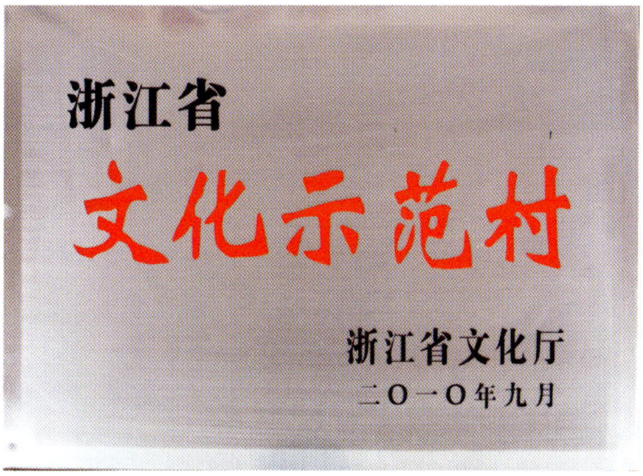
浙江省
文化示范村
浙江省文化厅
二〇一〇年九月

浙江省综合减灾示范社区
浙江省减灾委员会
浙 江 省 民 政 厅
二〇一四年十月

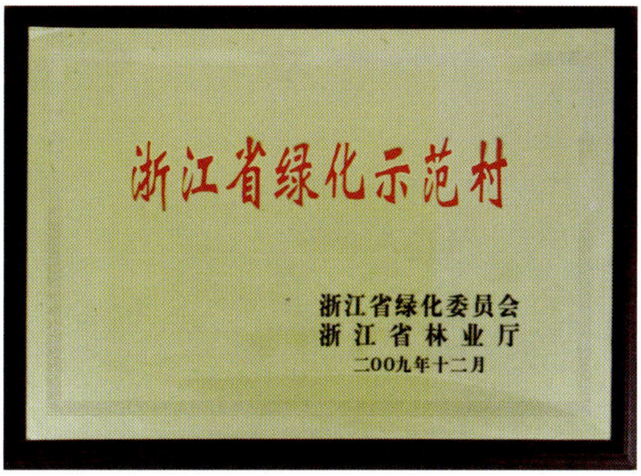
浙江省绿化示范村
浙江省绿化委员会
浙 江 省 林 业 厅
二〇〇九年十二月

"美丽浙江 幸福乡村"
浙江省"文化礼堂"乡村排舞大赛
金 奖
浙江省文化厅
二〇一四年十一月

优秀人民调解委员会
浙 江 省 司 法 厅
二〇〇七年十一月

浙江省民主法治村
浙 江 省 司 法 厅
浙 江 省 民 政 厅
浙 江 省 普 法 办

农村基层党风廉政建设
示 范 村
中共浙江省纪律检查委员会
浙江省农村基层党风廉政建设领导小组
二〇〇九年三月

文 明 村
中 共 嘉 兴 市 委
嘉兴市人民政府
二〇〇九年二月

创先争优先进基层党组织
中共嘉兴市委
二〇一二年六月

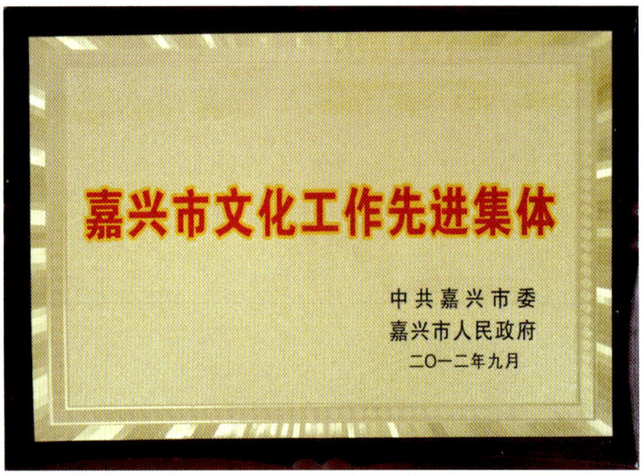
嘉兴市文化工作先进集体
中共嘉兴市委
嘉兴市人民政府
二〇一二年九月

嘉兴市十大美丽村落
中共嘉兴市委
嘉兴市人民政府
二〇一八年十月

嘉兴市基层干部
实践培训基地
中共嘉兴市委组织部
二〇一八年四月

2013年度嘉兴市农村文化礼堂建设
先进单位
中共嘉兴市委宣传部
二〇一四年二月

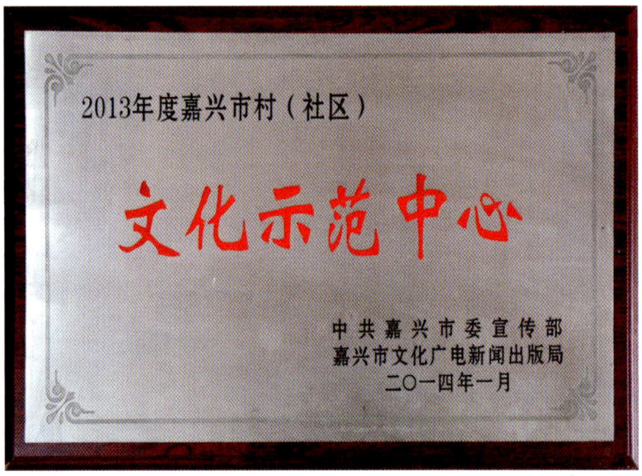
2013年度嘉兴市村（社区）
文化示范中心
中共嘉兴市委宣传部
嘉兴市文化广电新闻出版局
二〇一四年一月

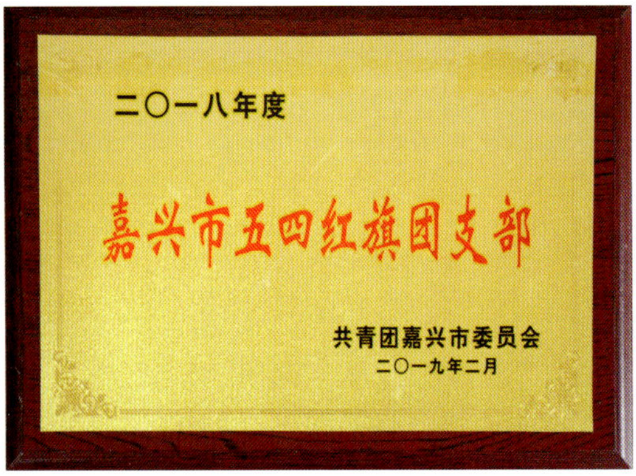
二〇一八年度
嘉兴市五四红旗团支部
共青团嘉兴市委员会
二〇一九年二月

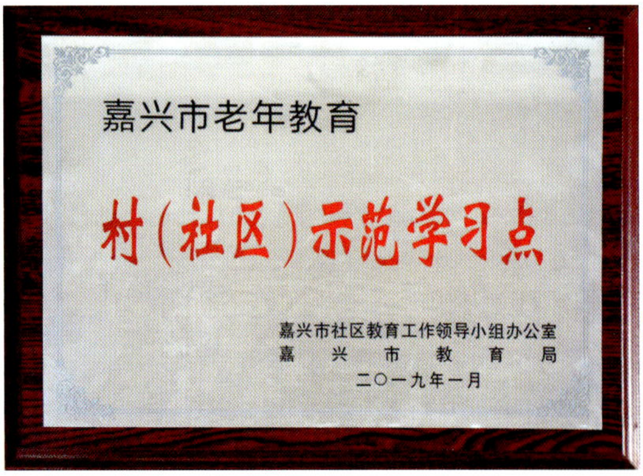
嘉兴市老年教育
村（社区）示范学习点
嘉兴市社区教育工作领导小组办公室
嘉兴市教育局
二〇一九年一月

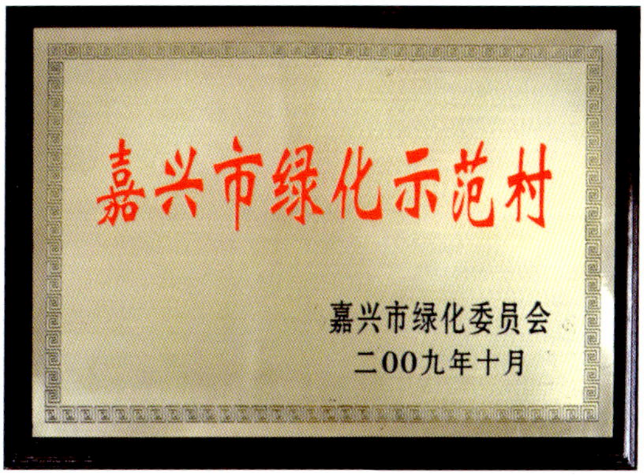
嘉兴市绿化示范村
嘉兴市绿化委员会
二00九年十月

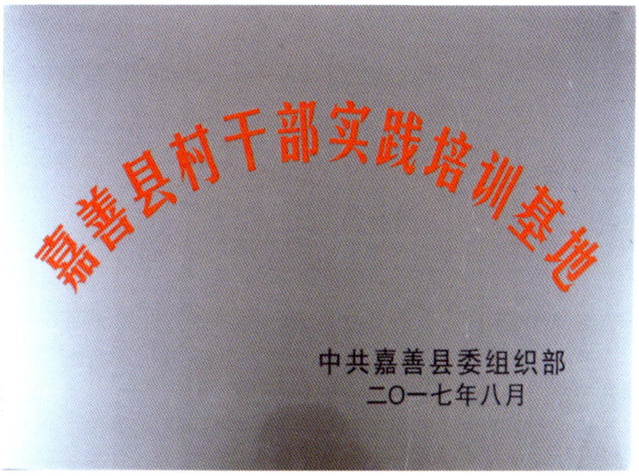
嘉善县村干部实践培训基地
中共嘉善县委组织部
二0一七年八月

民主法治村
四星级
中共嘉兴市委组织部 中共嘉兴市委宣传部 嘉兴市综治办
嘉兴市司法局 嘉兴市民政局 嘉兴市农业经济局 嘉兴市法宣办
二00八年十月

文化礼堂
中共嘉兴市委宣传部
二0一八年一月

荣誉证书
嘉善县天凝镇洪溪村文化礼堂辣妈宝贝舞蹈队：
在2017年嘉兴市农村文化礼堂“最美”系列评选活动中荣获团队篇“最美”。
特发此证，以资鼓励！
中共嘉兴市委宣传部
2018年1月26日

2012年度嘉兴市
优秀民间文艺队伍
中共嘉兴市委宣传部
嘉兴市财政局
嘉兴市文化广电新闻出版局
二0一三年七月

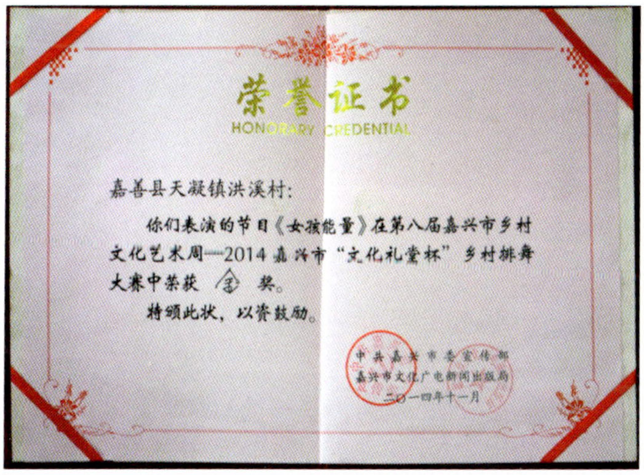
荣誉证书
HONORARY CREDENTIAL
嘉善县天凝镇洪溪村：
你们表演的节目《女孩能量》在第八届嘉兴市乡村文化艺术周—2014嘉兴市“文化礼堂杯”乡村排舞大赛中荣获金奖。
特颁此状，以资鼓励。
中共嘉兴市委宣传部
嘉兴市文化广电新闻出版局
二0一四年十一月

先进基层党组织
中共嘉善县委
二00九年二月

先进基层党组织
中共嘉善县委
2018年2月

2006-2010年嘉善县法制宣传教育
先进集体
中共嘉善县委
嘉善县人民政府
二〇一一年八月

后备力量基层规范化建设达标单位
嘉善县人民政府
嘉善县人民武装部
二零一一年十二月

村域"善治"引领乡村振兴
2018年"示范点创新奖"
中共嘉善县委
嘉善县人民政府
2019年2月

嘉善县善美团队
中共嘉善县委宣传部
嘉善县妇女联合会
二〇一五年三月

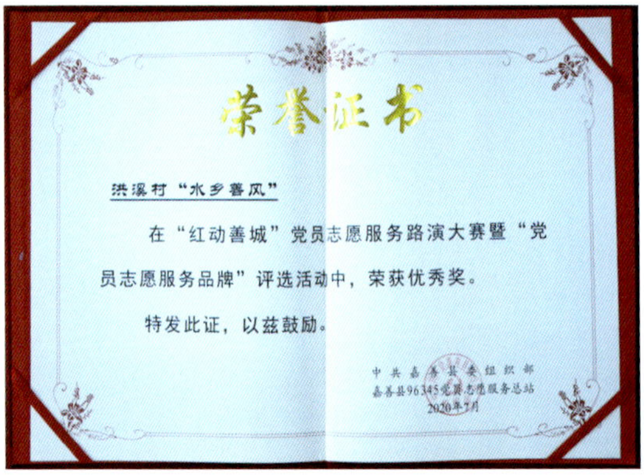
荣誉证书
洪溪村"水乡善风"
在"红动善城"党员志愿服务路演大赛暨"党员志愿服务品牌"评选活动中，荣获优秀奖。
特发此证，以兹鼓励。
中共嘉善县委组织部
嘉善县96345党员志愿服务总站
2020年7月

基层党建示范点
中共嘉善县委组织部
2010年2月

长三角生态绿色一体化发展示范区
党群服务示范阵地
中共青浦区委组织部
中共吴江区委组织部
中共嘉善县委组织部
二〇二〇年七月

嘉善县先进基层党组织
中共嘉善县委
二〇一九年六月

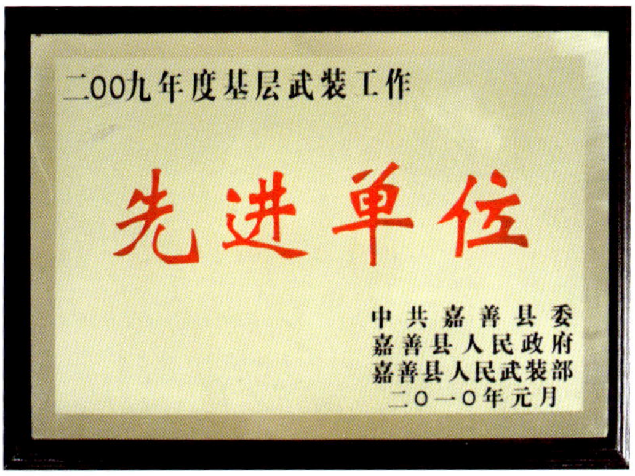
二00九年度基层武装工作
先进单位
中共嘉善县委
嘉善县人民政府
嘉善县人民武装部
二〇一〇年元月

2019年度五星级基层党组织
★★★★★
中共嘉善县委组织部
2020年2月

2014年度五星级基层党组织
★★★★★
中共嘉善县委组织部
2015年2月

2015年度五星级基层党组织
★★★★★
中共嘉善县委组织部
2016年2月

2016年度五星级基层党组织
★★★★★
中共嘉善县委组织部
2017年2月

2017年度五星级基层党组织
★★★★★
中共嘉善县委组织部
2018年2月

2018年度五星级基层党组织
★★★★★
中共嘉善县委组织部
2019年2月

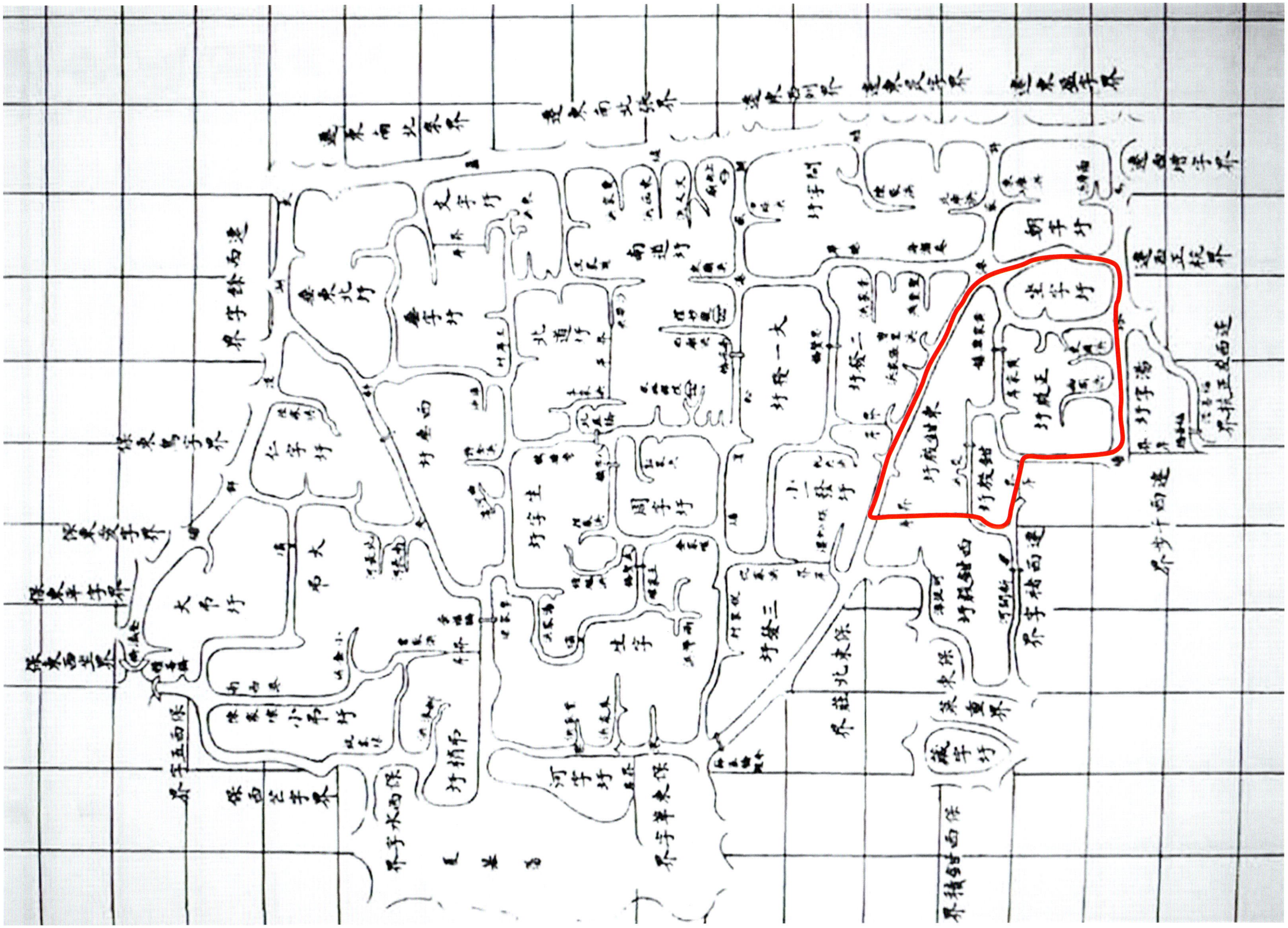

注：图中坐字圩、正殿圩及钳殿圩、东钳殿圩部分为现洪溪村域地。

明清时期村区域图

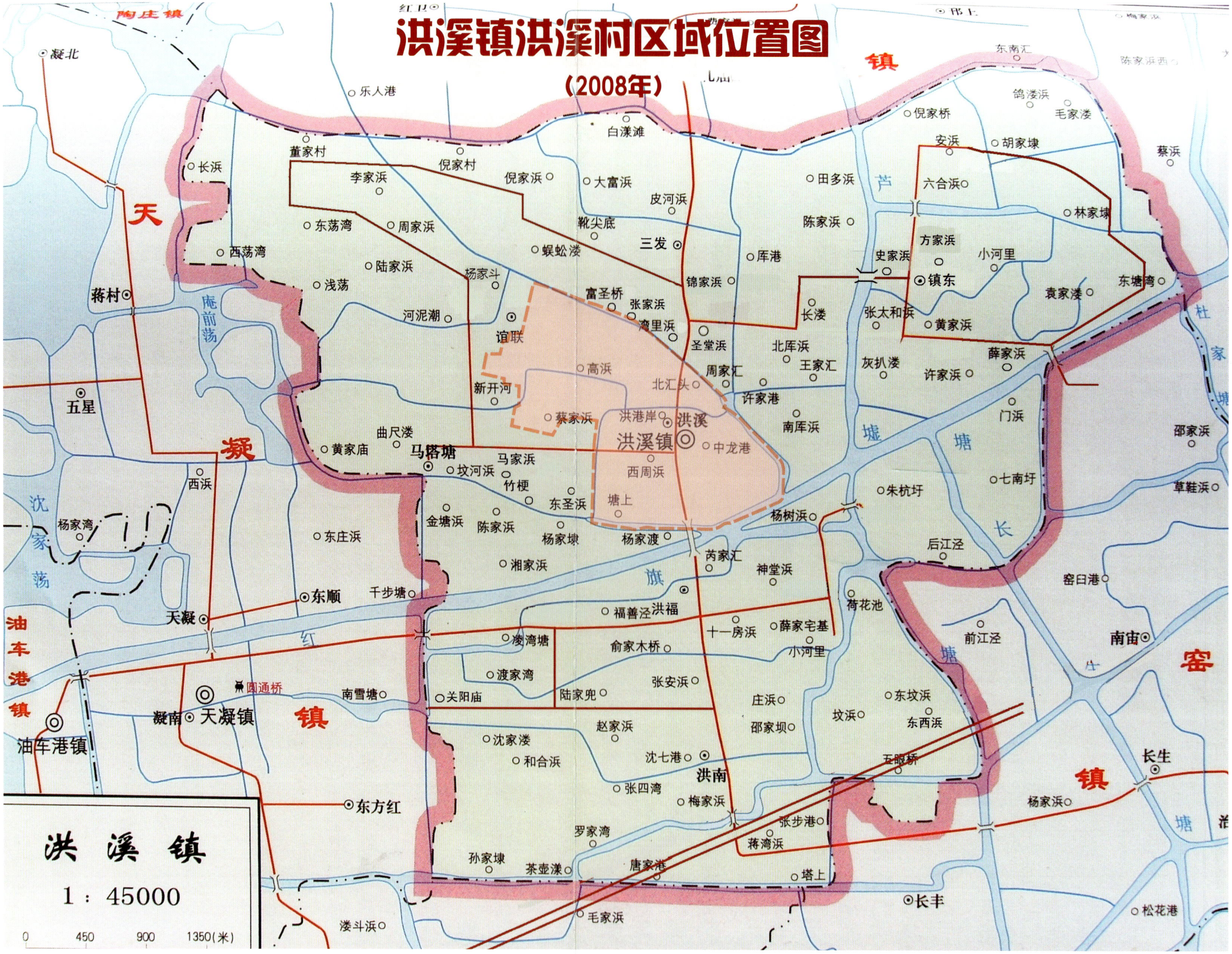
洪溪镇洪溪村区域位置图
(2008年)
陶庄镇
凝北
乐人港
天
凝
镇
蒋村
五星
西浜
杨家湾
沈
家
荡
庵
前
荡
长浜
西荡湾
董家村
李家浜
倪家村
倪家浜
白漾滩
大富浜
皮河浜
靴尖底
三发
蜈蚣漾
东荡湾
周家浜
陆家浜
浅荡
杨家斗
河泥潮
谊联
新开河
高浜
富圣桥
张家浜
漕里浜
圣堂浜
北汇头
洪港岸
洪溪
洪溪镇
中龙港
西周浜
塘上
蔡家浜
曲尺漾
黄家庙
马塔塘
马家浜
坟河浜
竹梗
东圣浜
金塘浜
陈家浜
杨家埭
杨家渡
湘家浜
东庄浜
东顺
千步塘
天凝
天凝镇
凝南
圆通桥
南雪塘
油车港镇
油
车
港
镇
东方红
红
旗
塘
福善泾
洪福
凌湾塘
渡家湾
关阳庙
陆家兜
俞家木桥
张安浜
十一房浜
薛家宅基
小河里
沈家漾
和合浜
赵家浜
沈七港
洪南
张四湾
梅家浜
罗家湾
孙家埭
茶壶漾
唐家港
毛家浜
漾斗浜
田多浜
陈家浜
库港
锦家浜
长漾
北库浜
周家汇
王家汇
许家港
南库浜
杨树浜
芮家汇
神堂浜
荷花池
庄浜
邵家坝
坟浜
五眼桥
张步港
蒋湾浜
塔上
长丰
倪家桥
安浜
胡家埭
六合浜
芦
林家埭
方家浜
史家浜
小河里
镇东
袁家漾
东塘湾
张太和浜
黄家浜
灰扒漾
许家浜
薛家浜
门浜
朱杭圩
七南圩
后江泾
前江泾
东坟浜
东西浜
杜
家
塘
长
邵家浜
蔡浜
草鞋浜
窑白港
南亩
窑
镇
长生
杨家浜
松花港
东南汇
鸽漾浜
毛家漾
洪溪镇
1∶45000
0 450 900 1350(米)

嘉善县洪溪村区域位置图

（2020年）

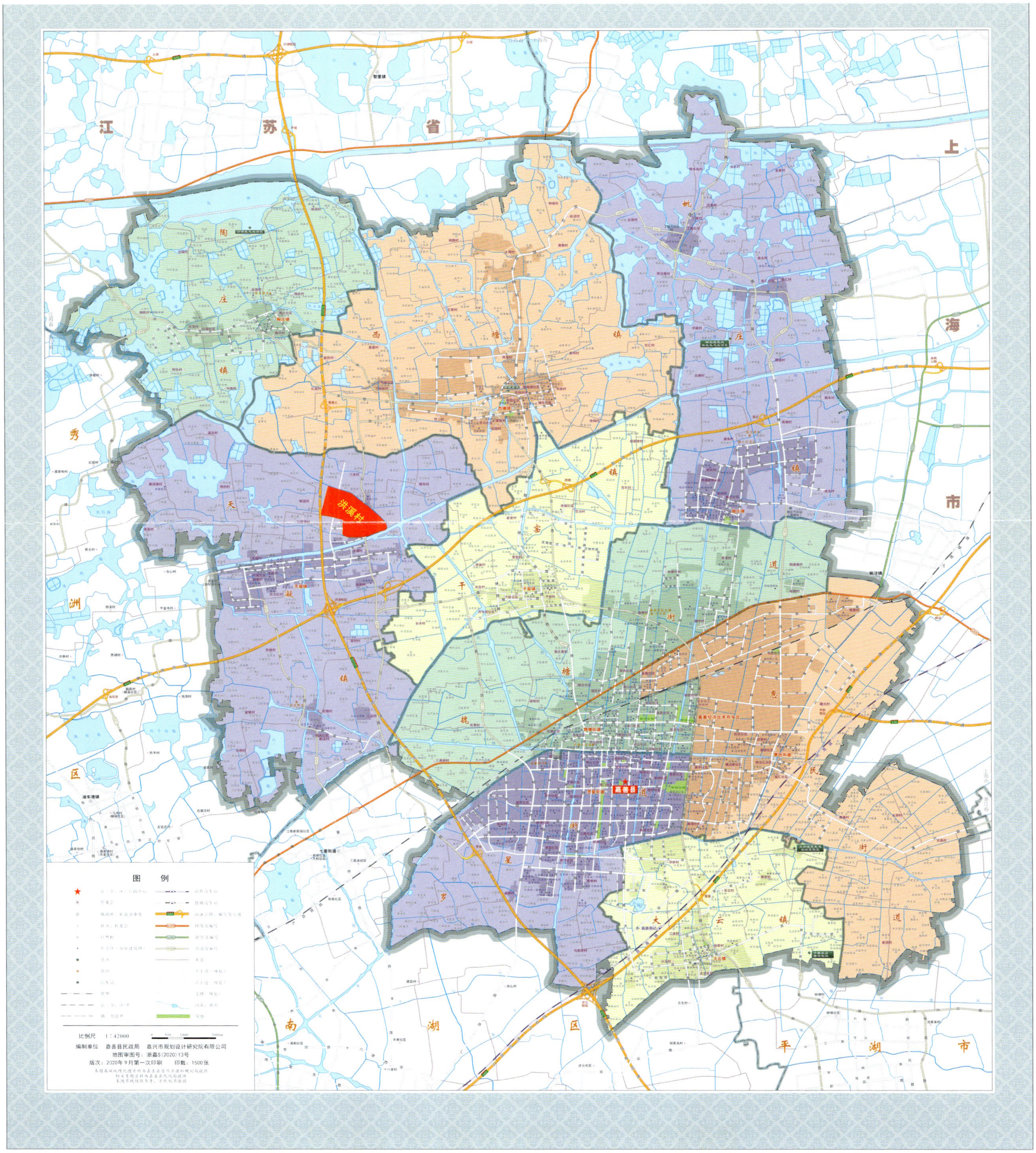

天凝镇洪溪村区域位置图

（2020年）

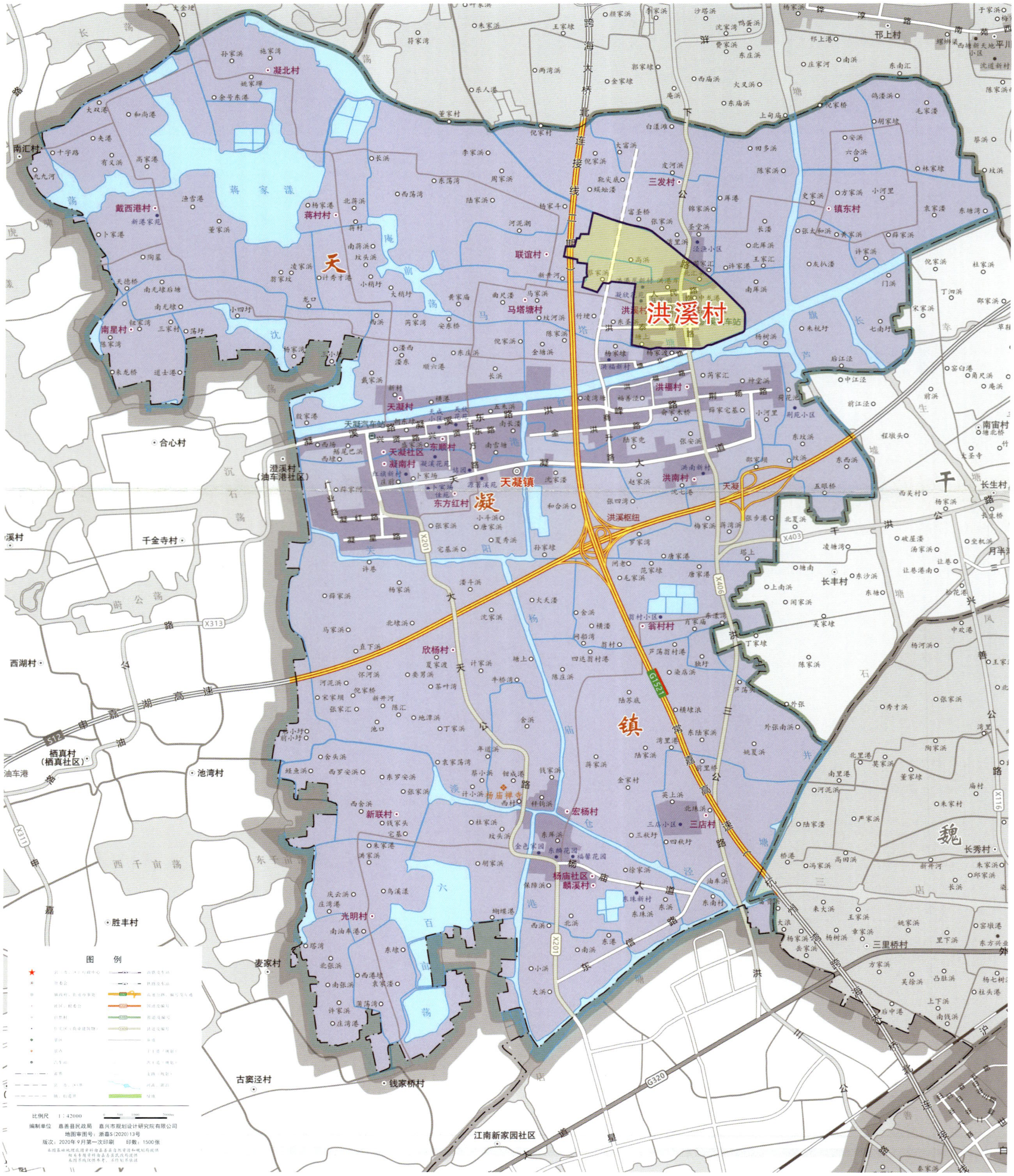

洪溪村区域图（2020年）

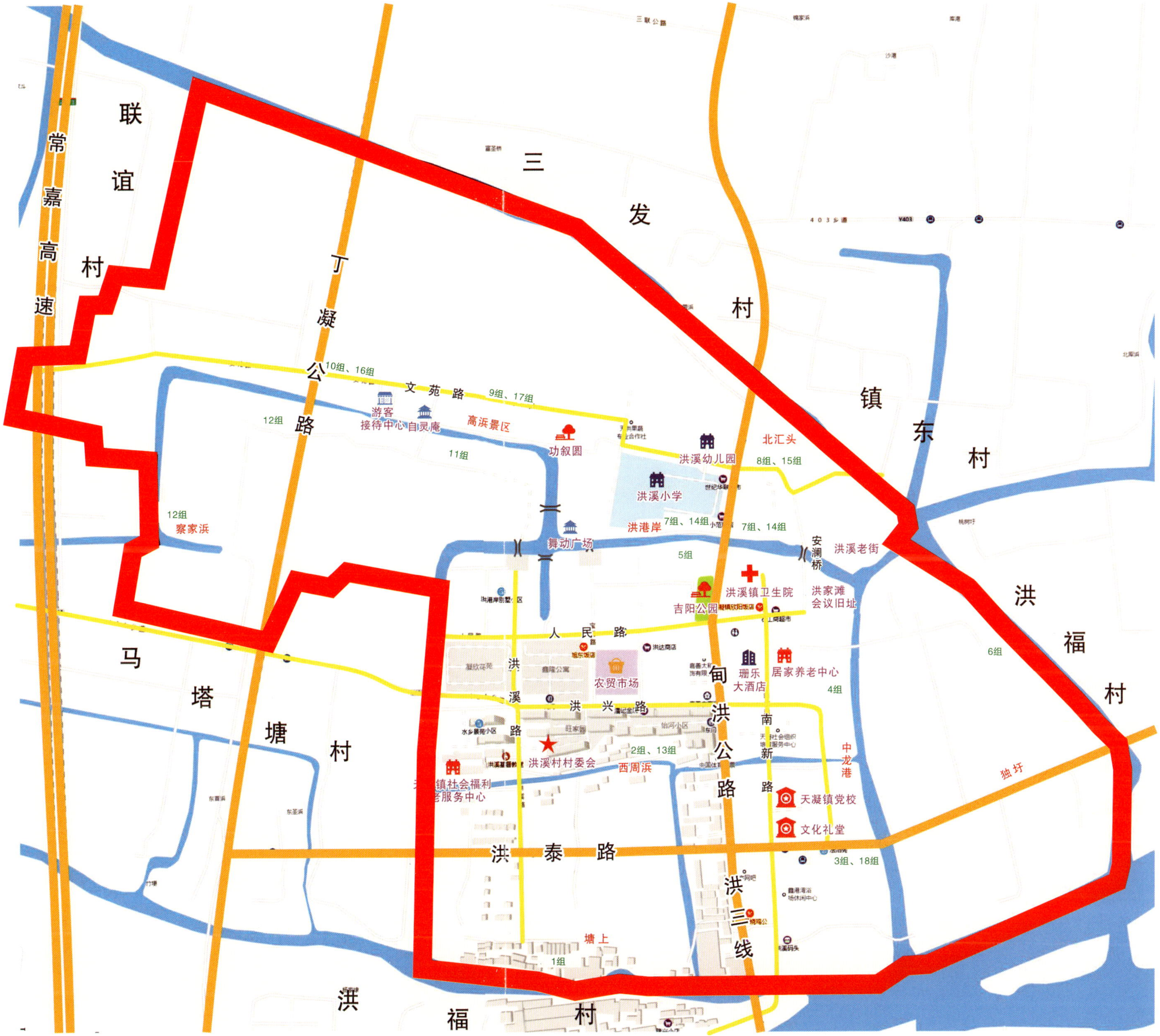

县级公路

通村公路

河道

★ 洪溪村村委会

1-18组 村民小组

农贸市场

游客接待中心

洪溪镇卫生院

公园

洪溪村现状图

（2020年）

凡 例

一、《洪溪村志》（以下简称本志）以马克思列宁主义、毛泽东思想、邓小平理论、“三个代表”重要思想、科学发展观、习近平新时代中国特色社会主义思想为指导，坚持辩证唯物主义和历史唯物主义的立场、观点和方法，力求全面、系统、准确地反映洪溪村的历史和现状。

二、凡属洪溪村域内的自然、政治、经济、文化、军事、民生的人和事均收录其中，力求全面展示洪溪村的社会面貌。

三、本志记事年限，上至事物的发端，下限至 2020 年，统计数据至 2019 年，遵循纵述历史、横陈现状、详今明古、详近略远、详异略同的叙事原则。

四、本志体例采用述、记、志、传、图、表、录，以志为主的表达形式。大事记为编年体，兼用记事本末体相结合的编纂方法。

五、本志人物章设人物传略、人物简介、人物名录。人物传略均为洪溪村历史上有较大影响的已故人物；人物简介为洪溪村历任主要领导；人物名录为县级以上先进人物、科级以上干部、中高级职称人员。

六、本志地名、村组织和领导职务等均沿用历史称谓，名称需多次沿用的，第一次出现用全称，其后用简称。

七、本志纪年，民国及以前沿用朝代纪年，括注公元纪年，中华人民共和国成立之后，采用公元纪年。嘉善于 1949 年 5 月 11 日解放，志中“解放前”指此前，“解放后”指此后。

八、本志统计资料原则上以统计部门的数据为准，统计部门未作统计的采用有关部门提供的数据。计量单位一般采用法定计量单位，农田土地面积沿用“亩”为计量单位，蚕茧产量以“担”为计量单位。

九、本志资料来源于嘉善县档案馆、天凝镇档案室、村档案室档案、历史文献以及实地调查采访的口碑资料，经印证入志，一般不注明出处。

目 录

概述

概 述

洪溪村隶属于浙江省嘉善县天凝镇，位于嘉善县西北部，天凝镇中东部，面积 1.38 平方公里，东西宽 1.7 公里，南北长 1.4 公里，距县城 10.5 公里，村部距镇政府 3 公里，南邻红旗塘、马塔塘，东北靠斜塘水域，西与马塔塘村、联谊村接壤。地处杭嘉湖平原，域内地势平坦，平均高程（吴淞高程）3.3 米，最低点为 2.9 米，最高点为 3.7 米，河流纵横交错，丁凝公路贯穿该村。2019 年，有耕地面积 1189.55 亩，其中水田面积 1010.37 亩，人均 0.7 亩，有 7 个自然村，18 个村民小组，农户 556 户，户籍人口 1698 人，其中男性 808 人、女性 890 人，有姓氏 118 个，人口自然增长率 1.18‰，全村集体经济经常性收入 419.04 万元，农民人均年纯收入 43351 元。先后获全国民主法治示范村、中国最美村镇人文奖、中国最美村镇治理有效奖、全国乡风文明示范村、全国妇联基层组织建设示范村、全国综合减灾示范社区、全国农村优秀学习型组织学习型村居（社区）、浙江省全面小康建设示范村、浙江省农村基层党风廉政建设示范村、浙江省文化示范村、浙江省农村示范社区、嘉兴市十大美丽村落之一、嘉兴市“三治融合”示范村（社区）、嘉兴市文明村等荣誉。

一

洪溪村域，明朝以前就有人在此居住，明万历《嘉善县志》记载，村域内有西周村庄、西周浜、黄家滩（今洪家滩）。先民们在洪溪村这块土地上刀耕火种，休养生息，繁衍后代，村落逐步发展，人口逐年递增。明清时期属思贤乡思四区，民国时期为洪溪镇管辖。嘉善解放后，1949 年 8 月，洪溪村域内建立了西周村，9 月建立了高浜村，10 月建立了洪溪村。1957 年 2 月，变更为七一高级社和洪联高级社。1958 年 9 月，为天凝公社十一营的 3 个连，1959 年 3 月，变更为洪溪管理区七一生产队。1961 年 4 月，变更为七一大队和洪联大队。1969 年 10 月，七一、洪联合并为洪溪大队。1984 年 2 月，改名洪溪乡洪溪村。2009 年 7 月，洪溪镇、天凝镇、杨庙镇三镇合并，为天凝镇洪溪村，村委会驻地洪溪集镇洪溪路 39 号（西周浜）。

洪溪村的村民富有爱国主义精神和革命斗争精神，抗日战争全面爆发后，顾功叙（地球物理学家、地震学家，洪溪村高浜人）立志科学报国。民国 27 年（1938），顾功叙放弃海外工作和优厚待遇回国，开始了中国最早的地球物理勘探工作，为祖国强盛，民族复兴，呕心沥血，为国家作出巨大贡献。民国 34 年（1945）抗战胜利后，中共淞沪地委于当年 10 月，在洪家滩（现洪溪村洪港岸）王凤仪家召开秘密会议，并以烧窑做买卖为掩护，活动 1 个月，圆满完成了干部调配等各项工作，史称“洪家滩会议”。

洪溪村地处杭嘉湖平原，江南水乡，地势平坦，历代农耕，以种植水稻为主。气候属北亚热带南缘的东亚季风区，四季分明，冬夏长，春秋短，温和湿润，雨量充沛，光照充足，无霜期长，宜于农作物生长，年平均气温 16.3℃，日照时数 1953.6 小时，降水量 1188 毫米，降雨天数 136 天，降雪天数 7.5 天，无霜期 239.3 天，结冰天数 37.3 天，风速 3.1 米/秒，灾害性天气为热带风暴、洪涝等。村域内河流纵横交错，流经村域主要河流 7 条，有斜塘、高浜、洪港岸、新开河、中龙港、沈北泾港、马塔塘等，其中东西向 4 条，南北向 2 条，西北至东南向 1 条，年平均水位 2.8—3 米，最高水位 4.23 米，最低水位 1.88 米。

洪溪地域面积不大，但人杰地灵，文化底蕴深厚，交通十分方便。明朝以来留下不少古迹，域内有古桥 1 座，古建筑、古街 6 处，省级文物保护单位 1 处，县级 3 处。水、陆交通四通八达，杭州湾跨海大桥北连接线沿村西而过，申嘉湖高速公路沿村南而过，并设有出入口和服务区，甸洪公路、丁凝公路穿村而过。

二

洪溪村历史上是农耕区，千百年来，以种植水稻为主，兼种豆类、大麦、小麦、油料作物及水果蔬菜。农业设施简陋，自然灾害频繁，生产水平低下，靠天吃饭。直到 20 世纪 60 年代，群众的温饱问题仍然没有解决。70 年代，推行农业机械化，耕地园田化，水利圩区化，灌排电气化，农业生产力水平得到极大提高，粮食亩产逐年增加，1961 年亩产 245 公斤，1970 年亩产 581 公斤，1980 年亩产 738 公斤。粮食增产带动畜牧、渔业的发展。1983 年全面实行家庭联产承包责任制。农业生产按市场需求调整作物种植结构，农业总收入成倍增加。1998 年起，改变单一粮食生产格局，发展“优质、高产、高效”农业。部分土地流转给大户，2020 年有专业户 17 户。

洪溪一带原为窑区，始于明清年间，后快速兴起，民国 26 年（1937）时有窑墩 210 座，解放时有 131 座，村域内共有 23 座窑墩。大部分农户都做砖坯、瓦坯，以此作为家庭经济收入主要来源。解放后为了发展农业生产，保护土地资源，窑业生产逐步停止。1963 年洪溪村仅剩 2 座窑墩归大队集体所有。20 世纪 80 年代村办企业发展迅速，到 90 年代初，洪溪村先后有大小企业 18 家，从业人员 430 多人，产值 1357.37 万元。1993 年 5 月村办企业体制改革，全部转为民营。2000 年窑墩被全部拆除。

村集体经济始于农业合作化时期，从合作社总收入中按一定比例提取而成，2019 年村集体经济经常性收入 419.04 万元。自合作化以来，农民的经济收入逐年增加。农民人均收入 1961 年 54 元，1970 年 126 元，1980 年 243 元，1990 年 1415 元，2000 年 5696 元，2010 年 13068 元，2019 年 43351 元。

洪溪村处于洪家滩集镇周边，许多村民居住在集镇上，男人开店做生意，妇女下田做农活。解放前夕，镇上 68 家店中有 16 家是洪溪村民所开。1956 年国家对商业进行社会主义改造，村域内的商业主参加集体商业合作社。1978 年 12 月改革开放后个体商业逐渐兴起，到 2019 年村民到集镇新区落户开店有 39 家（包括农贸市场内摊位）。

三

旧时，村民住房大多简陋、低矮潮湿，少数大户人家住石库墙门、厅堂楼阁。农业合作化后，农村经济不断发展，村民生活水平逐年提高，住房条件逐步改善。20 世纪 60 年代后期，草棚变瓦房、旧房变新房。1977 年洪溪村掀起新农村建设的高潮，在县内首屈一指。由大队统一收购旧房，建造 4 米 × 9 米、檐高 5.8 米的连体两层楼，再以成本价分配给农户。至 1980 年，共建造新房 42 幢，308 间，22176 平方米，有 269 户农户入住新村楼房。90 年代末，尚未入住新村的农户，大部分改建楼房，大大改善村民的居住条件。2005 年，建成洪港岸新村别墅区，有 58 户村民入住。村民住房从量到质的转变。2015 年，村域内开展美丽乡村建设，根据村域特色，制定美丽乡村建设规划，分年实施，到 2019 年年底，已投入资金 3000 余万元，建设完成美丽乡村项目 18 个，2017 年被县列为环境优美村。是年 12 月，被上海第一财经传媒有限公司、中国最美村镇评选活动组委会评为“中国最美村镇 50 强”。2018 年 12 月，嘉兴市旅游组委会、嘉兴市农业和农村工作办公室公布洪溪村（高浜）为 AAA 级景区村庄。

四

洪溪村加强精神文明建设和民主法治建设。2009 年以来，结合创建省级文明村活动，每年开展乡风文明五户评创活动。2014 年，改为嘉善善行好人榜。每年通过评比，对 60 户家庭在文化长廊张榜表彰，激励村民“爱国、敬业、诚信、友善”，努力践行社会主义核心价值观，争做文明守法村民，并把这一活动列入“村规民约”。作为全国民主法治建设示范村，依法实行民主选举、民主决策、民主管理、民主监督，用法治管住底线、德治提高村民素质、自治规范村务管理制度化，村民当家做主，实现村民自治。2004 年开始探索村务民主管理新模式，推行重大事项由村民公决，村干部具体实施，村务监督委员会全程监管的模式。2012 年，又创新推出重大村务决策“八步工作法”，即公决事项的酝酿、公决事项的讨论、提出公决草案、合法性审查、完善公决方案、组织村务公决、决议的实施及管理、实施结果公开。加强民主管理，对重大工程项目的实施、资产的发包、租赁和财务管理等制定各项规章制度。避免少数村干部说了算，群众对村里开展工作的支持率也越来越高。充分发挥监督组织的作用，每月理财后公开栏公布，每月村务廉洁公开，并对村干部进行每年测评，测评的结果与报酬挂钩。村里的工作得到上级的认可和村民的信任。“重大村务决策公决”分别于2012年、2015年入选“中国全面小康十大民主决策”之一。

五

篮球和辣妈宝贝是洪溪村群众性文体活动两张金名片。解放前，洪溪地区民间活动主要是自发组织庙会。一年有十多个会市，其间有调马灯、地方戏、舞龙、打莲湘、荡湖船、踩高跷等表演，热闹非凡。传统文化结合乡风村俗，自娱自乐。解放后，人民政府重视文化体育建设，开展形式多样的群众文体活动。20世纪50年代，成立文化宣传队，宣传党的政策，除旧迎新。体育活动有打篮球、下象棋。20世纪70年代，洪溪村的篮球运动风生水起，在省内名声很大。以吕瑞泉为代表的篮球五兄弟，留下了“五吨胜万吨”的佳话。以洪溪村为主力队员的球队多次代表县、市参加省农民篮球联赛并夺冠。改革开放后，洪溪村组队参加每年镇里的村级篮球联赛。篮球一直是村队的夺冠项目，并代表镇、县参加村级篮球赛。2007年开始村里组织社级篮球联赛，2011年开始作为全村农民文化体育节的一项赛事。2016年，中国小康村篮球赛组委会命名洪溪村为“中国小康村篮球赛”总决赛永久性优先举办地。村里还举办县级篮球联赛、嘉善县JBA篮球俱乐部联赛、中国小康村篮球赛。同时，洪溪村加大文体设施的投入，至2019年，建成门球场、善文化礼堂、文体广场、室内舞蹈房、篮球馆、健身路径等。辣妈宝贝两次参加“中国达人秀”，5次登上中央电视台，并受邀参加西班牙第42届隆达国际民间艺术节。2015年以来，连续三次获“浙江省文化礼堂排舞大赛金奖”。2016年获“全国村晚最美村花奖”，2011—2019年洪溪村每年举办农民文化体育节，每届参加各项活动的村民超过3000人次，2017年举办“相亲相爱一家人”主题活动，为全村588位60岁以上老人送中秋礼品，为58对金婚老人贺金婚，为96位80岁以上老人集体过生日。2018年，举办洪港岸小区中秋邻里节·“相亲相爱一家人，共建共享新洪溪”主题活动，58户村民齐聚一堂，在高浜景区为全村近600名60岁以上老人举办祝福贺寿喜宴，共享改革开放发展带来的红利。

洪溪是一个人杰地灵之地，不乏优秀人才，尤其是社会主义革命和社会主义建设中，一代又一代的党员干部开拓进取，艰苦创业，为全村的发展和建设做出不朽的贡献，在社会主义现代化建设中，出现一批可歌可泣的先进人物，党委书记陈俐勤当选嘉兴市第六、七、八次党代会代表，县第十一、十二、十三、十四次党代会代表，被评为2008年市级优秀共产党员，2010 年、2012 年县级优秀共产党员，2014 年中国最美村干部，浙江省新农村建设金牛奖。黄志刚当选第五届全国人大代表。孙福泉当选 1979 年全国新长征突击手标兵。魏镜清被评为 1956 年浙江省先进生产者。丁根法当选县第十二届、十三届人大代表。俞仁杰获 2007 年县级优秀共产党员称号。金懿龙获 2016 年县级优秀共产党员称号。邬炳其当选县第十六届人大代表。出生于洪溪村在外地任职的副科级以上干部 14 人，副教授 3 人，工程师以上 10 人，中学高级教师 6 人。

洪溪村水清、河畅、岸绿、景美、人幸福，随着全村人民的团结奋斗，不懈努力，手牵手走进新的时代，前途将会更加辉煌灿烂。

大事记

大事记

明

宣德五年（1430），置嘉善县，洪溪村域属思贤乡思四区。

清

光绪三十四年（1908）六月二十五日，中国著名地球物理学家、中国科学院学部委员顾功叙出生。

光绪三十四年（1908）七月，高浜村村民顾进人与陆一苇创办洪家滩初等小学堂。

中华民国

民国 5 年（1916），重建安澜桥。

民国 8 年（1919），蝗虫危害，洪溪最烈，民不聊生。

民国 9 年（1920），黄合顺窑商生产的砖瓦在全国建筑展览会上展示，获得优秀奖称号。

民国 17 年（1928）9 月 7 日起，狂风暴雨，飓风再三，洪溪等地地势低洼之区，尽成泽国，正莳花秀实之稼，严重被淹。

民国 24 年（1935）6 月，实行保甲制，洪溪镇辖 10 保 103 甲。

民国 27 年（1938）3 月，国民党暂编四十五旅一个团驻洪溪一带农村，开展游击战，嘉善县抗敌委员会在洪溪高浜成立，四十五旅医官王泰清任主席。

民国 31 年（1942）5 月，日本侵略军到洪家滩大扫荡，高浜村蔡家浜钱阿大从镇上剃头回家，走在高浜村道上，被日本侵略军枪击身亡。

民国 34 年（1945）10 月，中共淞沪地委在洪家滩洪港岸自然村（五组）王凤仪家召开秘密会议，研究部署淞沪地委北撤工作。参加会议的有淞沪地委副书记姜杰、吴江县党组织负责人金佩扬及陈佰亮、林倍（女）。

民国 35 年（1946），域内村民何明才在北汇头开办怡大加工厂，置有 25 马力柴油机 1 台，碾米机 4 台，工人 7 人，又在洪家滩漾滩北开办洪仁米厂。

民国36年（1947），洪溪窑工因米价狂涨，工资低落，难以维持生计，举行罢工。

民国38年（1949）5月11日，嘉善全境解放。

是年8月，建立西周村，冯连生首任村长，周志龙任副村长。

是年9月，建立高浜村，张志飞首任村长，陆昌荣任副村长。

中华人民共和国

1949年

10月，建立洪溪村，江有三首任村长，黄啓东任副村长。

是年，成立洪溪村、高浜村、西周村农会。

1950年

5月，村域内进行土地改革。

5月，村域内村民刘学洪任洪溪乡乡长。

1951年

4月，县、乡领导对村内的土改工作进行复查。

5月，村域内的农民领到由嘉善县人民政府颁发的土地房产所有证。

1952年

是年，村域内窑户（窑业主）吕继昌（时任洪溪窑业工会主席）为抗美援朝捐献十万砖瓦款。

是年，域内的县立洪溪小学改为干窑区第二中心小学。

1953年

9月，域内的西周、高浜、洪溪村设为西周、高浜、洪溪代表区，西周代表区主任黄书根，高浜代表区主任顾功成，洪溪代表区主任刘桂林。

是年，村民俞昌生、俞民生等人组建劲锋篮球队。

1954年

6月，春雨、梅雨相连，积水难排，域内大部分农田被淹，粮食减产。

1955 年

10 月，域内 4 户村民移民到大云镇跳渡村落户，政府安排公房居住，每人发放 3 个月粮食。

是年，西周村建立建新、建中、建国 3 个初级农业合作社，高浜村建立永联、永远 2 个初级农业合作社，洪溪村建立红心、中心 2 个初级农业合作社。

1956 年

11 月，洪溪乡第二届人民代表大会召开。域内村民黄书根被选为洪溪乡人民委员会委员。

1957 年

2 月，西周村的建新、建中、建国 3 个初级社与高浜村的永联、永远 2 个初级社合并成立七一高级社，洪溪村的红心、中心 2 个初级社合并建立洪联高级社。

2 月，建立七一高级社党支部。

5 月，建立洪联高级社党支部。

1958 年

9 月 18 日，成立红旗人民公社，域地称十一营，下设高浜、洪溪、西周 3 个连。

12 月 27 日，红旗塘工程动工，域内主要男劳力被抽调投入。

是年，域内斜塘边“富沈桥”凉亭被拆除，这一古建筑从此湮没。

1959 年

3 月，域地改称七一生产队。

是年，大办公共食堂，域内共有 5 个食堂，生产队社员全部在食堂用膳。

是年，何明才开办的怡大加工厂，用 25 匹马力内燃机发电，域内部分家庭始有电力照明。

1960 年

是年，村域内出现饿病逃荒事件。

1961 年

4 月，成立洪溪人民公社。调整大队规模，七一生产队析为洪联大队、七一大队，并建立七一大队党支部。

5 月，建立洪联大队党支部。

7月，干窑供电所输电线路架设到洪溪，开始用电力灌溉农田，开办粮食加工厂。

8月，七一大队在“洪港岸义浜”开办粮食加工厂。

1962年

11月，洪联大队调整生产队规模，二队析为南二队、北二队，一队析为一队、四队。

是年，七队平整坟地一块，造旱地3亩。

是年，五队平整西太湾坟地一块，造水田2亩。

1963年

5月18日，洪溪公社第五届人民代表大会选举域内村民冯金宝（女）、刘桂林为洪溪公社管理委员会委员。

12月，冯金宝（女）、朱忠年当选嘉善县第五届人大代表。

是年，域内七一大队、洪联大队分别成立贫下中农协会。

是年，三队平整花岗滩坟地一块，造水田2.5亩。

1964年

11月，域内的洪联大队、七一大队党支部书记、大队会计参加洪溪公社在塘东大队（现镇东村）召开的“四清”（清思想、清政治、清组织、清经济）运动工作会议。

是年，四队平整坟地一块，造水田1亩。十队平整长漤一条，造水田1.5亩。

1965年

8月，七一大队在洪港岸建造160平方米大队办公用房。

是年，水稻杀虫剂首次使用德国拜耳药厂生产的剧毒农药“甲基1605”，公社在域内的洪联大队北二队召开由大队党支部书记、农业大队长参加的现场会议，由公社干部亲自示范，用细泥拌药，戴好口罩、手套，下田施药。

是年，七一大队粮食加工厂从义浜搬迁至安澜桥西，建造厂房150平方米，增添加工设备小钢磨粉碎机1台，碾米机3台，工人10人，两班制工作。

1966年

3月，洪联大队三队社员冯金宝（女）连任洪溪人民公社管理委员会委员。

10月，“文化大革命”运动影响到域内。

10月，洪联大队社员全部用电灯照明。

是年，洪联大队组建溪浪篮球队。

1967 年

7 月，七一大队社员全部用电灯照明。

9 月 28 日，洪联大队造反派参加“省联总”“红暴派”在公社大礼堂举行的大辩论。

是年，造反派批斗大队党支部书记、大队长，造成党支部、大队管理委员会组织瘫痪。

1968 年

3 月，洪联大队、七一大队革命委员会成立，邵炳夫任洪联大队革委会主任，黄志刚任七一大队革委会主任。

3 月，劳海根任洪溪公社革命委员会委员。

是年，七一大队办养蜂场，养蜂 36 箱。

1969 年

10 月，洪联大队、七一大队合并成立洪溪大队，建立洪溪大队革命委员会，黄志刚任主任。

10 月，洪溪大队开始装电话，电话号码“16”。

11 月，洪溪大队妇代会成立，于秀英任妇女主任。

12 月，洪溪大队民兵连成立，俞仁杰任民兵连长。

1970 年

5 月，中共洪溪大队党支部建立，黄志刚任书记。

10 月，洪溪大队团支部建立，王品华任书记。

是年，民兵连在公社人武部指导下，从基干民兵中选拔 18—25 岁优秀青年组建武装排，受洪溪公社人武部领导，每年由县、公社人武部组织集训和拉练。

1971 年

3 月 5 日，选派 14 位农业生产经验丰富的农民到河南省汝城县毛头公社丰坑大队指导早稻育秧和水稻栽培，10 月 6 日返回。

10 月，大队党支部召开社员大会，传达中共中央关于粉碎林彪反革命集团文件。

是年，开办养鸡场，年饲养白洛克肉鸡 1 万余羽，全部由县食品公司收购，产值约 4 万元。

1972 年

6 月，八队农民摇“五吨”水泥船到上海闵行割草，与制造万吨水压机的上海闵行重型机械厂进行了一场篮球赛，八队农民获胜，事后徐彩娟写了《“五吨”胜“万吨”》的报道（刊于 1983 年《嘉善文化》第二期）。

是年，八队平整窑墩基，造旱地 2.5 亩。

1973 年

3 月，筹建平瓦厂，厂址在塘上（一组），当年投产。

是年，开办水泥预制场，生产水利建设用水泥圆管、水闸预制块。

是年，在域内开挖内河一条，全长 800 米，东接中龙港，西连沈北泾港。

1974 年

是年秋冬，域内进行“园田化”建设，将长短不一、大小不等的田块统一改为宽 14 米、长不超过 100 米的标准田块，每隔五爿田设一条出水沟，随后埋设地下圆管（水泥浇制），将全村灌水渠道由地面改为地下。

是年，建立蚕桑队养蚕。

1975 年

10 月，洪溪大队男子篮球队代表洪溪公社，在嘉兴地区农民篮球分区赛上获得第一名。

11 月，洪溪大队女子篮球队代表洪溪公社，在嘉兴地区农民篮球分区赛上获得第一名。

是年，初春和秋冬对全大队外围圩岸构筑块石护岸，经过两年时间建设，全大队 4028 米的外围圩堤修筑 3804 米块石护岸。

是年，域内 40 多名泥工、木工组建成立建工队。

是年，筹建农机修理厂，建造两层楼厂房一幢，200 多平方米。

1976 年

是年，洪溪大队男、女篮球队代表嘉兴地区，在省农民篮球赛上双双荣获冠军。

1977 年

4 月，洪溪大队党支部书记黄志刚任洪溪公社党委书记。

11 月，洪溪大队三队析为三队、农场。

是年，洪溪大队在全县最先规划启动新村建设，拆除农民旧房，评估折价，由大队统一建造 4 米 × 9 米、檐高 5.8 米的连体两层楼，分配每人 15—20 平方米新楼房，每平方米 22 元，至 1980 年上半年停建，共建楼房 42 幢 308 间，22176 平方米，共有 269 户农户入住。

1978 年

2 月，洪溪公社党委书记兼洪溪大队党支部书记黄志刚当选为第五届全国人民代表大会代表。

3 月，为全大队 65 岁以上老人发放每月 4 元的生活补助费。1986 年，调整为 60 岁以上老人送中秋月饼。

是年，洪溪大队男、女篮球队分别代表洪溪公社参加浙江省农民篮球赛，男队获得第一名。

是年，洪溪大队办公地搬迁至安澜桥南首新楼办公。

1979 年

5 月，筹建队办企业“嘉善淀粉薄膜厂”，年底正式投产，初期工人 20 余人，20 世纪 80 年代后期，工人增加到近百人，产值 100 多万元。

7 月 26 日，中共嘉兴地委宣传部副部长于广德等 3 人，到洪溪大队检查俱乐部活动。

是年，团中央授予孙福泉全国新长征突击手标兵称号。

1980 年

7 月，青年学生钱亚畅被浙江商学院录取，成为恢复高考后洪溪村首位大学生。

8 月，洪溪大队筹建针织厂，年底投产，生产工人 20 人，年产值 20 万元。

是年，新打窑墩 1 座，容量为纯砖窑 11 万余块（平瓦窑为 25000 张左右），每窑周期约 1 个月，全年 10 个窑次。

1981 年

1 月，洪溪大队沈明善、冯建业、黄志荣、贝兴明、朱彤芳（女）、周乐君、黄书根、丁根法、陈福荣、劳雪珠（女）、顾华荣、俞德祥、孙保荣、费福林、吕稚元 15 人当选为洪溪公社第七届人大代表。

8 月，洪溪大队黄志荣、孙福全当选嘉善县第七届人大代表。

12 月，调整生产队规模，二队析为二队、十三队，七队析为七队、十四队，八队析为八队、十五队，九队析为九队、十七队，十队析为十队、十六队，农场改称为十八队。

是年，洪溪大队办公地搬迁至古典建筑砖瓦厂旁，办公地为两层楼，砖混结构，建筑面积 500 平方米。

1982 年

2 月，洪溪大队筹建纸箱厂，3 月投产，生产工人 16 人，年产值 20 万元。

1983 年

3 月，洪溪大队开办彩印厂，因未取得特种行业许可证于 1985 年停办。

是年，实行家庭联产承包责任制，将土地划归农户，由农民自主经营。

1984 年

2 月，洪溪村党支部换届选举，黄志荣当选为党支部书记。

2 月，洪溪大队改称洪溪村，建立村民委员会，首届选举黄志荣为主任，费福林为副主任，李福康、朱彤芳（女）为委员，成立村经济合作社，选举钱永舫为社长，周友贤为副社长，俞利华、吕稚元为委员。

7 月，洪溪村黄志荣当选为嘉善县第八届人大代表。

12 月，洪溪村吕稚元、周友贤、朱彤芳（女）、黄志荣、周乐君、俞丽华、陈叶成、顾洪观 8 人当选为洪溪乡第八届人大代表。

1985 年

8 月，洪溪村开办蛋白肉厂，因产品销售困难，于 1986 年年初关停。

是年，政府推行殡葬改革，遗体全部实行火化。

是年，洪溪镇在村域内北汇头建造深井自来水厂，集镇周边的七组、八组村民用上自来水。

1986 年

6 月，贯彻中共中央《关于整党的决定》，党支部开展整党工作，全面进行党员登记。

12 月 24 日，党支部换届选举，沈明善当选村党支部书记。

是年，村篮球队在嘉善举行的浙江省“储蓄杯”农民篮球赛中荣获冠军。

是年，村男子篮球队代表嘉兴市参加省首届“农业银行储蓄杯”篮球赛并获冠军。

1987 年

4 月，洪溪村周友贤、朱彤芳（女）、丁根法、费福林当选为洪溪乡第九届人大代表。

7 月，洪溪村第二届村民委员会换届选举，选举产生主任费福林，副主任丁根法，委员陈俐勤（女）、吕稚元、李福康。

是年，村男子篮球队代表嘉兴市获省“丰收杯”农民篮球赛冠军，并代表浙江省农民男子篮球队参加全国“丰收杯”农民篮球分区赛，获第五名。

1988年

10月，吕幼元参加第一届全国农村体育先进代表会，受到中央领导接见并合影留念。

10月，洪溪村党支部换届选举，沈明善当选为党支部书记。

是年，中国农民体育协会授予吕幼元“全国农村体育先进工作者”称号。

是年，村域内开始颁发居民身份证。

是年，开发建设洪溪新集镇，村域内四社被征用土地51亩。

1989年

1月，洪溪村开始筹建糖果厂，5月正式生产，有工人20多人。

4月，洪溪村为高浜、蔡家浜、西周浜、塘上、独圩、中龙港、洪港岸的农户安装自来水管道，使全村用上自来水。

12月，著名地球物理学家、中国科学院学部委员、洪溪村先贤顾功叙为洪溪中学题写校名，并致信乡政府，勉励家乡学子，好好学习、勤奋攻读，将来在国家四化建设中有所作为。

1990年

3月，洪溪村贝照荣、周友贤、陈俐勤（女）、费福林、顾华生5人当选为洪溪乡第十届人大代表。

4月，洪溪村浦铭荣当选嘉善县第十届人大代表。

5月，洪溪村筹建瓷砖厂，年底投产，有生产工人20多人，年产值30万元。

10月，洪溪村党支部换届选举，沈明善当选为党支部书记。

11月，洪溪村第三届村民委员会换届选举，费福林当选为村民委员会主任。

是年，村民出行开始骑自行车。

是年，在第四次全国人口普查工作中，村民陆坤林获浙江省人口普查办公室颁发的先进个人荣誉证书。洪溪村获县级先进集体称号。

1991年

是年，洪溪村抽调50名青壮年劳力开挖太浦河。

是年，洪溪乡建立煤气供应站，洪溪村民开始使用煤气，随着煤气的普及，农家灶头逐渐消失。

1992年

1月14日，著名地球物理学家、中国科学院学部委员、洪溪村先贤顾功叙逝世。

3 月，洪溪乡撤乡建镇。

是年，中共嘉善县委、嘉善县人民政府命名洪溪村为“文明单位”。

是年，与洪溪乡第二工业公司、乡农业综合服务公司、杨树大队、沈七大队合股开办股份制企业釉面砖厂。

1993 年

2 月，洪溪村党支部换届选举，沈明善当选为党支部书记。

3 月，洪溪村第四届村民委员会换届选举，费福林当选为村民委员会主任。

4 月，洪溪村贝照荣、刘连观、沈明善、陈俐勤（女）、浦铭荣、费福林 6 人当选为洪溪镇第十一届人大代表。

4 月，洪溪村丁根法当选为嘉善县第十一届人大代表。

5 月，村办企业进行经济体制改革，糯米纸厂、糖果厂、农机修理厂、加工厂、砖瓦厂等企业，评估折价后转为民营企业。

1994 年

7 月 20 日，村妇代会换届选举，陈俐勤当选为村妇代会主任。

是年，洪溪村投资 40 万元，建设西周浜至塘上、高浜至鸭头湾、蔡家浜、独圩等自然村通组混凝土道路。

1995 年

3 月，单季晚稻逐步采用大田直播，此后直播面积逐年扩大。2000 年以后单季晚稻全部直播，结束了弯腰插秧的种田方式。

是年，投资 10 万元在红旗塘北岸开办废钢铁市场，建造平房 30 间（每间 30 平方米），租赁给废钢铁经营户，年租金收入 2.4 万元。

1996 年

1 月，洪溪村陈俐勤（女）、陆盛林、费福林 3 人当选为洪溪镇第十二届人大代表。

3 月 16 日，村党支部换届选举，冯善良当选为党支部书记。

3 月 21 日，村团支部换届选举，陆献峰当选为团支部书记。

3 月 25 日，第五届村委会换届选举，陆盛林当选为村民委员会主任，陈俐勤（女）、吕稚元当选为委员。

1997 年

是年，新村部搬迁至斜红路斜塘桥西南，新村部占地面积 500 平方米，建筑面积 600 平方米，两层楼砖混结构。

1998 年

3 月，村域内企业主丁根法当选为嘉善县第十二届人民代表大会代表。

是年，嘉兴市爱国卫生运动委员会授予洪溪村“嘉兴市卫生村”称号。

1999 年

3 月，洪溪村刘连观、吴明华、顾雪昌 3 人当选为洪溪镇第十三届人大代表。

3 月 5 日，村党支部换届选举，顾雪昌当选为党支部书记。

3 月 15 日，第六届村民委员会换届选举，顾雪昌当选为村民委员会主任，吴明华为副主任，陈俐勤（女）为委员。经联社换届选举，顾雪昌当选为经联社社长。

是年，洪溪镇建造中心小学，七社被征用土地 40 亩。

2000 年

7 月，嘉善电信局授予洪溪村“电话村”称号。

12 月 29 日，镇党委发文调整村党支部人员，吕稚元担任党支部委员。

是年，洪溪村根据上级要求进行第五次全国人口普查工作。

2001 年

是年，与三发村合资开办废钢铁市场，双方各投资 40 万元，在三发村建平房 80 间，租赁给废钢铁经营户，租金收入与三发村平分。

是年，村域内村民先后改建卫生厕所，使用抽水马桶，实行污水纳管，保护环境。

2002 年

1 月，洪溪村刘连观、仲金耀、陆盛林当选为洪溪镇第十四届人大代表。

4 月 17 日，村党支部换届选举，金根林当选为党支部书记。

4 月 28 日，第七届村民委员会换届选举，陆盛林当选为村民委员会主任，吴明华为副主任，陈俐勤（女）为委员。

2003 年

3 月，洪溪村企业主丁根法当选为嘉善县第十三届人民代表大会代表。

3 月 3 日，村残疾人协会成立。

6 月 9 日，村妇代会换届选举，陈俐勤当选为妇代会主任。

9 月 27 日，村党支部书记由全体党员无候选人直接选举，陈俐勤（女）当选。

2004 年

1 月 1 日起，国家全面实行农业税免征政策。

是年，首创“村级重大事项民主决策”公决制，凡涉及村民重大利益的事项，由村民公决，实现了“村级重大事项”由“村干部作主”到“由民作主”的转变。

是年，建筑高浜“康庄大道”，有关联的 3 个村民小组进行村民公决，村民一致同意。2005 年施工，并有部分村民捐款资助。

2005 年

3 月 4—11 日，各村民小组选举村民代表。

4 月 20 日，党支部换届选举，陈俐勤（女）当选为党支部书记。

5 月 18 日，第八届村民委员会换届选举，陆盛林当选为村民委员会主任。

5 月 31 日，洪溪村经济合作社换届选举，陈俐勤（女）当选为社长。

6 月 4 日，祥和食品有限公司党支部并入村党支部。

6 月 24 日，村妇代会换届选举，邹飒燕当选为妇代会主任。

是年，高浜“康庄大道”建筑竣工，全长 900 多米，宽 3.5—5 米。

是年，洪港岸新村建设启动，规划用地 35 亩，建 58 套三层楼房，48 套联体，10 套单体。凡符合条件的洪溪村村民，均可申请建房，经镇土地管理部门审核批准后，交纳 3.5 万元三通费（通电、通水、污水排放纳管）即可建造。

2006 年

5 月，嘉善县生态县建设工作领导小组授予洪溪村“县级生态村”称号。

6 月，投资 150 万元建造新村部办公楼、老年照料中心。新村部占地面积 2000 平方米，建筑面积 1563 平方米（三层楼），砖混结构。老年照料中心占地面积 300 平方米，建筑面积 160 平方米（平房）。

是年，修筑高浜、西周浜、中龙港、洪港岸、蔡家浜内港块石护岸 5.2 公里，疏浚河道 4 公里。

是年，投入 16 万元铺设污水管道 1000 米，100 多户村民生活污水入网。

是年，对村域内 185 户出租房户进行改厕。

是年，组织 60 周岁以上参加合作医疗的老年人进行免费体检，此后每年免费体检一次。

2007 年

1 月，洪溪村冯斌、邹飒燕（女）、陆盛林、俞仁杰 4 人当选为洪溪镇第十五届人大代表。

1 月，中共浙江省委、省人民政府命名洪溪村为浙江省全面小康建设示范村。

1 月 29 日，县委组织部下派大学生村官到洪溪村工作。

3 月，陈俐勤（女）当选为中共嘉兴市第六届党员代表大会代表。

5 月，洪溪村举办全省农民“种文化”篮球擂台赛，全省共有 7 支球队参赛。

6 月 3 日，26 名妇女村民组建“篮球宝贝”，在篮球比赛前和中场休息时跳舞，为篮球队员加油助威。（“篮球宝贝”是“辣妈宝贝”的前身。）

6 月 25 日，浙江省委常委、宣传部部长黄坤明到洪溪村调研村级文化阵地建设。

11 月，浙江省司法厅授予洪溪村“优秀人民调解委员会”称号。

11 月，《浙江日报》报业集团授予洪溪村“浙江农民种文化”群芳奖。

2008 年

3 月，各村民小组选举第九届村民代表。

4 月 6 日，党支部换届选举，陈俐勤（女）当选为党支部书记。

4 月 9 日，省民政厅厅长吴桂英（女）到洪溪村调研居家养老工作。

4 月 26 日，第九届村民委员会换届选举，陆盛林当选为村委会主任，选举村务监督委员会，俞仁杰当选为村监会主任。

6 月 19 日，妇代会换届选举，邹飒燕当选为妇代会主任。

8 月 12 日，嘉兴市民政局领导到洪溪村调研居家养老工作。

8 月 13 日，嘉兴市委组织部领导到洪溪村调研党员远程教育工作。

2009 年

2 月，中共嘉兴市委、市政府授予洪溪村“文明村”称号。

2 月，村域内首次开展五户（邻里和睦户、创业致富户、敬老爱幼户、家庭清洁户、热心公益户）评创活动，每年各村民小组评出五户中的先进户各一户，年终村委会予以表彰，此后每年开展一次，形成制度。

6 月，成立环境卫生管理站，有 5 名工作人员常年负责村域内河道、村道垃圾清理、绿化养护等工作。

7 月，洪溪镇、杨庙镇并入天凝镇。

10 月，经上级党委批准，洪溪村党支部升格为洪溪村党总支。

10 月，中共浙江省委宣传部授予洪溪村“千镇万村种文化活动”先进村称号；同月，嘉兴市绿化委员会授予洪溪村“嘉兴市绿化示范村”称号。

12月12日，嘉兴市妇联主席陆英到洪溪村调研。

2010年

1月，洪溪村陆盛林、邹飒燕（女）当选为天凝镇第十六届人大代表。

2月，嘉善县文明委授予洪溪村“乡风文明建设”先进村称号。

5月7日，洪溪村党总支、马塔塘村党支部组建成立洪溪总支部委员会，陈俐勤（女）任总支书记。

8月，镇政府征用一社、二社、十三社土地211.44亩，176名村民得到养老安置。

9月，浙江省文化厅授予洪溪村“文化示范村”称号。

9月，成立“大阿姐”社会工作室，为老年人、残疾人、矫正人员等服务，配合村调解委员会调处各类矛盾纠纷。

10月，享受失地农民养老安置的年满50周岁的女性和60周岁的男性一次性补缴4年统筹费，即可按15年工龄的退休人员每月领取养老金。

11月，嘉善县天凝镇洪溪篮球俱乐部成立，为全县首家村级篮球俱乐部。

2011年

2月，各村民小组选举村民代表。

3月1日，党总支换届选举，陈俐勤（女）当选为党总支书记。

3月28日，第十届村民委员会换届选举，陈俐勤（女）当选为村委会主任，邹飒燕（女）、沈斌为副主任。村务监督委员会换届选举，金懿龙当选为村监会主任。经济合作社换届选举，陈俐勤（女）当选为社长。

4月18日，妇代会换届选举，邹飒燕当选为妇代会主任。

5月9日，天凝镇党委发文撤销中共洪溪总支部委员会。恢复建立洪溪村党总支、马塔塘村党支部。

12月，中华全国妇女联合会授予洪溪村“全国妇联基层组织建设示范村”称号。

是年，洪溪村在村体育馆举办第一届文化体育节。

是年，“辣妈宝贝”受邀参加中国达人秀第二季、第三季比赛，连续两季进入上海总赛区，并进入全国50强。

2012年

2月，陈俐勤（女）当选为中共嘉兴市第七届党员代表大会代表。

3月14日，嘉兴市政协副主席马云华到洪溪村调研。

3月15日，省人力资源和社会保障厅党组成员、副厅长宓小峰等领导到洪溪村调研，市、县领导陪同。

4月17日，人力资源和社会保障部及省、市、县相关部门领导到洪溪村调研。

5月10日，省委宣传部副部长胡坚到洪溪村调研农村文化阵地建设。

5月，洪溪村投资120万元对村篮球馆加顶改建，10月竣工，改建后的篮球馆成为全县首座村级室内篮球馆。

7月，村歌《美丽洪溪》定稿。周剑光作词，张叶帆作曲。

8月，“辣妈宝贝”参加浙江卫视《舞动好声音》演出。

9月，中共嘉兴市委、嘉兴市人民政府授予洪溪村“嘉兴市文化工作先进集体”称号。“辣妈宝贝”参加山东卫视“歌声传奇”节目，并与“凤凰传奇”同台演出。

10月13—18日，洪溪村承办第五届中国小康村篮球赛总决赛，并获得第一名。

是年，洪溪村在村体育馆举办第二届文化体育节。

2013年

1月，中共嘉兴市委、嘉兴市人民政府授予洪溪村“文明村”称号。

1月13日，村歌《美丽洪溪》在“献礼十八大村歌唱起来第三届全国村歌大赛”评选中，被中国大众音乐协会、中国合作经济学会农村社区小康建设专业委员会、全国村歌大赛组委会评为“中国十佳村歌”。

5—6月，“辣妈宝贝”先后3次参加央视一套《舞出我人生》栏目录制。

10月30日，省委书记夏宝龙到洪溪村调研农村文化礼堂建设。

11月1日，省文化厅厅长到洪溪村调研农村文化阵地建设。

12月，村党总支换届选举，陈俐勤（女）当选为党总支书记。第十一届村委会换届选举，金懿龙当选为村委会主任，倪美丽（女）、冯斌当选为副主任。村股份经济合作社成立董事会并进行换届选举，陈俐勤（女）当选为董事长。各村民小组选举村民代表。

是年，洪溪村投资100万元建造休闲文化广场、休闲公园、生态园。

是年，洪溪村在村体育馆举办第三届文化体育节。

2014年

1月，洪溪村陈俐勤（女）、邹飒燕（女）当选为天凝镇第十七届人大代表。

9月12日，党总支书记陈俐勤（女）出席全省优秀支部书记会议。

10月，浙江省减灾委员会、浙江省民政厅授予洪溪村“浙江省综合减灾示范社区”称号。

是年，在“五水共治”中清理西周浜1公里、洪港岸0.75公里河道淤泥。

是年，高浜九、十、十一、十六、十七等村民小组及蔡家浜十二村民小组村民生活污水纳入污水管网。

是年，党总支书记陈俐勤（女）被评为“中国十大最美村干部”。

是年，党总支书记陈俐勤（女）获浙江省新农村建设金牛奖。

是年，洪溪村在村体育馆举办第四届文化体育节。

2015 年

1 月 13 日，全体党员、村民代表会议召开，表决通过有关决议：凡本村村民生病住院，村干部必须前去探望慰问（慰问品价值 200 元左右）；凡本村村民过世，村委会上门送花圈吊唁，并按习俗送挽金 300 元。

3 月，中华人民共和国司法部、民政部授予洪溪村“全国民主法治示范村（社区）”称号。

5 月，中共中央组织部有关领导到洪溪村调研。

8 月，“辣妈宝贝”受邀赴西班牙参加第 42 届西班牙隆达民间艺术节演出。

是年，西周浜二组、十三组，塘上一组村民生活污水纳入管网。

是年，洪溪村投资 80 万元建造清溪、碧波两座景观桥。

是年，洪溪村在村文化礼堂举办第五届文化体育节。

2016 年

1 月，洪溪村被中国小康村篮球赛组委会评为“总决赛永久性优先承办地”。

2 月 6 日，嘉兴市委书记鲁俊到洪溪村调研。

5 月，丁凝公路修筑过境，过境段长 1 公里，工程征地 40 亩，拆迁 16 户农房。

6 月 27 日，浙江省领导程渭山到洪溪村调研村集体经济发展状况。

8 月，中国成人教育协会、农村成人教育专业委员会授予洪溪村“全国农村优秀学习型组织，学习型村居（社区）”称号。

11 月，上海第一财经传媒有限公司、中国最美村镇评选活动委员会授予洪溪村“人文奖”。

12 月，中国合作经济学会农村社区小康建设专业委员会、中国大众音乐协会、陕西广播电视台、全国乡风文明网授予洪溪村“全国乡风文明示范村”称号。

是年，在综合环境整治中，村域内 12 户温室甲鱼养殖户全部退养，面积 9224 平方米耕田全部复耕。

是年，洪溪村与三发村联合开办的废钢铁市场被全部腾退。

是年，洪溪村在村文化礼堂举办第六届文化体育节。

2017 年

1 月，洪溪村金懿龙、宗毓（女）当选为天凝镇第十八届人大代表。

2 月，洪溪村邬炳其（女）当选为嘉善县第十六届人大代表。

3 月，陈俐勤（女）当选为中共嘉兴市第八届党员代表大会代表。

4 月 9 日，村党总支换届选举，陈俐勤（女）当选为党总支书记。

5 月 6 日，第十二届村民委员会换届选举，金懿龙当选为村民委员会主任。村务监督委员会换届选举，孟林娟（女）当选为村监会主任。

7 月 29 日，村妇联换届选举，邹飒燕当选为村妇联主席。

9 月 27 日，“金婚夫妇”庆贺大会召开，村干部为全村 58 对金婚夫妇送唐装（上装）一件，组织少年儿童为每一对金婚夫妇佩戴大红花。

9 月，洪溪村投资 120 万元，建成高浜文化长廊，长 160 米，檐高 2.7 米，宽 2.1 米。

10 月，洪溪村投资 50 万元，建成横跨洪港岸的景观桥——洪粼桥。

11 月 16 日，村环境卫生管理站设立垃圾分类引导员，检查和帮助村民进行垃圾分类。

12 月，上海第一财经传媒有限公司、中国最美村镇评选活动组委会授予洪溪村“中国最美村镇”50 强荣誉。

是年，洪溪村被中共嘉善县委组织部列为“嘉善县村干部实践培训基地”。

是年，投资 500 万元建造建材中转码头和堆场，随即拍租，年租金收入 220 万元。

是年，洪溪村投资 300 万元建造洪溪垃圾分拣站，以年租金 54 万元拍租成功。

是年，洪溪村在村文化礼堂举办第七届文化体育节。

2018 年

1 月，中共嘉善县委、嘉善县人民政府、嘉善县农业和农村工作办公室、嘉善县妇女联合会授予洪溪村 2017 年度“美丽庭院”标杆村称号。

4 月，中共嘉兴市委组织部将洪溪村列为“嘉兴市基层干部实践培训基地”。

7 月 30 日，县组织部发文，中共洪溪村总支委员会升格为中共洪溪村委员会。

9 月 22 日，洪溪村乡贤参事会成立。由在村村民和出生于洪溪村，在村域外工作的企业董事长、总经理及副科级干部、教授、专家等组成，共有 35 位会员。

9 月 23 日，洪溪村举办首届“农民丰收节”兼洪港岸新村首届中秋邻里节，新村 58 户 300 多人齐聚一堂，欢庆中秋佳节。

10 月 13 日，在高浜开展“相亲相爱一家人，共建共享新洪溪”活动，县政协副主席阎靖华（女）、县统战部副部长徐斌、县民政局副局长陶文舟、镇党委书记李志杰、镇长马红屏（女）、全体村干部和 60 岁以上老年人及家属 800 多人参加活动，活动资金由乡贤参事会赞助。

10月，中共嘉兴市委、嘉兴市人民政府授予洪溪村“嘉兴市十大美丽村落”称号。

11月，投资40万元在洪港岸新村建造景观桥（悠漾桥）一座。

是年，洪溪村在村文化礼堂举办第八届文化体育节。

2019年

4月16日，贵州省黔西南州考察团到洪溪村考察美丽乡村建设。

4月18日，省财政厅领导到洪溪村验收“省一事一议”项目。

5月23日，洪溪村在村文化礼堂举办第九届文化体育节。

6月6日，省、市、县、镇领导到洪溪村考察创建“无蝇、无蚊村”工作。

8月1日，全国各省水利厅厅长由水利部领导带队到洪溪村指导工作。

9月27日，洪溪村在高浜举办“相亲相爱一家人百桌千人宴”活动，全村600多名60岁以上老年人参加。

11月13日，上海、浙江、安徽司法厅（局）长到洪溪村考察法治建设工作。

12月，嘉善县委统战部授予洪溪村“新乡贤工作示范村”称号。

2020年

3月，西周浜25户村民住房拆迁，1户宅基地回购，9户公寓房安置，15户安排宅基地在洪溪新社区建房。

6月，省红十字会党组书记、专职副会长到洪溪村考察新冠肺炎防疫工作。

7月，嘉善县拥军优属，拥政爱民领导小组授予洪溪村“爱国拥军模范单位”称号。

7月，中共青浦区委组织部、中共吴江区委组织部、中共嘉善县委组织部授予洪溪村党委“长三角生态绿色一体化发展示范区”党群服务示范阵地称号。

9月，嘉善县乡村振兴领导小组授予洪溪村“嘉善县十大绿色发展特色强村”称号。

11月28日，中共洪溪村委员会换届选举。金懿龙当选为党委书记，倪美丽（女）、陈佳杰当选为副书记，冯剑、占旭峰当选为委员。

12月20日，洪溪村第十三届村民委员会换届选举。金懿龙当选为村民委员会主任，倪美丽（女）当选为副主任，陆祥当选为委员。

12月22日，洪溪村股份经济合作社董事会换届选举，金懿龙当选为董事长，倪美丽（女）当选为副董事长。

第一章 村域 建置

第一章 村域 建置

6000多年前村域内已有先民活动，繁衍生息。隋代前，域地均由嘉兴（先后称由拳、禾兴）行政区管辖。隋代改属吴县，唐代复属嘉兴县，五代时改属杭州。后晋高祖天福元年（936）又复属嘉兴县。明宣德五年（1430）置嘉善县，洪溪地域属嘉善县思贤乡思四区管辖。嘉善解放后，属嘉善县洪溪镇（乡）管辖。1959年11月至1961年4月，嘉善县建制撤销，隶属嘉兴县天凝人民公社管辖。1961年4月复置嘉善县后，归嘉善县洪溪镇管辖。2009年7月，洪溪镇并入天凝镇，洪溪村归天凝镇管辖。2020年，洪溪村辖7个自然村、18个村民小组。村委会驻地洪溪集镇洪溪路39号。洪溪村位于嘉善县西北部，紧靠洪溪集镇，面积1.38平方公里。

第一节 隶属 建置

明清时期属嘉善县思贤乡的思四区。民国元年（1912），始行地方自治，洪溪属干洪区。民国19年（1930）4月，属第四区，民国22年6月为洪溪镇域地。民国24年（1935）6月实行保甲制，洪溪镇辖10保。民国35年（1946）2月整编乡镇，洪溪镇改称洪溪乡，由洪溪乡管辖。民国37年（1948）改为洪溪镇管辖。1949年5月，嘉善解放。6月建立洪溪镇，8月建立西周村、9月建立高浜村、10月建立洪溪村。1953年9月改为西周代表区和高浜代表区、洪溪代表区。1957年2月变更为七一高级社和洪联高级社。1958年9月为天凝公社第十一营的3个连。1959年3月变更为天凝公社洪溪管理区七一生产队。1961年4月变更为洪溪公社七一大队和洪联大队。1969年10月，七一、洪联合并为洪溪大队。1984年2月洪溪大队改名为洪溪村。2009年7月洪溪镇、天凝镇、杨庙镇三镇合并改为嘉善县天凝镇，洪溪村隶属天凝镇至今。2020年，洪溪村下辖7个自然村、18个村民小组。

明清至2020年村域演变一览表

表1-1

<table>
<tr><th rowspan="2">明清时期</th><th>民国时期</th><th colspan="2">解放初期
1949年5月至
1953年9月</th><th colspan="2">农业合作化期间
1953年9月至
1958年9月</th><th colspan="5">公社、乡、镇时期
1958年9月至2020年</th><th colspan="2">地域</th></tr>
<tr><th>保</th><th>行政村</th><th>代表区</th><th>初级社</th><th>高级社</th><th>十一营</th><th>生产队</th><th>大队</th><th>大队</th><th>村</th><th>村民小组（个）</th><th>自然村</th></tr>
<tr><td rowspan="18">思四区</td><td rowspan="18">1保
2保
3保
4保
5保
6保
7保</td><td rowspan="5">洪溪村</td><td rowspan="5">洪溪代表区</td><td>中心社</td><td rowspan="5">洪联高级社</td><td rowspan="5">连</td><td rowspan="18">七一生产队</td><td rowspan="5">洪联大队</td><td rowspan="18">洪溪大队</td><td rowspan="18">洪溪村</td><td>6</td><td>中龙港（独圩）</td></tr>
<tr><td rowspan="4">红心社</td><td>7</td><td>北汇头</td></tr>
<tr><td>8</td><td>北汇头</td></tr>
<tr><td>14</td><td>洪港岸（小浜）</td></tr>
<tr><td>15</td><td>北汇头</td></tr>
<tr><td rowspan="7">西周村</td><td rowspan="7">西周代表区</td><td rowspan="2">建国社</td><td rowspan="13">七一高级社</td><td rowspan="7">连</td><td rowspan="13">七一大队</td><td>1</td><td>塘上</td></tr>
<tr><td>2</td><td>西周浜</td></tr>
<tr><td rowspan="3">建中社</td><td>3</td><td>中龙港（东周浜）</td></tr>
<tr><td>13</td><td>西周浜</td></tr>
<tr><td>18</td><td>中龙港（东周浜）</td></tr>
<tr><td rowspan="2">建新社</td><td>4</td><td>中龙港</td></tr>
<tr><td>5</td><td>洪港岸</td></tr>
<tr><td rowspan="6">高浜村</td><td rowspan="6">高浜代表区</td><td rowspan="4">永远社</td><td rowspan="6">连</td><td>9</td><td>高浜</td></tr>
<tr><td>17</td><td>高浜</td></tr>
<tr><td>10</td><td>高浜（鸭头湾）</td></tr>
<tr><td>16</td><td>高浜（鸭头湾）</td></tr>
<tr><td rowspan="2">永联社</td><td>11</td><td>高浜（永安桥西）</td></tr>
<tr><td>12</td><td>蔡家浜</td></tr>
</table>

第二节　自然村

洪溪村现由7个自然村组成，它们的名称有的以地理位置命名，有的以地形的形状命名，有的以原始住户的姓氏命名，还有的以自然村域内有名的物产谐音命名。这 7 个自然村共有住户 556 户，其中高浜住户有 139 户、北汇头 104 户、中龙港（独圩）120 户、洪港岸 97 户、西周浜 44 户、塘上 36 户、蔡家浜 16 户。

北汇头 位于洪溪集镇北处，与洪家滩市镇同时形成，聚落呈块状分布。村落在洪溪北斜塘折弯处，故称“北汇头”。南与集镇交叉，北与三发村接壤，东临斜塘港，西连高浜自然村。第七、八、十五及第六、十四村民小组有部分村民居住。至 2019 年，全自然村有住户 104 户，人口 219 人。住户中有俞姓 15 户，周姓 11 户，陈姓、倪姓各 6 户，吴姓、陆姓、储姓各 5 户，黄姓、刘姓、江姓、吕姓各 4 户，张姓、劳姓、邱姓各 3 户，王姓、贾姓、诸姓、梅姓、章姓、夏姓、翟姓、何姓各 2 户，顾姓、仲姓、李姓、姚姓、于姓、邹姓、范姓、项姓、邵姓、沈姓各 1 户。

中龙港 包括中龙港、独圩两部分。中龙港位于洪溪集镇以南，聚落呈条状分布，村坐落于港边，港像一条龙，连接马塔塘与洪家滩漾，故名中龙港。村落南靠红旗塘，北接洪溪老集镇，东临中龙港，西连洪溪新集镇。第三、四、十八村民小组村民居住。至 2019 年，中龙港有住户 104 户，人口 306 人。住户中有黄姓、周姓各 19 户，贝姓 14 户，倪姓 8 户，冯姓 6 户，潘姓 5 户，方姓、王姓各 4 户，马姓、袁姓、朱姓、程姓各 2 户，姚姓、金姓、薛姓、赵姓、李姓、邹姓、彭姓、沈姓、邵姓、杨姓、陈姓、孙姓、夏姓、陆姓、梅姓、严姓、张姓各 1 户。独圩位于洪溪集镇东，聚落呈条状分布，坐落于东斜塘，西依中龙港，南连红旗塘，北靠洪家滩漾，四面环水，故称独圩，解放后因红旗塘工程开挖，一分为二，南归杨树村，北归洪溪村。第六村民小组部分村民居住于此。人口户籍现并入中龙港自然村。至 2019 年，有住户 16 户，人口 67 人。其中吴姓 4 户，马姓 3 户，陈姓、裘姓各 2 户，罗姓、王姓、黄姓、丁姓、周姓各 1 户。

洪港岸 位于洪溪集镇西处，聚落呈东西向带状分布，北靠洪港岸港，南连洪溪新集镇，东接洪家滩漾，西临沈北泾港。第五及十四村民小组村民依洪港岸而居。至 2019 年，全自然村有住户 97 户，人口 321 人。住户中有王姓 15 户，李姓、周姓各 9 户，金姓 6 户，黄姓 5 户，刘姓、章姓各 4 户，吴姓、叶姓、程姓、丁姓、陈姓各 3 户，顾姓、邹姓、张姓、仲姓、俞姓、朱姓、姚姓、陆姓各 2 户，董姓、费姓、史姓、杨姓、梅姓、吴姓、傅姓、徐姓、邹姓、石姓、时姓、吕姓、肖姓、沈姓各 1 户。1945 年，淞沪洪家滩会议地址在洪港岸。省级文物保护单位安澜桥坐落于洪港岸东侧，横跨洪港岸港。

西周浜 位于洪溪集镇西处，洪溪村委会驻地，聚落呈带状分布。南连塘上，北靠洪溪农贸市场，东接洪溪集镇，西临沈北泾港，传说从前有周姓兄弟分别居住在东、西两浜，此浜在西，故名西周浜，村以浜得名。东周浜于 20 世纪 80 年代村镇建设时被填平。先前居住的村民以周姓为主。第二、十三村民小组村民在此居住。至 2019 年，全自然村有住户 44 户，人口 145 人。住户中有周姓 9 户，冯姓、沈姓各 7 户，钱姓、潘姓、陆姓各 5

户，张姓 2 户，丁姓、黄姓、王姓、方姓各 1 户。

塘上　位于洪溪村南处，聚落呈带状分布。南靠马塔塘港，北接西周浜，东临沈北泾港，西连洪溪新集镇南郊。第一村民小组依马塔塘港而居。村以村民居住塘上而得名。至 2019 年，全自然村有住户 36 户，人口 104 人。住户中有冯姓 26 户，陆姓、顾姓、诸姓各 2 户，杨姓、周姓、邱姓、宗姓各 1 户。

高浜　位于洪溪集镇西北处，聚落呈东西向带状分布，南靠第十一、十二村民小组田地，北连第十四、十五小组田地，东接北汇头，西临联谊村。从前村民在浜内种植茭白而出名，人称“茭浜”，当地方言“茭”与“高”同音，后称“高浜”。第九、十、十一、十六、十七村民小组以及第十二村民小组部分村民居住于此。至 2019 年，全自然村有住户 139 户，人口 481 人。住户中有顾姓 36 户，王姓 12 户，莫姓 9 户，张姓 7 户，朱姓、魏姓、徐姓、陈姓各 6 户，钱姓、杨姓各 5 户，潘姓、陆姓、李姓、浦姓、金姓各 4 户，倪姓、姚姓、计姓、周姓、俞姓、蒋姓、邵姓各 2 户，丁姓、沈姓、孙姓、吴姓、费姓、江姓、邬姓各 1 户。地球物理学家、中科院学部委员顾功叙出生于高浜。现存民国时期古建筑顾家厅、顾家河埠、自灵庵等。

蔡家浜　位于洪溪村高浜西处，聚落呈半弧形分布。村坐落在浜边，原有蔡姓居住，故名蔡家浜，东、南、北三面与该村田地相连，西临联谊村新开河。至 2019 年，全浜有住户 16 户，人口 55 人。其中陆姓 8 户，何姓 2 户，费姓、王姓、邹姓、鲁姓、杨姓、孙姓各 1 户。

第三节　家　族

洪溪村落的形成始于何时，至今尚无资料考证，但明朝万历年《嘉善县志》思贤乡思四区记载有西周村庄、黄家滩、西周浜。证明这一带在明万历年前已有，并逐步得到发展，人口逐年递增，形成规模较大的族群。未搜集到家谱、宗谱资料，只能通过民间调查走访得到一些有限且不完整的信息，留作后人继续考证与发掘的线索。

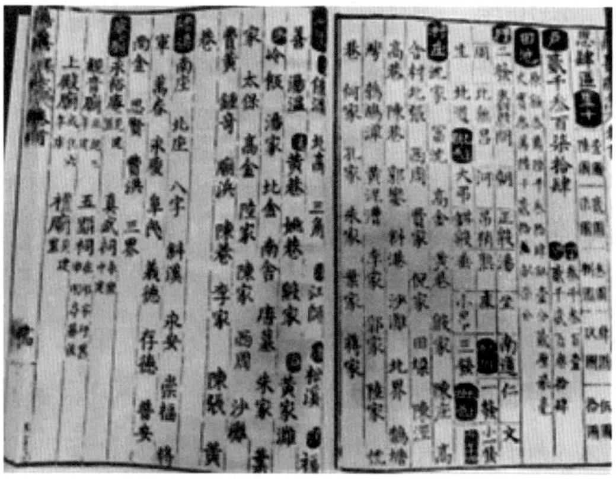

明万历《嘉善县志》（沈纪昌 摄）

全村有 556 户，其中周姓 51 户、顾姓 40 户、冯姓 39 户、王姓 36 户、黄姓 30 户、陆姓 23 户、俞姓 19 户、陈姓 17 户、张姓 16 户、倪姓 16 户、李姓 15 户、贝姓 14 户、潘姓 14 户、沈姓 11 户。其他姓氏 215 户。

周姓

周姓是域内第一大姓，全村有 51 户姓周。周姓族人很早就居住在洪溪村，传说从前有周姓兄弟分别居住东、西两浜，在西的名为西周浜，村以浜得名。明万历《嘉善县志》有关于西周记载，可谓历史久远。民国 38 年（1949）8 月，域内建立的第一个村就叫西周村。由于周家没有家谱、宗谱等资料，其来龙去脉只能通过民间调查走访获取信息。

信息一，居住在西周浜（二组）、中龙港俞家浜（三组、四组）的周姓是同一个祖宗繁衍的后代。早在好几百年前就居住在村域内。至 2020 年，西周浜的周姓有 9 户，俞家浜的周姓有 15 户，都是周氏族人（以上信息为 2019 年 7 月 27 日 87 岁的周爱生口述提供）。

信息二，居住在洪港岸（五组）的周姓祖先是从平湖迁徙过来的，时间和具体地址不详，洪港岸周氏三兄弟，老大周维荣，老二周连荣，老三周顺荣，与中龙港周家场周品珊、周品伟两兄弟血缘关系最近，而与居住在老集镇的周伯炎、周少华也是族人。至 2020 年，洪港岸的 4 户周姓，中龙港的 4 户周姓，老集镇的 5 户周姓都是氏族（以上信息为 2019 年 7 月 27 日 82 岁的周乐君口述提供）。

信息三，居住在北汇头（八组、十四组）的周姓族人是世居，传至周友兴时为第几代未知，周友兴与周志祥之父同为一个祖父的后代。至 2020 年，北汇头有周姓族人 5 户（以上信息为 2019 年 7 月 28 日 76 岁的周友兴口述提供）。

信息四，居住在小浜（洪港岸北）的周姓共 3 户，他们不是同一个家族。

1.周凤山，解放前夕从江苏省兴化县陶庄乡北戚村迁徙到村定居，至今已传三代，二子分立门户。

2.周元龙，解放前夕从江苏省兴化县陶庄乡北戚村迁徙到村定居，至今已传三代。

3.周锦华，世居洪溪小浜，他是周家第几代不详（以上信息为 2019 年 7 月 28 日 76 岁的周东裕、55 岁的周建忠口述提供）。

顾姓

顾姓是域内第二大姓，全村有 40 户，分为三路：第一路是高浜顾姓，先祖在清朝太平天国年间从海盐“竹子墙门”迁徙到洪溪村高浜定居；第二路是北汇头及高浜永安桥南顾姓，先祖在民国 29 年（1940）从绍兴豆姜乡西豆姜村迁徙到洪溪村定居；第三路顾姓世居在洪溪村洪港岸。

域内的高浜自然村顾家是本村的一个大家族。至今顾家祠堂（顾家厅、河埠）尚在，家谱未能保存。

嘉善顾氏，系出武陵，自始祖迁善之茭浜，已有数百年。顾氏后人恪守“抱恒德、保恒业、守恒心”的家训，为善一方，为乡里人称道。据年长的顾氏族人讲述，早在清朝太平天国年间，原籍海盐“竹子墙门”的顾氏三兄弟（三兄弟的名号和详细地址已记不清）

为躲避战乱，迁徙到洪溪，其中一人在联谊村的杨家斗定居，一人在三发村的蜈蚣篓定居，一人在高浜自然村定居，三兄弟中唯定居在高浜村的人丁最旺。顾氏老祖宗为后代子孙排了辈分的名号，共十五辈，前五辈的名号已记不清，后十辈的名号依次为金、木、水、火、土、承、祖、功、宗、德，中国已故著名地球物理学家、中国科学院学部委员（院士）顾功叙就是“功”字辈，传到“宗”字辈时，顾氏的族人已有150多人，“摇篮里的‘太太’（高祖）”，这近乎是一句戏言，但在高浜顾氏家族中，却确有其事。“宗”字辈中有人已经7岁了，而“承”字辈中有一个孩子刚刚出世，按辈分称呼，这个“宗”字辈7岁的孩子，要叫刚刚出世的婴儿为“太太”（高祖）。解放后，人们的思想观念发生了改变，“宗”字辈后的子女就不再按老祖宗定下的辈分名号取名了。顾氏家族人离开高浜村在外面工作生活的有“承”字辈8人，其中5人已故，3人健在，年龄最高的已经是百岁的寿星了。“祖”字辈22人，12人已故。“功”字辈22人，3人已故。“宗”字辈5人，而仍居住在高浜村的“承”字辈有1人，“祖”字辈5人，“功”字辈15人，“宗”字辈21人，“宗”字辈以下的包括女眷共56人。居住在高浜港南的顾定一、顾无双、顾品珊（均已故）三兄弟是顾氏“功”字辈（以上信息为2018年11月25日78岁的顾桂平口述提供）。

信息二，北汇头和高浜永安桥南顾姓始祖顾月明与顾荣甫是堂兄弟。他们在民国29年（1940）一同从绍兴豆姜乡西豆姜村迁徙到洪溪村。顾荣甫替高浜地主家做长工，顾月明替地主家摇货船。至今顾月明已传三代，顾荣甫已传二代（以上信息为2019年8月7日57岁的顾梅森、58岁的顾根兴口述提供）。

信息三，洪港岸顾姓，顾鸣强的祖先一直居住在洪港岸，爷爷叫什么名字未知（以上信息为2019年8月6日56岁的顾鸣强口述提供）。

冯姓

冯姓村民是域内第三大姓，共有39户，都是从河南迁徙到洪溪第一代冯姓繁衍的后代，居住在塘上（一组）26户，西周浜（二组）7户，中龙港（三组）6户。

信息一，清朝太平天国年间，为躲避战乱，冯氏三兄弟携家带眷，从河南信阳迁徙到洪溪。其中二兄弟定居在塘上（一组），一人在马塔塘沈北泾港口建房（称冯家场），一人在马塔塘东段建房，另一兄弟在西周浜（二组）定居。冯家场冯氏先祖传至第三代，子女为“荣”字辈，长子冯大荣，次子冯少荣，三子冯子荣。冯子荣的子女为“堂”字辈，长子冯祖堂，次子冯少堂，三子冯幼堂。此后冯氏后代起名不再有统一辈名，解放前西周浜（二组）有部分冯氏族人分流到中龙港（三组）和洪溪镇镇东村（陈家浜）居住。冯氏祖籍地河南信阳，有几个村庄仍有冯氏族人居住，且人口众多。“堂”字辈的还有10多人健在。而洪溪冯氏族人因工作原因在杭州、嘉善等地居住的也有3户，冯建业是冯氏第五代孙（以上信息为 2019 年 7 月 18 日 78 岁的冯建业口述提供）。

王姓

村域内姓王的有 36 户，是域内第四大姓，遍及全村各组，虽然户数较多，但有 13 户是在解放前后从苏北、黄岩等地迁徙到村定居的。世居在洪溪村的王姓有 20 户，而真正形成族群的王姓只有两路。高浜王家汇王氏家族一路户数较多，洪港岸王氏家族人数少些。

信息一，王家汇王姓族人很早以前就居住在高浜永安桥南东汇头（十一组），由于氏族内人口众多，所以居住地被称为“王家汇”。解放前夕，王湘泉（今健在）的祖母携全家迁居到洪港岸至今，王志明随母及两个伯父、一个叔父迁居洪溪老集镇至今。到 2018 年，村域内有王姓族人 15 户（以上信息为 2019 年 7 月 30 日 73 岁的王志明、70 岁的王湘泉口述提供）。

信息二，洪港岸王姓祖先，早在清朝时期就一直居住在洪溪安澜桥南，世代以摇航船为生。传至王岩（今健在）的祖母（名王慎姐）这一代已是第五代（出生时间约 1890 年），到王慎姐摇航船时，人们称她为“五代航船”，航线从黄家滩至西塘，途经上甸庙、倪家桥、下甸庙、邗上，当天往返（以上信息为 2019 年 7 月 30 日 81 岁的王岩口述提供）。

信息三，西周浜王姓，王荣根父亲是入赘王家的女婿，母亲王二姐世居在西周浜（以上信息为 2019 年 7 月 30 日 58 岁的王荣根儿媳俞丽英口述提供）。

信息四，中龙港王姓之一王鸣珊祖先世居在中龙港，其他详情未知（以上信息为 2019 年 7 月 31 日 82 岁的沈志英口述提供）。

信息五，十四组王姓，王早生父亲王桂元于民国 34 年（1945）从江苏东台县（具体地址未知）迁徙到嘉善，先在陶庄居住，1950 年再从陶庄迁徙到洪溪村北汇头定居，至今已传四代（以上信息为 2019 年 7 月 30 日 73 岁的王早生口述提供）。

信息六，十二组王姓，王桂芳父亲及叔父祖籍苏北（具体地址未知），解放前（时间未知）王桂芳之父迁徙到洪溪村十二组，做水上运输生意，解放后（时间未知）曾回苏北老家居住过一段时间，又重回洪溪村定居，至今已传三代（以上信息为 2019 年 7 月 31 日 75 岁的王素英口述提供）。

信息七，蔡家浜王姓，王同生父亲王安子于民国 34 年（1945）以前从江苏兴化县（具体地址未知）迁徙到洪溪蔡家浜定居，其他详情未知，至今已传三代（以上信息为 2019 年 8 月 1 日 75 岁的王同生口述提供）。

信息八，中龙港王姓之二，王建华父亲王森林（已故）原是中龙港贝金生之亲子，民国 34 年（1945）送给嘉兴南汇镇东岳桥王家作养子改姓王，1994 年王森林病退回中龙港与妻儿同住（以上信息为 2019 年 8 月 1 日 79 岁的贝雪英口述提供）。

信息九，西高浜王姓之一，王建中祖先世居西高浜（十六组），父亲王金林（已故）

原在嘉善惠民供销社工作，1986年其弟王建平顶班，王金林户籍迁入洪溪村（以上信息为2019年8月1日85岁的孙凤玉口述提供）。

信息十，高浜王姓之二，王阿妹原名陈阿妹，15岁时（民国18年，即1929年）与哥哥陈阿堂从台州市黄岩县北门外一个山里（具体地名未知）迁到嘉善。先在大云、钟埭（详细地址未知）替地主家看牛，数年后与哥哥到洪溪村替地主家做长工，哥哥陈阿堂在三发村皮河浜，陈阿妹在洪溪村。约在民国 30 年（1941），西周浜王家（名字未知）媳妇丧夫，陈阿妹进入王家为婿，改名为王进发（意思是进去就发），陈阿妹小名阿妹，因此人们习惯叫他王阿妹，到现在已传三代（以上信息为2019年8月1日73岁的王祥仁口述提供）。

黄姓

洪溪村黄姓有30户，分为四路，中龙港小陈浜（三组）一路为大黄姓，有19户，户数最多；洪港岸、洪溪老集镇、北汇头一路为中黄姓，有9户；中龙港独圩（六组）一路为小黄姓，仅1户，另一路为北新街黄姓也只有1户。

信息一，小陈浜（三组）黄姓氏族内人口众多，黄姓先祖一直居住在此。黄家始祖名字未知，到现在已传了几代也不知晓（以上信息为2019年8月8日83岁的黄正明口述提供）。

信息二，洪港岸黄姓和洪溪老集镇北大街黄姓以及北汇头黄姓是一个氏族，先祖就居住在洪港岸。晚清时有黄氏族人搬到洪溪镇和洪溪北汇头居住，烧制砖瓦。黄合顺品牌的砖瓦就是黄氏后辈所生产的砖瓦品牌，民国9年（1920）在全国建筑展览会上展出，获优质奖。清末时建造黄家住宅，至今仍在原址。2010年5月，被列为县级文物保护点（以上信息为2019年8月8日84岁的黄佰年、78岁的黄敖生口述提供）。

信息三，中龙港独圩黄姓，黄秀松（已故）父亲黄连庆（已故）清末时从台州（具体地址不详）迁徙到洪溪镇北新街定居。此前黄连庆（排行老五）、两个哥哥、老大（名字不知）、老四（黄子庆）早已在洪溪定居。老大开书场，后到上海经商，一直未回洪溪，老四在洪溪开茶馆店（南大街中段），名为黄老四茶馆店。黄子庆虽有六个子女，但都夭折，黄秀松被过继给伯父黄子庆继承黄老四茶馆店。至今黄连庆已传四代（以上信息为2019年8月9日92岁的吴龙珍口述提供）。

信息四，北新街黄姓，黄银泉（已故）父亲（名字未知，已故）清末时从绍兴（具体地址不详）迁徙到洪溪，生有二子二女（均已故），黄银泉最小，民国后期黄家建造住宅，2010年5月被列为县级文物保护点。现黄家后代在嘉善、杭州工作（以上信息为2019年8月9日92岁的吴龙珍口述提供）。

陆姓

陆姓，全村有 23 户，分三路，蔡家浜一路人数最多，是世居，共 12 户；西周浜塘上一路共 6 户，陆姓始祖是晚清时从江苏吴江迁徙到洪溪的；北汇头洪港岸一路陆姓共 5 户，是 1956 年和 1999 年分别从江苏建湖、洪溪镇杨树村迁徙到洪溪村的。

信息一，蔡家浜陆姓现有 11 户，26 人，是一个氏族。从始祖（名字未知）开始就一直居住在蔡家浜。陆姓传到现在是第几代未知（以上信息为 2019 年 8 月 2 日 79 岁的陆坤林口述提供）。

信息二，西周浜陆姓先祖陆少其、陆少庆两兄弟在晚清时期从江苏吴江迁徙到洪溪西周浜定居。兄陆少其无子，生一女儿，招赘塘上（今一组）冯姓为婿，改姓易名为陆福祥；弟陆少庆无子女，领养女儿招女婿（名为陆正荣），起先未生育，领养一个儿子陆永生，后生育一子陆根生、一女陆马英。今陆洪生（健在）为陆少其第三代孙，陆永生、陆根生为陆少庆第三代孙（以上信息为 2019 年 8 月 3 日 79 岁的陆永生口述提供）。

信息三，七组陆姓父亲陆立清、叔父陆立明和陆立钊三兄弟在 1956 年从江苏建湖县沿河乡沿北村迁徙到洪溪村定居，做水上运输生意。1962 年，陆立钊迁回苏北老家，至今七组陆氏已繁衍四代（以上信息为 2019 年 8 月 2 日 57 岁的陆其根口述提供）。

信息四，洪港岸陆姓，陆海荣于 1999 年携儿子、女儿、女婿、外孙女从杨树村（今洪福村）迁入洪溪村五组居住（以上信息为 2019 年 8 月 5 日 75 岁的陆海荣口述提供）。

俞姓

全村俞姓有 19 户，分为三路。北汇头俞家场一路为同宗同族；另一路为老集镇移居到北汇头的，有 2 户；第三路是解放前从上虞迁徙到高浜村的，也有 2 户。

信息一，北汇头俞姓居住在俞家场共有 15 户，都是同一个祖宗，俞仁杰父亲是“生”字辈，叫俞杏生，叔父俞奎生、堂叔俞福生、俞益生、俞补生、俞明生、俞昌生、俞老顺（名字已忘）、俞连生、俞荣生、俞伯生，由于没有家谱，详细的血缘关系不清楚，也不知道俞仁杰是俞家第几代子孙，从俞仁杰父亲出生的时间推算，俞家的祖先最迟在清咸丰九年（1859）前后已在北汇头居住（以上信息为 2019 年 12 月 20 日 78 岁的俞仁杰口述提供）。

信息二，俞文祥父亲叫俞汝荣，祖父名字不知，人家叫他俞八相，与洪家滩开茶庄酒楼的俞泰茂是同一族，早在俞文祥曾祖父时就居住在洪家滩（以上信息为 2019 年 12 月 21 日 72 岁的俞文祥口述提供）。

信息三，父亲俞阿寿，民国 9 年（1920）左右从绍兴上虞到洪家滩替地主做长工，在高浜娶妻成家，生有三子、五女，大儿子俞德甫，二儿子俞德元（已故），三儿子俞德祥，5 个女儿除一人夭折外，其余 4 人均已出嫁，到现在已传四代（以上信息为 2019 年 12 月

21 日 72 岁的俞德甫口述提供）。

陈姓

全村陈姓有 17 户，其中北汇头 5 户陈姓是氏族，洪港岸北 3 户陈姓，2 户陈姓是同族，1 户是嫁入妇女，中龙港独圩 2 户陈姓是亲弟兄。高浜 6 户陈姓中有 5 户是从江苏、绍兴迁徙到高浜定居的，有 1 户是 1963 年浙江水电工程局精简下放到高浜村的，中龙港 1 户陈姓是嫁入妇女。

信息一，北汇头陈姓，祖先一直居住在洪溪北汇头。太爷爷（名字不知）无儿子，生有一女，招赘洪溪三发村沈道浜朱义为婿，爷爷生二子、一女，父亲朱邦才生四子，叔父朱瑞兴生二子，恢复陈姓（以上信息为 2019 年 8 月 9 日 82 岁的陈其荣口述提供）。

信息二，洪港岸北陈姓，祖先世居洪溪集镇。爷爷陈大宝，在洪溪镇开肉店，生有六子、一女，父亲陈福元，排行老三，母亲在解放前种田，所以是农业户籍，伯父、叔父都是洪溪镇居民（以上信息为 2019 年 8 月 11 日 73 岁的陈福生口述提供）。

信息三，中龙港独圩陈姓，父亲陈福庆（已故）在解放前（具体时间不详）从翁村迁徙到洪溪成为第一代陈姓，至今已传四代（以上信息为 2019 年 8 月 14 日 63 岁的陈秋芳口述提供）。

信息四，高浜九组陈姓，陈金荣（已故）民国 31 年（1942）从绍兴出来，先到嘉兴王店当餐饮店学徒，1953 年到洪溪集镇工作，1958 年与洪溪村民戴开玲结婚，至今已传四代（以上信息为 2019 年 8 月 4 日 82 岁的戴开玲口述提供）。

信息五，十组陈姓，爷爷陈六四，民国 26 年（1937）从绍兴柯桥（具体地名不知）携奶奶张大宝、伯父陈信成、父亲陈叶成及三个姑母迁徙到洪溪高浜定居。民国 36 年（1947），伯父到上海学生意居住上海，三个姑母出嫁。至今爷爷已传四代（以上信息为 2019 年 8 月 9 日 57 岁的陈洪强口述提供）。

信息六，十一组陈姓，陈荣 1950 年携全家从江苏盐城市射阳县特佣乡（具体地名不知）迁徙到杭州大关做水上运输生意（撑木排），1954 年迁到洪溪村十一组定居。至今已传四代（以上信息为 2019 年 8 月 4 日 79 岁的陈凤祥口述提供）。

信息七，精简下放职工子女陈姓，顾芝香原是浙江水电工程局职工，1960 年与同单位职工陈兴华结婚，1963 年顾芝香精简下放回洪溪村，生有三个女儿，按照当时的政策，子女的户籍随母（以上信息为 2019 年 8 月 13 日 81 岁的顾芝香口述提供）。

张姓

域内有张姓 16 户，分为四路，高浜（十一组）有张姓 5 户是世居，西周浜（二组）张姓有 2 户，分别从洪溪镇竹梗（马塔塘村）和洪溪村十一组搬迁来的，洪港岸 2 户张姓是清朝太平天国年间从枫泾迁徙到洪溪村的，北汇头 1 户张姓和高浜 2 户张姓是 1950 年从枫泾屈家浜（长征村）迁徙到洪溪村的，另北汇头 1 户张姓是 1990 年后从洪溪镇联谊村迁入洪溪村的，2 户张姓是嫁入洪溪村妇女，中龙港 1 户张姓是 1990 年从天凝迁居洪溪村的。

信息一，十一组张姓祖先是世居（名字未知），张宗林太爷爷（名字未知）无儿子，生育一女，招赘新开河费姓为女婿，改张姓，生二子，现张宗林太爷爷已传六代（以上信息为 2019 年 8 月 5 日 73 岁的张宗林口述提供）。

信息二，西周浜张炳春先祖（名字未知）在民国 8 年（1919）从本镇竹梗（马塔塘村）搬迁至西周浜，至今已传四代。张国栋爷爷原住十一组，与张宗林是同宗同族。民国 8 年（1919）从十一组搬迁至西周浜居住，至今已传四代（以上信息为 2019 年 8 月 7 日 79 岁的张国栋口述提供）。

信息三，洪港岸张姓先祖（名字未知）在清朝太平天国年间从金山县枫泾（具体地址不详）迁徙到洪溪村洪港岸定居，传到张留根爷爷张补林时无儿子，生一女儿张继玲，小名阿宝，招洪溪镇三发村张家浜杨五龙为女婿，改名张顺兴。今张顺兴已传四代（以上信息为 2019 年 8 月 7 日 87 岁的张留根口述提供）。

信息四，北汇头、高浜张姓先祖张鹤云、张金龙（均已故）两兄弟在 1950 年从金山县枫泾镇屈家浜（长征村）举家迁徙到洪溪村定居。张鹤云胞兄张步云约在民国 29 年（1940）就到洪溪镇漾滩茶馆店做堂倌。民国 30 年（1941）左右被日本侵略军杀害，今张氏始祖在洪溪已传三代（以上信息为 2019 年 8 月 7 日 79 岁的张保生、71 岁的张根其口述提供）。

倪姓

全村姓倪的有 16 户，分为两路，北汇头 6 户倪姓与中龙港 8 户倪姓是同宗同族，都是一个曾祖父的后代，高浜倪姓（仅一户）系 1962 年高浜村姑娘嫁给城镇户口丈夫所生子女，另一户倪姓是洪溪镇镇东村嫁入高浜的。

信息一，父亲倪文涛民国 20 年（1931）从三发村靴子底迁居到洪家滩居住，祖父倪延高，与北汇头倪新华、中龙港倪耀忠的祖父倪延荣是亲兄弟，到现在已传五代（以上信息为 2019 年 12 月 21 日 88 岁的倪俊明口述提供）。

信息二，父亲倪学良，伯父倪学礼、倪学文，叔父倪学忠，祖父倪廷荣，民国 20 年（1931）左右从本镇三发村迁徙到洪家滩定居，到现在父亲已传四代（以上信息为 2019 年 12 月 21 日 72 岁的倪新华口述提供）。

信息三，父亲倪正康，嘉善县姚庄镇武长浜人，1962 年与倪幼春母亲结婚，因倪幼春母亲是高浜村人，系农村户口，故倪幼春也是农民（以上信息为 2019 年 12 月 21 日 57 岁的倪幼春口述提供）。

李姓

域内有李姓 15 户，分六路，第一路洪港岸 6 户李姓是同宗同族，第二路洪港岸李姓是父女，第三路北汇头 1 户李姓和洪港岸北 1 户李姓也是同宗同族，第四路高浜李姓 3 户也是同宗，第五路中龙港 1 户李姓是解放前入赘到中龙港李家的，第六路 1 户李姓是解放前从绍兴迁徙到高浜村定居的。

信息一，李一鸣父亲李浩然，堂兄李福明、李德明、李永明（均已故）以及堂侄李成林、李根林、李玉其、李玉强都是同宗同族，由于没有宗谱，详细的血缘关系不知，李氏祖先早在清朝时期就居住在洪港岸（以上信息为 2019 年 12 月 23 日李一鸣妻子 78 岁的李小宝口述提供）。

信息二，在李建明曾祖父时（已故，名字不知），李建明家一直居住在洪港岸安澜桥南，李建明和女儿李艳分立门户（以上信息为 2019 年 12 月 23 日 77 岁的李建明口述提供）。

信息三，父亲李祥云，清宣统元年（1909）从本镇马塔塘村黄家庙到洪家滩学裁缝后在洪家滩成家，成为洪家滩李姓第一代先祖，父亲生有二子一女，长子李品华（已故）、次子李海华、女儿李瑞华（出嫁），侄子李慧祥，到现在李氏已传四代（以上信息为 2019 年 12 月 21 日 70 岁的李海华口述提供）。

信息四，父亲李永生（已故）生有二子，长子李锦明、次子李锦全，伯父李文龙（已故）生有三子一女，长子徐保昌、二子徐文康（从母姓）、次子李福康（均已故世），女儿出嫁在本村，侄子李献忠，从曾祖父时就居住在洪溪村（以上信息为 2019 年 12 月 21 日 71 岁的李锦明口述提供）。

信息五，李明父亲李顺兴（已故）是海宁硖石人，解放前在洪溪镇福善泾替地主家放牛，成年后到李家（名字已忘）做女婿（以上信息为 2019 年 12 月 21 日 87 岁的周爱生口述提供）。

信息六，解放前，李连忠母亲携儿女二人从绍兴迁徙到洪家滩高浜定居。李连忠以捕鱼为生，成年后娶妻成家，成为高浜第一代李氏祖先，妻子第一胎难产母婴皆亡，领养李伯根为子，到现在李连忠已传三代（以上信息为 2019 年 12 月 21 日 59 岁的顾一红口述提供）。

贝姓

域内有贝姓 14 户，全部居住在东周浜（三组）贝家场，是同宗同族，早在清朝时就居住在此。

东周浜贝家场有前场、后场，前场居住的贝虎良、贝善良二户为同一个祖宗的后代，贝兴明、贝照荣、贝桂祥三户为同个祖宗的后代，后场居住的贝善明、贝品明二户也为同一祖宗的后代，由于没有宗谱、家谱，现在居住在三组的 14 户贝姓族人相互间更清晰的血缘关系不知，贝家的祖先早在清朝时就居住在东周浜（以上信息为 2019 年 12 月 23 日 80 岁的贝兴明口述提供）。

潘姓

域内潘姓有 14 户，分为四路，中龙港一路潘姓 4 户为同一家族；中龙港另 1 户潘姓与西周浜 1 户潘姓也为同一家族；西周浜 4 户潘姓也是同一家族；高浜 4 户潘姓中 3 户为同一家族，1 户为本村嫁入高浜的妇女。

信息一，潘志强曾祖父（名字不知）早在清光绪十九年（1893）以前就从绍兴迁徙到洪家滩中龙港定居，成为洪家滩潘姓先祖，爷爷（名字不知）生有二子，父亲潘阿毛（已故）为长子，叔父潘长法（已故）为次子，父亲生二子一女，长子潘志强、次子潘国强、女儿潘国英（出嫁在本村本组），叔父生一子一女，儿子潘志东，女儿已出嫁。到现在已传五代（以上信息为 2019 年 12 月 23 日 59 岁的潘国强口述提供）。

信息二，父亲潘阿全（已故）与中龙港潘顺福（已故）同宗同族，早在曾祖父时就居住在西周浜，父亲生有二子，长子潘家荣，次子潘明华。堂叔潘顺福之子潘家泉居住在中龙港（以上信息为 2019 年 12 月 23 日 77 岁的潘家荣口述提供）。

信息三，早在几百年前潘家就居住在这里，父亲潘银龙（已故）生有七个子女，老二、老三、老五均夭折，现在还有潘四观，大哥潘大观（本镇镇东村倪家桥做女婿），弟弟潘六观住在西周浜，大伯潘桂生（已故）生有五个子女，两个已故世，堂兄潘金祥住在西周浜，堂姐潘寿宝嫁在本村高浜，堂妹潘玉珍嫁在西周浜（以上信息为 2019 年 12 月 23 日 71 岁的潘四观口述提供）。

信息四，祖父（已故名字不知）100 多年前从江苏迁徙到洪家滩高浜定居，成为潘家始祖，父亲潘安子（已故）生有二子一女，女儿出嫁在嘉善，长子潘金红、次子潘双红在高浜各立门户，潘家徽是潘家第五代子孙（以上信息为 2019 年 12 月 23 日 68 岁的潘金红口述提供）。

沈姓

全村有沈姓 11 户，分为三路，西周浜一路沈姓 6 户是同宗同族。洪港岸北一户沈姓是从本镇凝北村迁入。洪港岸南一户沈姓是从本镇联谊村迁入，北汇头、中龙港、高浜各一户沈姓都是嫁入本村的妇女。

信息一，西周浜沈姓，全浜有 6 户姓沈，都是沈家氏族，血缘关系很近，是一个太爷爷（名字不知）的后代。祖先一直居住在西周浜（以上信息为 2019 年 8 月 14 日 68 岁的沈志明口述提供）。

信息二，1991 年与洪溪村（洪港岸北）村民结婚，将户籍从本镇凝北村迁入洪溪村成为沈姓始祖，沈佳是第二代（以上信息为 2019 年 8 月 14 日 53 岁的沈金华口述提供）。

信息三，沈永年夫妇 2000 年从本镇联谊村迁入本村五组（洪港岸北）成为沈姓始祖（以上信息为 2019 年 8 月 14 日 54 岁的杨爱琴口述提供）。

第二章 自然环境

第二章　自然环境

洪溪村位于嘉善县境西北部，距县城 10.5 千米，在天凝镇的中东部，洪溪集镇周边。地理中心位置北纬 30° 54′ 32.75″ 、东经 120° 50′ 0.52″ 。东、南邻洪福村，西接马塔塘村、联谊村，北依三发村。境域总面积 1.38 平方千米，地处浙北杭嘉湖平原，土地平坦肥沃，河流纵横交错，气候温和湿润，雨量充沛，四季分明，属典型的亚热带季风气候，物产丰富，盛产大米，素有“鱼米之乡”的美称。

第一节　地质　地貌

地质

洪溪村系长江三角洲冲积平原，土壤类型属水稻土类，宜水稻种植。地质构造单元完整，表层为人工填层和耕植土层，下层为黄褐色黏土。长期以来，由于土地复种指数较高，施用有机肥料减少，使用化肥增加，使水稻土田脚变差，田面板结。20 世纪 70 年代，动员全村劳力广积土杂肥，鼓励畜禽养殖，实施搞小塘泥、捻白河泥、削草皮等积肥措施改善土壤，禁止取土制坯，保护有机土壤和耕作层沃土。80 年代后，调整农业产业结构，更换轮作，提倡秸秆还田方法，使土地的耕作层得到充分改良。

地貌

村域呈古币“刀形”，东西宽 1.7 千米，南北长 1.4 千米。域内地势平坦，平均高程 3.3 米，最低点为 2.9 米，最高点为 3.7 米，河流纵横交叉，系水系河网稻田区域。20 世纪 70 年代，为了排灌顺畅，开挖新开河 800 米，西起沈北泾港，东接中龙港。投入劳动力挑土、平圩、填浜，将农田改造成长方形田块。因过境水流量进大于出，易患洪涝灾害。80 年代实行家庭联产承包责任制后，地貌形成新的格局，原有的纯水稻田变成种粮、种菜、养鱼虾蟹等现代农业，形成了新的集观光、休闲、旅游于一体的人工地貌。

第二节　动植物资源

村域内有植物、动物资源 1300 多种，人们经常栽种、养殖或常见的有 265 种，其中植物类 174 种，动物类 91 种。

植物资源

粮油作物　籼稻、粳稻、糯稻、大麦、小麦、蚕豆、大豆、油菜籽、葵花籽、玉米、芝麻。

肥料饲料作物　紫云英（花草）、绿萍、水浮莲、羊头草。

豆类　赤豆、绿豆、豌豆、刀豆、扁豆、长豆、青毛豆、青蚕豆。

瓜果类　西瓜、甜瓜（小瓜）、黄瓜、南瓜、冬瓜、丝瓜、苦瓜、花生果、菱角、荸荠、草莓、甘蔗、莴瓜。

蔬菜类　青菜、白菜、包菜、花菜、雪菜、荠菜、芥菜、苋菜、芹菜、菠菜、萝卜、胡萝卜、大头菜、莴苣、马铃薯、番茄、茄子、地蒲、辣椒、甜椒、葱、蒜、洋葱、芋艿、慈姑、茭白、莲藕、韭菜、娃娃菜。

果树　桃、李、杏、梅、枇杷、柿子、柑橘、石榴、葡萄、梨、枣子、无花果、猕猴桃。

树木花卉　广玉兰、白玉兰、银杏、雪松、五针松、罗汉松、柳杉、水杉、香樟、柏树、合欢、白榆、黄榉、梧桐、乌柏、梅花、玫瑰、月季、香椿、苦楝、桑树、桂花、泡桐、棕榈、刺槐、紫薇、山茶花、冬青、黄杨、枫杨、白杨、垂柳、海棠、芙蓉、牡丹、鸡冠花、杜鹃花、君子兰、蜡梅、夹竹桃、枸杞、皂荚、铁树、鹊梅、紫藤、水仙、兰花、仙人球、仙人掌、仙人柱、吊兰、菊花、石蒜、文竹、万年青。

竹类　花壳哺鸡竹、油古竹、笙竹、紫竹、凤尾竹、石竹、慈竹、寿星竹、雷竹、淡竹、芦竹。

田间园地杂草　稗草、节节菜、水蓼、矮慈姑、千金子、鸭舌草、牛毛草、浮萍、牛筋草、水芹、半边莲、翅灯芯草、马兰、一枝黄花。

食用菌　蘑菇、平菇、凤尾菇、金针菇、猴头菇。

野菜　蕨菜、马兰头、蒲公英、马齿苋、鱼腥草、车前草、枸杞藤、香椿头。

动物资源

线形动物　水稻根尖线虫、桑根瘤线虫。

环节动物　蚯蚓、蚂蟥。

软体动物　蜗牛、田螺、螺蛳、蚬、河蚌、钉螺。

节肢动物　蜘蛛、蝗虫、蝼蛄、蟋蟀、叶蝉、飞虱、介壳虫、蝎蝽、稻蓟马、蝎、螟虫、刮青虫、米象、蚕豆象、地老虎、天牛、蚊子、蚂蚁、螳螂、蟑螂。

脊索动物　壁虎、蛇、喜鹊、鸳鸯、麻雀、乌鸦、燕、雉、斑鸠、雁、八哥、白头翁、啄木鸟、野鸭、黄雀、鹭鸟、家鼠、黄鼠狼、刺猬、猪獾、獭、狗獾、蝙蝠。

水产类　青鱼、草鱼、白鲢、花鲢、鲤鱼、白鲫、黑鱼、鲈鱼、鲑鱼、鳊鱼、鲶鱼、鳜鱼、鳗鲡、黄鳝、泥鳅、乌龟、甲鱼、河蟹、河虾、沼虾、明虾。

两栖类　牛蛙、青蛙、蟾蜍、水貂。

禽鸟类　鸡、鸭、鹅、鹌鹑、鸽子。

哺乳类　猪、牛、羊、兔、猫、狗。

昆虫类　蜜蜂、桑蚕。

第三节　河流　湖荡

河流

流经村域主要河流有7条，其中东西向4条、南北向2条、西北至东南向1条，总长度6050米，全村主要河流水域面积185200平方米（小浜、小兜未计算在内）。

2019年洪溪村村域河流一览表

表2–1

序号	名称	走向	起讫	流经村域长度（米）	宽度（米）
1	斜塘	西北至东南	西北起夏墓塘经薛家桥洪溪漾，东南接红旗塘	1000	50
2	高浜	东西	西起新开河，东至洪港岸	1150	25
3	洪港岸	东西	西接沈北泾，东接洪溪漾	750	25
4	新开河	东西	西起沈北泾，东接中龙港	800	9
5	中龙港	南北	北起洪溪漾，南接红旗塘（港口已填筑路）	650	30
6	沈北泾港	南北	北起洪港岸，南接马塔塘	700	30
7	马塔塘港	东西	西起三角荡，东接红旗塘	1000	40

湖荡

洪溪漾　椭圆形，面积30亩，位于村东侧，贯通中龙港、洪港岸港、斜塘、库港、许家港、洪溪港6条河流，由洪溪社区和洪溪村、三发村、镇东村、洪福村合治。洪溪漾连接6条港门，漾边有一座古桥安澜桥，人称“六条港门、一顶桥”。

浜

江南内陆水系由江河、湖泊、小浜等组成。洪溪村自然小浜原有 8 条，20 世纪 70—80 年代，在村镇改造和农田水利建设时填埋和改变，其中 4 条浜已填平，2 条与附近河道开通成河，现剩小浜 2 条。

洪溪村河浜情况变化情况表

表 2–2

序号	名称	走向	位置	长度（米）	宽度（米）
1	蔡家浜	东西向	浜口位于高浜东侧南岸	200	30
2	义浜	南北向	浜口位于洪港岸西侧南岸	100	50
3	西周浜	东西向	浜口位于马塔塘东侧，20 世纪 70 年代水利建设与沈北泾港开通，东与中龙港开通	1000	30
4	东周浜	南北向	浜口位于马塔塘东北岸，80 年代村镇建设填平	120	30
5	小浜	南北向	浜口位于洪港岸北岸中段，90 年代村镇建设填平	50	20
6	俞家浜	东西向	浜口位于中龙港西中段，70 年代水利建设填平	50	20
7	高浜（小高浜）	南北向	浜口位于高浜北岸中段，70 年代农田建设中填平	50	20
8	高浜	东西向	浜口位于洪港岸港东，浜底在 70 年代水利建设与河泥潮村新开河开通	1150	25

第四节　气候与植物候

洪溪村地处沿海中纬度地带，属北亚热带南缘的东亚季风区，四季分明，温和湿润，雨量充沛，光照充足，无霜期长，宜于农作物生长。气候变化明显，具有春湿、夏热、秋燥、冬冷的特点。主要灾害性天气有暴雨、连阴雨、洪涝、寒潮、大雪、大雾、高温和台风。

四季

春　4 月 2 日至 6 月 12 日（72 天），温暖多雨，冷暖空气交替频繁，时寒时暖，时有晚霜冻。

夏　6 月 13 日至 9 月 17 日（97 天），6 月中旬至 7 月上旬为梅雨季节，天气闷热潮湿，雨量集中，常年梅雨 22 天，出梅后进入伏旱，酷热少雨，夏末秋初台风活跃，多雷雨、暴雨，并伴有大风。

秋　9 月 18 日至 11 月 18 日（62 天），多晴少雨，秋高气爽，后期冷空气开始南下，气温由高而低，偶有低温阴雨、早霜冻出现。

冬 11 月 19 日至 4 月 1 日（134 天），天寒干燥，时有寒潮侵袭，阴冷少雨雪，2 月，气温开始逐渐回升。

气温

常年平均气温 16.3℃，1 月最冷，月平均气温 4℃，民国 20 年（1931）以来，极端最低气温-10.8℃，出现在 1977 年 1 月 31 日；7 月最热，月平均气温 28℃，民国 24 年以来，极端最高气温 41.3℃，出现在 2017 年 7 月 1 日和 24 日。平均常年日最高气温≥35℃天数有 12.2 天，最多的 2013 年 45 天。

日照

常年平均日照数 1953.6 小时，其中 1—2 月最少，平均 125 小时，而 7—8 月最多，平均 220 小时。

降雨

常年平均降雨量 1188 毫米，最多年份降雨量 1751.1 毫米，出现在 1999 年，最少年份降雨量 641.5 毫米，出现在 1955 年。平均降雨日 136 天，日最大降雨量 167.6 毫米，出现在 1977 年 8 月 22 日。

霜、冰、雪、风

历年平均初霜日为 11 月 18 日，终霜日为 3 月 23 日，平均无霜期 239.3 天。平均初结冰日为 12 月 2 日，年平均结冰天数 37.3 天。历年平均初雪期在 12 月 30 日，终雪期在 3 月 26 日，历年平均降雪天数 7.5 天，1 月最多达 3.6 天，1983—1984 年多达 23 天，1974—1975 年则无降雪，历年平均积雪日为 5.4 天，最大积雪深度 22 厘米，出现在 2008 年 2 月 1 日。历年平均风速 2.8 米/秒，瞬间风速≥17 米/秒的大风天气历年平均 4.7 天，最大风速达 35.5 米/秒（12 级），出现在 1987 年 3 月 6 日。

水情

每年 12 月至次年 2 月为枯水期。历史上有记录的最低水位 1.88 米，出现在 1970 年 6 月 25 日，一般水位在 2.3—3 米。 汛期 4 月 15 日至 10 月 15 日，警戒水位 3.3 米，危险水位 3.6 米，有记录以来极端最高水位 4.23 米，出现在 1999 年 6 月 30 日。

植物候

单季晚稻（晚粳）　5月15—20日播种，6月20日左右移栽，9月15—20 日齐穗，11月 10 日左右成熟。

大麦　11月8—15日播种，翌年2月下旬拔节，清明节前后齐穗，5月中旬成熟。

小麦　10月下旬至11月上旬播种，翌年3月初拔节，4月下旬齐穗，5月下旬成熟。

油菜　9月中下旬播种，11月5—15日移栽，翌年3月中旬开花，5月下旬成熟。

蚕豆　10月下旬播种，翌年4月中旬开花，6月上旬收获。

大豆（春）　3月下旬播种，6月中旬为鲜食期。

大豆（秋）　7月下旬播种，11月上旬为鲜食期。

雪里蕻（春雪）　9月下旬播种，10月底移栽，翌年4月上旬收获。

雪里蕻（寒雪）　8月底播种，9月中旬移栽，11月中下旬收获。

桑　3月中旬脱苞，4月初见雀口，4月10日前后开叶。

柳　2月下旬萌发。

水杉　3月中旬萌发。

香樟　4月换叶。

桃树　3月初为萌芽期，3月中下旬为盛花期，5月下旬为坐果期，6—7月为果实成熟期，11月为落叶期。

枇杷　10月中旬开花，翌年5月下旬结果。

葡萄　3月中旬萌芽，3月下旬发叶，5月中旬盛长，7月中下旬果实成熟，11月落叶。

竹笋（早笋）　3月中旬露笋尖。

银杏树　3月下旬发叶，4月中旬开花，9月下旬果实成熟。

桂花树　9月中旬盛花。

荸荠　6月下旬播种，7月20—30日移栽，11月下旬收获。

梨树　3月上旬萌芽，3月中下旬开花，4月下旬坐果，7月中旬成熟，11月落叶。

菱　3月下旬播种，5月中旬小菱秧透水（移种），7月中下旬开花，9月底至10月初盛产，11月中下旬谢荡。

羊头草（东洋草）　3月下旬萌芽，4月中旬长新叶，5月中旬伸节，6—7月盛发，11月下旬谢叶。

水葫芦　4月中旬长新叶，8月下旬盛长、开花，11月下旬谢叶。

水芹　多年生草本植物，夏秋采集。

早、晚稻物候期一览表

表 2-3

品种	早稻 （两熟）	晚稻	
		早熟	中熟
播种期	两熟制 3 月 25—31 日 三熟制 4 月 15—20 日	7 月上旬	5 月 20—30 日
移栽期	两熟制 4 月下旬 三熟制 5 月 15—25 日	7 月底至 8 月初	6 月 20—30 日
齐穗期	6 月底至 7 月 5 日	9 月 10—25 日	9 月 15—20 日
成熟期	7 月底至 8 月 3 日	10 月 25—30 日	11 月上旬

花候（农历） 正月梅花，二月杏花，三月桃花，四月蔷薇花，五月石榴花，六月荷花，七月凤仙花，八月桂花，九月菊花，十月芙蓉花，十一月水仙花，十二月腊梅花。

动物候

青蛙 10 月下旬冬眠，翌年 3 月上旬复苏。

蛇 3 月中旬出洞。

燕子 4 月中旬迁来营巢。

蝉 6 月中旬始鸣。

河蟹 九月九（农历），蟹要走。农历九月九过后，母蟹卵满，公蟹性腺发育最好，河蟹最肥，是河蟹回归出生地（大海）哺育后代的时候。

春蚕 头眠 5 月 5 日左右，二眠 10 日左右，出火（三眠）15 日左右，大眠 20 日左右，上山 27—28 日。

第五节 自然灾害

民国 8 年（1919）农历五月二十二日（6 月 19 日），梅雨连旬，河水暴涨，低洼田地遭淹没，荒歉为数十年来所未有。

民国 17 年（1928）9 月 7—19 日，狂风暴雨，飓风再三，摧屋毁栅，地势低洼尽被淹没。稻田抽穗之时严重被淹，加上 8 月穿心虫、网丝虫、飞虫、游虫 4 种虫害，灾情奇重。

民国 19 年（1930）1 月，连日朔风怒号，寒气刺骨，8 日，河流均被冰封，是月，出现了历史最低气温-11℃。

民国 20 年（1931），6 月 14 日至 7 月 28 日总降水量 492.5 毫米，8 月下旬 7 天降水量 201.5 毫米，8 月 26 日水位 3.78 米，全年降水量 1702.5 毫米，全县 3.6 万亩田被淹，被毁圩岸50丈许。

民国21年（1932），早稻结穗之际，骤遭台风袭击，被摧尽倒。不日都已发芽。台风时倒塌的庐舍、吹覆之船不可胜计。

民国22年（1933）9月5—6日，两度飓风，草庐旧屋倒塌无算。

民国23年（1934），特大旱，入夏以后持续高温，8月26日达41.6℃，田地尽拆，禾苗枯焦，外加蝗灾、时疫，秋收无望。

民国34年（1945），白露后，晚稻吐秀时，狂风暴雨，禾稻遭摧残，损害严重，黑谷满穗，秀而不实。

民国35年（1946）2月25日至3月28日，阴雨不断，油菜泥烂，造成春灾。

民国37年（1948）6月11日，“龙卷风”袭击洪溪，民房遭损。

1951年6—7月，普降大雨成灾，农田被淹。低洼之田抢救不成，以改种杂粮补救。

1953年6月25日起，连续65天不下雨，稻田断水龟裂，损失粮食不少。

1954年，从5月18日入梅至8月2日出梅，长达77天，雨日53天，春雨加梅雨紧连，总降水量860.5毫米，水位高达4.1米，稻田受淹，粮食歉收。

1956年8月2日，遭受台风袭击，风力10—11级，10月12日至12月20日，70天中降水量仅13毫米，66天无雨，旱情严重。

1957年6月20日至7月5日，连续15天大雨，其中暴雨3天。高水位持续65天，最高水位3.81米，农田受淹成灾。

1962年9月5—7日，台风暴雨，持续40多小时，降水量406毫米，水位高达4.16米。

1963年7月18日，8级台风，部分早稻倒伏。9月11—15日台风，其中12—13日两天阵风10级，降水量244毫米，水位由2.6米猛增至4.03米。

1970年7月24—26日，先后连遭龙卷风、暴雨和冰雹袭击。

1971年6月21日至9月17日，伏旱。89天降水量仅57.4毫米，连续21天最高气温超35℃，8月16日最低水位2.11米。

1977年1月，3次降雪，时间达12天，积雪厚达8厘米，1月31日最低温度达-10.8℃，冻害严重。8月21日台风，前后3天降水量200.4毫米，22日最高水位3.96米。

1980年7月30日，8月16—17日，先后两次遭受大风暴雨，8月17日水位3.66米，田受水淹。

1985年7月31日至8月1日，台风暴雨，降水量145.8毫米，水位3.73米，稻田受淹。

1987年7月28日，台风雨，水位3.67米，造成全县死3人伤2人，倒房屋105间。

1989年9月15—16日，台风暴雨，18日水位3.76米，低洼田受淹。

1991年4月1—3日，“倒春寒”，地面最低气温-2.7C。5月18日入梅，7月8日出梅，长达52天，雨日32天，降水量475毫米，最高水位3.84米，洪涝严重。

1993 年 8 月 22 日，雨水多，水位高达 3.93 米，淹没农田，许多企业被迫停产，造成经济损失。

1995 年 7 月 2—7 日，入梅以来连遭 3 次暴雨袭击，水位高达 3.99 米。

1997 年 7 月 6—9 日，降水量 75.9 毫米，水位 3.32 米，7 月 10 日降雨 146.2 毫米，11 日水位 3.86 米。8 月 18—19 日，台风暴雨袭击，风力 9 级，降水量 70.4 毫米，水位 3.8 米，晚稻倒伏受损。

1999 年 6 月 7 日入梅至 7 月 2 日，大雨、暴雨 18 天，降水量 650 毫米，上泄下托，水位猛涨，形成“6 · 30”特大洪涝，最高水位 4.23 米。

2004 年 8 月中旬，14 号台风“云娜”影响洪溪。

2005 年 8 月 5—6 日，遭 9 号台风“麦沙”袭击，全县有 11 个镇 162 个村遭受不同程度的损失，经济损失总数达 12252 万元。9 月 11 日，再次遭受 15 号台风“卡努”的袭击。

2008 年 1 月 8 日起，连续出现雨雪天气，至 2 月 3 日降雪日数达 15 天，积雪日 10 天，降雨雪量达 120.1 毫米，最大积雪深度 22 厘米，冻害严重。

2009 年 8 月 6—11 日，台风“莫拉克”范围大、移动缓慢、时间较长，成灾严重，台风“莫拉克”使洪溪大棚受损严重。

2010 年 11 月，雾霾天气达 12 天，能见度 30 米，给村民健康带来危害。

2011 年 11 月，雾霾天气达 12 天，能见度 20 米，给交通运输带来一定影响，空气质量差，给村民健康带来危害。

2012 年 8 月 8 日，第 11 号台风“海葵”来袭，大风暴雨，外河超危急水位。

2013 年 8 月中旬，高温持续 18 天，最高气温 40.7℃。10 月 6—8 日，受台风“菲特”“丹娜丝”及冷空气影响，普降暴雨，8 级大风，造成树木折断，大棚受损严重。

2014 年 9 月 23 日，“凤凰”台风距离嘉善中心 60 公里。

2015 年 1 月至 2 月，冰冻日数 19 天，最低气温达-5℃，并伴有大风，对农作物有一定影响。

2016 年 1 月至 2 月，冰冻，最低气温-5.4℃，冻害严重。

2017 年 7 月 20—25 日，连续出现 39℃以上高温 6 天，22 日、24 日和 25 日最高气温突破 41℃。

第三章 人口

第三章　人　口

洪溪村落的形成始于何时，至今尚无资料考证。但洪溪村村域内的西周村庄，西周浜、黄家滩（洪家滩）在明万历《嘉善县志》中有记载。由此推断，明朝之前已形成村落。长期以来先民们在洪溪村这块土地上刀耕火种，休养生息，繁衍后代，村落逐步得到发展，人口逐年增加。至 2019 年年底，全村有周姓 132 人、王姓 118 人、冯姓 100 人、顾姓 100 人等 118 个姓氏人口，形成今日之洪溪村。

解放后，随着人们生活水平的不断提高和医疗卫生事业的不断发展，人口增加较快，人均寿命延长。1962—1972 年为人口快速增长阶段。20 世纪 60 年代起实行计划生育政策，1973 年人口增速回落。1999 年，人口自然增长率开始负增长。2019 年年底，全村有 556 户，总人口为 1698 人，其中男性 808 人、女性 890 人，全年出生 9 人，死亡 7 人，自然增长率 1.18‰，计划生育符合率 100%。20 世纪 90 年代起，随着民营经济的崛起和发展，企业招收大批外来民工，2013 年外来暂住人口 994 人，2019 年外来暂住人口 996 人。

第一节　人口变动

人口分布

2019 年，洪溪村总户数 556 户，总人口 1698 人，分布情况：北汇头自然村 104 户，219 人；西周浜自然村 44 户，145 人；中龙港自然村 120 户，373 人；洪港岸自然村 97 户，321 人；高浜自然村 139 户，481 人；蔡家浜自然村 16 户，55 人；塘上自然村 36 户，104 人。洪溪村位于洪溪集镇，人口比较集中，人口密度较高，2019 年每平方千米有 1230 人。

人口增长

解放初，人民生活安定，人口增长较为平稳。三年困难时期，人口增速呈低谷阶段，1961 年总人口为 1364 人，1962—1972 年为人口快速增长阶段，总人口从 1364 人增加到 1855 人，年平均增长率为 26.4‰。1973 年人口增速回落。1995 年起总人口呈逐年下降趋势。1999 年人口自然增长率开始负增长。2019 年总人口为 1698 人，自然增长率为 1.18‰，又开始正增长。

迁入、迁出

解放前，洪溪域内屡经战乱及灾害，沿芦墟塘一带大批良田荒废，有外来人口到境开荒落户、定居，以后逐渐增多。洪溪村地处洪溪集镇，外来人口到洪溪做生意的商人较多，南来北往到洪溪村定居落户增多。洪溪地域人多田少，本地村民副业以窑业及做砖瓦坯为主。解放后，1955 年 10 月域内有 4 户村民移民到大云镇跳渡村落户，1958 年农业支援工业，农村劳动力迁入城镇，1960 年支援宁夏人口迁出，后陆续回来。1961—1963 年，城镇企业职工精简下放回乡，城镇闲散人员下乡落户农村。1969 年起，知识青年上山下乡落户农村，后陆续上调回城，到 1978 年全部回城安排工作。洪溪村共接收知青 41 人。平时有婚嫁迁入、迁出，上大学户口迁出。2005 年起，农村对失土农民进行安置，户籍就地农转非。

出生、死亡

解放后到 1958 年，出生人数比较平稳；1959—1961 年为出生低谷；1962—1972 年为高出生阶段，1963 年出生 77 人，出生率 51.5‰；1973—1998 年为正常阶段；2001—2018 年为低出生、低增长阶段，其中 2004 年出生人口最少，增长率最低，为-8.51‰。2019 年又开始正增长，增长率为 1.18‰。

死亡人数历年来比较正常，1991—2019 年年平均死亡 12.6 人。

暂住人口

20 世纪 90 年代起，随着改革开放的深入和民营经济的崛起，大批外地人员到境企业务工或经商，有的承租农田经营种植业、养殖业。

暂住人口管理，2005 年前由派出所兼管，2005 年成立“新嘉善人”管理办公室，管理外来人口，登记、办理暂住证。2019 年，洪溪村暂住人口登记有 996 人。

1961—1980 年洪溪大队常住人口变化情况表

表 3-1

年份	生产大队数（个）	三级核算生产队（个）	常住人口						
			总户数（户）	其中非农户（户）	总人口（人）	其中		出生率	
						男（人）	非农业人口（人）	出生数（人）	出生率（‰）
1961	2	12	397	26	1364		60	19	13.9
1962	2	14	406	11	1427	708	20	58	40.6
1963	2	19	436	1	1495	767	5	77	51.5
1964	2	19	393	—	1526	789	30	55	36
1965	2	18	422	—	1581	814	46	70	44.3

续表 3-1

年份	生产大队数（个）	三级核算生产队（个）	常住人口						
			总户数（户）	其中非农户（户）	总人口（人）	其中		出生率	
						男（人）	非农业人口（人）	出生数（人）	出生率（‰）
1966	2	18	424	—	1630	840	59	54	33.1
1967	2	16	—	—	1655	—	59	37	22.4
1968	2	16	—	—	1697	—	—	55	32.4
1969	2	16	467	—	1757	—	—	53	30.1
1970	1	14	452	—	1782	854	9	52	29.2
1971	1	12	469	—	1795	858	—	34	18.9
1972	1	12	483	—	1812	872	22	39	21.6
1973	1	12	491	—	1830	904	2	27	14.7
1974	1	12	506	—	1834	892	4	17	9.3
1975	1	12	511	—	1839	906	1	24	13
1976	1	12	534	—	1860	917	1	27	14.5
1977	1	12	543	—	1880	916	—	31	16.5
1978	1	12	531	—	1879	914	—	20	10.6
1979	1	13	533	—	1852	889	—	24	12.9
1980	1	13	553	—	1855	894	—	23	12.3

1991—2019 年洪溪村人口及自然增长率情况表

表 3-2

年份	总户数（户）	年末总人口			全年出生人口（人）	全年死亡人口（人）	自然增长率（‰）
		合计（人）	其中				
			男（人）	女（人）			
1991	576	1942	916	1026	25	12	6.69
1992	575	1962	920	1042	36	5	15.8
1993	575	1962	916	1042	23	12	5.61
1994	576	1971	920	1051	27	12	7.61
1995	580	1932	909	1023	28	15	6.73
1996	576	1925	907	1018	21	12	4.7
1997	586	1917	908	1009	9	10	-0.52

续表 3-2

年份	总户数（户）	年末总人口			全年出生人口（人）	全年死亡人口（人）	自然增长率（‰）
		合计（人）	其中				
			男（人）	女（人）			
1998	582	1904	897	1007	20	11	4.71
1999	576	1827	—	—	—	—	—
2000	571	1843	888	955	15	15	0
2001	573	1813	877	936	9	8	0.55
2002	573	1813	877	936	9	8	0.55
2003	566	1784	861	923	8	16	–4.45
2004	564	1741	840	901	3	18	–8.51
2005	576	1716	823	893	10	14	–2.32
2006	568	1704	820	884	7	11	–2.34
2007	572	1694	810	884	10	18	–4.71
2008	569	1687	878	809	5	11	–3.6
2009	566	1685	806	879	11	16	–2.97
2010	566	1706	812	894	7	12	–3
2011	565	1710	811	899	8	10	–1.17
2012	564	1707	814	893	4	11	–4.1
2013	561	1698	809	889	7	16	–5.3
2014	559	1696	810	886	14	15	–0.59
2015	558	1689	807	882	11	10	0.59
2016	557	1685	808	877	15	17	–1.19
2017	558	1693	812	881	16	12	2.36
2018	556	1697	812	885	12	16	–2.36
2019	556	1698	808	890	9	7	1.18

第二节　人口构成

性别构成

洪溪村辖区人口中，男女性别基本平衡。据六次人口普查资料，1953 年第一次人口普查时男女性别比为 107.75；1964 年第二次人口普查时为 105.4；1982 年第三次人口普查时为 102.43；1990 年第四次人口普查时为 102.3；2000 年第五次人口普查时为 98.81，2010 年第六次人口普查时为 90.79。

2009—2019 年洪溪村男女性别构成比例情况表

表 3-3

年份	人数（人）	男（人）	占比（%）	女（人）	占比（%）
2009	1685	806	47.83	879	52.17
2010	1706	812	47.60	894	52.40
2011	1710	811	47.43	899	52.57
2012	1707	814	47.68	893	52.32
2013	1698	809	47.64	889	52.36
2014	1696	810	47.76	886	52.24
2015	1689	807	47.78	882	52.22
2016	1685	808	47.95	877	52.05
2017	1693	812	47.96	881	52.04
2018	1697	812	48.36	885	51.64
2019	1698	808	47.59	890	52.41

农村劳动力行业分布

随着改革开放的不断深入，一、二、三产业全面协调快速发展，农村劳动力行业分布发生明显变化。农业劳动力逐渐减少，二、三产业劳动力逐渐增加。

1986—2008 年洪溪村劳动力主要行业分布情况表

表 3-4　　单位：人

年份	总人口	农村劳动力	农村劳动力分部门使用情况								
			农业	牧业	副业	渔业	工业	建筑业	交通运输业	商业	其他
1986	1793	1124	367	79	4	—	409	65	132	68	—
1987	1813	1084	279	99	—	—	337	66	161	94	—
1988	1841	1221	336	100	—	3	335	83	178	101	85
1989	1877	1188	350	85	—	2	323	72	215	100	41
1990	1926	1230	407	—	—	—	324	77	223	102	97
1991	1942	1271	308	—	—	—	413	75	225	107	143
1992	1962	1242	258	—	—	—	382	53	229	84	170
1993	1962	1242	258	—	—	—	338	33	242	102	269

续表 3-4

年份	总人口	农村劳动力	农村劳动力分部门使用情况								
			农业	牧业	副业	渔业	工业	建筑业	交通运输业	商业	其他
1994	1971	1261	275	—	—	—	305	34	272	99	275
1995	1932	1206	264	—	—	—	354	38	276	120	154
1996	1925	1192	249	—	—	—	357	35	269	133	149
1997	1917	1181	184	—	—	—	390	41	248	177	141
1998	1904	1148	159	—	—	—	399	39	225	193	133
1999	1827	1138	132	10	—	—	417	47	224	146	162
2000	1814	1121	125	—	—	—	411	44	199	196	149
2001	1484	1148	131	—	—	—	413	45	194	196	130
2002	1682	1199	104	—	—	—	374	42	239	227	213
2003	1781	1165	125	—	—	—	400	32	262	268	78
2004	2299	1581	107	—	—	—	982	32	222	226	12
2005	2485	1812	118	—	—	—	1051	20	204	218	101
2006	2375	1920	113	—	—	—	1425	51	148	125	58
2007	1694	2310	115	—	—	—	1727	71	177	60	160
2008	1687	2175	54	—	—	—	1655	84	145	66	171

说明：2004—2008 年农村劳动力数据中有外来人口

2009—2019 年洪溪村劳动力主要行业分布情况表

表 3-5　　单位：人

年份	劳动力	其中		农林牧渔业	工业	建筑业	交通运输业	信息服务业	批发和零售业	住宿餐饮业	其他行业
		男	女								
2009	1869	—	—	54	1303	83	137	65	87	68	72
2010	1886	—	—	50	1380	85	139	7	89	18	68
2011	1868	—	—	49	1321	81	—	—	—	—	417
2012	1832	—	—	45	1295	85	—	—	—	—	407
2013	1673	—	—	79	1171	79	—	—	—	—	344
2014	1601	830	771	73	1098	—	—	—	—	—	430
2015	1709	886	823	87	1172	—	—	—	—	—	450
2016	1684	853	831	87	1163	—	—	—	—	—	443

续表 3-5

年份	劳动力	其中		农林牧渔业	工业	建筑业	交通运输业	信息服务业	批发和零售业	住宿餐饮业	其他行业
		男	女								
2017	1692	857	835	216	626	—	—	—	—	—	850
2018	1048	556	492	210	524	—	—	—	—	—	314
2019	708	302	406	45	341	—	—	—	—	—	322

说明：劳动力数据中有外来人口；2014 年分为一、二、三产业

文化构成

根据《洪溪镇志》记载，历次人口普查反映，文化水平逐次提高，2019 年洪溪村总人口 1698 人，6 岁以下 142 人，研究生 13 人，大学本科 80 人，大专 83 人，中专 15 人，高中 43 人，初中 646 人，小学 579 人，小学以上文化程度人口占全村人口的 86%，半文盲 56 人，文盲 41 人。

年龄结构

2019 年，村域内总人口为 1698 人，其中 0—17 岁 162 人，18—34 岁 321 人，35—59 岁 648 人，60 岁以上 567 人（90 岁以上 9 人）。

2019 年洪溪村 90 岁以上老人一览表

表 3-6

姓名	性别	出生年月	出生地
范德琪	男	1925 年 10 月	北汇头
田下芬	女	1924 年 10 月	高浜
周元龙	男	1922 年 3 月	洪港岸
杨志根	男	1928 年 3 月	高浜
朱引仁	女	1925 年 1 月	北汇头
严阿藕	女	1925 年 11 月	高浜
沈瑞芳	女	1923 年 10 月	西周浜
吴龙珍	女	1928 年 1 月	中龙港
梅引芳	女	1926 年 6 月	中龙港

姓氏构成

村域内姓氏众多，其数量随着人口流动而变动。据 2019 年统计，全村 1698 人有 118 个姓氏，其中 100 人以上的大姓有 4 个、451 人，分别为周姓 132 人，王姓 119 人，冯姓

100人，顾姓100人，占总人口的26.56%。50人以上100人以下的姓有5个、330人，分别为陆姓76人，黄姓71人，张姓69人，陈姓63人，沈姓51人，占总人口的19.43%。2—50人的姓有77个、885人。1个人的姓有32个。

2019年洪溪村人口姓氏构成情况表

表3-7

姓氏	人数	姓氏	人数	姓氏	人数	姓氏	人数	姓氏	人数	姓氏	人数
周	132	王	119	冯	100	顾	100	陆	76	黄	71
张	69	陈	63	沈	51	李	48	俞	43	吴	42
杨	41	倪	40	钱	38	金	35	朱	32	潘	30
邵	29	贝	28	莫	27	徐	24	刘	23	马	18
姚	18	蒋	14	邹	14	章	14	孙	13	魏	13
邱	12	何	12	方	12	江	11	费	10	储	9
梅	9	程	9	计	9	丁	8	吕	8	叶	8
于	8	浦	8	夏	7	劳	7	盛	7	袁	7
仲	7	胡	7	诸	7	裘	6	宗	6	翟	6
郛	6	许	5	薛	5	凌	5	汤	5	肖	4
施	4	罗	4	芮	4	苏	4	董	4	贾	4
史	3	鲍	3	石	3	曹	3	范	3	林	3
傅	3	毛	2	路	2	鲁	2	严	2	蔡	2
项	2	洪	2	彭	2	包	2	汪	2	冉	2
郑	2	娄	2	赵	1	童	1	祁	1	管	1
田	1	钮	1	龚	1	仓	1	伊	1	唐	1
聂	1	高	1	安	1	颜	1	卢	1	邢	1
时	1	梁	1	樊	1	武	1	桑	1	杜	1
卫	1	阮	1	皇甫	1	戴	1	杭	1	崔	1
屠	1	秦	1	郭	1	楚	1	—	—	—	—

第三节　家庭构成

旧时，农民耕田种地，需要集中劳动力，习惯于三代同堂或四代同堂，以儿孙满堂、多子多福为荣。解放后，旧的家庭劳力组合形式已过时，子女大多自力更生，持家立业，女子和男子一样拥有参加社会劳动的权利，经济上有了地位，改变了原先大家庭家族结构中“重男轻女”的旧思想、旧观念。家庭组成素来以夫妻为主体，子女成婚后另立门户。弟兄分家由娘舅主持，无娘舅的则由伯父或叔父代之，族中被认可主持公道的其他长辈也可担当。父母年老后，由弟兄共同赡养。旧时，出嫁的女儿不继承父母财产，也无赡养父母的义务。解放后，多数人家沿袭旧习。实行家庭联产承包责任制后，农村劳力大量释放，年轻一代成为“上班一族”，家庭生活不再因物质多少、财产余缺而困惑。20 世纪末，独生子女一代陆续走上社会并进入婚龄期，“嫁姑娘”“讨媳妇”等习惯用语，已由“子女结婚”一词代替。男方到女方家中入赘的增多，男女双方有婚房（俗称“两面住”）的新式家庭日渐流行。父母年老后也将由男女双方共同赡养。新生代有从夫姓的，也有从母姓的。进入 21 世纪，越来越多的村民在嘉善、嘉兴、杭州、上海等城市购置商品房，供儿子或女儿居住，方便其在城市经商或做工挣钱。父母仍守地耕种，成为城乡二元家庭。

第四节 计划生育

1963 年提倡晚婚晚育，当年出生人口 77 人，出生率 51.5‰，随着计划生育工作的不断推进，1973 年出生人口 27 人，出生率 14.7‰，1980 年后计划生育工作重点实行一对夫妇只生一个孩子政策，计划生育符合率为 100%。独生子女领证 290 人，领证率 90%。2003—2016 年全村人口负增长。2016 年 1 月 1 日开始实施二孩政策。

管理机构

1963 年 5 月，洪溪公社成立计划生育委员会。“文化大革命”开始后，工作终止。1973 年，恢复计划生育工作。1983 年村配备计划生育宣传员、联络员，建立计划生育领导小组。1989 年村成立计划生育协会，各村民小组建立计划生育联络员，开展计划生育的宣传、服务、摸排、监督等工作。计划生育协会换届选举与村民委员会选举同步进行，1989—2017 年共 9 届。会长由村支部书记担任，副会长由村民委员会主任、副主任担任，理事分别由村支部委员、村民会委员和一名计生协管员担任。2019 年，洪溪村计划生育协会会长陈俐勤（女），副会长金懿龙、邹飒燕（女），秘书长邹飒燕（女），理事冯斌、孟林娟（女）、倪美丽（女）、陆祥、李雪华（女）。

管理服务制度

建立村人口与计划生育领导小组，制定洪溪村计划生育工作目标和具体措施，抓好洪溪村人口与计划生育工作任务的落实。建立健全村级计划生育工作网络队伍和服务阵地。村配计划生育管理员，村民小组和村企业配计划生育联络员，落实人员职责和任务。设立村计划生育服务室，建立月会制。建立以老干部、老战士、老专家、老教师、老模范为骨干，以育龄群众中实行计划生育的积极分子为主体的村计划生育协会，积极发展会员，会员人数要达到上级的要求。领导带头实行计划生育。建立会员联系户制度和会员小组，动员和组织会员开展经常性的活动，充分发挥会员的带头、宣传、服务、监督作用。实行计生政务公开。摸清本村初婚、已婚未育和按政策生育二胎的人数，并上报镇政府。经办育龄夫妇生育申请，及时把生殖健康服务证发放到育龄夫妇手中。实行生育政策与生育审批程序公开、规划生育对象和奖惩政策公开、联络员工作职责和联系对象公开。认真做好避孕方法的知情宣传，帮助已婚育龄妇女落实综合避孕措施，认真做好随访服务工作，定期组织开展已婚育龄妇女的孕情、环情检查和生殖保健服务。经常宣传计划生育方针、政策、法律、法规，宣传晚婚晚育、避孕节育、优生优育优教知识，搞好避孕药具管理发放。

计生政策措施

1963 年对计划生育辅导员、妇女大队长、妇女小队长、接生员、保健员进行计划生育知识培训。1964 年，推行晚婚晚育。1979 年，提倡一对夫妇只生一个孩子。1968 年，卫生院配备专职妇幼保健员，开展计划生育服务工作。1974 年 1 月起，免费供应避孕药具。1984 年 7 月起，允许符合条件的育龄夫妇生育第二个孩子。从 2001 年起，进入低生育水平。2016 年出生 15 人，人口自然增长率为-1.19‰。2016 年 1 月 1 日起全部放开两孩政策，所有育龄夫妇可生育两个孩子。2019 年开始人口自然增长率为 1.18‰，当年出生 9 人，死亡 7 人。

独生子女奖励　1979 年，实行独生子女奖励：对已领独生子女光荣证、独生子女年龄在 14 周岁以下的城镇户籍可享受 10 年保健费，每年 30 元，农村每年补贴 300 分工分（后改为年补现金 30 元）；城镇安排住房、农村申请建房、划分自留地、土地承包时独生子女按两人计算。2019 年，计划生育符合率为 100%，独生子女领证率为 90%。

鼓励晚婚晚育　晚婚年龄：农村男 25 周岁以上，女 23 周岁以上；城镇男 27 周岁以上，女 25 周岁以上。晚婚满一年后生育的为晚育。符合晚婚条件的干部、职工，婚假从原来的 3 天增加到 15 天，晚育的产假从 56 天增加到 71 天。从 1986 年起，凡符合计划生育的，产假为 90 天，婚、产假的工资、奖金、福利待遇照发。

农村部分计划生育家庭奖励扶助　2006 年起，省政府出台对农村部分计划生育家庭奖励扶持制度，条件：本人及配偶均为本省农业户口或界定为农村居民户口；1973—2001 年期间没有违反计划生育法规、规章或政策规定生育；现存一个子女或子女死亡现无子女；独生子女父母 1933 年 1 月 1 日以后出生，年满 60 周岁。奖励扶助标准：符合奖励扶助条件的对象，每人每年不低于 960 元。2020 年，对失独补助标准提高到每人每年补助 12000 元，洪溪村有 4 户，6 人享受该政策。

生育两胎的政策规定　1984 年起，对符合条件的育龄夫妇可安排生育第二个孩子。符合政策规定的包括：独生子和独生女结婚的；第一个孩子为非遗传残疾，不能成长为正常劳动力的；婚后五年不孕，抱养一个孩子后又怀孕的；夫妻一方为初婚或未生育过子女，另一方在再婚前只生育过一个子女的，或另一方在婚前有两个孩子已丧偶的；男到独生女家结婚落户的；兄弟两人以上，只有一个有生育能力的；夫妻一方为非遗传残疾，丧失劳动能力的；夫妻一方为少数民族的等。1985 年，对农民生育两胎政策增加。夫妻双方两代均为独生子女的；男到有女无儿家结婚落户并赡养女方老人的；夫妻双方均系农村户口，主要从事农业生产，确有实际困难的一个女孩户，可照顾生育两胎。2016 年起，全面放开两胎生育。2020 年，洪溪村有 4 户家庭按政策生育两胎。

第四章 土地制度与经济体制

第四章　土地制度与经济体制

解放后，1950 年 5 月村域内全面进行土地制度改革，域内总田亩和总人口平均分配。实行土地改革，彻底废除了封建剥削土地制度，土地归农民所有。1953—1956 年实行农业合作化，保留农民土地私有制。1957 年起实行土地集体所有制。1978 年改革开放，激活了市场经济。随着农村土地制度的改革和经营体制的变化，洪溪村域内农业生产快速发展。1983 年至今，实行家庭联产承包经营责任制，土地集体所有，由农户家庭经营。土地制度的变革和经营体制的改革都对经济发展产生深远的影响。

第一节　土地私有制和土地改革

封建土地所有制

据 1995 年版《嘉善县志》记载，嘉善置县时，封建土地所有制形式有“官田、民田之分”。“官田、官地、官荡占全县田地荡面积的 48%。”在民田中“地主占有大部，自耕农和半自耕农仅占少数，农民绝大多数都成了官私田的佃农”。佃农耕种的土地有三种情况，一种叫“自田”，就是权属自己的田，一般佃农是没有自田的，即使有，也很少；第二种田叫“面田”，此田权属地主，耕种者拥有永久耕种权，也可转租给别人，收取租米；第三种叫“底田”，此田也权属地主，与“面田”的区别就是佃农没有永久性耕种权。

封建土地私有制是人剥削人的制度。地主、富农剥削的形式多样，雇工是主要形式。地主、富农自己经营土地，雇用无地少地的农民为其耕作，支付少量工钱。清光绪《嘉善县志》载：“无产者受值雇请，有长工、短工、闲工、忙工之别。”长工分童工和壮劳力，壮劳力又按劳力、技术分为老作头（农作技术最好）、二作头、三作头，老作头一年工资六石米，三作头长工二石米。童工分七八岁的小看牛和稍大一点的朝里头（少年），朝里头年薪五斗米，小看牛吃饭无工钱。小看牛每天鸡叫起身喂牛，三餐要烧饭、洗碗，其余时间割草、作农活，晚上还要喂牛草。

地租是封建剥削的又一种形式，佃户向地主租种土地，向地主缴租，以实物为主。地租形式有“花租”“板租”之分。花租又称“活租”，视岁时丰歉定租，年租交纳按收获量的 50%—70%不等。板租，亦称“定租”，租额不能随意增减，每亩一石，最高一石五斗。遇到荒年，地主发财，农民仅有的少量土地逐步被地主侵吞。

土地改革

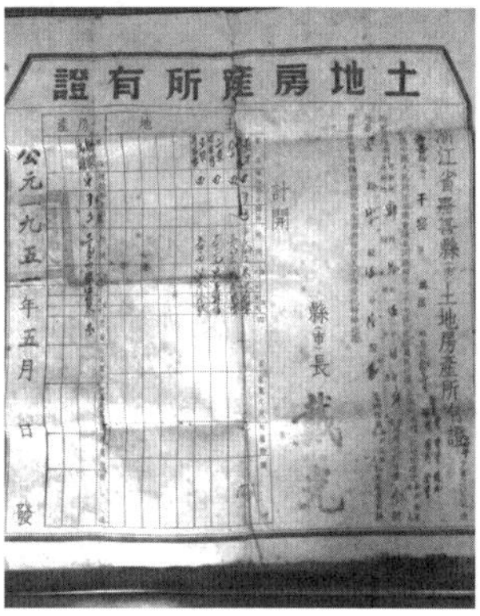

1951 年的土地房产所有证
（沈纪昌　摄）

1950 年 5 月洪溪乡在全乡范围内实行土地改革，域内的西周村、高浜村、洪溪村先后由村主任、农会主任组织农会委员及上级土改工作队开展土改工作，首先划分阶级成分，标准是：无田无地或有少量土地的农民为“贫农”；长年替别人做农活的为“雇农”；租别人五亩以上、十亩以下的为“佃农”；有十亩以上、二十亩以下土地，自己仅种几亩，其余租给别人种的为“小土地出租者”；有十亩以上、二十亩以下土地，农活自己做的为“中农”，而雇佣长工种的为“富裕中农”；有十亩以上、三十亩以下土地，拥有黄牛一头，农活基本自己做，季节性临时雇工的为“富农”；有三十亩以上、一百亩以下土地，拥有水牛几头和大型农具，农活全部雇长工做的为“地主”；若家中还拥有窑墩烧窑、开厂的为“地主兼工商业者”，居住在农村、无田无地、从事与农业生产无关工作的为“自由职业者”。按照该标准经查阅镇派出所 1970 年前的户籍资料显示：西周村、高浜村土改时共有 269 户农户。阶级成分：地主 5 户，富农 3 户，富裕中农 1 户，中农 33 户，地主兼工商业者 1 户，小土地出租者 20 户，贫农 197 户，雇农 6 户，自由职业者 3 户。（洪溪村 1970 年前的户籍人口资料缺失，无从考究。）阶级成分划定后就着手进行土地分配，按照全村的总田亩和总人口（不从事农业生产的除外）计算出每人平均数，高浜村每人 1 亩 6 分，西周村每人 1 亩 2 分，洪溪村每人不到 1 亩。分配结果：域内共有 85 户贫下中农分得土地 268.2 亩，最多一户农户分得土地 10 亩 5 分，3 户农民分得楼房 3 幢。

1951 年 5 月洪溪乡进行土改复查，西周村、高浜村、洪溪村的土改得到乡的认可。依据《中国人民政治协商会议共同纲领》第二十七条“保护农民已得土地所有权”的规定。村民领到嘉善县人民政府颁发的盖有嘉善县人民政府方印、县长戴光署名的浙江省嘉善县土地房产所有证。

第二节　经济体制

互助合作

互助组与初级农业生产合作社　互助组的成立解决了农户在农业生产中各自的劳动力、畜力、农具不足的困难。在自愿互利的基础上建立劳动互助组织，进行换工互助，农忙过后解散。1953 年 3 月，在互助组基础上，开始成立初级农业生产合作社。1954 年秋，

村域内共办有 7 个初级农业生产合作社。在互助的基础上成立初级农业合作社，建立在主要生产资料私有制基础上，社员将土地入股，耕畜和大中农机具等生产资料入股，归合作社统一使用，社员参加社内劳动。初级社总收入，在扣除当年生产费用、税金、公积金和公益金后，所余部分分给社员，作为社员的劳动报酬和土地等生产资料的报酬。社员大会选出社长等管理人员。

中心社社长于爱生，中心社区域是独圩的农户；红心社社长刘桂林，红心社区域是北汇头、小浜的农户；建国社社长冯永昌，建国社区域是塘上、西周浜的农户；建中社社长黄志刚，建中社区域是东周浜、西周浜的农户；建新社社长陈公望，建新社区域是中龙港、洪港岸的农户；永远社社长顾功成，永远社区域是高浜、鸭头湾的农户；永联社社长王春生，永联社区域是永安桥南、蔡家浜的农户。

高级农业生产合作社　1956 年 6 月 30 日按照第一届全国人民代表大会第二次会议通过的《高级农业生产合作社示范章程》的精神，开始组建高级农业生产合作社，高级社取消土地分配，实行按劳分配，土地所有权除坟地、宅基地、零星杂地仍属私有外，都归高级农业生产合作社集体所有。社员自留地也归集体所有，由社员使用。高级社经济分配：首先提成下一生产周期所需要的生产费用和管理费用，其余部分在国家、集体、个人三者之间分配，交给国家的是税金，集体留用的是公积金、公益金，其余部分按工分分配给个人，作为社员个人的消费基金。高级农业生产合作社的公积金为扩大再生产的积累基金，用于兴修水利、改良土壤、购置农业机械、修建生产性用房等。公益金为集体消费基金，用于合作社卫生保健事业、文化教育事业以及扶助丧失劳动能力的社员等。高级农业生产合作社实行按劳分配。高级农业生产合作社全年收入的实物和现金在缴纳国家税金、扣除本年度消耗的生产费用、公积金和公益金后，按照“各尽所能，按劳分配”的原则在社员之间分配。高级农业生产合作社的最高管理机关是社员代表大会。由社员大会或社员代表大会选出管理委员会管理社务，选出监察委员会监察社务，并选出主任、副主任负责日常工作。

1957 年 2 月，村域内共成立 2 个高级社，中心社、红心社合并为洪联高级社，建国社、建中社、建新社、永远社、永联社合并为七一高级社。

七一高级社社长陈公望、副社长顾功成，七一高级社区域是塘上、西周浜、东周浜、中龙港、洪港岸、高浜、鸭头湾、蔡家浜。洪联高级社社长刘桂林，洪联高级社区域是独圩、北汇头、小浜。

人民公社

大兵团　1958 年 9 月，农村实行人民公社化。人民公社初建时，强调“一大二公”，实行“政社合一”和“工农商学兵，农林牧副渔统一经营”的体制，以公社为经济核算单位，全社的生产资料实行无偿调用。1958 年 10 月，在“社员吃饭不要钱”“放开肚皮吃饱饭，鼓足干劲搞生产”的口号下，洪溪村域内办公共食堂5个。在劳动组合上，编成团、营、连、排、班，行动军事化，生活集体化，生产大兵团作战。洪溪域内归 11 营管辖，分3个连，洪溪片连长刘学洪，高浜片连长陈叶生，西周片连长潘桂生。采取给先进插红旗、后进插白旗等强制手段，刺激人们劳动，滋生以高指标、瞎指挥、命令风、浮夸风和“共产风”为主要特征的“左”倾错误，不到一年已暴露出大兵团作战这种体制下的生产关系超越了生产力发展水平，加上天灾人祸，粮食在完成征购任务后，出现“空头”，口粮紧缺，大食堂无米下锅停办。1960 年春季，浮肿病蔓延。

生产大队生产队　根据 1961 年 3 月试行的《农村人民公社工作条例草案》（简称“六十条”）规定，全大队范围内的土地都归生产大队所有，固定给生产队使用。1961 年 4 月红旗人民公社调整为天凝、洪溪、杨庙 3 个人民公社，洪溪村归洪溪人民公社管辖，域内设 2 个生产大队，即七一大队和洪联大队，大队下设生产队。

1962 年 9 月中央公布《农村人民公社工作条例修正草案》规定，生产队范围内的土地，包括社员自留地、自留山、宅基地等都归生产队所有，生产队所有土地不经过县级以上人民委员会审查和批准，任何单位和个人都不得占用。并实行以生产队为基本核算单位的“三级所有、队为基础”体制。从而进一步明确土地公有制的性质。社员收入主要靠工分，核算收入结算单位为生产队，生产队集体经营模式下农户经济收入低下，生产经营吃大锅饭，土地产出单一，严重挫伤社员劳动积极性。1969 年 10 月，七一大队与洪联大队合并成立洪溪大队。1979 年后，随着各种生产责任制的建立，改革生产运行机制，调动农民积极性。1984 年 1 月，历时 20 多年的人民公社体制解体。

家庭联产承包责任制

1983 年开始，洪溪大队全面实行家庭联产承包责任制。生产队的土地由集体所有、集体经营变为集体所有、分户经营，实行土地所有权与使用权相分离的制度。农户按合同规定自主进行生产和经营。经营的收入除按合同规定上缴一部分给集体及缴纳国家税金外，全部归农民所有。村集体作为土地发包方除进行必要的协调管理和生产经营指导外，还为农户提供生产服务。

中华人民共和国农村土地承包经营权证（沈纪昌 摄）

1998 年家庭联产承包责任制在“大稳定、小调整”的原则上延长 30 年不变。村域内 514 户农户领到“农村土地承包经营权证”。到 2019 年年底，洪溪村全村农户经营权流转土地 1010 亩，由村集体经济组织统一发包流转给种养业大户经营，流转经营所得全部分给农户，增加了农户收入，农户也可根据自家的劳动特点搞其他产业。

第五章 农业水利

第五章 农业水利

洪溪村地处江南水乡，历代属农耕区，农业主要以种植水稻为主，兼种豆类、大麦、小麦、油料作物及果树蔬菜。解放前，农业设施简陋，自然灾害频繁，生产水平低下，靠天吃饭，加上封建土地制度长期的束缚，生产力水平低下。解放后，经过土地改革、互助合作、人民公社化，加强农田水利基本建设，逐步推行机械化、电气化、水利化，改进耕作制度，增强抗灾能力，农、林、牧、副、渔生产有较快发展。中共十一届三中全会以来，实行家庭联产承包责任制，调动了农民的生产积极性，农民有了生产自主权，按照经济规律和自然规律调整农业生产的结构，发展优质高效农业，推进农、林、牧、副、渔全面发展，粮食产量在较高水平上保持相对稳定。

第一节 耕地与耕作制度

耕地

1969 年 10 月，七一、洪联合并为洪溪大队，有耕地面积 1965 亩，人均 1.118 亩，至 1983 年耕地面积稳定在 1937 亩。从 1993 年起，洪溪村因与集镇交叉，由于城镇建设用地、工业企业发展用地、镇村公路建设用地、住宅建设用地等原因，耕地面积逐年减少。到 2010 年，有耕地面积 1297.08 亩，其中水田面积 1114.74 亩，人均 0.76 亩。2019 年，有耕地面积 1189.55 亩，其中水田面积 1010.37 亩，人均 0.7 亩。

1961—2019年部分年份洪溪村（大队）耕地面积情况表

表5-1 单位：亩

年份	耕地面积		人均水田	年份	耕地面积		人均水田
	耕地	其中水田			耕地	其中水田	
1961	1956	1800	1.32	1993	1720	1738	0.93
1962	1956	1777	1.25	1994	1740	1658	0.87
1963	1958	1777	1.19	1995	1750	1568	0.87
1964	1942	1777	1.16	1996	1745	1563	0.84
1965	1965	1777	1.12	1997	1743	1561	0.85
1966	1965	1777	1.09	1998	1745	1563	0.84
1967	1965	1777	1.07	2002	1720	1538	1.06
1968	1965	1777	1.05	2003	1718	1536	0.94
1969	1965	1777	1.01	2004	1718	1536	0.94
1970	1942	1777	1.00	2005	1718	1536	0.94
1971	1937	1777	0.99	2006	1699	1517	0.92
1972	1937	1777	0.98	2007	1699	1517	0.92
1973	1937	1777	0.97	2008	1310.84	1128.5	0.78
1974	1937	1777	0.98	2009	1310.84	1128.5	0.78
1975	1937	1777	0.96	2010	1297.08	1114.74	0.76
1976	1937	1777	0.95	2011	1297.08	1114.74	0.76
1977	1937	1777	0.94	2012	1297.08	1114.74	0.76
1978	1937	1777	0.94	2013	1297.08	1114.74	0.76
1979	1937	1777	0.96	2014	1246.12	1063.78	0.73
1980	1937	1777	0.96	2015	1218.29	1035.95	0.72
1989	1744	1762	0.98	2016	1218.29	1065.95	0.72
1990	1724	1742	0.94	2017	1189.12	1009.94	0.70
1991	1724	1742	0.94	2018	1190.21	1011.03	0.70
1992	1656	1674	0.89	2019	1189.55	1010.37	0.70

耕作制度

解放前，洪溪以种植水稻为主，冬季种植油菜籽、大麦、小麦、蚕豆，旱地种植蔬菜、豆类、薯类。一般一年一熟或二熟，种植花草或白坂田—水稻，春粮、大麦、小麦、蚕豆或油菜—水稻。

解放初期沿用传统耕作方法，1956 年开始种植连作（双季）稻。耕种方法：花草或白坂田—连作早稻—连作晚稻，油菜或春粮—单季晚稻。1971 年起，春粮扩大大麦种植，减少小麦、蚕豆种植，水稻扩大双季稻种植，减少单季稻种植。一年三熟，种植花草或白坂田或油菜或大麦—连作早稻—连作晚稻，小麦或蚕豆—单季晚稻（有部分生产队全部种双季稻）。1993 年起调整农业产业结构，部分改种经济作物，水产品养殖。1999 年起，不种早稻只种植单季晚稻，减少种植春粮、油菜籽等。

第二节　粮食生产

历代农民以种田为生，村域内种植粮食作物、油料作物、经济作物。粮食作物分为水稻（早稻、晚稻）、春粮（大、小麦、蚕豆）。

村民历来以种植水稻为主，春粮为次，1961 年粮食总产量 432 吨，亩产 245.5 公斤。1964 年粮食总产量 800 吨，亩产 453.5 公斤。1979 年粮食总产量 1722 吨，亩产 969 公斤。2018 年粮食总产量 202 吨，亩产 426 公斤。

1961—2019 年部分年份洪溪村（大队）粮食产量情况表

表 5-2

年份	播种面积（亩）	亩产（公斤）	总产量（吨）	年份	播种面积（亩）	亩产（公斤）	总产量（吨）
1961	1833	245.5	432	1978	1777	905.5	1609
1962	1763	312	550	1979	1777	969	1722
1963	1777	391	695	1980	1777	738.5	1302
1964	1777	453.5	800	1981	1777	698	1239
1965	1777	480	853	1982	1777	828	1471
1966	1777	503	893	1983	1777	745	1323
1967	1777	537	956	2009	1396	487	680
1968	1777	463.5	824.1	2010	1225	439	537.7
1969	1777	525.5	934	2011	1490	432	644
1970	1777	581.5	1033	2012	1719	432	742.9
1971	1777	578.5	1028	2013	1704	414	706
1972	1777	616.5	1096	2014	1365	440	600
1973	1777	666.5	1185	2015	1064	488	519
1974	1777	612	1087	2016	785	524	411
1975	1777	592	1052	2017	564	510	288
1976	1777	783.5	1393	2018	475	426	202
1977	1777	786.5	1398	2019	180	309	56

水稻种植

面积产量 水稻分为早稻、晚稻（双季晚稻与单季晚稻）。解放前种植单季晚稻，一年只种一熟，由于耕作粗放、种子单一、栽培技术落后，产量低，全年亩产 150 公斤左右。解放初期，产量有了提高，1955 年全年亩产 231 公斤，1956 年推广种植双季稻，不断改进水稻栽培技术，引进水稻新品种，粮食产量逐步提高，1958 年全年亩产达到 319 公斤。1958 年冬起，农村遭受“五风”（“共产风”、浮夸风、干部特殊风、强迫命令风、生产瞎指挥风）的影响，1959 年至 1961 年国家三年困难时期，水稻产量连续三年下降。1961 年早稻面积 627 亩，亩产 230 公斤。晚稻面积 1833 亩，亩产 137 公斤。纠正“五风”及调整生产队规模后，从 1962 年起水稻产量逐渐回升。1964 年起扩大早稻种植面积，产量逐年提高。1983 年，实行家庭联产承包责任制后，虽然复种指数逐步减少，但粮食产量仍然较高。1993 年，调整产业结构，水稻种植面积减少，产量逐步回落，村域内 1998 年后早稻已不再种植。至 2017 年，晚稻种植面积 452 亩，亩产 588 公斤，总产量 265.8 吨。2019 年，晚稻种植面积 55 亩，亩产 560 公斤，总产量 31 吨。

栽培技术 在育秧技术上，随着耕作制度的变革，水稻育秧技术相应得到改进和提高，1953 年推广“落谷稀”，培育粗壮秧。1956 年推广连作稻，早稻种经催芽后落谷播种。20 世纪 70 年代，推广尼龙薄膜覆盖培育早稻秧苗，还试验过两段育秧、小苗带土移栽。70 年代末，连作晚稻采用拔苗留条的方法，增产效果显著，1982 年后全面推广。1995 年开始，单季晚稻逐步采用大田散播，部分采用免耕法，大田直播。传统水稻插秧栽培习惯大株稀植，亩插 8000—10000 丛。1953 年，推广小株密植，亩插 15000 丛左右。1956 年推广双季稻，提高密植程度，一般亩插 35000—40000 丛，每丛 4—5 本。在耕耘方法上，大田耕作传统多为二耕二耙。随着农业机械化的发展和耕作制度的改变，从 20 世纪 70 年代中期起，由人坌、牛耕逐步过渡到使用手扶拖拉机二耕一平。耘田，传统方式耘田三遍，或一耥二耘（农业合作化时耥苗已停止），使用拖拉机耕作后，耘田一般只一遍，散播（直播）田不耘苗，使用除草剂除草。在肥水管理上，1963 年实现电力灌溉后，灌排有保障，水稻灌溉逐步形成“浅水插秧、深水护苗、薄水发棵、适时搁田、适水养胎、干湿壮籽、跑马水养老”科学水浆管理技术。在施肥上，农民历来有以猪羊灰、河泥及各类土杂肥肥田的习惯，解放后，积极开展群众性的积土杂肥，发展以养猪生产为重点的畜牧业，以求“猪多、肥多、粮多”。20 世纪 60 年代后，化肥施用量不断增加，施肥技术与用量有新的发展，采取“前促、中控、后补”的施肥技术，控制氮肥总用量。80 年代，肥料结构又有新变化，有机肥逐步减少，化肥用量急剧增加，出现“多氮、缺磷、少钾”的现象，1987 年起，采取“控氮、增磷、补钾”的措施，增加有机肥，推广配方施肥技术，提高水稻成穗率、结实率和千粒重。

1961—2019 年部分年份洪溪村（大队）水稻产量情况表

表 5-3

年份	早稻			晚稻		
	面积（亩）	亩产（公斤）	总产（吨）	面积（亩）	亩产（公斤）	总产（吨）
1961	627	230	144	1833	137	250
1962	389	222	86	1763	236	416
1963	521	249	130	1777	297	527
1964	959	258	248	1777	290	515
1965	1239	279	346	1777	266	473
1966	1319	255	336	1777	297	527
1967	1320	251	332	1777	324	575
1968	1431	230	329	1777	254	448
1969	1488	256	365	1777	295	521
1970	1581	288	455	1777	289	513
1971	1555	291	452	1777	263	465
1972	1566	340	533	1777	255	453
1973	1533	357	548	1777	324	576
1974	1492	321	479	1777	281	499
1975	1502	339	509	1777	26999	478
1976	1502	438	657	1777	325	578
1977	1506	410	617	1777	36665	649
1978	1049	430	644	1777	40555	719
1979	1485	482	716	1777	400	710
1980	1460	433	632	1777	221	392
1986	1235	410	507	1835	362	664
1989	1063	401	631	1717	417	358
1990	1200	435	561	1688	401	338
1991	1203	388	467	1694	433	733
1992	1058	433	458	1715	402	689
1993	108	380	41	1669	460	768
1994	102	425	43	1658	503	834
1996	192	378	73	1534	557	854
1997	120	385	46	1508	488	735

续表 5-3

年份	早稻			晚稻		
	面积（亩）	亩产（公斤）	总产（吨）	面积（亩）	亩产（公斤）	总产（吨）
1998	51	457	23	1527	538	821
2002	—	—	—	1260	575	725
2003	—	—	—	1260	545	687
2004	—	—	—	1262	525	663
2005	—	—	—	1101	498	548
2006	—	—	—	1108	559	619
2007	—	—	—	1298	461	599
2008	—	—	—	1146	515	590
2009	—	—	—	1143	550	629
2010	—	—	—	818	550	445
2011	—	—	—	914	550	503
2012	—	—	—	954	600	572
2013	—	—	—	898	580	521
2014	—	—	—	804	590	474
2015	—	—	—	757	589	446
2016	—	—	—	643	590	379
2017	—	—	—	452	588	266
2018	—	—	—	295	559	165
2019	—	—	—	55	560	31

春粮种植

大麦种植　解放前及解放初期只有少量种植，从种植双季稻开始，逐步增加大麦种植面积，1961 年种植 39 亩，1973 年增加到 810 亩。1983 年以后，大麦种植面积逐步减少。大麦栽培：解放前及解放初期，用铁鎝坌垄头，打潭点播，覆盖草木灰，冬季开沟倒泥，春季推泥松土。合作化时期与人民公社化初期，翻耕做小垄，条播或散播，冬季晾麦泥，春季施追肥。20 世纪 70 年代，采取薄片深翻、宽垄、散播、横开深沟、竖打鼠道洞（丰产洞）等措施，降低地下水位。1983 年以后，直播田坂麦（懒坂麦），开沟排水。在施肥技术上，改革 70 年代以前的重施腊肥的方法，推广“两头促、中间控”的“基施春补”施肥法。2014 年开始全村不再种植大麦。

小麦种植　解放前，小麦种植仅次于蚕豆种植，解放初基本稳定，从种植双季稻开始，种植渐趋减少，1961 年种植 249 亩。1967 年反弹到 393 亩，以后又逐年减少，到 2008 年仅种植 4 亩。后农民不再种植。栽培技术略同于大麦。

蚕豆种植　解放前及解放初期，蚕豆种植面积占春粮面积的第一位，1961 年种植 479 亩，从 1965 年后急剧减少，1966 年种植 137 亩。至 2018 年种植 55 亩。蚕豆作物栽培，为坌垄头，打潭点播，1983 年起，在田坂打潭点播（称懒坂豆），再开沟倒泥。

1961—2019 年部分年份洪溪村（大队）春粮产量情况表

表 5-4

年份	大麦			小麦			蚕豆		
	面积（亩）	亩产（吨）	总产（公斤）	面积（亩）	亩产（吨）	总产（公斤）	面积（亩）	亩产（吨）	总产（公斤）
1961	39	42	1.6	249	43	11	479	54	26
1962	70	59	4	219	52	11	556	58	32
1963	94	47	4.4	230	50	11	616	35	22
1964	65	57	3.7	182	76	14	308	61	19
1965	15	60	0.9	121	105	13	389	53	20
1966	113	67	7.6	766	82	14	137	64	8.8
1967	253	65	16.4	393	76	30	36	45	1.7
1968	216	74	15.8	304	83	25	45	76	3.4
1969	198	64	12.8	304	91	28	101	41	4
1970	242	108	26	344	104	36	50	60	3
1971	542	127	68.8	285	114	33	54	134	7
1972	656	122	79.8	218	115	25	40	101	4
1973	810	62	49.8	69	67	5	64	95	6
1974	700	140	97.8	23	77	2	58	99	5.8
1975	753	77	58	6	63	0.4	57	81	4
1976	734	202	148	48	170	8	2	45	0.8
1977	917	140	128	14	152	2	—	—	—
1978	853	282	240	12	293	3	36	42	1.4
1979	842	346	291	7	357	2	20	60	1.2
1980	841	337	284	7	221	2	40	50	2
1986	498	203	101	52	178	9	20	50	1
1987	559	116	65	3	99	0.3	2	36	0.07
1989	580	104	60	13	91	1.2	59	40	2.3
1990	585	102	60	19	94	1.8	54	45	2.4

续表 5-4

年份	大麦			小麦			蚕豆		
	面积（亩）	亩产（吨）	总产（公斤）	面积（亩）	亩产（吨）	总产（公斤）	面积（亩）	亩产（吨）	总产（公斤）
1991	624	152	95	13	175	2.3	28	100	2.8
1992	571	208	119	23	218	7	22	130	3
1993	114	220	25	98	295	29	59	80	5
1994	60	225	14	20	25	5	140	75	11
1996	174	276	48	240	296	71	157	100	16
1997	336	252	85	209	282	59	—	—	—
1998	217	158	34	296	172	51	73	55	4
2002	71	241	17	18	245	4	81	110	9
2003	63	250	16	2	260	1	66	210	14
2004	73	285	21	5	270	1	60	175	12
2005	35	290	10	5	240	1	57	150	9
2006	40	270	11	5	200	1	176	159	28
2007	45	280	13	4	240	1	160	165	27
2008	10	300	3	4	220	1	201	169	34
2009	35	280	10	—	—	—	210	170	36
2010	180	290	52	—	—	—	218	166	36.1
2011	350	290	102	—	—	—	217	157	34
2012	543	245	133	—	—	—	212	153	32.5
2013	583	250	146	—	—	—	209	148	31
2014	336	260	87	—	—	—	209	148	34
2015	—	—	—	168	262	44	120	158	19
2016	—	—	—	22	250	5.5	101	161	16.3
2017	—	—	—	—	—	—	99	162	16
2018	—	—	—	—	—	—	55	263	14
2019	7	260	2	—	—	—	104	162	17

种子

水稻种子　解放前，民间将穗大粒多、颗粒饱满、抗病虫害强、抗倒伏、产量高的品种，选作良种，相互调换种植。晚粳稻有太湖青、铁杆青，晚糯有红壳糯、白壳糯，中稻有洋尖、银尖，早稻有六十日头、八十日头。解放后，贯彻种子工作自选、自繁、自留、自用和辅之以国家调剂的“四自一辅”方针。水稻主要品种：晚粳稻有矮脚落霜青、铁杆青、新太湖青、松江老来青、农垦 58 号、嘉湖 4 号、嘉农 14、农虎 6 号、测 21、测 24、测 93、秀水系列；晚糯稻有白壳糯、红壳糯、京引 15、祥湖 25、祥湖 47 等；早稻有六十日头、八十日头、嘉兴白皮、南特号、二九陆 1 号、二九青、陆才号、原丰早、广陆矮 4 号、二九丰、浙幅 802、庆莲 16、加籼 758、科庆等。21 世纪以来，普遍种植秀水系列高产良种。

大小麦种子　洪溪历史上以种植小麦为主，小麦品种有矮立多、玉皮小麦、四方麦、早小麦、浙农 9 号、扬麦 1 号、浙麦 1 号、钱江号、扬麦 5 号。1971 年以后，随着饲料和啤酒工业的发展，大麦需量猛增，种植面积逐年扩大。大麦品种有嘉善蚕花麦、二棱扁大麦、立夏黄、三月黄、矮白洋，后来又引进新品种 757、浙农 12、沪麦 4 号、早熟 3 号、浙农大 2 号、86—166、秀 87—8 等。

蚕豆种子　解放初种植嘉善香珠豆 ，以后引进种植平湖牛踏扁、慈溪大白豆、奉化小青豆、启东 1 号等。

肥料

解放前，农作物肥料主要是农家肥，包括人粪、猪羊牛灰、花草等。秋冬削草皮烧草木灰做基肥，冬季捻白河泥，次年作基肥。少数富裕家庭买豆饼、菜饼，夏天下田作追肥。

解放初，个体农户仍旧沿用解放前的老办法。1953 年起推广硫酸铵化肥，1961 年起生产队化肥用量逐年增加，品种有氨水、硫酸铵、碳酸氢氨、氯化氨、尿素、磷肥，水稻作物施用氮肥，春季作物施用磷肥，生长效果明显，但化肥供应量有限，政府实行计划分配，不能满足生产队的化肥需要。20 世纪 70 年代起，割野草、削草皮泥、捻河泥搞小塘泥兴起。80 年代中后期起，基本满足广大农户的化肥需要，既有国产化肥，也有进口化肥，而且品种齐全，有氮肥、磷肥、钾肥、复合肥。由于农村广泛使用化肥，耕地缺乏基肥，需要用土杂肥改良土壤。

第三节　经济作物

洪溪片区域内经济作物种植，主要有油菜籽、蔬菜、西瓜、小瓜及果树种植，20 世纪 60—70 年代的桑树种植、蘑菇种植，另外还有草莓、花卉少量种植。

油菜籽种植

传统栽培技术为坌狭垄打潭移栽土菜油，产量低，出油率差。1961 年以后引进胜利油菜，改狭垄为宽垄、深沟、增施肥料、合理密植。1980 年后引进油菜籽新品种九二 13 系，比较完整地形成了免耕坂田种植油菜籽的高产栽培技术。

1961—2019年部分年份洪溪村（大队）油菜籽产量情况表

表5-5

年份	面积（亩）	亩产（公斤）	总产（吨）	年份	面积（亩）	亩产（公斤）	总产（吨）	年份	面积（亩）	亩产（公斤）	总产（吨）
1961	282	19	5.4	1976	130	60	7.8	2005	75	172	13
1962	215	21	4.5	1977	141	53	7.5	2006	85	170	14
1963	224	18	4	1978	183	82	15	2007	75	170	13
1964	221	31	7	1979	186	85	16	2008	75	175	13.1
1965	196	46	9	1980	189	85	16	2009	10	160	1.6
1966	132	38	5	1991	420	64	26	2010	55	160	8.8
1967	103	50	5.2	1992	158	81	13	2011	50	16	8
1968	126	40	5	1993	110	80	9	2012	50	150	9
1969	134	21	2.8	1994	72	70	5	2013	65	150	10
1970	134	71	9.5	1996	407	122	50	2014	60	150	9
1971	127	61	7.8	1997	282	113	32	2015	3	140	0.4
1972	190	73	14	1998	331	91	30	2016	3	133	0.4
1973	182	31	5.8	2002	267	112	30	2017	5	140	1
1974	174	68	11.8	2003	241	200	48	2018	5	140	1
1975	170	28	4.8	2004	96	210	20	2019	5	150	1

蔬菜种植

农户历来有种植蔬菜的习惯，利用自留地、屋前、屋后、田边地角种植蔬菜，主要品种有青菜、萝卜、大头菜、雪菜、芥菜、菠菜、地蒲、茄子、毛豆、长豆、南瓜等，以自食为主。农村实行家庭联产承包责任制后，逐步在大田开始种植蔬菜，1999年开始有大棚种植。

1991—2019 年部分年份洪溪村蔬菜种植情况表

表 5–6

年份	面积（亩）	亩产（公斤）	总产（吨）	年份	面积（亩）	亩产（公斤）	总产（吨）
1991	130	—	130	2008	405	—	689
1992	72	—	72	2009	416	1550	645
1993	28	—	28	2010	480	1350	648
1996	120	—	80	2011	442	1250	553
1997	237	—	178	2012	435	1250	544
1998	313	—	107	2013	430	1200	516
1999	91	—	91	2014	420	1150	483
2001	388	—	446	2015	245	1300	319
2002	320	—	407	2016	246	1300	320
2003	517	—	620	2017	248	1580	390
2006	357	—	643	2018	218	1586	346
2007	386	—	656	2019	21	1664	349

西瓜、小瓜种植

小瓜是指香瓜、地瓜。洪溪农户历来在旱地种植西瓜、小瓜，以自食为主。实行家庭联产承包责任制以后，在大田种植西瓜、小瓜。经营者大部分是外来租用农户承包田种植，大棚种植地块每年轮作种植。

1986—2014 年部分年份洪溪村西瓜、小瓜种植情况表

表 5–7

年份	面积（亩）	亩产（公斤）	总产（吨）	年份	面积（亩）	亩产（公斤）	总产（吨）
1986	26	1000	26	2002	23	1435	33
1995	19	750	14	2003	40	1925	77
1996	7	1570	11	2009	20	1500	30
1997	20	1000	20	2014	40	2000	80
2001	17	1705	29	—	—	—	—

果品、花卉种植

洪溪村因人均耕地不到一亩，果品、花卉种植较少。2008 年开始有大棚种植葡萄、花卉等经济作物。葡萄种植 95 亩，花卉种植 50 亩。2010 年，葡萄种植 65 亩，草莓种植 32 亩。2020 年，花卉种植有 5 户 432 亩，水果种植有 3 户 193 亩。

蚕桑

种桑为种植业，饲蚕为养殖业。1965 年，洪溪大队在红旗塘沿岸种植桑树。1971 年，开始饲养蚕种 6 张，生产蚕茧 2 担。1974 年，桑园面积稳定在 34 亩，养蚕 60 张，产茧 46 担。20 世纪 80 年代，由于社办企业、队办企业、个体企业的发展，逐步由桑园改作工业用地。1988 年，全村无桑园。养蚕，一年饲养春蚕、夏蚕、早秋蚕、中秋蚕、晚秋蚕五期，春蚕张产量最高，秋蚕产量比重最大。生产出的蚕茧由洪溪供销社统一收购。

1971—1980 年洪溪大队桑、蚕、茧生产情况表

表 5-8

年份	面积（亩）	蚕种（张）	产茧量（担）	年份	面积（亩）	蚕种（张）	产茧量（担）
1971	18	6	2	1976	34	86	51
1972	23	17	9	1977	34	85	57
1973	27	36	20	1978	34	82	56
1974	34	60	46	1979	34	87	58
1975	34	79	49	1980	34	82	71

第四节　养殖业

养殖业分为畜禽、水产品两个方面，畜禽饲养主要有牛、猪、羊、兔、禽（鸡、鸭、鹅），水产品养殖主要有鱼类、甲壳类、贝类。

牛

饲养耕牛以水牛居多，有少数黄牛，一般由牛贩输入或从金华、温州一带牛市场购入，自繁极少。饲养耕牛用于土地翻耕、农田灌溉。解放前，只有地主、富农、少数富裕户拥有耕牛。解放后，政府鼓励养牛，洪溪大队养牛数量从 1962 年的 9 头逐年增加到 1969 年的 19 头（最高年份）。以后随着农业机械化、电气化的发展，耕牛饲养量逐年减少，到 1980 年有 9 头，1986 年仅剩 1 头，以后不再饲养。

1962—1986年洪溪村（大队）耕牛饲养量情况表

表5-9 单位：头

年份	饲养量	年份	饲养量	年份	饲养量
1962	9	1969	19	1976	10
1963	9	1970	18	1977	11
1964	13	1971	18	1978	11
1965	18	1972	1	1979	9
1966	18	1973	14	1980	9
1967	18	1974	10	1986	1
1968	17	1975	9	—	—

猪

家畜饲养以猪为主。旧时，农户养猪主要是养猪肥田，一般农户饲养肉猪，少数农户饲养母猪，生猪种类杂乱，母猪以嘉兴黑毛猪为主。解放后，在政府的号召和支持下，养猪业开始发展，20世纪50年代引进约克公猪良种，母猪一般饲养嘉兴黑猪，仔猪为白色居多，供农户饲养肉猪。农业合作化时期，农户养猪较多，人民公社初期，受“五风”影响，不许农户养猪，只有集体办牧场，1961年得到纠正，养猪业得以恢复和发展，鼓励社员多养猪，把肉猪出售给食品站，肥料投入生产队，记投肥金额或折算投肥工分。1965年，生产队均办起畜牧场，80年代后逐步停办。实行家庭联产承包责任制后，农户养猪比较平稳，一般每户养1—2头，养猪大户存栏在百头左右。到2014年，全村无养猪。

1961—2014年洪溪村（大队）生猪饲养情况表

表5-10

年份	畜牧场个数（个）	年末存栏（头）	其中集体（头）	其中母猪（头）		年出栏（头）	年饲养量（头）
				小计	其中集体		
1961	—	223	—		—	18	241
1962	—	428	—	74	—	69	497
1963	—	534	—	42	—	113	687
1964	—	599	—	46	—	443	1042
1965	5	612	49	38	—	716	1318
1966	4	706	56	50	—	729	1435
1967	4	667	20	18	—	228	895
1968	2	505	22	12	—	712	1217
1969	10	665	107	36	—	610	1275

续表 5-10

年份	畜牧场个数（头）	年末存栏（头）	其中集体（头）	其中母猪（头）		年出栏（头）	年饲养量（头）
				小计	其中集体		
1970	14	1025	485	71	—	707	1732
1971	12	1081	463	82	—	703	1784
1972	12	974	467	66	55	831	1805
1973	12	1083	556	87	72	877	1960
1974	12	1049	559	98	81	895	1944
1975	12	1106	689	100	89	781	1887
1976	12	1149	674	99	97	749	1898
1977	12	1206	693	110	110	945	2151
1978	13	1231	688	139	139	959	2190
1979	13	1357	579	144	142	1299	2656
1980	13	1188	479	93	90	1511	2679
1986	—	825	—	53	—	702	1527
1987	—	598	—	31	—	803	1401
1988	—	565	—	61	—	696	1261
1989	—	699	—	56	—	593	1292
1990	—	902	—	53	—	537	1439
1991	—	570	—	41	—	796	1439
1992	—	935	—	102	—	917	1852
1993	—	423	—	42	—	633	1056
1994	—	410	—	29	—	399	809
1995	—	387	—	27	—	268	655
1996	—	397	—	25	—	273	670
1997	—	370	—	24	—	159	529
1998	—	281	—	20	—	215	496
1999	—	317	—	21	—	442	459
2001	—	283	—	21	—	559	842
2002	—	309	—	17	—	510	819
2003	—	335	—	15	—	488	823
2006	—	265	—	8	—	929	1194
2007	—	292	—	10	—	765	1057

续表 5-10

年份	畜牧场个数（个）	年末存栏（头）	其中集体（头）	其中母猪（头）		年出栏（头）	年饲养量（头）
				小计	其中集体		
2008	—	486	—	14	—	671	1157
2009	—	287	—	14	—	643	930
2010	—	329	—	14	—	543	872
2011	—	360	—	21	—	459	819
2012	—	275	—	21	—	389	664
2013	—	—	—		—	329	329
2014	—	—	—		—	129	129

羊

农村养羊，家庭分散饲养，品种以山羊为主，绵羊极少。解放后，无力养猪的农户便养羊，以羊灰作肥料。农业合作化时期，羊灰作投肥，换取报酬。20 世纪 80 年代以后，农户零星饲养，以山羊为主，养羊供自食用。

兔

兔子为农户家庭养殖，解放初，农户养殖灰、白两种草兔，主要自食。1999 年后引进“安哥拉”长毛兔，养殖数量也有增加。供销社收购兔毛。2006 年存栏长毛兔 646 只，2009 年 430 只。以后停止饲养，养殖长毛兔的时间不超过 10 年。

禽

家禽指鸡、鸭、鹅。洪溪历来普遍有养殖鸡、鸭、鹅的习惯，鸡最多，鸭次之，以自食为主。鸡以土种草鸡为主，萧山大种鸡、浦东三黄鸡为次；鸭以诸暨麻鸭为主，北京白鸭为次；鹅以太湖白鹅为主。解放初期，农户家禽养殖发展较快。1958 年“大跃进”时期不准社员饲养，造成比例失调，“文化大革命”时期农村割“资本主义尾巴”，禁养、限养家禽，农户养禽受到限制，养禽数量减少。1983 年农村实行家庭联产承包责任制后，鼓励农户饲养家禽，家禽养殖迅速发展。2014 年开始，因美丽乡村建设和美丽庭园创建，饲养量有所减少。2019 年，存栏数 1551 羽，并以圈养为主。

2009—2019年洪溪村家禽饲养情况表

表 5-11

年份	全年出栏肉禽与出售禽蛋数（吨）			年末存栏数（羽）			
	合计	肉禽	蛋禽	合计	鸡	鸭	鹅
2009	8030	3330	4700	23628	17966	5538	124
2010	8610	4510	4100	21567	15030	5761	776
2011	7366	4157	3209	23181	18670	3909	602
2012	7559	4959	2600	22446	17200	4300	946
2013	4224	2816	1408	12864	8020	3859	985
2014	1843	608	1235	3512	1931	1404	177
2015	1040	—	1040	3016	2016	1000	—
2016	840	56	280	1464	732	575	157
2017	368	148	220	2290	1185	987	118
2018	320	211	109	1365	715	581	69
2019	286	189	97	1551	944	697	110

水产品养殖

村域内水产品养殖一直以来未能发展，主要原因是洪溪村地处洪溪集镇，人均耕地较少，水域面积也缺乏。1966年，有内塘养鱼5.5亩，以鲢鱼为主。2006年，村域内少数农民开始在农田养殖温室甲鱼，年产量34.1吨。2017年，洪溪村温室甲鱼退养还田。

2006—2017年洪溪村温室甲鱼养殖情况表

表 5-12　　单位：吨

年份	产量	年份	产量
2006	34.1	2012	98.2
2007	43.1	2013	115
2008	108.3	2014	117
2009	122.7	2015	99.3
2010	86.4	2016	81.8
2011	98.2	2017	39

第五节 农业产业化

1998年后调整产业结构，取消早稻种植，发展“优质、高产、高效”农业，扩种瓜果、蔬菜等经济作物，改变单一的粮食生产格局，利用流转承包土地，局部产生一批种养业户，即种植大户和养殖大户。2016年有专业户15户，其中种植水稻、黄桃、葡萄、玉龙草、花卉、盆栽等7户、636.25亩；养殖甲鱼7户，青虾1户（161亩）。室内养甲鱼于2017年全部退耕还田。2020年洪溪村有种植园艺、盆栽5户432亩，种植水果3户193亩，养殖外塘甲鱼7户、青虾1户172亩，种粮1户55亩。

2020年洪溪村种植和养殖大户情况表

表5-13

大户（单位）名称	登记注册类型	农林牧渔业占地面积（亩）	主要生产农产品	收获季节	品种
嘉兴锦上花农业开发有限公司	农业企业	67	园艺	每季	盆栽
王杰	种植规模户	100	园艺	每季	盆栽
张道闯	种植规模户	24	园艺	每季	盆栽
牛传才	种植规模户	210	园艺	每季	盆栽
李伟	种植规模户	31	园艺	每季	盆栽
天洪果蔬专业合作社	农民合作社	130	水果	二季	其他水果
俞金富	种植规模户	30	水果	二季	其他水果
程传亮	种植规模户	33	水果	二季	葡萄
顾宗全	家庭农场	25	水产	四季	甲鱼
顾宗熙	家庭农场	12	水产	四季	甲鱼
顾建华	家庭农场	11	水产	四季	甲鱼
费惠娟	家庭农场	10	水产	四季	甲鱼
李玉强	家庭农场	7	水产	四季	甲鱼
费兴华	家庭农场	10	水产	四季	甲鱼
陆忠林	家庭农场	7	水产	四季	甲鱼
周殿海	家庭农场	90	水产	四季	青虾
王桂龙	家庭农场	55	粮食	二季	稻、麦

第六节 农机具

洪溪历史上是个以种植水稻为主的产粮区，随着时代的发展，农耕用具从传统农具逐步实现机械化。

传统农具

耕耙农具　主要有铁搭、锄头、铁铲、犁、耙、耥等，都为古老的手工农具，其中铁搭、锄头、铁铲一直沿用至今。由于用途不同，形状各异，铁搭有满封、平齿、尖齿等。满封主要用于水田翻耕，平齿、尖齿主要用于旱地耕作。铁铲一般长25厘米、宽17厘米，主要用于开沟、清沟。20世纪70年代中期，大、小麦全面推行深沟宽垄栽培技术，使用深沟铲开沟，铲面呈半月形，宽约10厘米，长约30厘米，柄以木制为主。耙有人力手工操作，也有畜力操作。犁为畜力农具。畜耕始于清光绪初，由宁、绍、温、台等地客农入境传入。至20世纪70年代，逐步被机耕替代。耥为人力操作的中耕除草农具。耥板长30厘米左右、宽约10厘米，均匀排列5行铁钉，装有竹竿长柄，推拉于禾苗间，使草根尽起，不致复生。

灌溉农具　“三车”即人踏水车、风力水车、牛盘水车，用木质制成，由车轴、木槽、龙骨、刮板组成，车轴由脚踏驱动的为人力水车，由牛力拉动的为牛盘水车，靠风力驱动的为风力水车。牛盘水车在车轴前加车盘、齿轴连接，风力水车在车轴前加齿轴、座架、篷帆连接。在沿河岸边设置车位，分别以人力、畜力、风力转动车轴，带动龙骨及刮板，经槽筒汲水灌溉农田。一般人力车日灌4—6亩，牛车、风车日灌10亩以上。解放初，70%的农户都有人力水车。20世纪60年代初，农村始通电力，逐步发展电力灌溉，“三车”逐年减少。到60年代末，三车全部淘汰。

收割脱粒农具　收割农具有镰刀、稻锲、锲子。脱粒农具有稻床、稻桶、脚踏脱粒机。稻锲、锲子大都为本地人使用，镰刀为客帮人使用。锲子刀刃平口，长约15厘米。稻锲刀刃有齿，呈半月形，长约20厘米。20世纪50年代末推广散播麦，北方大镰刀开始传入境内。镰刀、锲子是20世纪90年代前境内的主要收割工具。稻桶一般在田间使用，稻床在场地上使用。稻桶、稻床均为木制，呈四方形。稻床面镶竹帘，农民两手持稻，以穗击床，谷粒脱落。20世纪50年代中期，采用脚踏脱粒机。脚踏脱粒机长约1米，中间装有带齿滚筒，用连杆连接踏脚板，由两人操作，一人一只脚，用力踏踏脚板，使滚筒转动，将稻把放在滚筒上，稻谷脱落。

运输工具　主要有船、扁担、杠棒、箩筐。旧时，农船都为木制，由于价格昂贵，富裕农家才有。农船大多由人力驱动，或手摇橹，或划桨，或拉纤，也有借助风力驱动，称帆船。20世纪60年代初，水泥船开始替代木质船。70年代以后，渐被挂桨机船替代。扁担、杠棒有竹制的，也有木制的。箩筐都为竹制，是农家最普通、最常用的运输工具，从古代一直沿用至今。

加工工具　旧时，有砻、磨、舂臼、筛等。砻为圆形，直径1米左右，中间锯木段排列，周围用竹片围之，上、下两爿，圆盘上刻有斜档，投入稻谷，碾为糙米。筛为竹制，有谷筛、米筛、粉筛等，用以清除糙米中的稻谷和白米中的米糠。舂、臼是将糙米加工成白米的工具，分脚踏、手工两种，有石臼和陶臼。使用时，将糙米投入臼内，反复舂击，去除糙米糠皮，经筛去除米糠，加工成白米。砻、舂、臼于20世纪50年代淘汰。

其他工具　罱，是捞取河泥的积肥工具。分撑罱、夹罱两种。撑罱为本地罱器。用竹辟成篾，制成形似蚌壳的罱篰，长70厘米左右，宽40厘米左右，装上一根毛竹、一根弓竹。弓竹向前推时，罱篰张开，河泥进入，弓竹向后拉时，罱篰闭合，将河泥取出。夹罱初为客帮人使用，用一只边长50厘米左右的三角麻布袋，装上两根长4米左右、直径7—8厘米、两头粗细均匀的竹竿。另外，还有风谷车、土埭、草篰、粪桶、料勺、豆拐、蚕埭、畚箕、扫帚等。

农业机械

翻耕机械　1956年推广双铧犁。因全铁铸造，装有两个犁头，犁身重量大（100公斤左右），一头牛拉不动，两头牛牛性不一致，加上土壤黏性重，翻耕负荷大，不久停止使用。1958年推广绳索牵引犁，因劳动强度大而未能推广使用。1972年引入2台手扶拖拉机。20世纪70年代，使用电耕犁。80年代使用过旋耕开沟机，或因操作不方便，或因受电力限制而淘汰。而手扶拖拉机因操作灵活、适应性强、工效高，发展很快，1983年农村经济体制改革时，全村有手扶拖拉机12台，实现翻耕机械化。1999年达23台，以后逐步减少。到2018年年底，有2台。

脱粒机械　20世纪60年代中后期使用电动脱粒机，工效成倍高于脚踏脱粒机，深受农民欢迎，得到普遍应用，70年代末实现机械化脱粒。同时还使用大麦脱粒机——炮筒机。1983年农村经营体制改革后，电动脱粒机快速增加，全村有132台。1989年始有收割机，全部是个体户拥有，帮助农户有偿收割，全村机械收割率达90%以上。

灌溉机械　20世纪60年代初，农村开始架设电力线路，逐步发展电力灌溉。至1980年，建电力灌溉机埠21座，水泵22台，灌溉面积1251亩。随着电力灌溉的迅速发展，机械灌溉逐渐减少，村域内仅有1台抽水机，安装在船上，负责电力灌溉不能涵盖的独圩或偏远田块的灌溉，并兼作交通运输工具。至20世纪90年代中期，全村有灌溉机埠17座、动力164瓦。1987年，抽水机船淘汰。2008年，全村有电力排灌机埠17座，水泵8台。

植保机械　20世纪60年代初，使用单杆喷雾器。60年代中期，增用背包式喷雾器。70年代，使用机动喷雾器。1980年，有机动喷雾机13架、39千瓦。

加工机械　农村通电后，普遍发展机电碾米机。20世纪60年代，大队办有加工厂。1983年农村经济体制改革后，碾米机由电力带动改为柴油机带动，安装在拖拉机上，实行流动作业。

农业运输机械　20世纪70年代起，始用挂桨机船，并呈快速发展趋势。90年代，随着公路建设，出现拖拉机配上挂车，进行陆上运输。2002年，全村挂桨机船拥有量最多，为114艘。是年，开展淘汰内河挂桨机，拆解水泥船工作。至2003年，挂桨船渐趋减少。

第七节　农田水利

农田整治

解放前，村域内农田田块高低不平，田片宽窄不等，田埂弯曲。解放后，20世纪70年代初始行机械耕作，耕地现状不适应机耕作业。于是，每年冬闲季节，组织农村劳力，开展土地平整工作，联并小田块，挑去田间土丘，筑直田埂。同时，结合血防灭螺工作，填平废河、死浜、低潭。70年代初，按照“南北一个向，田块一个样”的要求，进行园田化改造，田宽14米、长80—100米，并实施沟、渠、路、林配套工程。做到动工一片，建成一片，当年动工，当年见效。至70年代中期，洪溪村域内的农田完成改造。

农田灌溉

解放前，洪溪境内的农田灌溉主要使用人力脚踏水车，一些富裕人家用风车或牛力车。民国后期，极少富裕户购买柴油机引擎水泵（冲水船）。由于三车依靠人力、风力及畜力，动力不足，抽水量小，灌溉与抗洪抗旱能力较弱，束缚了农业生产的发展。三车灌溉延续至20世纪50年代。1962年洪溪村域内始有柴油机抽水船1艘、3匹马力。60年代初始有机电灌溉1台、10千瓦。发展到1980年有固定机埠4座，动力73.5千瓦，农用水泵22台。1990年有固定机埠17座，其中：灌排两用4座，单灌11座，排涝2座，农用水泵17台、164千瓦。2008年有固定机埠7座，水泵8台，总动力87千瓦，灌溉面积1251亩。1973年，开挖中龙港通西周浜新开河一条，长800米，用于排洪、灌溉与水路运输。

修筑圩堤

冬春农闲季节兴修水利。解放初，以圩头为单位，按田亩多少投工，加高加固修筑圩堤，拦水堤岸。合作化时期，由小社、高级社组织修筑。人民公社以后由生产大队组织修筑。洪溪村外围圩堤长4028米，其中圩堤2508米、宅基地河岸1520米。截至2002年，已建块石护岸3804米，筑砖砌防洪墙597米、水泥墙796米。

圩区工程

圩区是一个跨越村、镇界限的防洪防涝区域。20世纪70年代期间，由公社统一规划，全公社规划为10个圩区，80年代后调整为7个圩区，洪溪圩区1993年建成。由洪溪村、集镇、联谊村、马塔塘村组成。圩区内配套 16 座水闸，8 座排涝站，9 台排涝水泵、232 千瓦动力。王凝圩区 2016 年 3 月建成，涉及嘉善县天凝、陶庄、西塘 3 个镇和秀洲区的王江泾、油车港 2 个镇，保护面积 134.52 平方千米（覆盖洪溪村全域），防洪标准 20 年一遇，排涝标准 10 年一遇。

洪溪圩区水闸分布情况表

表 5-14

圩区	村别	名称	坐落	建造年份	结构	高度（米）	宽度（米）	深度高程（米）	水闸桥（座）	排涝房面积（平方米）
洪溪	洪溪	洪港岸套闸	洪港岸东段	1988 1993	上提式套闸	4.5	5 4.5	0.8	—	—
		中龙港水闸	中龙港北端	1988	上提式单闸单排排涝站	4.5	4.5	0.8	1	14
		西周浜水闸	洪溪大桥西侧	1993	上提式单闸	4.5	3.5	1.1	1	—
		沈北泾水闸	沈北泾港南端	1986	上提式单闸单排排涝站	4.5	4.5	0.8	1	24
	联谊	杨家斗套闸	河泥潮港东北口	1991	上提式套闸双排排涝站	4.5	4.5	0.8	1	32
		周家浜水闸	周家浜口	1991	上提式单闸双排排涝站	4.5	3.5	1.1	1	24
		李家浜水闸	李家浜口	1995	上提式单闸	4.5	4	1	1	
		北新开河水闸	北新开河北端	1990	斜卧式单闸单排排涝站	4.5	3.8	1.1	1	12
		西荡湾套闸（租家圩）	西荡湾南口	1989 2001	上提式套闸单排排涝站	4.5	4.5	0.8	2	16
	马塔塘	西北汇水闸	联谊新开河西端	1989	上提式单闸	4.5	4.5	0.8	1	—
		黄家庙水闸	黄家庙浜口	2000	上提式单闸单排排涝站	4.5	4.5	0.8	1	10
		东圣浜水闸	东圣浜口	1989	斜卧式单闸	4.5	3.8	1.1	1	—
		竹埂水闸	竹埂自然村南端	1994	上提式单闸	4.5	3.5	1.1	1	—
		马家浜水闸	马家浜口	1994	上提式单闸	4.5	3.5	1.1	1	—
		坟河浜水闸	坟河浜口	1989	斜卧式单闸	4.5	3.8	1.1	1	—
		直溇水闸	曲尺溇口	1993	上提式单闸单排排涝站	4.5	4.5	0.8	1	12

第六章 工业

第六章 工 业

洪溪村工业源于窑业、民间手工业。解放初期村民在村域内外烧窑 23 座，手工业者在洪溪镇开有店铺 8 家。1956 年合作化时，部分窑墩转为国营企业，部分窑工成为企业工人。20 世纪 70 年代村办企业开始起步。1978 年，改革开放以后，村办企业逐步发展壮大，到 90 年代初，洪溪村先后有 18 家村办企业，职工 430 多人。1993 年 5 月，村办企业进行体制改革，全部转为民营企业。21 世纪初，有村民在村域外办企业 10 家。2017 年，村（集体）投资 800 万元建造建材中转站及垃圾分拣站，招商出租。

第一节 手工业

集镇手工业

解放前，洪溪集镇（旧时地名黄家滩）与洪溪村地域交叉相接，传统的手工业与洪溪村农村相近。手工业主要有船厂（户）、铁匠、木匠、竹匠。洪溪集镇有修造农、货船厂 4 户、铁匠店（红炉）3 家、木匠方作店（棺材）5 家、椿长店 1 家、小木店 2 家、圆作店 2 家、竹匠 2 家。手工业户农时务农，闲时做工，木匠修造房屋，做农具、家具，修理农货船，竹匠编制家用、农用竹器。

解放前洪溪集镇个体手工业户情况表

表 6-1

业主姓名	手工业类别	制品种类	坐落地址
邢永林	船厂（户）	农、货船修造	洪港岸，港南
符永林	船厂（户）	农、货船修造	许家港西段（海潮庵）
唐杏生	船厂（户）	农、货船修造	许家港西段，港南
吴阿掌	船厂（户）	农、货船修造	中龙港
佛大	铁匠店	铁制农具、工具锻打	西大街北
铁娘舅	铁匠店	铁制农具、工具锻打	北大街东首
不祥	铁匠店	铁制农具、工具锻打	北大街西
盛四宝	木匠方作店	做棺材，兼做房屋修造	北新街北

续表 6-1

业主姓名	手工业类别	制品种类	坐落地址
黄阿炳	木匠方作店	做棺材，兼做家具	北大街西首
房二宝	木匠方作店	做棺材，兼营石灰	东大街
于双林	木匠方作店	做棺材，兼做家具	南大街东
范寿荣	木匠方作店	做棺材，兼做家具	北大街西
王小弟	木匠椿长店	做农具	安澜桥北堍
陈二福	小木店	做家具	南大街中段
宗良才	小木店	做家具	北大街
孙桂香	圆作店	箍桶	北大街西
沈寿	圆作店	箍桶	东大街
沈阿友	竹匠	竹制农具、家用竹器	北大街中段
金阿寿	竹匠	竹制农具、家用竹器	北汇头

1956 年在私营工商业社会主义改造时期，分别成立铁器、木器、竹器、服装、造船，5 个手工业合作社。1958 年 9 月，天凝、洪溪、杨庙三乡合并成立红旗（天凝）人民公社后，5 个合作社并入天凝农械厂，称洪溪分厂。1961 年 4 月，分设公社后，7 月建立洪溪手工业社，设理事会，1968 年 4 月成立手工业社革命委员会，1979 年 6 月恢复手工业社理事会。1981 年改称嘉善二轻沙发皮箱厂，1982 年 10 月建立厂长制，1993 年并入西塘三方玻璃钢总厂，仍称嘉善二轻沙发皮箱厂，1997 年 5 月，嘉善二轻沙发皮箱厂解体。管辖关系：1973 年前归洪溪人民公社，1973 年归县联社，1977 年归由县联社更名的嘉善第二轻工业局（简称二轻局）。

农村手工业

解放前洪溪村手工业主要有船厂（户）、木匠、白铁等行业。村域内村民在镇上开有方作店 4 家、船厂（户）1 家、小木店 1 家、圆作店 1 家、白铁店 1 家，还有分散居住在村里的手工业户，农时务农，闲时务工，泥工、木匠修造房屋，做农具、家具，修理农货船，漆匠油漆家具。

解放前洪溪村村民从事手工业情况表

表 6-2

业主姓名	手工业类别	经营制品类	坐落地址
吴阿掌	船厂（户）	农货船修造	中龙港
盛四宝	方作店	做棺材兼房屋修造	北新街北
房二宝	方作店	做棺材兼营石灰	东大街
范寿荣	方作店	做棺材兼做家具	北大街西
于双林	方作店	做棺材兼做家具	南大街东
宗良才	小木店	做家具	北大街
孙桂香	圆作店	箍桶	北大街西
许文潮	白铁店	白铁制品、修补	西大街

1956 年合作化时期，洪溪镇分别成立铁器、木器、竹器、服装、造船 5 个手工业合作社，村域内的手工业主参加了与自己相应的手工业合作社，成为一名职工，而分散居住在村域内的手工业户，仍以农时务农闲时务工的形式，成为半工半农者。

第二节 传统工业

窑业

民国 19 年（1930）至 25 年，嘉善县有窑墩 725 座，洪溪镇有窑墩 210 座，洪溪村域内有窑墩 24 座，其中北汇头 7 座、中龙港 11 座、洪港岸 3 座、塘上 3 座。抗日战争爆发后窑业生意一落千丈，到民国 26 年，洪家滩全镇停烧窑墩 140 座，仅烧 70 座，洪溪村域内也只烧 8 座。抗战胜利后，窑业逐渐复苏。到解放初期，村域内共烧 23 座窑墩。1956 年，国家对私营工业进行社会主义改造，村域内的部分窑工成为国营企业工人，有的工人被分配到下甸庙砖瓦厂，有的被分配到王店砖瓦厂，部分窑墩归村域内的高级农业生产合作社集体所有。1963 年洪联大队、七一大队各烧窑墩 1 座，到 1967 年年底停烧。1973 年恢复烧窑。1980 年大队新建窑墩 1 座，烧制砖瓦。1993 年 5 月体制改革时转为民营企业，2000 年停烧。

碾米业

解放前夕，洪溪集镇何明才开办碾米厂，有碾米机 1 台、25 匹马力内燃机 1 台，用来加工稻米。

第三节　村办企业

20世纪60年代村办企业开始起步，70年代初逐渐发展，1978年改革开放后，村办企业发展速度加快，到90年代初，洪溪村先后有大小企业18家，分别有养蜂场、养鸡场、水泥预制品厂、平瓦厂、建工队、农机修理厂、食品厂、针织厂、烧窑、纸箱厂、糖果厂、瓷砖厂、釉面砖厂等企业，从业人员430多人。1993年5月村办企业体制改革，除先前已关停的企业外，全部转为民营。1995年6月，村建造平房30间，开办废钢市场，房屋出租给个人经营。2000年5月，由于村镇建设需要废钢市场被拆除，后又与三发村合资建造160间平房出租，另开设废钢市场。2016年年底，小产业腾退时被拆除。2017年，村（集体）投资800万元建造建材中转站、垃圾分拣站，分别拍租成功，年租金收入274万元。

村办企业简介

粮食加工厂　1961年8月，七一大队在义浜利用机埠的房屋安装一台碾米机，为本大队及周边的农民加工稻谷，有两名工人，一人负责机埠农田灌溉，另一人负责加工粮食，加工业务量较少。三年困难时期过后粮食增收，农民口粮分配增加，加工业务量也随之增大。1965年8月，加工厂从义浜机埠搬迁至安澜桥西南，建造厂房150平方米，增添加工设备，置有碾米机3台、小钢磨1台，有工人10人，分2班制工作。1966年，实现利润1000多元，后逐步增加到3000余元。1993年5月村级经济体制改革时转为民营企业。

养蜂场　1968年，七一大队开始养蜂，饲养蜜蜂36箱，有4名养蜂人员，根据农作物不同的开花时期，在江、浙、沪、粤等地放养，年产蜂蜜1000公斤左右、皇浆60公斤、皇腊25公斤，产品全部卖给当地供销社，产值约1万元。1979年5月停办，蜜蜂全部卖给卫红大队（现联谊村）。

养鸡场　1971年开办，在洪港岸新建简易两层养鸡舍360平方米，七一大队礼堂120平方米，在室内饲养白洛克肉鸡，共有饲养人员10人，每批饲养5000羽左右，3个月肉鸡可以长到1.75公斤，即可出售，销往嘉善食品公司，每公斤肉鸡1元左右，食品公司按肉鸡重量发给饲料票，养鸡场全年出售肉鸡1万羽，产值4万元左右。1975年，由于发生鸡瘟而关停。

水泥预制场　1973年，大队被县确定为水利建设示范点，因水利建设需要，在村域内北汇头开办预制场，建造办公用房一楼一底70平方米，仓库50平方米，新建生产场地1200平方米，有生产工人16人，专门生产水泥圆管、水闸预制块。1977年大队建设新农村时，生产五孔水泥楼板和桁条。1980年上半年，新农村停建后产品对外销售。1988年年底，招标租赁经营时被域外人中标。1998年，因产品滞销而关停。

蚕桑队 1974年，在红旗塘北岸建造蚕室350平方米，开始养蚕，有工作人员15人，一年养三茬，春蚕饲养30张蚕种，每张产蚕茧45公斤，夏蚕养15张，每张产茧35公斤，秋蚕养30 张，每张产茧35公斤，蚕茧全部由供销社收购，全年产值12000元左右，1980年停办。

平瓦坯厂 1974年上半年开始筹建，厂址在塘上（一组）马塔塘南岸，下半年投产。起初仅有2间敞开坯房、十几个工人、1台手摇车，第二年增加2间敞开坯房，发展到1980年有9间，工人60多人，厂房面积4000多平方米，生产设备也有了更新，原来的手摇车改为电动车。由于生产平瓦瓦坯要避开霜冻期，所以每年3月开工，11月底停工，1年生产9个月，年产平瓦瓦坯150万张左右，产值30万元左右，最高一年利润10万元，一般年份5万—6万元。1993年村办企业体制改革时，平瓦坯厂转为民营企业。2017年3月低小散企业腾退时，厂房被拆除，土地复耕。

建工队 1975年由大队组织40多名泥木工组建成立。建工队第一个工程是建造洪溪中学的十楼十底。1977年建造洪溪大队新村，到20世纪80年代初停建，共建新村42幢，22176平方米。嘉善食品厂、嘉善西门食品公司、嘉善凤桐医院、西塘房管所3层办公大楼、西塘塘东街13间店面房等都是建工队建造的，全年营业额50万元，利润7万—8万元。1982年，因工程设备简陋、技术资质不够而停业。

农机修理厂 1975年下半年开始筹建，1976年上半年经营，在村域内6组独圩新建2层楼厂房1幢，面积200多平方米，生产设备有刨床2台、车床1台、钻床1台、电焊机1台及氧气罐等，有工人7人，主要维修各生产队（组）的农机具，费用仅收工本费，而且不收现金，是记账，到年终时由大队汇总后向生产队收取。对外承接一些加工业务，如车刨机器零件、材料焊接、绕电动马达等，产值较低，仅保本，但为各生产队提供了服务，节约了费用。1993年5月转为私营企业。1998年因经营收入低而关停。

淀粉薄膜厂 1979年5月开始筹建，机器设备是参观上海“正广和”汽水厂生产糯米纸的机器后，自己设计制造的。10 月开始试生产，12 月正式投入生产，厂房在农修厂楼上，面积只有100平方米左右，初期只有1台机器生产，随着生产技术的提高和产品销路的打开，1981年上半年，扩建两层楼厂房约2000平方米（紧靠农修厂）。20世纪80年代后期，生产糯米纸的机器增加到5台，人员也由原来的20余人增加到近100人，年产糯米纸7万多令，产值150万元，年利润最高时达40万元。该产品专供糖果食品企业作为内包装使用，销往全国各地。1993年5月，村办企业体制改革时转制为民营企业。2008年关停。

针织厂 1980年8月开始筹建，年底投产，厂址在独圩农修厂西，厂房为平房约220平方米。生产设备为横机10台，工人20人，主要产品为尼龙裤，其次是尼龙背心、尼龙衫。原料是涤纶丝，年用量2吨，产品主要销往济南、东营、上海、北京、石家庄等地。

年产值约 20 万元，利润 7 万—8 万元，后因产品档次低，生产技术跟不上，产品销路不畅，于 1985 年年底关停。

窑厂　1980 年，在村域内 1 社马塔塘北岸新打窑墩 1 座，烧制砖瓦，每窑可烧制砖块 11 万余块，或 25000 余张平瓦，窑次周期约 1 个月，出装窑 2 天，纯砖窑烧 8 天，平瓦窑烧 12—13 天，纯砖窑打水 3—4 天，平瓦窑打水 4—5 天，冷却 3—4 天，每窑产值：纯砖 3.5 万元，平瓦 4 万元。全年产值约 40 万元，利润 4 万元左右。1993 年 5 月村办企业体制改革时转为民营。2000 年时停烧。

纸箱厂　1982 年 2 月筹建，3 月投产，厂房为 200 平方米的平房，主要机器设备有瓦楞机 1 台、胶水机 1 台、切割机 1 台、订盒机 2 台，有工人 16 人。产品为大小纸盒、纸箱，销往松江、嘉兴、海宁、嘉善及洪溪周边，产值 20 万元左右，利润 5—6 万元。1986 年年底，因销路不畅而停办。

水泥预制南场　1985 年 2 月筹建，地址在红旗塘北岸，建造两楼两底及五间平房，面积约 500 平方米，生产场地 2100 多平方米，主要产品是 0.5 米 × 4 米五孔楼板。1986 年年初正式投产，有工人 17 人，年产值 50 万元，年利润最高时达 10 万多元。1990 年年底，采用招标的方式由杨庙人中标经营。1998 年，因产品销路不畅而关停。

洪福糖果厂　1989 年 1 月开始筹建。由村民集资 10 万元作为办厂资金。借用糯米纸厂厂房作为生产场所，5 月开始生产，有工人 20 多人，生产一些低档糖果。随着生产技术的提高和产品销售市场的拓展，1990 年下半年建造两层楼新厂房 1 幢，面积 1200 多平方米，生产工人增加到 60 多人，产品的档次也有了提升。各色糖果销往全国各地，最远的销往新疆阿克苏，年产值 100 多万元，利润约 20 万元。1993 年 5 月村办企业体制改革时转为民营企业。2003 年迁往里泽。

瓷砖厂　1990 年上半年筹建，年底投产，厂址在红旗塘北岸，利用已关停的蛋白肉厂办公室及仓库，并新建房 1000 多平方米，生产场地 3000 多平方米，主要设备有石磨粉碎机 1 台、球磨机 3 台、压机 4 台、施釉机 3 台、压滤机 1 台、方窑和圆窑各 1 座，生产工人 20 多人，主要生产瓷砖，产品销往上海及嘉兴、嘉善地区，年产值约 30 万元。后因生产技术不过关，产品的质量和档次不高，销路不畅，于 1992 年年底关停。

釉面砖厂　1992 年，与洪溪乡第二工业公司、洪溪乡农业综合服务公司、杨树村、沈七村合资开办股份制企业——釉面砖厂，厂址在洪溪村红旗塘北岸，总投资 100 万元，洪溪占 40%的股份；第二工业公司、农业综合服务公司各占 20%的股份；杨树村、沈七村各占 10%的股份。厂区面积 2000 平方米，厂房建筑面积 500 平方米，主要生产设备有转炉窑 1 座、施釉机 2 台、压机 2 台，有生产工人 30 人，主要生产各种规格的釉面砖（墙砖）。1993 年 8 月股份制企业转为洪溪村独资企业。由于生产技术原因，产品质量不高，销售不畅，1993 年年底关停。

彩印厂 1983 年 3 月筹建，厂址在红旗塘北岸，建造 4 米 × 8 米平房 6 间，4 米 × 8 米两层楼 2 间。主要设备有彩印机 1 台、打印机 1 台。当年 9 月正式投产，有生产工人 8 人、销售 1 人、厂长兼技术 1 人。生产商标、糖果包装纸、不干胶标签等。后因未取得特种许可证，于 1985 年 7 月关停。

蛋白肉厂 1985 年，利用已关停的彩印厂作厂房，开办蛋白肉厂。主要设备有榨油机 1 台，有生产工人 4 人，厂长、销售各 1 人，生产蛋白肉（腐竹），因产品销售不畅，于 1986 年年初关停。

租赁企业

1995 年 6 月，洪溪村投资 10 万元，在红旗塘北岸建造废钢铁市场，占地面积 2700 平方米，建筑面积 900 平方米（平房 30 间，每间 30 平方米），场地 1800 平方米，租赁给废钢铁经营户经营废钢铁，每间年租金 800 元。2000 年 5 月因镇建设需要，废钢铁市场被拆除。2001 年 6 月，与三发村合资在三发村村域内开办废钢铁市场，双方各投资 40 万元，由三发村划出 30 亩土地，建造 80 间平房租赁给废钢铁经营户，租金收入两村平分。由于废钢铁市场生意看好，在经营户的要求下，2008 年 4 月双方又各投资 60 万元，三发村又拨出 20 亩土地扩建平房 80 间，租金由最初的每间每年 800 元提高到 4000 元。2016 年 8 月低小散企业腾退时废钢铁市场被拆除。

2017 年，洪溪村投资 500 万元。在红旗塘北岸建造建材中转站，占地面积 11000 平方米，建筑面积 300 平方米，堆场面积 10500 平方米。于当年 9 月采用拍租的方式招商，最终以 3 年租金 660 万元引进建材经营商。同年，洪溪村又投资 300 万元建造垃圾分拣站，占地 6600 平方米，建筑面积 2000 平方米，同样采用拍租方式招商，以年租金 54 万元的价格成功招商。

第四节 村民域外投资企业

1995 年后，村民冯立新、黄文君、沈永年、肖建林、王博金、钱明星、顾浩林、浦禹门、王图强等一批创业者在村域外投资创办企业，助力当地经济建设。

南通海华建材有限公司

坐落于江苏省南通市二甲镇。2007 年，由洪溪村塘上村民冯立新创办，占地 12 公顷，建筑面积 16088 平方米，注册资金 8000 万元，主要生产设备有行星式立轴搅拌机、管桩钢筋骨架滚焊机、高频电热镦头、连锁双开门蒸压釜、变频离心自动控制装置、快装燃煤链条炉、文丘里水膜脱硫除尘装置等。生产各种型号管桩、空心方桩、实心方桩，产品广泛用于工业与民用建筑、高架公路桥梁等工程。公司建立完善的现代化企业管理制度，产品通过 ISO 9001:2000 质量管理体系认证。2008 年，被江苏省产品质量监督保障中心认定为江苏省优质产品，产品销往上海、江苏、安徽等地。2018 年公司有固定资产 6000 万元，产值 3 亿元，销售收入 2.98 亿元，有工人 453 人。

苏州海宏水泥制品有限公司

坐落于沪、苏、浙交界处的江苏省吴江市汾湖镇雄峰村。由洪溪村塘上村民冯立新于 2008 年创建，占地 5.3 公顷，建筑面积 7815 平方米，注册资金 3000 万元。公司有空心方桩标准生产流水线 2 条、矿粉生产线 1 条、球磨机（2.4 米 × 10 米）2 台，主要生产 300—500 毫米各种规格标准型号的空心方桩。公司建立设备齐全的实验室，能对方桩的原材料和产品进行质量检验检测。已通过江苏省建设厅审查，取得预制构件二级资质证书，并已通过 ISO 9001：2000 质量管理体系认证。公司生产的产品销往上海、南通、南京等地。2018 年，公司有固定资产 3800 万元，产值 2 亿元，销售收入 1.95 亿元，有职工 228 人。公司各级管理部门的技职人员具有大专以上学历，获得中高级技术职称的技术人员有 30 多人。2014 年 2 月，公司被上海市钢筋混凝土预制构件质量监督分站评为 2013 年度“诚信企业”。

嘉善双宇电梯配件有限公司

2006 年 1 月由洪溪村中龙港村民黄文君创办，坐落于嘉善经济开发区台升大道 111 号，占地 22000 平方米，建筑面积 6000 平方米，注册资金 200 万元，主要生产设备有折弯机、冲床、电焊机、锁控冲床、数控折弯、烤漆喷粉流水机。主要生产电梯部件。产品通过 ISO 9001：2008 质量体系认证，产品销往上海三菱、通力、巨人通力、永大、日立、东风电梯厂等。2018 年，公司有固定资产 6000 万元，产值 2.4 亿元，销售收入 2.36 亿元，拥有生产员工 150 人、管理和技术人员 15 人。

嘉善凝新混凝土构件有限公司

由洪溪村洪港岸村民沈永年于 2002 年创建。坐落于天凝镇工业园区塘北路 39 号，占地 2.87 公顷，建筑面积 13000 平方米。注册资金 1000 万元。主要生产先张法预应力混凝土管桩、空心方桩。公司选用国内先进的自动化程序生产设备。拥有国内领先水平的产品生产线。配备行业最领先自动化工序质量检测设备。企业设试验室，取得上海市建筑建材企业试验室检测能力证书。公司已于 2004 年通过 ISO 9001：2000 质量管理体系认证，且在上海、昆山、萧山等地取得建设工程材料备案证。公司现有职工 120 余人，其中具有高、中级职称技术人员 30 多名。2015 年“凝新桩业”被评为嘉兴市著名商标。2018

年度，被上海市工程建设质量管理协会评为“预制桩构件质量优胜企业”。2019 年，产值 1.88 亿元，销售收入 1.85 亿元。

浙江兴泰染织有限公司

由洪溪村洪港岸村民肖建林于 2011 年 1 月创办。坐落于嘉善县惠民街道天山路 26 号。占地面积 3.33 公顷，建筑面积 13000 平方米，注册资金 5000 万元。主要生产设备有染色工艺全套设备。生产产品为涤棉类印染及精加工。公司有员工 280 人。2019 年产值 1.6 亿元，销售收入 1.54 亿元。

嘉善浩良金属材料股份有限公司

坐落于洪溪洪福路 38 号。2016 年 4 月由洪溪村洪港岸村民王博金创办。占地 5000 平方米，建筑面积 600 平方米。注册资金 200 万元。主要生产设备有 PC 钢棒生产线一条，生产产品为预应力混凝土钢棒热轧盘条。有生产工人 20 人。2019 年产值 1.32 亿元，销售 1.3 亿元。

嘉善帛源家纺有限公司

由洪溪村蔡家浜村民钱明星于 2012 年 3 月创办。坐落于嘉善县天凝镇兴洪路 158 号 1 幢。占地面积 6381 平方米，建筑面积 7225.65 平方米。注册资金 800 万元，公司有员工 120 人。主要生产设备有拷边机、分切机、拉布机、织布机、整编机、自动拷边机。生产产品为针纺织品、清洁卫生用品、玩具、工艺品。2019 年产值 4561.5 万元，销售收入 4996.4 万元。

浙江法和时装有限公司

由洪溪村浦禹门于 2005 年 5 月创办。坐落于天凝镇斜红路 188 号。注册资金 2000 万元，法人代表浦雪峰。占地 8500 平方米，建筑面积 6000 平方米。主要经营服装制造、面料纺织加工。生产设备有缝纫机、拷边机、圆头锁边机、订扣机等。2019 年，产值 1000 万元，经营收入 980 万元。

嘉善县洪峰热电有限公司

由洪溪村顾浩林于 1995 年创建（前身为嘉善县洪峰热电厂），坐落于嘉善县天凝镇洪峰路 158 号。注册资金 1800 万元，占地 38466.67 平方米，建筑面积 9855.38 平方米，公司员工 97 人。1995 年 5 月筹建。1996 年 5 月 26 日，8 月 15 日相继并网发电。公司主营电力与蒸气，是一家以集中供热，热电联产为主体的环保节能型企业。承担周边 70 多家纺织、印染、造纸等企业的集中供热，并向国家电网输送电力。公司总装机容量为 33 兆瓦，有汽轮发电机组 600 千瓦的背压机组 2 台、汽轮发电机组 21000 千瓦的背压机组 1 台、60 吨/时循环流化床锅炉 1 台、130 吨循环流化床锅炉 3 台。2019 年，工业总产值 2.8066 亿元，销售收入 2.517 亿元。

嘉善姚福盛食品有限公司

原名嘉善祥和食品有限公司，由洪溪村王图强于 1996 年创建。坐落于嘉善县魏塘街道恒兴路 38 号。占地约 487 平方米，建筑面积 1 万平方米。注册资金 200 万元。主要生产“老丁头”酿造食醋，“石皮弄”“姚福盛”黄酒。有员工 80 人，2019 年产值 3000 万元，销售收入 2850 万元。

第七章 商业

第七章 商 业

洪溪村地域处于洪家滩集镇周边，许多村民居住在集镇上，男人开店做生意，妇女下田做农活，解放前夕镇上68家商店中有16家是洪溪村民所开。1956年，国家对商业进行社会主义改造，村域内的商业主参加集体商业合作社。1978年12月改革开放后个体商业逐渐兴起，到2019年村民到集镇新区落户开店的有39家（包括农贸市场内摊位）。

第一节 解放前的私营个体商业

解放前集镇个体私营商业

抗战胜利后洪溪镇的窑业局部复苏，商业服务业繁荣。洪家滩集镇上有米行、木行、竹行和百货棉布店、烟纸店、中西药店、南货糖果店、酒酱店、鲜肉腌腊店、水作店、水果店、餐饮业、茶馆店、理发店等行业。解放前夕，各类商店（行、馆）68家，从业人员172人；小商小贩60多户，沿街设摊、穿街叫卖、走乡穿村。沿街设摊的有卖鸡蛋糕、梨膏糖、蔬菜、竹器及皮匠、修钟表匠等。穿街叫卖的有馄饨担、香烟、糖果、炒货、大饼油条、糕团及小杂货等。走乡穿村的有货郎担、换糖担、废旧物资收购等。

解放前洪家滩集市有早市、下午市二朝，下午市较为热闹。茶馆店早晨3—4点钟就开张，窑区窑工、水乡农民有吃早茶的习惯，有时农民家中来客或做客人，早晨上街等商铺开门购物，便到茶馆店吃茶。窑户、窑工、送坯运输户下午到商市吃茶，洽谈生意，男人有上午劳作、下午上街吃茶消遣的习惯，妇女结伴上街买东西也会去吃茶。

洪溪境内的私营（个体）商业一直持续到解放后的1956年4月。1956年私营商业社会主义改造后，洪溪集镇的私营商业或转入供销社，或组建集体性质的合作小组，基本结束私营商业。

解放前，村民在洪家滩集镇上开有米行3家、肉食店2家、水作店2家、餐饮店2家、理发店2家、茶馆店2家、裁缝店1家、棉布店1家、石灰店1家，从业人员42人。还有村民沿街设摊修套鞋、挑馄饨担，走街串巷叫卖花生果、熟荸荠、热莴菱，穿梭于河埠的柴主人、粪主人（中介人），还有走乡穿村挑货郎担、换糖担、背糖篮、贩卖大饼油条的小商人有10多人。

解放前夕洪家滩商店（行、馆）分布情况表

表 7-1

类别	店（业）主	店号及名称	从业人员（人）	地址
米木竹行	张乐生	张记米行	3	南大街东段
	顾秀裳	久大米行	2	南大街中段
	李浩然	李记米行	2	南大街西段
	夏春喜	米行	2	漾滩
	吴凤林	米行	2	南大街中段
	姜国英	米行	3	漾滩
	许增年	木行	2	朝字圩
	张萃其	竹行	2	南大街中段临河
	何世斌	柴行	2	漾滩
百货棉布	张宏生	棉布店	3	南大街东段
	袁善祥	源丰昌百货店	3	东大街
	沈铭锂	棉布店	2	南大街西段
	高松年	顺昌百货店	3	南大街中段
烟纸店	朱明德	达昌源烟纸店	3	南大街东段
	朱长发	烟纸店	2	西大街西段
	吴慰文	烟纸店	2	南大街东段
	吴颂萱	烟纸店	2	南大街东段
中西药	吴冠英	迎寿堂中药店	3	南大街西段
	俞天林	长春堂中药店	3	南大街东段
	章自廉	西药房	1	西大街西段
南货糖果店	朱大铝	朱同泰南货店	6	南大街中段
	于跃秋	恒义南货店	5	东大街
	吴永泉	瑞源南货店	3	南大街西段
	孙吉富	协昌盛南货店	3	南大街中段
	吴杏生	南货店	2	西大街
	林阿迷	糖果店	2	南大街西段

续表 7-1

类别	店（业）主	店号及名称	从业人员（人）	地址
酒酱店	冯德斋	冯大昇酒酱店	5	南大街中段
	冯德斋	西大昇酒酱店	4	西大街
	王厚根	王裕顺酒酱店	4	南大街东段
	陈有富	陈记酒酱店	2	南大街中段
鲜肉腌腊店	周祥观	周元茂鲜肉店	4	南大街东段
	杨阿海	鲜肉店	2	南大街东段
	陈宝康	鲜肉店	2	南大街东段
	吴老泉	鲜肉店	2	南大街东段
	于双林	腌腊店	2	南大街中段
	王松生	羊肉店	1	南大街东段
水作	莫小宝	莫氏豆腐店	4	南大街中段
	程宝福	豆腐店	3	西大街南段
水果店	张心田	水果店	2	南大街中段
	吴文楠	水果店	2	南大街中段
	杨宝祥	水果店	1	南大街东段
	小婶妈	水果店	1	西大街南段
餐饮业	王连生	菜馆	5	东大街
	王桂生	菜馆	3	南大街东段
	姚金元	菜馆	2	东大街
	顾福祥	饭店	2	南大街中段靠河
	刘民生	面馆	2	南大街西段
	黄桂泉	馄饨店	2	西大街南段
	丁宝庆	面、油条	2	南大街东段
	高根弟	大饼、油条	2	西大街南段
	房银山	大饼店	2	西大街南段
	张阿二	状元楼糕团店	2	南大街西段
茶馆店	袁四宝	茶馆	4	东大街
	吴来生	茶馆	4	东大街
	吴春伟	茶馆	3	南大街东段
	费小弟	茶馆	3	南大街中段
	吴其生	茶馆	2	南大街西段
	王秀松	茶馆	3	南大街中段

续表 7-1

类别	店（业）主	店号及名称	从业人员	地址
理发店	梅寿林	理发店	2	西大街西段
	金跃山	理发店	2	南大街中段
	储金龙	理发店	4	东大街
其他	姚泽善	大华照相馆	1	南大街
	胡世昌	洗、染店	2	南大街西段
	于三龙	石灰店	2	北大街
	何顺德	铜匠店	1	西大街
	邹雪华	裁缝店	2	西大街南段
	张大观	裁缝店	2	南大街中段
	蒋福兴	裁缝店	2	南大街中段

解放前夕洪溪村村民在洪家滩开设商店（行）一览表

表 7-2

类别	店（业）主	店号及名称	从业人员（人）	地址
米行	张乐生	张记米行	3	南大街东段
	夏春喜	米行	2	漾滩
	顾秀裳	久大米行	2	南大街中段
肉食	于双林	腌腊店	2	南大街中段
	王松生	羊肉店	1	南大街东段
水作	莫小宝	莫氏豆腐店	4	南大街中段
	程宝福	豆腐店	3	西大街南段
餐饮	王连生	菜馆	5	东大街
	黄桂泉	馄饨店	2	西大街南段
理发	梅寿林	理发店	2	西大街西段
	储金龙	理发店	4	东大街
茶馆	吴来生	茶馆店	4	东大街
	王秀松	茶馆店	3	南大街中段
裁缝	李阿银	裁缝店	1	南大街中段
棉布	沈铭锂	棉布店	2	南大街西段
其他	于三龙	石灰店	2	北大街

第二节 改革开放后的个体商业

改革开放后，个体私营商业逐步兴起，20 世纪 90 年代发展迅速。2000 年集体商业体制改革结束，洪溪的商业全部是个体私营性质，到 2008 年洪溪集镇共有大小商店 286 家，从业人员 800 余人，其中大型超市 5 家，个体商业 221 家，个体饮食业 36 家，文化体育、娱乐业 4 户，其他服务业 20 家。

2019 年止，洪溪村村民在集镇新区开设餐饮、鞋服、水作、鲜肉等商业服务类店铺 39 家，有从业人员 71 人，域内农村有周世珍、黄正明、王明珊 3 家烟杂店。

改革开放后至 2019 年洪溪村村民从事个体商业情况表

表 7–3

类别	店（业）主	店号及名称	从业人员(人)	地址
超市	王志明	洪港超市	2	人民路
服装	杨桂芳	精品男装	2	人民路
摄影	李亚飞	摄影	2	人民路
餐饮	王平	惟一面馆	3	人民路
寿衣	梅金林	老梅寿衣	2	人民路
超市	张玉华	人民路兰桥超市	2	人民路
白铁	许志明	白铁店	1	人民路
餐饮	钱亚珍	阿妹糕店	2	人民路
电器	王为民	王为民电器商行	2	斜红路
烟杂	王志林	小王烟杂店	2	斜红路
香烛	周志明	小志明香烛店	2	斜红路
香烛	何天水	香烛店	2	斜红路
餐饮	俞全华	糕点	2	斜红路
餐饮	刘巧萍	巧萍小吃店	4	斜红路
餐饮	黄良华	小华快餐店	2	斜红路
摩托修理	周亚明	摩托车修理店	1	斜红路
理发	徐萍	徐萍发艺	2	洪兴路
五金	彭瑞华	五金电器	2	洪兴路
餐饮	汤红花	阿汤糕点	2	洪兴路
超市	冯强	旺家园超市	2	洪兴路
餐饮	周建华	旺家园饭店	3	洪兴路
副食品	冯金娟	金娟副食品店	1	洪兴路

续表 7-3

类别	店（业）主	店号及名称	从业人员(人)	地址
烟杂	倪良荣	烟杂店	2	斜红路
理发	顾惠娟	姐妹理发店	2	吉阳路
农机	储秋萍	阿二农机店	1	吉阳路
针织	倪小春	小春针织店	1	吉阳路
百货	杨杏生	杏生百货店	2	吉阳路
眼镜	翟春马	明视眼镜店	1	吉阳路
餐饮	顾宗鸣	珊乐大酒店	3	南新路
水作	顾祖佐	豆制品店	2	农贸市场
水作	潘金红	豆制品摊	2	农贸市场
鞋服	陆春华	鞋服店	1	农贸市场
鞋服	王利伟	鞋服店	1	农贸市场
鲜肉	倪共青	鲜肉摊	1	农贸市场
鲜肉	陈兴观	鲜肉摊	1	农贸市场
鲜肉	顾四观	鲜肉摊	1	农贸市场
腌腊	王土根	腌腊店	2	农贸市场
茶叶	梁爱红	茶叶店	1	农贸市场
调味	诸士英	知味香	2	农贸市场

第八章 交通

第八章 交 通

洪溪村地处杭嘉湖水网地带，河道纵横交错，首尾相互连接，桥多、船多、渡口多是旧时洪溪村的特点，水路交通十分便利，村民出行多以舟楫为主，村域内道路狭小弯曲，少有平坦大道，陆路交通十分不便。1988 年洪溪新集镇开发建设，1990 年 7 月甸洪公路通车，才开始修建通村（组）道路，陆路客运和货运交通也随之出现。到 2020 年年底，村域内有县定级航道 3 条、过境县级公路 2 条、通村道路 7 条，各组道路全部贯通硬化。

第一节 水路交通

水路

洪溪村乃江南水乡，水路交通比较发达。解放前，洪溪漾贯通中龙港、洪港岸港、斜塘、库港、许家港、洪溪港 6 个港口，人称“六条港门，一顶桥”（安澜桥），六条港门经马塔塘，南通嘉善、嘉兴、杭州，北通江苏、上海等地，宁波的海船可直接停靠洪溪漾码头运输砖瓦，苏北的货船常来运输砖瓦。1958 年开挖的红旗塘成了洪溪村的黄金水道，交通更加便利、畅通。

货运

水上运输，历史悠久。解放前后洪家滩窑业生产兴隆，窑户们（窑业主）的砖坯瓦片主要靠水路运输，船舶（木质）是水上运输的唯一工具，坯农们制坯做瓦所需的泥也要靠船舶运送过来，运坯船、挑泥船就应运而生了，这是短途水上运输。还有村民以从事长途水上运输为生，他们或受委托将砖瓦运送到指定的地点，或将砖瓦长途运输到上海、杭州、苏州等地贩卖，赚取差价。水上运输靠的是体力，用双手摇船，一橹不摇，船只不到，俗话说“天下有三苦：打铁、摇船、磨豆腐”，道出了水上运输人生活的艰苦。农业合作社后个体运输户成为合作社的一员，农忙时务农，农闲时搞水上运输。1964 年 8 月洪溪公社成立交通管理站，个体运输户参加交管站，专业从事水上运输工作，每月按照运输收入比例上交生产队买工分，年终参加粮食、经济分配。20 世纪 70 年代起水泥船流行，木质船逐步消失，手摇船也逐步被机器挂桨船所代替，加快了水上运输的速度，缩短了运输周期。20 世纪 80 年代后国家基础建设规模不断扩大，新办工商企业大量涌现，农村兴起建房热，筑路、建筑材料等物资运输量迅速上升，个体水上运输户大量涌现，有经营建材的，从海宁轮窑厂购入砖瓦，水运到上海郊区贩卖，也有从长兴购入黄沙运到当地贩卖给村办水泥预制场的，还有村民到上海市郊区收购废旧钢铁，水运回来贩卖给废钢铁经营户的，水上运输成为农村经济的支柱行业。21 世纪以来，淘汰挂桨机，拆解水泥船，加上陆路交通的发展，水上个体运输日趋萎缩。

农船

农船是农业生产和农民生活的主要交通运输工具。船身分头、舱、艄三部分。一般没有篷，吨位在 5 吨及 5 吨以下，解放前至 20 世纪 60 年代均为手摇木质船，70 年代嘉善水泥造船厂建立，农用水泥船问世，逐步替代木质农用船，水泥船吨位有 3 吨、5 吨、8 吨几种。形状与木质船相似，是 80—90 年代主要农用船。

1962—1980 年洪溪大队农用船数量情况表

表 8-1　　单位：艘

年份	木船	水泥船	年份	木船	水泥船	年份	木船	水泥船
1962	23	—	1969	13	33	1976	4	68
1963	26	—	1970	19	52	1977	4	63
1964	27	—	1971	10	53	1978	3	66
1965	20	4	1972	10	53	1979	6	82
1966	20	5	1973	4	49	1980	6	85
1967	18	20	1974	4	49	—	—	—
1968	18	20	1975	5	64	—	—	—

客运

航船　解放前洪家滩水上客运以航快船为主，俗称航船，除载客以外兼运商家货物，寄递信件、邮件。洪溪集镇有航船 6 班，嘉善 2 班（东门、西门各 1 班），西塘、油车港、南汇、江苏盛泽各 1 班，当天往返，以手摇船为主，有两人双橹和一人双桨。洪溪境内以绍兴乌篷船为主，船舱通盖竹批，防风遮雨。村域内村民共开 4 班：张阿宝开 1 班，航线为洪溪至嘉兴南汇，当天往返，上午从洪溪开出，沿途停靠天凝、油车港，终点南汇，下午返回。村民路新华开航船 1 班，线路为洪溪至西塘，沿途停靠下甸庙，终点西塘，下午返回。村民黄家生开航船 2 班（雇工开航），一条航线为洪溪至嘉善东门，沿途停靠干窑镇，另一条航线为洪溪至嘉善西门，都是当天往返。解放后村域内的 4 班航船陆续停航。

轮机客运　民国 34 年（1945）洪溪首通轮机客航，解放后洪溪有两条客运航线。一条是嘉善—洪溪—天凝线，习惯称嘉善班，一天往返两趟，早上从天凝开出，沿途停靠福

善泾、洪溪、江泾、干窑、石人桥到嘉善。另一条是西塘—洪溪—嘉兴线，习惯称嘉兴班。西塘、嘉兴两轮对开，早上各自开出，沿途停靠下甸庙、上甸庙、塘东、洪溪、福善泾、天凝、杨庙、九号窑、塘汇到嘉兴，下午回程。上述两个航班随着县、镇公路开通，分别于 1993 年 3 月、5 月停航。

码头

旧时水路客货运以航船为主，只要客货上下方便，航船随处可停，没有专用码头。机动轮船通航后，才建轮船码头。洪溪轮船码头于 1966 年 1 月建造，位于洪溪集镇东大街洪溪漾滩，长 10 米，候船室 18 平方米，砖木结构。1993 年县镇公路开通，客货运改由汽车，轮船于当年 3 月 5 日停航，轮船码头弃用。

2017 年，洪溪村投资 500 万元在红旗塘北岸建造建材中转码头 1 个，可泊载重 500 吨的船只，码头长 150 米，混凝土结构，有 10 吨龙门吊 3 台，16 吨、8 吨吊机各 1 台，每月中转建材 5000—6000 吨，堆场面积 12327 平方米，仓库 1 幢 100 平方米，当年建成后租赁给建材经营商经营。

第二节　道路交通

解放前村域内以田间稍宽泥路、河塘堤岸、陇间泥陌作为通道，既无车行大道，也无石板长径，诸多泥路宽窄不一且多弯曲，每逢雨雪天气，路面湿滑泥泞，行走十分困难。20 世纪 70 年代初，随着农田灌溉实现电气化，拖拉机下田耕作，才开始加宽排渠管道，修筑机耕道，以供拖拉机行驶和村民行走。洪溪村处于新集镇周围，1988 年洪溪新集镇开发建设启动，随后新建集镇街道以及新区配套道路，修筑环村道路。新集镇的街道成为通组（户）的村道。1990 年下甸庙至洪溪公路建成通车，1993 年天凝洪溪公路建成通车，1997 年干窑至洪溪公路建成通车，2004 年洪溪至三店公路建成通车。为实现组组通公路，2004 年经村民公决，于 2005 年投资 100 万元修建高浜康庄大道（永安大道），全长 900 多米，其中 700 米为宽 5 米，200 米为宽 3.5 米，彻底改变了数百年来村民出行难的状况。2019 年，丁栅至天凝公路建成通车，路经洪溪村。

县级公路

1990 年 7 月，下甸庙至洪溪公路建成通车，洪溪开始有了道路交通。洪溪向北至下甸庙到西塘通嘉善县城及外省；1993 年，天凝至洪溪公路建成通车，洪溪开始向南通天凝镇，西去可通嘉兴方向；1997 年，干窑至洪溪公路建成通车，洪溪向南经干窑可到县城方向；2004 年，洪溪至杨庙三店公路建成通车，洪溪向南可直接连接 302 国道和申嘉湖高速；2019

年，丁凝公路穿村而过，向北连接平黎公路，可去西塘、江苏、上海。

通村公路

1990年县镇公路开通后，为尽早实现村村通公路的目标，镇村两级逐年递增投入资金，加大道路建设的力度，有力地推进了洪溪境内道路建设的进程。到2019年，村域内有10条通村道路。镇村道路的贯通实现了村村通公路的目标，村民的出行更加方便快捷。

2020年洪溪村道路一览表

表8-2

路名	建成时间	长（米）	宽（米）	路面结构	走向	起止	通路组名
人民路	1993年	700	13	沥青	东西	东起中龙港 西止沈北泾港	南通3、4、6、18组， 西通洪港岸新村
洪兴路	1993年	620	13	沥青	东西	东起中龙港 西止沈北泾港	东通3、4、18组， 西通12组
洪泰路	2001年	2080	16	水泥	东西	东起南厍浜 西至东圣浜	东通3、6、18组， 西通1、2组
洪溪路	2009年	700	7	沥青	南北	北起人民路南至 天洪公路（北）	北通洪港岸新村， 南通1、2组
吉阳路	1996年	280	7	水泥	南北	南起洪兴路 北止洪港岸	南通3、4、18组， 北通5组
宝善路	1996年	250	12	水泥	南北	南起洪兴路 北止洪港岸	南通3、4、18组， 北通5组
文苑路	2000年	300	8—13	水泥	东西	北汇头至高浜	东通7、8、14、15组，西通9、10、11、16、17组
斜洪路	1994年	1080	20	水泥	南北	北起斜塘桥 南止洪溪大桥	东通7、8、14、15组
永安大道	2005年	900	3.5—5	水泥	东西	东起文苑路 西止鸭头湾	南通9、10、11、12、16、17组
南新路	1992年	650	8—12	水泥	南北	北起安澜桥 南至杨家渡桥	北通原老集镇6、8、14、15组， 南通东3、4、18组

村内道路

为了彻底改变数百年来村民出行难的状况，洪溪村村委会于2008年起逐年分别对7个自然村内的道路进行全面修筑，到2020年已建筑道路12条，其中塘上自然村建筑2条，一条为南北向，长280米、宽4.5米；另一条为东西向，长480米、宽3.5米。中龙港独圩建筑2条，一条为东西向，长250米、宽3.5米；另一条为南北向，长350米、宽4米。北汇头自然村建筑1条，为东西向，长200米、宽3.5米。高浜自然村建筑2条，一条为东西向，长400米、宽4米；另一条为南北向，长340米、宽3米。蔡家浜自然村建筑2条，一条为东西向，长260米、宽4米；另一条为南北向，长300米、宽3.8米。西周浜自然村建筑 1 条，为东西向，长 300 米、宽 4 米。洪港岸自然村建筑 1 条，为东西向，长 160 米、宽 4.5 米。中龙港自然村建筑 1 条，为南北向，长 430 米、宽 4.5 米。至此昔日的泥泞小道，变成如今的水泥道路，村民的轿车可以开到自家门前，大大改善了村民的出行条件。

县内客运

1990 年 7 月，甸洪（下甸庙—洪溪）公路通车，洪溪始有公路客运，洪溪至嘉善，每天上下午各两班。1993 年，县镇公路开通，洪溪客运班车增加，线路增多。至 2020 年，有 3 路公交车，可到达嘉善县城。4 路乡村环线公交可到达天凝镇村社区。

210 路洪溪汽车站至嘉善火车站，停靠站：洪溪村、街心公园至沿途各停靠站到嘉善火车站。每天早上 5 点 50 分洪溪发车。间隔 25—40 分钟一班。

217 路洪溪汽车站至嘉善客运中心，停靠站：洪溪村西周浜至其他各个停靠站到嘉善客运中心。每天早上 6 点整洪溪发车，间隔 40—60 分钟一班。

218 路，嘉善客运中心发车途经洪溪站，至其他各停靠站到天凝站；天凝站发车，途经洪溪站，至其他各站到嘉善客运中心。每天早上 5 点 30 分嘉善、天凝同时发车，间隔 10—15 分钟一班。

洪溪环线乡村公交

306 路洪溪汽车站至杨庙龙口，停靠站：西周浜、东圣浜、洪峰热电厂、五朱浜、天凝卫生院、天凝便民服务中心、天凝中学、屠家湾、洪溪污水处理厂、福善泾、三角花坛、洪南村、蒋湾里、东漾湾、翁村新区、翁村村部、染店浜、陈庄浜、蒋家浜、宏杨村部、育才路、杨庙社区、杨庙汽车站、来圩、胡家浜、新联村、朱家浜、洪家浜、庆云浜、光明村部、油车港、西港埭、袁家溇、蒲荡湾、龙口。每天早上 6 点 10 分洪溪发车，间隔 15—60 分钟一班。

316 路洪溪汽车站至天凝小学，停靠站：洪福村、顺源家纺、薛家宅基、庄浜、南龙小区、陆家兜、天凝中学、天凝便民服务中心、天凝卫生院、东顺村部、兴贤路口、东顺、长浜、东顺文化中心、顺六港、官溇港、官溇、红机埠、南星幼儿园、蒋村、南长浜、北长浜、西路浜、施家湾、凝北村部、余号路口、鲶鱼桥、和尚港、南汇路口、有义浜、高家港桥北、高家港、戴西港、渔雪中桥、陶暮东浜、南无埭、龙口桥西、龙口桥东、三小圩、天凝小学。每天早上 6 点 10 分洪溪发车，正常时段间隔 30—90 分钟一班，高峰时段 10—15 分钟一班。

308 路停靠站：靴子底、蜈蚣溇、倪家村、朝尊禅寺、钱家溇、董家村、荡湾、周李家浜、陆家浜、河泥潮、新开河、马塔塘、竹梗、洪溪站。每天早上 6 点 35 分洪溪发车，间隔30—50分钟一班。

311路停靠站：库港桥、陈家浜、镇东村部、方家浜、六合浜、倪家桥、幸福桥、胡家埭、林家埭北、林家埭南、袁家溇、薛家桥、黄家浜、镇东村部、陈家浜、库港桥、洪溪站。每天早上6点35分洪溪发车，间隔30—50分钟一班。

个体长途客运

1994年，个体客运户顾福观首开中巴车，开辟洪溪至上海客运线路，兼营商家企业小宗货物托运，寄递信件票据。早晨5：30洪溪发车，到嘉善梅园饭店稍作停留（上下客及货物接运），随即开往上海，停靠上海新闸路地铁口，下午1：00返回。2008年，顾福观搬迁至天凝居住，客运线路改为天凝至上海。

1997年，村民黄小丹、张跃强夫妇开通洪溪至江苏常州中巴客运线，以载客为主，兼小宗货物托运，寄递快件。早晨5点洪溪发车，途经嘉兴、盛泽、吴江、苏州、无锡等，下午1：00返回。2013年停开。

货运

洪溪公路货物运输大多为企业单位自备货车，尚无较大规模的专业货运企业。村域内有个体货运户两户。八组村民刘龙海2000年购入5吨货车两辆，经营个体货运，装运三夹板、废铁、水泥制品等。每辆车年货运量3000吨，2008年停运。十五组村民姚凤鸣2002年购入一辆30吨挂车与人合伙搞货运，年货运量18000吨，2003年姚凤鸣独自一人经营30吨挂车货运，年货运量18000吨，2008年停运。2010年姚凤鸣购入30吨新挂车一辆，再次与人合伙经营公路货运，年货运量15000吨，2015年停运。

第三节　桥梁　渡口

桥梁

2020年，村域内有桥梁17座，其中解放前建造的古桥1座。安澜桥重建于民国5年（1916年），至今有100多年历史，坐落于洪溪村洪港岸港，南北走向，三孔石桥，被列入天凝镇古桥群，为省级文物保护单位。位于高浜港的古石桥永安桥始建于民国元年（1912），于2006年改建水泥公路桥。解放后洪溪村内所造的桥梁都是钢筋混凝土结构，以平行桥为主。2015年为创建美丽乡村，投资200余万元，在洪港岸和高浜港新建景观桥4座，其中1座是廊桥。

2020 年洪溪村桥梁情况表

表 8–3

标准名称	造型结构	跨度（米）	净宽（米）	载荷	走向	跨越河道	始建时间	重建时间	备注
安澜桥	三孔石桥	15	2.5	—	南北	洪港岸港	不详	民国 5 年（1916）	—
洪港岸公路桥	钢筋混凝土拱形	8.7	7.5	15	南北	洪港岸港	1989 年	2016 年	—
斜塘公路桥	钢筋混凝土拱形	36.5	7.2	15	南北	斜塘	1989 年	—	—
北汇头桥	钢筋混凝土拱形	19	2	—	东西	斜塘	1957 年	1968 年	1968 年前为木桥
永安桥	钢筋混凝土平形	20	4	—	南北	高浜港	民国元年（1912）	2016 年	原石桥 2006 年改建
中龙港桥	水泥平形	8	3	—	东西	中龙港	1973 年	—	—
新开河东桥	钢筋混凝土平形	8	3	—	南北	新开河	1973 年	—	—
新开河中桥	钢筋混凝土平形	8.5	7.2	—	南北	新开河	1978 年	—	—
新开河公路桥	钢筋混凝土拱形	8.7	18	15	南北	新开河	1989 年	—	—
沈北泾港桥	钢筋混凝土平形	25	8	—	东西	沈北泾	2003 年	—	—
洪泰公路桥	钢筋混凝土平形	10	18	15	东西	西周浜	2013 年	—	—
杨家渡桥	钢筋混凝土拱形	30	6	10	南北	马塔塘	2000 年	—	—
西周浜桥	钢筋混凝土平形	8	8	—	南北	西周浜	1973 年	2016 年	—
清溪桥	钢筋混凝土踏步级平桥	20	3.5	—	南北	洪港岸港	2016 年	—	景观桥
碧波桥	钢筋混凝土踏步级平桥	25	3.5	—	东西	高浜港	2016 年	—	景观桥
洪粼桥	钢筋混凝土踏步级廊桥	25	3.5	—	南北	洪港岸港	2017 年	—	景观桥
悠漾桥	钢筋混凝土平形	10	4	—	东西	义浜	2018 年	—	景观桥

渡口

洪溪村乃水泽之乡，河流纵横交错，十里有九渡，旧时村域内有渡口 4 处，1958 年

12 月底红旗塘开挖后又增加一处渡口，共有 5 处渡口。摆渡船有两种，一种摆渡船有渡工须收费；另一种是拉渡船，船两头配有绳索，过渡者自己拉绳过河，一般适用于农民劳作渡河之用。解放前摆渡船由私人经营，以向渡客收费为生。解放初期遵循旧制。农业合作化后，渡工由集体安排，规定渡工每月上交生产队若干元，由生产队记工分，年终时参加经济分配。1978 年后，摆渡船由个人承包。村域内渡口 1994 年后全部撤渡。

洪溪村渡口分布情况表

表 8–4

渡口所在地	河面宽（米）	定员（人）	渡船材质	跨越河道	撤渡时间
杨家渡	30	6	木质	马塔塘	1960 年
独圩	100	14	钢质	红旗塘	1994 年 5 月
富沈桥	20	6	木质	斜塘	1957 年
湾里浜	20	6	木质	斜塘	1957 年
洪家滩	120	12	钢质	洪溪漾	1994 年

第九章 村庄建设和土地管理

第九章　村庄建设和土地管理

旧时，村域内村民住房简陋，低矮潮湿，少有殷富人家住石库墙门，厅堂楼阁。解放后，农村经济不断发展，村民生活水平逐年提高。20 世纪 60 年代后期，草棚变瓦房，旧房改新房。1977 年新农村建设，269 户村民住上楼房。2005 年，洪港岸新村建成，有 58 户村民入住。村部建设，从无到有、从小到大，设施完善，功能齐全。在村民住房、新村小区和村部办公用房建设中，严格执行土地管理制度，加强农田保护，不超标准使用土地。同时，加强环境保护、绿化植树、污水处理、河道治理、美丽乡村建设等工作。2014 年，村党总支书记陈俐勤（女）获浙江省新农村建设“金牛奖”。

第一节　村办公用房建设

1957 年 2 月高级社时期，七一高级社借用民房办公，洪联高级社办公用房仅 20 平方米。到 2006 年 6 月，洪溪村建成 1563 平方米的 3 层楼办公用房，50 年来村办公用房面貌发生了巨大的变化。

1957 年 2 月，七一高级农业合作社因缺乏资金，借用中龙港周家场周姓农户的房屋作为合作社办公驻地，面积只有 30 平方米左右。洪联高级农业合作社社部驻地在北汇头，面积仅 20 平方米。1958 年 9 月至 1961 年 4 月，天凝人民公社时期域地属十一营，营部驻地在北汇头，借用吕家民房作为办公场所，面积 30 余平方米。1961 年 4 月建立洪溪公社时，域地设为洪联大队、七一大队，洪联大队驻地仍在北汇头高级社时的驻地。七一大队的驻地在安澜桥西南，借用原砖瓦厂的办公用房，面积 40 平方米。1965 年 8 月，七一大队在洪港岸（五组）建造 160 平方米平房作为队部用房，其中 1 间为办公室，另外 1 个大统间为会议室。1969 年 10 月，洪联大队与七一大队合并成立洪溪大队，队部驻地在北汇头，借用民房作为办公之用。1978 年，大队在安澜桥南新建四楼四底，250 平方米新办公用房，设有办公室、医疗室、理发室、缝纫室、会议室，始有像样的办公场所。1981 年，在古典建筑砖瓦厂旁新建六开间，2 层楼房作为大队办公用房，砖混结构，建筑面积 500 平方米，竣工后随即入驻。1997 年，村委会在斜红路斜塘桥西南建造村办公用房，用房占地面积 500 平方米，建筑面积 600 平方米，2 层楼，砖混结构。2006 年 6 月，洪溪村投资 150 万元在洪溪路东侧建造新村部办公大楼（洪溪路 39 号），占地面积2000平方米，建筑面积1563平方米，3层楼砖混结构，底层东面为综合办公大厅，面积约150平方米，西面为大型会议室兼作村老年大学课堂，面积250平方米，两楼东面为村委会办公室，西面为调解室、视频监控室，3楼东面为中型会议室，西面为档案室。新村部南面还建有老年照料中心，占地面积300平方米，建筑面积160平方米，5间平房，设有老年日托室、图书阅览室、音响播放室、老年棋牌室、洗衣室。这些设施为全村老年朋友提供了休闲娱乐好场所。

第二节　村民住房建设

解放前，村域内村民住房普遍较差，大多数村民住的是五路头（5根梁木）、七路头（7根梁木）砖木结构的四落戗平房，有的还加一两间龙腰（厨房），殷实人家为九路头（9根梁木）加两间龙腰。少数富裕大户有石库门、仪门、三进五进走马堂楼，也有两层楼房。外地迁徙来的客籍人和贫苦人家以草房为主，四周夯以泥板墙，以毛竹为梁柱，上披稻草。

解放后，随着生产的发展，农民经济收入的增加，生活水平逐年提高，居住条件不断改善，20世纪60年代后期村民草房改建为砖瓦房，有的拆旧建新。1977年，大队在全县率先规划新村建设，拆除农民旧房，成立由大队干部、大队会计、泥工、木工组成的评估折价小组，对旧房逐一评估折价，旧房的梁棒、椽子每立方折价110元，门窗每立方70元，砖头两分一块，小瓦三分一张，墁板三分半一张，平瓦一角一分一张，在此基础上木料加价30%，砖头等四料加价20%，大队还按旧房面积贴补每平方1.82元拆迁费，旧房折价款总额加价22%，旧房木材多于用去建新房木材的部分再加价200元1立方米，旧房拆除后由大队统一建造4米×9米、檐高5.8米的连体两层楼，楼房墙体用砖块开斗砌，楼板用4米×0.5米五孔水泥预制板，梁棒除正梁用木头外，其余都用水泥桁条（楼板、桁条都是大队预制场浇制的），屋面盖小瓦，大队按照每人15—20平方米分配给农户，新房每平方米作价22元，农户以旧房折价款相抵后，多还少补。至1980年停建，共建新楼房42幢、308间、22176平方米，有269户农户入住。改革开放以后，土地联产承包到户，农业生产和农村经济迅速发展，农业增产，农民增收，村民生活水平不断提高。20世纪90年代末，尚未入住新村的大部分村民将以前的瓦房改建为两层楼砖木结构的楼房，大大改善了村民的居住条件。2004年，村委会在洪港岸义浜东西两面各划出一块土地（约37亩），供村民建造新村，本村村民凡符合建房条件的，可申请建房，经村镇土管部门审核批准并交纳35000元三通费（通水、通电、通污水排放），由村委会统一安排地基建造，义浜东区安排建10套（户）单体。义浜西区安排建5排，每排的东西两面各建单体一幢，其余的建联体（两户相连），共48套（户），第三排的中间留出两套（户）地基约250

平方米不安排建房，用作健身场地。楼房的格局按村委会提供的建筑图纸施工，楼层 3 层，檐高 9.8 米，每排间隔 8 米，每套（户）楼房门前都有小园子，供住户种草养花，单体与联体、联体与联体间隔 4—5 米种植花卉树木。到 2010 年，洪港岸新村建设完成，有 58 户农户入住。现在的洪港岸新村道路都浇上柏油，四周绿化植树，健身场旁新建了文化休闲亭，早晨、傍晚人们在健身场上健身锻炼，在健身步道上散步、慢跑，呼吸着新鲜空气，享受着美好生活。

2014 年 8 月 20 日，中共嘉善县委办公室、嘉善县人民政府办公室发文《关于进一步推进农房建设的指导意见（试行）》，以解决农村建房刚性需求为首要任务。洪溪村委会于 2019 年起对全村刚性需求的农户进行严格审核，至 2020 年年底，已有 40 户农户被批准建房，严格落实农村宅基地管理“一户一宅、拆旧建新、法定面积”的要求，小户（1 人）65 平方米，中户（3—4 人）80 平方米，大户（5 人以上）90 平方米。先拆后建，对于原先的新村联体楼房，拆除旧房后，会对左邻右舍产生安全隐患的，则收缴旧房钥匙，封闭旧房由村代管。所有刚性需求建房户全部纳入洪溪新社区。

第三节　拆迁安置　农房集聚

配合小城镇建设、美丽乡村建设和县级公路工程，涉及村民拆迁安置，农房集聚。

征地拆迁安置

2012 年，镇小城镇建设工程涉及洪溪村域，拆迁 2 户，2014 年，涉及拆迁 1 户，在洪溪新社区划拨地基建房。2016 年，丁凝公路过境，过境段长 1 公里，征田 40 亩，拆迁 16 户，7 户安置在天凝镇商品房，9 户在洪溪新社区划拨地基建房。2017 年，小城镇建设涉及洪溪村 4 个社，拆迁 22 户，在天凝镇凝溪花苑安置商品房 5 户，16 户在洪溪新社区划拨地基建房，1 户为货币安置。村域内美丽乡村建设涉及 3 户拆迁，全部划拨地基在洪溪新社区建房。2020 年 3 月，西周浜地块公寓房拆迁涉及 25 户，15 户划拨地基在洪溪新社区建房，9 户安置公寓户，1 户宅基地回购。

农房集聚安置

2018 年 8 月，镇政府开展农房改造集聚，凡拥有农村宅基地的农业家庭住户自愿以农村住房、非住宅房屋和附属物等置换具有不动产权证的公寓房，并退出原有宅基地以及房前屋后自留地、闲散地附属物等都可以申请报名参加农房集聚，由于本村在 20 世纪 70 年代末新村建设时都是连体楼房，六至七户农户共住一幢，根据镇政府农房集聚相关政策规定，连体房必须同时拆除，才能参与农房集聚，所以到 2018 年年底，只有 5 户农户有资格，申请报名参加农房集聚。

第四节　环境保护

绿化造林

绿化植树，净化空气，美化环境，旧时村域内的村民就有在清明节前后扦插柳树的习俗，前人种树后人乘凉，绿化植树造福子孙后代。

解放后，政府重视绿化植树，将绿化造林列为“功在当代、利在千秋”的伟大工程，毛泽东主席向全国人民发出了“绿化祖国，实行大地园林化”的号召，家家户户响应，在房前屋后，田头、田角、庭院内外种上一些树，栽上一些花，美化家园。1979 年 2 月 23 日，全国五届人大常委会六次会议决定每年 3 月 12 日为“植树节”，从此以后，大队将植树列入工作计划，每年植树节前后组织村民有计划地开展植树工作，在村道两旁、机耕道旁、河道岸边、集体空地种上水杉、池杉。2005 年，高浜自然村康庄大道修筑竣工，村委会于次年春在全长 900 多米的道路两边种上香樟树 1000 多棵。2009 年 8 月，洪溪村被嘉兴市绿化委员会授予“嘉兴市绿化示范村”称号。2010 年洪港岸新村建成后，村委会在新村小区内栽上桂花树 100 棵，河道岸边植上桃树，种上杨树，铺上草坪，并在每家的庭院外做上绿化带，植上冬青苗木。春天桃红柳绿，景色宜人，秋天丹桂飘香，赏心悦目。

粪便管理

粪便管理是环境保护、村庄建设的重要工作。解放前，村域内的村民不注重环境保护工作，随地大小便，到处摆露天粪缸，河里洗马桶、洗尿布，露天粪缸一遇雨天粪水满溢，污染环境，传播疾病。解放后，从 1952 年开始着手迁移河边粪缸，粪缸搭棚加盖，消灭露天粪缸，1956 年结合防治血吸虫病，实行小型集中管理。1965 年，推行生产队集中管理，建造“联封式”“管道式”粪池，禁止在河里洗马桶，各生产队配备一人专职倒马桶。1970 年以生产队为单位建造“三格式”化粪池，部分村民建造沼气池，既管好粪便，又使用沼气。1983 年，家庭联产承包责任制后，生产队化粪池废弃不用，又出现一户一只粪缸的状况。1984 年，推广家庭小三格式粪池和粪缸水泥加盖密封。后又改用水泥圆管三格式取代露天粪缸。2000 年开展整治社会风气，整治居住环境工作，取缔露天粪缸，改用三格式化粪池。2001 年后，村域内村民先后建造卫生厕所，使用抽水马桶，粪水流入化粪池，保护了环境，改善了卫生。到 2020 年，全村所有农户家家有卫生厕所，人人使用抽水马桶。

垃圾清扫

绿水青山就是金山银山，在发展村级集体经济的同时，注重环境保护工作。2009 年 6 月，村建立环境卫生管理站，5 名工作人员常年负责村域内的环境卫生。分工负责河道管理、村道清扫、村民生活垃圾收集清理、绿化养护。村委会向全村每户农户发放垃圾桶 1 个，村民的生活垃圾投放入桶，每天由垃圾清理员运走。村道、新村小区农户的房前屋后每天由清扫员打扫，清除杂物，经常保持地面清洁、村民宅前屋后的整洁。2017 年 11 月 16 日，村域内实行垃圾分类，每户发放两只垃圾桶，将村民的生活垃圾分为可腐烂垃圾和不可腐烂垃圾，村民在倒垃圾时分开入桶。为了使村民能正确分类，村委会选派 2 名已经掌握垃圾分类知识的村民担任垃圾分类引导员，向各农户发放垃圾分类日常考核情况表，每天清晨由垃圾分类引导员到每家农户的垃圾桶内检查垃圾分类情况，分类正确的在考核情况表的日期内贴上一朵小红花，发现有错误的立即向村民指正，并要求其今后要正确分类，连续一个月都能正确分类垃圾的村民，村委会给予一定的物质奖励。经过多年的引导，村民们已能自觉、正确进行垃圾分类。垃圾由垃圾中转站集中处理。

污水处理

2005 年洪港岸新村小区启动时，村委会在收取建房户配套设施费时，明确列有污水纳管这一项目，并先行做好工作。2006 年年初在新村建设动工的同时，按照建设规划投资 16 万元，铺设污水管 1000 米，预留接口，待新房建成后接上接口。2010 年，洪港岸新村建设全部完成，58 户新村小区住户的生活污水全部纳管。2015 年，村投入资金 128 万元，铺设污水管道 2000 米，将高浜自然村（九组、十组、十一组、十六组、十七组）138 户村民的生活污水全部纳入管道。同年，村投入 79 万元铺设污水管道 1000 米，将西周浜（二组、十三组）、塘上（一组）70 户村民的生活污水纳入管道。2017 年，洪溪社区在小城镇建设时，铺设污水管道，居住在社区周边的本村 9 户村民的生活污水也纳入管道，同年洪溪新社区铺设管道 1500 米，将已建和在建住户的生活污水纳管，到 2020 年全村已有 8 个组 283 户村民的生活污水纳入管道。污水由污水处理厂处理。

河道管理

村域内的河道有马塔塘、中龙港、新开河、西周浜、沈北泾、高浜、蔡家浜以及流经本村域的斜塘港，总长度 6.74 千米。2006 年，结合修筑高浜、西周浜、中龙港、蔡家浜内港块石护岸，疏浚河道 4 公里，清除淤泥 3 万立方米。2008 年，开展河道专项整治工作，村委会建立河长责任制，村两委班子 6 名成员分别担任各条河的河长，每条河由一名党员作为志愿者协助做好河道清洁维护，一名党员作为监督员对河道保洁情况进行监督，并制定河道保洁公约，与全村村民共同做好河道长效保洁工作。2009 年 6 月，村建立环境卫生管理站，配备 2 名工作人员负责全村河道的保洁工作，每天对村域内的河道打捞水面漂浮物，清除河底水草杂物。2014 年在“五水共治”行动中，村投资 20 万元疏浚西周浜河道 1 公里，清除淤泥 8200 立方米，疏浚高浜河道 1 公里，清除淤泥 6300 立方米，疏浚洪港岸河道 0.75 公里，清除淤泥 5100 立方米。2017 年 6 月，由镇政府牵头将各村的环保工作统一对外招标，杭州路桥保洁公司中标。2018 年 6 月，保利物业发展有限公司嘉善分公司中标，洪溪村的道路清扫、垃圾处理、河道管理均由该公司负责。

美丽乡村创建

洪溪村 2009 年以来通过长效文明村创建工作，一手抓集体经济，一手抓村容村貌，提升美丽乡村建设档次，丰富乡村旅游内涵，全域内空、地、水立体整治，认真落实深化“五水共治”“三改一拆”，完成对西周浜、高浜、沈北泾、洪港岸等河道清淤，对塘上、西周浜及高浜等自然村农户进行污水纳管。拆除了 12 户 7632.5 平方米温室甲鱼棚。淘汰喷丝织机 26 台。拆除违章猪舍 170 平方米。依托全国乡风文明示范村、省级“美丽乡村”、市级“优美庭院村”等创建工作，投入 3000 多万元开展全域美丽乡村建设，新建 4 座景观桥和 300 多米的休闲小道，使高浜自然村与洪港岸新农村小区连接。同时，新建廊棚 1 个、农耕文化展示厅 1 个，高浜自然村完成了立面改造，中龙港、洪港岸、高浜等自然村部分完成管线上改下。共计投入约 188 万元，对全村房前屋后进行全面整治，并进行盆栽式美化和统一布局。优化村域人居环境，全面实施全村环境卫生市场化运作（招标外包），加强长效保洁日常监管。在文化长廊上建立了“法治苑”。积极打造全域乡村旅游景观。

2015 年，村域内开展创建美丽乡村建设，根据村域特色，按照“科学规划布局美，村容整洁环境美，创业增收生活美，乡风文明身心美”的要求，村两委制订美丽乡村建设规划，分年实施。到 2020 年年底，已投入资金 3000 余万元，建设完成美丽乡村项目 18 个，创建工作已取得阶段性成果。2017 年 11 月 20 日，嘉善县城乡环境卫生“四位一体”长效保洁工作领导小组办公室公布的嘉善县 2017 年第一批“环境优美村（社区）”名单中，洪溪村名列其中。2017 年 12 月，上海第一财经传媒有限公司、中国最美村镇评选活动组委会授予洪溪村“中国最美村镇 50 强”称号。2018 年 12 月嘉兴市旅游委员会、嘉兴市农业和农村工作办公室公布的 2018 年嘉兴市 AAA 级景区村庄中，洪溪村高浜被列为 AAA 级景区村庄，使洪溪村提前成为水清、树绿、路畅、人和的美丽村庄。

2015—2020 年洪溪村美丽乡村建设项目情况表

表 9–1

项目名称	项目建设地点	建设规模	投资金额（万元）	开（竣）工时间
高浜自然村整体房屋改造工程	高浜	90 户	148.53	2017 年 7 月至 10 月
房屋粉饰	全村	416 户	83.00	2016 年 1 月至 11 月
高浜功叙园绿化景观工程	高浜	—	74.74	2017 年 8 月至 11 月
美丽乡村绿化工程	高浜	8000 平方米	125.61	2016 年 6 月至 2018 年 6 月
优美庭院景观绿化工程	全村	560 户	187.80	2017 年 6 月至 9 月
优美庭院景观绿化工程二期	全村	560 户	177.54	2018 年 1 月至 5 月
农村环境长效保洁	全村	560 户	35.00	2017 年 12 月
河道清淤、块石护岸打桩	全村	—	30.00	2015 年 3 月至 8 月
污水纳管	塘上、西周浜	70 户	78.80	2015 年 3 月至 8 月
	高浜	138 户	128.51	2015 年 3 月至 8 月
垃圾分类	全村	1120 只	50.00	2017 年 2 月至 8 月
高浜廊棚修建工程	高浜	150 米	106.50	2017 年 2 月至 10 月
2 座景观桥、健身道路	高浜、洪港岸	2 座	80.00	2016 年 10 月至 2017 年 5 月
洪港岸廊桥	洪港岸	1 座	60.00	2017 年 12 月至 2018 年 5 月
道路修建及部分场地铺设工程	全村	—	146.31	2017 年 12 月至 2018 年 5 月
道路及景观亮化工程	全村	560	143.81	2017 年 10 月至 12 月
村庄道路建设和提升工程	全村	—	62.32	2016 年 11 月至 2017 年 1 月
亮化工程	全村	560	80.00	2017 年 5 月至 12 月
洪港岸小区改造	洪港岸小区	—	65.48	2018 年 1 月至 3 月
洪港岸小区道路提升绿化景观	洪港岸小区	—	125.35	2017 年 10 月至 2018 年 1 月
高浜、高浜桥台区改造工程	高浜	90 户	259.08	2017 年 6 月至 12 月
高浜广电系统综合工程	高浜	90 户	92.61	2017 年 6 月至 12 月
中龙港、西周浜弱电入地	中龙港、西周浜	150 户	80.00	2017 年 8 月至 12 月
农村电商服务	全村	—	15.00	2017 年 1 月至 12 月
智慧美丽乡村	全村	—	187.38	2018 年 1 月至 4 月
辣妈宝贝及篮球文化	全村	—	100.00	2016 年 12 月至 2017 年 2 月
洪溪村高浜门楼公厕配套工程	全村	—	115.40	2017 年 11 月至 2018 年 4 月
洪溪村美丽乡村标识系统项目	高浜	—	53.09	2018 年 5 月至 10 月
农耕文化展示厅、洪溪廊桥工程	洪港岸	—	124.80	2017 年 6 月至 10 月
合计		—	3016.66	—

第五节 用电 用水 燃气

用电

解放前村域内没有电力，村民照明用菜油盛入陶盆内，将一根灯草浸入菜油内，用火柴点燃露出菜油的一端灯芯，俗称油盏灯，后国外煤油（当时称洋油）输入国内，遂用煤油灯。一直到解放后 1959 年，村民何明才开办的怡大加工厂置办 25 匹马力内燃机发电，村域内的洪联大队部分村民和洪溪镇上的部分居民才开始用电力照明。1961 年 7 月干窑供电所输电线路架设到洪溪后，七一大队在义浜建造电力灌溉机埠，开始用电力灌溉农田，并开办粮食加工厂。1966 年 10 月，村域内的洪联大队社员全部用电灯照明。1967 年 7 月，七一大队的全体社员也用上电灯照明。电力的普及不仅解决了社员的生活照明，也推动了农业生产的发展，20 世纪 60 年代末农业排灌、脱粒全部实现了电气化。为了确保安全用电，大队配备专职电工 1 人，负责全大队的农业和村办企业安全用电工作。到了 2000 年，电气化普及洪溪村的每个农户、家庭、企业事业单位。

用水

自古以来村域内的村民吃的用的都是河水。解放后为预防血吸虫病危害，政府提倡挖土井、灶边井，改善村民用水。1985 年 11 月，政府在村域内（斜塘桥南）开挖一口深井，建设洪溪自来水厂，洪溪村北汇头，七组、八组开始饮用自来水，1989 年 4 月村委会为高浜、蔡家浜、西周浜、塘上、中龙港（独圩）、洪港岸的自然村农户安装自来水管道，全村农户都饮用了自来水。由于常年大量取用地下水，造成地面严重下沉，因此国家禁用地下水，后改为饮用地面水。嘉善水务公司成立后，实行城乡一体化供水。2000 年以后，随着村民经济收入的提高和生活水平的改善，村民十分注重自身的身体健康，对饮用水质量要求很高，许多家庭用纯净水，或对自来水进行过滤后再饮用。

燃气

旧时村民以农作物秸秆作为主要燃料。解放后，煤炭、石油、液化气渐次推广使用，秸秆燃料退为次要燃料。

20 世纪 70 年代发展沼气，部分家庭用沼气作为补充燃料。1991 年洪溪镇建立液化气供应站，村民开始逐渐使用液化气。秸秆已被作为肥料还田，村民们普遍使用液化气作为主要燃料。

第六节　土地管理

基本农田保护

根据县政府的规划和指标，洪溪镇在2000年划定各村农田保护区。2001年、2016年两次作出调整。划定洪溪村农田保护区12片，面积1130.92亩。为切实落实基本农田的保护措施，洪溪村与天凝镇人民政府签订《农田保护责任书》，并订立村规民约，全体村民一起保护基本农田，绘制五千分之一彩色农田保护示意图一式三份，村、镇、县各执一份，以利检查和保护。

2016—2020年洪溪村基本农田保护责任情况表

表9–2

基本农田保护片块			基本农田保护责任		
四至范围	面积（亩）	质量等级	涉及组		农户数（户）
			组名	组责任人	
东：中龙港；南：码头；西：冯水海住房；北：洪泰路	33.03	05	3	贝虎良	4
东：轮船港；南：红旗塘；西：中龙港；北：斜塘	234.32	05	6、18	叶根生、贝虎良	16
东：丁凝公路；南：马塔塘村道；西：马塔塘田；北：蔡家浜	48.23	05	12	李献忠	13
东：村道；南：村道；西：丁凝公路；北：高浜河	126.02	05	11、12	陈建明、李献忠	39
东：高浜港；南：沈北泾港；西：11组田；北：高浜港	38.40	05	11	陈建明	5
东：丁凝公路；南：蔡家浜；西：高浜河；北：高浜河	85.38	05	12	李献忠	24
东：高速公路；南：联谊村；西：联谊村；北：联谊村	6.93	05	17、12	顾菊年、李献忠	15
东：村住房；南：幼儿园；西：幼儿园；北：斜塘港	7.63	05	8	吕拯民	40
东：丁凝公路；南：高浜；西：联谊村；北：高浜路	5.91	05	10、16	莫东武	15
东：莫东武房子；南：高浜河；西：机耕道；北：高浜永安路	0.86	05	16	莫东武	3
东：田；南：高浜文苑路；西：丁凝公路；北：斜塘港	283.71	05	7、8、14、15	吕拯民、李慧祥	72
东：丁凝公路；南：高浜永安路；西：联谊田；北：斜塘港	260.50	05	10、16	莫东武	32

建设用地管理

解放初期，国家建设用地由县民政科审批，1958—1961年，耕地管理放松，任意平调，无偿占用；1966—1976 年“文化大革命”期间，土地管理机构瘫痪，嘉善建设用地处于无人管理状态，村民任意占用耕地等情况时有发生。20 世纪 80 年代以来，县人民政府为加强土地管理工作，于 1982 年 3 月批准县农业局内设土地管理股，制定《村镇建房用地管理条例》《国家建设征用土地条例》，并对建设用地的申请、审批等作出具体规定。1988 年 3 月 11 日建立县土地管理局，8 月省土地管理局颁发《关于建设用地审批工作的暂行规定》，村委会严格执行省土管局建设用地审批工作的暂行规定和县土管局、镇土管部门对农村私人建房的有关规定，凡村域内的村民建住宅房使用耕地的由县级土管部门批准，使用原有宅基地或村内空闲地和其他土地的由镇人民政府批准，并按照规定，大户（6 人以上）不超过 125 平方米，生产用房 50 平方米，中户（4—5 人）不超过 110 平方米，生产用房 40 平方米，小户（3 人以下）不超过 75 平方米。1987 年调整户型，大户（5 人以上）使用耕地 125 平方米，非耕地 140 平方米，中户（3—4 人）不超过 110 平方米，小户（1—2 人）不超过 75 平方米，孤单 1 人占地为 18—25 平方米。

村民确因住房困难而需建房，需向村委会提出书面申请，详细说明家庭基本情况、建房理由、现有住房面积、老屋作何处理、需用地面积、拟建房地点等。村委会根据全村申请建房的具体情况，在镇土地管理员和村干部实地踏勘后，按镇政府分配的建房用地指标，确定建房户，镇政府发给建房户农村私人建房用地呈报表，经村委会和土地管理小组集体讨论，并作记录，上报镇政府，镇政府经土地管理员和有关人员实地踏勘核实后，由集体讨论决定，办理审核报批手续，按规定的审批权限批准后，及时交纳有关税费。经县土管部门批准或备案后，镇土地管理员会同有关人员到实地按批准面积、平面图标定的四至放样打桩，同时定出屋基标高，发给建房户农村私人建房呈报表，建房户方可动工。屋基建成后，土管员进行现场复查，如发现有违法行为，通知立即停建，依法拆除后，方可继续动工；建房竣工，土管员和有关人员进行现场验收，确定无违法情况，准予土地使用权登记，由镇土管员办理土地登记有关事宜，报县土地管理局发证办公室，发给“集体土地使用证”。

土地整理

田少人多，人均耕地不足 1 亩，村域内的村民十分注重能够利用的土地，从高级社开始就进行土地整理、平坟、平整窑墩基。人民公社化以来，凡是可以填的浜、溇、潭、浅滩，都加以平整。到 2017 年，经过 60 年的努力，全村共整理成旱地 14 亩、水田 18 亩。

1957—2017年洪溪村（大队）平整土地情况表

表 9–3

社别	时间	地名	平整、填浜名称	平整土地面积（亩）		备注
				旱地	水田	
一社	1957 年	杨家渡口	窑墩基一座	—	2	—
二社	1957 年	港北	荒废竹园	—	0.5	—
三社	1957 年	黄家坟	坟地	—	1	—
	1963 年	花岗滩	坟地	2.5	—	后改为水田
	1977 年	黄家宅	宅基地	—	3	—
四社	1964 年	杜一坟	坟地	—	1	—
	1973 年	新开河	填东周浜	—	2	—
五社	1962 年	西太湾	坟地	—	2	—
六社	1957 年	独圩	乱坟岗	—	0.7	—
	1961 年	独圩	浅滩	5	—	后建造材农修厂
七社	1962 年	徐家汇	坟地	3	—	后建造生产队晒谷场
	1966 年	洪港岸北	野猫坟	—	0.8	—
八社	1972 年	湾里浜	窑墩基坟地	2.5	—	后改建为村办水泥预制场
	2017 年	北汇头	窑墩基一只	1	—	建造休闲凉亭一座
九社	1974 年	高浜	坟地	—	1	—
十社	1964 年	后塘	填长溇一条	—	1.5	—
十一社	1957 年	洪港岸	坟地	—	0.5	—
十二社	1968 年	蔡家浜西南汇	填深潭 4 只	—	2	—
合计	—	—	—	14	18	—

1974 年秋冬，村域内进行“园田化”建设，将全村 1777 亩水田中长短不一、大小不等、宽窄不匀的田块统一整理成宽 14 米，长 80—100 米的标准田块，每隔五爿田设一条出水沟（用水泥浇铸）。

复垦

保留方寸土，留予子孙耕。土地是人们赖以生存的基础，在发展村级经济的同时，村委会十分注重土地复垦工作。2004 年，将 14 社废弃的水泥晒谷场、集体仓库拆除复垦土地 7 亩。同年将 9 社蘑菇房拆除，清除已经坏死的桃树，复垦土地 13 亩。2016 年，在环境综合整治中退养温室甲鱼 12 户，拆除甲鱼棚 9224 平方米，复垦土地 13.85 亩。2017 年 3 月，小微散企业腾退，拆除平瓦厂厂房复垦土地 8 亩。2018 年，红旗塘沿岸小微企业腾退复垦土地 22 亩。

第十章 金融 税务

第十章　金融　税务

旧时有民间借贷。解放后，1954 年 5 月，建立洪溪农村信用合作社，便利村民存贷款周转。1992 年 9 月，洪溪镇人民政府设有保险业务员，村协助开展各类保险业务，后来有村民直接参与保险公司商业保险活动。

解放前，村民田赋负担沉重，苛捐杂税很多，民不聊生。解放后，人民政府废除旧时田赋制度，建立新的农业税制度，减轻农民负担。2004 年 1 月 1 日起，国家实行免征农业税政策。

第一节　金　融

民间借贷

民间借贷有自由借贷和组织借贷两种，属于互助性质，利率较低，有的甚至无息。借贷时间有长有短，长则数年，短则只有数月甚至几天。其次，还有富户放高利贷。村域内民间借贷形式有旧时的合会、抵押借贷、春借秋还借贷、卖青苗和现金借贷。

抵押借贷　以财产作为抵押的借贷，在民国 36 年（1947）月息 15‰。

春借秋还借贷　主要是借米，以解青黄不接之急。多为高利贷，春借 1 石米，秋还 1 石 5 斗，称粒半头；高至对碰利，春借 1 石，秋还 2 石。

卖青苗　又称放青苗，是旧时村民的一种无奈之举，多数发生在青黄不接或遇天灾人祸缺粮缺钱之时，农民借贷无门，便央人托保，向富绅殷户廉价出卖青苗（主要是水稻）。债主以未成熟的作物作为抵债放款，每亩作物折抵甚低，一般为对折，一亩田青苗可抵借糙米 6 斗（合 30 公斤）。

现金借贷　民间自由借贷的主要形式。民国 21 年（1932）前，借款年利率通常为 20%—25%。解放后，多为建房、婚丧之需向亲朋借贷。1978 年后，农村现金借贷从亲朋好友发展到村民之间，用途也由生活费用发展到发展生产和经商或办企业所需的资金。期限和利率由双方商定。

银行借贷

1954 年，洪溪域内成立洪溪农村信用合作社，经营场所洪溪集镇。1994 年 8 月，设立农业银行洪溪分理处。1998 年 8 月撤销，洪溪村民办理农行业务到天凝集镇。1995 年 8 月，成立洪溪镇农村合作基金会，主要从事农业生产用途存贷业务。1999 年 11 月，并入洪溪信用社。1988 年设洪溪邮政储蓄所，2007 年 6 月改称邮政储蓄银行洪溪网点。

存款　20 世纪 50 年代至 70 年代，国家实行低利率政策，储蓄品种单调，存款主要有活期存款和定期存款。1978 年后，国家先后 6 次提高存款利率，调动群众参加储蓄积极性。1985 年起，储蓄品种增多，有定期、活期、零存整取、定活两便、存本取息、保值储蓄等。村域内居民乐意到家门口的信用社或邮政储蓄所办理存款业务，也有少数到农业银行办理。

贷款　村域内的村民、企业贷款业务选择银行主要是农商银行（信用社）。信用合作社初期对农民贷款主要是农业生产和农民生活类贷款，帮助农民发展生产，解决生活困难急需。1955 年合作化运动中，农业贷款主要是帮助农民购买耕牛、农具、种子以及肥料，促进增产增收。20 世纪 60 年代后，农业贷款重点是帮助生产大队兴修水利、农田基本建设、实行机电灌溉、增添新式农机具等。1978 年后，农业贷款坚持以“三农”（农业、农村、农民）为服务宗旨，促进农业发展和产业结构调整，用于种粮大户发展粮田规模经营，支持农田水利基本建设，改善排灌设施，更新耕作机械，支持农业结构调整，发展“一优二高”（优质、高产、高效益）农业。生活贷款主要解决农民因残、因病或突发事件造成生活困难，信用社用低息或无息贷款帮助困难农民渡过难关。80 年代中期以后，生活困难农民由政府给予低保或救助解决，农民生活贷款已很少发生。90 年代，村办企业和个私企业兴起，企业发展所需大量资金，贷款的来源主要是信用社，解决村民企业发展、资金流转急需。2006 年后，洪溪信用合作社并入嘉善信用联社。2013 年，改为嘉善农商银行。

保险

1992 年 9 月至 1997 年，洪溪镇设有保险专管员，协助村开展各类保险业务，办理城乡居民参保及理赔工作，随着保险知识逐渐被掌握、应用、普及，保险已被广大村民接受，家家户户都有保险业务，是城乡居民日常生活中不可缺少的一部分。

2020 年，政策性农村住房保险 539 户，投保总额 1078 万元；还有独生子女安康保险 146 人，特拥家庭安康保险 4 户 6 人，老年人意外伤害保险 688 人；残疾人大病保险 58 户；意外保险 58 户。还有其他各类商业保险，已深入广大村民的日常生活。

第二节 税 务

解放前的税收、田赋

清代以前称“赋役”，清末称“丁谱”，民国时期称“田赋”、地价税，直至解放。田赋按田亩与人丁为计税基数征收，分正税和附加税两部分，附加倍于正税，赋负特重。正税有定额，上缴中央，附加税无定额，根据地方财政所需确定征收额度。解放前，田赋是财政收入的主要来源。随同田赋带征的各种附加，名目繁多，有县税特捐、建设特捐、建设附捐、教育附捐、自治附捐、治虫费、水利费、积谷费、保甲费、地方特别附捐、征收经费等。

明清时先后有商税、门摊等 10 多种工商税，清末又开征厘金、酒捐、印花税等。民国初承旧制，后又开征货物附加税、屠宰税、房捐、警捐、营业税、所得税等。

解放后的税收

农业税　中华人民共和国成立后，人民政府废除旧的田赋制度，建立新的农业税制度，贯彻休养民力，减轻农民负担的轻税方针和稳定负担，增产不增税的政策。农业税征收实物，俗称“公粮”。粮食统购统销后，农业税按核定产量，固定税率，以亩计征，先征后购，连征带购，与统购粮同时入库。尽可能减轻农民负担，不断调整农业税率。1949 年 10 月，农业税每亩征收稻谷 45—55 公斤；1950 年 9 月，实行全额累计税制，税率从 3%至 42%分 40 级征收；1951 年 11 月改为按全年人均农业收入计算，从 8%至 30%分为 23 级；1952 年，税率从 7%至 30%分为 24 级；1958 年 8 月实行地区差别比例税制，平均税率从 22%至 39%降至 20%；1981 年以每亩 8—12 元定额征收；1988 年调整为 25 元。2004 年起取消农业税。2006 年起，实施补农政策，对承包土地的农民按面积给予补贴，对购买农机具的农民按一定比例给予补贴。农业税的征收办法，解放初由人民政府财粮助理专职经管造册，委托粮食部门代征，以征收实物为主；1986 年，由乡财政设立的农税员负责。征收稻谷的结算价格：1960 年前每百公斤 17.2 元，1961—1978 年为 19.84 元，1979 年按质论价；1980 年起按收购标准价计征，1985—1988 年每百公斤 31 元。缴纳代金的：1961 年每百公斤 17. 4 元，1961—1982 年为 20 元，1983—1984 年为 23.4 元，1985—1986 年为 31 元，1987—1988 年为 34 元。2004 年 1 月 1 日起国家实行免征农业税政策，结束了长达数千年种田纳赋缴税的历史。

1961—1980年洪溪大队上缴国家征购粮食及税金情况表

表10-1

年份	耕地面积（亩）		总产量（吨）	国家征购（吨）		国家税金（元）
	耕地	其中水田		征收任务	全年入库	
1961	1956	1800	396.8	167.3	120.6	9834
1962	1956	1777	521	166.4	167.4	8138
1963	1958	1777	642.6	189	201.7	8965
1964	1942	1777	739.3	171.3	270.6	9273
1965	1965	1777	780.7	171.3	276.5	9254
1966	1965	1777	816.3	212.6	279	9821
1967	1965	1777	872	212.6	317.8	10056
1968	1965	1777	756.9	212.6	252	10030
1969	1965	1777	849	223.7	254.6	10017
1970	1942	1777	940.7	223.7	260	10007
1971	1937	1777	938	258.6	273.3	10005
1972	1937	1777	999	258.6	274.3	9991
1973	1937	1777	1080.1	258.6	327.7	10062
1974	1937	1777	989.4	258.6	270	10272
1975	1937	1777	980	258.6	296	10760
1976	1937	1777	1267.6	258.6	451.2	10777
1977	1937	1777	1271.5	258.6	456.7	9998
1978	1937	1777	1463.6	258.6	531.4	10157
1979	1937	1777	1565.7	242.5	538.6	12033
1980	1937	1777	1193.6	242.5	284.4	11728

地方附加　1950年按正税的15%征收地方附加，1951年调整为20%，1952—1953年不征，1954年恢复为7%，1955年为5%，1956年为12%，1958—1959年为15%，1960年降至12%，1961年为10%，1964年为15%，至2004年取消。

工商税收　解放后，人民政府废除各种杂捐，实行工商复税制，有货物税、所得税、印花税，营业税、屠宰税、营业牌照税、使用牌照税、房捐、筵席及娱乐税9种。1950年1月，建立新税制，有14种税目，6月调减到11种。1950—1952年开征房产税；1953年1月修正工商税制，税目为9种，1957年开征城镇自筹资金；1958年9月合并简化税种，仅有税目4种；1978年后陆续开征新税种；1961—1985年开征工商所得税附加；1983年开征能源交通重点建设资金；1986 年起征收教育费附加；1987 年 4 月开征耕地占用税；同年 12 月起征收粮食附加税；1988 年开征农林特产税。解放后至 1988 年，共进行 4 次重大调整和改革。1988 年年底，有产品税、增值税、营业税、所得税、调节税、屠宰税、印花税等 18 种。1989 年，又新增固定资产投资方向调节税、城镇土地使用税、特别消费税 3 种。1997 年 10 月起，划分为国家税收和地方税收，分别征收。

第十一章 电信 广电

第十一章 电信 广电

1969年10月，洪溪村始装电话。1990年，村办企业淀粉薄膜厂厂长第一个安装全国直拨电话。2000年7月，嘉善电信局授予洪溪村“电话村”称号。随着无线通信事业的发展，洪溪村逐渐步入互联网时代，村民装宽带，电脑、手机成为人们生产、生活的必备用品。

1966年，洪溪公社成立广播站。1972年，广播线路架入，大队建立广播室。1975年，广播喇叭进入每户家庭，成为当时村民们的视听娱乐工具。1980年，村域出现第一台电视机。1983年年底，土地联产承包到户后电视机迅速普及，到2020年由每户至少一台发展到每个卧室都置有电视机。

第一节 电 信

1956年10月，洪溪成立邮电所。1961年6月，嘉善开通至洪溪直达电信线路，洪溪邮电所设电话总机一台（20门）。嘉善至洪溪直达电路，洪溪公社境内有19个单位或大队安装电话机。1969年10月，七一、洪联合并建立洪溪大队后始装电话，号码“16”。1971年，洪溪邮电大楼建成，总机装机容量扩大。1979年年底，村办企业淀粉薄膜厂建成投产后安装电话一门，号码“40”，为磁石式手摇电话机。与县外或省外业务单位联系沟通时，先向洪溪邮电所挂号，报出受话单位（县、市）电话号码，洪溪邮电所再报给嘉善邮电局总机，县总机再报给受话地市、县总机，再由该市、县总机接通受话单位，然后再层层转接过来，费时费力，有时候一天时间连一个电话也打不通。

1990年，嘉善邮电局架设传输光缆，村办企业淀粉薄膜厂厂长以1万元的初装费在村域内第一个安装可自动拨打至全国各地（除港澳台外）的电话。

1991年7月，嘉善县邮电局开通“126”人工寻呼台，开始有无线寻呼机问世，时称“BP”机，陆续在村域内出现，村民随身携带佩在腰间，“BP”机设有相互发送信息的功能，要和对方沟通时先用固定电话打给寻呼台，由其转达被呼方，也可以让寻呼台用简单文字信息发送留言，被呼方回复也要用固定电话通话，后由于移动电话的普及，无线寻呼台于2006年4月退出市场。

1992年，移动电话问世，时称“大哥大”，村民丁根发以14000元购买，成为村域内第一个拥有移动电话的人。1992 年 1 月，洪溪镇实现电话自动化，私人电话初装费逐年下降，从 10000 元降至 4000 元，后又降为 2400 元。2000 年，为加快电话普及工作，根据“60%农户开通电话为‘电话村’，60%村建成‘电话村’为电话镇”的指示，嘉善县电信局与洪溪镇政府签订创建“电话村、镇”协议，电话初装费优惠，村域内大多数村民都安装了电话。2000 年 7 月，嘉善电信局授予洪溪村“电话村”称号。

电报在 20 世纪 80 年代仍然是快捷通信的形式，不需层层转接，加急电报则速度更快，只是价格比电话费贵，村民只有在紧急时才用电报沟通。

电话传真机，1993 年淀粉薄膜厂安装电话传真机一台，文件、文书等一切文字资料都可以传送，只要通、受话双方都打开传真信号就能迅速完成传送、接收工作。民间电报发送逐渐退出通信市场。

2000 年开始洪溪村逐渐步入互联网时代，村民开始安装宽带、购买电脑，通过互联网播放电影、电视节目，下载音乐等，并逐步发展到网络购物。村民们通过互联网可以了解国内外情况，开阔眼界，扩大视野，孩子们可以通过电脑上网查询家长解答不了的问题，学习到更多的知识。企业、政府通过电脑保存各类文档、发送文件资料和通知，提高办事效率，推进无纸化办公。

20 世纪末，无线通信技术水平不断提高，电信事业迅速发展，手机产品更新换代频繁，电信公司加强基站建设，改变农村信号不良的情况。移动电话“大哥大”由于体积太大，不便于携带而被淘汰，取而代之的是能够连接网络、储存电话、发送文字信息，有摄像、图片发送、简单浏览网页等先进功能的新一代手机。随着 3G、4G 网络的普遍应用，近年来出现了功能更加强大的智能手机，可以任意下载软件及大型网络游戏，人们普遍使用微信、QQ、支付宝等软件，增进了相互间的沟通了解，丰富了村民的精神生活，推进乡风文明建设。各银行相继推出自己的软件，用户只要下载安装，就可以查询个人账户、转账，方便理财，出门购物不用带钱包，只需手机支付，即人们所说的“手机银行”。到 2020 年，手机在村域内已经普及，除儿童以外，几乎人手一机，手机已成为人们生产、生活的伙伴。

第二节　广　电

广播

1957 年，县广播站广播线路架设到乡政府驻地，乡政府人员能够收听县广播站节目。1966 年 2 月，公社建办广播站，架线通往各生产大队，大队装有高音喇叭。1972 年，广播站建立农村业余线务员队伍，洪溪大队一名电工兼任业余线务员，协助广播站架设线路，各生产队会议室、村头路口装有喇叭。大队建立广播室，主要以发会议通知、农事广播为主。1975 年，有线广播入户，村域内每户村民都安装广播喇叭，这是当时村民们主要的视听娱乐工具，公社广播站每天广播 3 次，第一次广播时间早上 6:00 至 8:00，第二次广播中午 10:30 至 12:30，第三次广播傍晚 5:30 至 7:30，以转播县广播站节目为主，偶有当地新闻、紧急通知等，村民们最关注的是气象消息，最爱听的是文艺戏曲节目。1990 年，更换动圈音响喇叭。1996 年后，随着有线电视开通，改用为调频广播。2008 年，有线电视普及，广播喇叭退出播音舞台。

电视

1976 年年初，电视机在洪溪公社内出现，周恩来总理、朱德委员长、毛泽东主席逝世召开的追悼大会，公社都在大礼堂、篮球场用 19 寸黑白电视机转播实况。

1980 年年初，村民王明珍家有一台 9 寸飞跃牌黑白电视机，成为村域内第一个拥有电视机的农户。1983 年年底，土地联产承包到户后，农业连年增产，农民持续增收，村民们陆续购买电视机（黑白荧屏），丰富了人们的精神文化生活。1989 年，村民李海华从湖州购买村域内第一台佳丽牌直角平面 21 寸遥控彩电，由于当时只能接收电视台发射的无线信号，家家户户用毛竹、木杆或铁管在屋顶支起高高的天线。

1991 年发展有线电视，2002 年全村农户全部进入有线电视网，彻底告别天线。有线电视屏幕清晰，可收看的电视台更多。2008 年 7 月，在集镇范围内开始发展数字电视，有部分村民安装。电视机的款色和质量不断提高，从显像管发展为液晶电视机，屏幕更大，图像更清晰，村民的液晶电视机最大的达到 50 多寸，电视机的拥有量从 21 世纪初的每家一台发展到 2020 年的每个卧室都有。

第十二章 中国共产党基层组织

第十二章　中国共产党基层组织

1956 年 2 月建立中共西周村临时支部。1957 年 2 月建立七一高级社党支部，1961 年 4 月建立七一大队党支部，同年 5 月建立洪联大队党支部。1969 年 10 月，七一、洪联大队合并为洪溪大队，1970 年 5 月建立洪溪大队党支部。1984 年 2 月改称洪溪村党支部。2005 年 6 月，祥和党支部并入洪溪村党支部。2009 年 10 月成立洪溪村党总支部，下设 3 个支部。2010 年 5 月与马塔塘村党支部合建洪溪党总支部，2011 年 5 月撤销。2018 年 7 月成立洪溪村党委，下设 4 个支部。2020 年 12 月全村有共产党员 73 人。

第一节　党组织建设

解放后党组织的发展

1956 年 2 月建立中共西周村临时支部，1957 年 2 月建立七一高级社党支部，1961 年 4 月建立七一大队党支部，同年 5 月建立洪联大队党支部。1969 年 10 月，七一、洪联大队合并为洪溪大队。1970 年 5 月，建立洪溪大队党支部。1984 年 2 月，改称洪溪村党支部。2005 年 6 月，村办企业祥和党支部并入洪溪村党支部。2009 年 10 月，洪溪村党支部升格为洪溪村党总支部，下设 3 个支部，即新社区、文体、老年支部。2010 年 5 月，洪溪村党总支、马塔塘村党支部组建洪溪总支部委员会，下设洪溪村党总支、马塔塘村党支部，2011 年 5 月 9 日，撤销洪溪总支部委员会，恢复洪溪村党总支、马塔塘党支部。2018 年 7 月 30 日，洪溪村党总支升格为洪溪村党委，下设 4 个支部，即洪帆、夕阳红、辣妈宝贝、银城支部。洪溪村党委 2020 年 12 月共有共产党员 73 人。1984 年 2 月政社分设以来，按照党章规定，每 2—3 年进行一次换届选举，共进行 14 次换届选举。

1984—2020年洪溪村历届支部组成成员情况表

表12-1

换届日期	换届时当选人员		
	书记	副书记	委员
1984年2月	—	黄志荣、钱永舫	朱彤芳（女）、费福林
1986年12月	沈明善	费福林	俞仁杰、钱永舫、朱彤芳（女）
1988年10月	沈明善	费福林	俞仁杰、钱永舫
1990年10月	沈明善	费福林	俞仁杰、丁根法
1993年6月	沈明善	费福林	俞仁杰、丁根法
1996年3月	冯善良	李友观	丁根法
1999年3月	顾雪昌	陆盛林	陈俐勤（女）
2002年4月	金根林	陆盛林	陈俐勤（女）
2005年4月	陈俐勤（女）	陆盛林	金懿龙
2008年4月	陈俐勤（女）	陆盛林	金懿龙
2011年3月	陈俐勤（女）	金懿龙	冯斌、孟林娟（女）
2013年12月	陈俐勤（女）	金懿龙	冯斌、孟林娟（女）、邹飒燕（女）
2017年4月	陈俐勤（女）	金懿龙	冯斌、孟林娟（女）、邹飒燕（女）
2020年11月	金懿龙	陈佳杰、倪美丽（女）	冯剑、占旭峰

村党组织领导名录

西周临时党支部（1956年2月至1957年2月）

书　记　黄明高（1956年2月至1957年2月）

七一高级社党支部（1957年2月至1958年9月）

书　记　陈公望（1957年2月至1958年3月）

黄书根（1958年3月至1958年9月）

七一生产队党支部（1959年3月至1961年4月）

书　记　黄书根（1959年3月至1959年8月）

黄志刚（1959年8月至1961年4月）

副书记　王玉坤（1959年3月至1961年4月）

陈叶成（1960年10月至1961年4月）

沈永春（1960年10月至1961年4月）

陈公望（1960年10月至1961年4月）

七一大队党支部（1961年4月至1969年10月）

书　记　黄志刚（1961年4月至1969年10月）

副书记　陈公望（1963 年至 1969 年 10 月）
　　　　陈叶成（1964 年至 1969 年 10 月）

洪联大队党支部（1961 年 5 月至 1969 年 10 月）

书　记　傅福庆（1961 年 5 月至 1966 年 5 月）
　　　　刘桂林（1966 年 5 月至 1969 年 10 月）
副书记　吴品成（1961 年 5 月至 1963 年 5 月）

洪溪大队党支部（1970 年 5 月至 1984 年 2 月）

1969 年 10 月，七一、洪联大队合并为洪溪大队。1970 年 5 月，建立洪溪大队党支部。1984 年 2 月，改称洪溪村党支部。

书　记　黄志刚（1970 年 5 月至 1979 年 10 月）
　　　　陈福荣（1979 年 10 月至 1983 年 5 月；1977 年 8 月至 1979 年 10 月任副书记）
副书记　钱福林（1972 年 9 月至 1978 年 8 月）
　　　　孙福泉（1977 年 6 月至 1984 年 2 月）
　　　　黄志荣（1978 年 1 月至 1984 年 2 月）
　　　　黄根华（1979 年 10 月至 1983 年 5 月）
　　　　钱永舫（1983 年 5 月至 1984 年 2 月）
委　员　潘洪志（1970 年 5 月至 1972 年 9 月）
　　　　于秀英（女，1970 年 5 至 1979 年 10 月）
　　　　俞仁杰（1970 年 10 月至 1977 年 10 月）
　　　　陈叶成（1972 年 9 月至 1984 年 2 月）
　　　　黄书根（1979 年 10 月至 1984 年 2 月）
　　　　朱彤芳（女，1979 年 10 月至 1984 年 2 月）
　　　　费福林（1979 年 10 月至 1984 年 2 月）
　　　　周友贤（1983 年 5 月至 1984 年 2 月）

洪溪村党支部（1984 年 2 月至 2009 年 10 月）

2005 年 6 月，祥和党支部并入。

书　记　黄志荣（1984 年 11 月至 1986 年 12 月；1984 年 2 月至 1984 年 11 月任副书记）
　　　　沈明善（1986 年 12 月至 1995 年 6 月）
　　　　冯善良（1995 年 6 月至 1997 年 7 月）
　　　　顾雪昌（1999 年 3 月至 2001 年 12 月；1997 年 1 月至 1999 年 3 月任副书记。其中 1997 年 7 月至 1999 年 3 月主持工作）
　　　　金根林（2001 年 12 月至 2003 年 9 月）
　　　　陈俐勤（女，2003 年 9 月至 2009 年 10 月；1999 年 3 至 2003 年 9 月任委员）

副书记　钱永舫（1984年2月至1986年12月；1986年12月至1990年10月任委员）
　　　　费福林（1986年12月至1995年2月；1984年2至1986年12月任委员）
　　　　李友观（1995年6月至1998年5月）
　　　　陆盛林（1999年3月至2009年10月）
委　员　朱彤芳（女，1984年2月至1988年10月）
　　　　俞仁杰（1986年12月至1996年3月）
　　　　丁根法（1990年10月至1999年3月）
　　　　金懿龙（2005年4月至2009年10月）

洪溪村党总支部委员会（2009年10月至2018年7月）

2009年10月升格为党总支部，下设新社区、文体、老年3个党支部。

书　记　陈俐勤（女，2009年10至2018年7月）
副书记　陆盛林（2009年10月至2011年3月）
　　　　金懿龙（2011年3月至2018年7月；2009年10月至2011年3月任委员）
委　员　冯　斌（2011年3月至2018年7月）
　　　　孟林娟（女，2011年3月至2018年7月）
　　　　邹飒燕（女，2013年12月至2018年7）

中共洪溪村委员会（2018年7月起　　）

2018年7月升格为中共洪溪村委委员会，下设洪帆、夕阳红、辣妈宝贝、银城4个支部。

书　记　陈俐勤（女，2018年7月至2020年9月，2020年11月起任第一书记）
　　　　金懿龙（2020年9月起　　；2018年7月至2020年9月任副书记）
副书记　陈佳杰（2020年11月起　　）
　　　　倪美丽（2020年11月起　　）
委　员　冯　斌（2018年7月至2020年4月）
　　　　孟林娟（女，2018年7月至2019年9月）
　　　　邹飒燕（女，2018年7月至2020年11月）
　　　　冯　剑（2020年11月起　　）
　　　　占旭峰（2020年11月起　　）

下设支部

天凝镇洪溪总支部（2010年5月至2011年5月）

书　记　陈俐勤（女，2010年5月至2011年5月）
副书记　倪富春（2010年5月至2011年5月）
委　员　金懿龙（2010年5月至2011年5月）

陈旭东（2010 年 5 月至 2011 年 5 月）

祥和支部（2000 年 5 月至 2005 年 6 月）

书　记　丁根法（2000 年 5 月至 2005 年 6 月）

新社区党支部（2009 年 10 月至 2018 年 7 月）

书　记　金懿龙（2009 年 10 月至 2018 年 7 月）

文体党支部（2009 年 10 月至 2018 年 7 月）

书　记　陆盛林（2009 年 10 月至 2018 年 7 月）

老年党支部（2009 年 10 月至 2018 年 9 月）

书　记　陈其荣（2009 年 10 月至 2018 年 7 月）

夕阳红支部（2018 年 7 月起　　）

书　记　陈其荣（2018 年 7 月起　　）

委　员　费福林（2018 年 7 月起　　）

俞仁杰（2018 年 7 月起　　）

辣妈宝贝支部（2018 年 7 月起　　）

书　记　陈俐勤（女，2018 年 7 月起　　）

委　员　倪美丽（女，2020 年 11 月起　　）

宗　毓（女，2020 年 11 月起　　）

银城支部（2018 年 7 月起　　）

书　记　王士杰（2018 年 7 月起　　）

委　员　姚　萍（女，2018 年 7 月起　　）

张俊超（2018 年 7 月起　　）

洪帆支部（2018 年 7 月起　　）

书　记　金懿龙（2018 年 7 月至 2019 年 1 月）

委　员　陈佳杰（2018 年 7 月起　　）

邹飒燕（女，2018 年 7 月至 2020 年 11 月）

陆　祥（2020 年 11 月起　　）

第二节　党组织的重大活动

解放前党组织活动

洪溪集镇古称“黄家滩”，水路交通便利，北达江苏，东通上海，南连嘉兴、杭州等。地域风貌人称“六条港门一顶桥”，四通八达。解放前洪溪一带窑业兴旺，南来北往商贾云集。抗日战争胜利后，根据重庆谈判的协议，1945 年 9 月下旬党中央发出通知，淞沪支队奉命北撤，中共淞沪地委也随军北撤，所有暴露的党员干部也都随军北上，到苏北去。在北撤之前淞沪地委在洪家滩专门召开了会议（史称“洪家滩会议”），决定地委副书记兼组织部部长姜杰暂时留下，部署好北撤后留下部分党员干部坚持秘密工作（待秘密工作部署好后也北撤）。根据这个决定，为了调整淞沪地区形势变化后的干部配备工作，地委副书记姜杰通知吴江县党组织负责人金佩扬，要他找一个隐蔽的地方住下来，金佩扬就找党员张建林、李文潮（李文潮是洪溪村洪港岸人，在嘉兴南汇一带工作，组织联系人张建林）商量，李文潮说可以到他父亲住地嘉善黄家滩（洪溪），地方比较偏僻，利用他父亲空着的窑墩，以烧窑为掩护。姜杰听取汇报后，同意了这个意见。金佩扬就令李文潮在黄家滩租借了王凤仪老太的两间住房。10 月初，金佩扬陪同姜杰、林倍、陈伯亮等到嘉善黄家滩住下。住下不久，又来了沈小方（系姜杰的女婿）。当时，大家称姜杰为老娘舅，称林倍是姜杰的女儿小林，金佩扬化名张金，称老张，称陈伯亮为小陈，称沈小方为小方。开始他们对外作准备烧窑的工作，而李文潮的父亲根本没有窑墩，就另外租了一只窑墩作掩护，以避人耳目。同时一面抓紧召集秘密会议，决定淞沪地委北撤后，成立一个淞沪临时工作委员会，由王克刚、陈文祥（陈伯亮）、鞠耐时三人组成，王克刚任书记（原上海工委成员）。各县工作委员会全部撤销，暴露的党员干部也全部北撤，留下来未暴露的党员干部以单线联系，坚持隐蔽斗争，指定临时负责人，以特派员身份继续领导地下斗争。浦东由陆文杰负责，浦南由黄亮之负责，松江由雷遥负责，青浦由孙平心负责，淀山湖由肖方负责，嘉定、宝山由王同衔负责，沈小方到吴江接替金佩扬的工作，金佩扬任浦南特派员。

黄家滩会议旧址（顾梅森　摄）

在黄家滩的另一次会议上，又决定原淞沪支队的党员蒋正明、周四林、潘留生、周记千、张振昌、张振海 6 人不随军北撤，离开淞沪支队回家乡开展农村工作，扩大党的影响，发展党的组织。会议还决定吕敏之去八坼镇开小店，赵云寿去周庄摆小人书摊，开展秘密工作。

姜杰、金佩扬等在黄家滩洪港岸王凤仪家住

了一个多月，与房东的关系相处得很好。有一天听房东老太讲："你们来了这么多天，租了窑墩又不烧窑做生意，有人怀疑你们是上海经济汉奸，在这里避风头。"当时调整工作也已基本完成，金佩扬决定迅速撤离。过了两天，金佩扬告诉房东，那座窑修不起来，决定不烧了。就这样，金佩扬等人离开了洪家滩。1946 年，中共中央华中分局另派负责人担任淞沪地区的领导工作，并调整了各级干部。

解放后党组织活动

洪溪村党组织的主要工作是宣传、贯彻、落实中国共产党的路线、方针、政策和国家的法律、法规；采取一切有效措施，解放和发展生产力，不断改善人民生活；加强精神文明建设，努力提高广大人民群众的社会主义道德素质和文化水准；加强社会综合治理，维护社会稳定，努力构建社会主义和谐社会，保障人民群众安居乐业；抓好实事工程，建设美丽乡村，改善生活环境；教育全体干部廉政、勤政，当好村民的领头雁；抓好党的自身建设，发展壮大组织队伍，在物质文明、精神文明、政治文明建设中发挥领导核心和战斗堡垒作用。

过渡时期和社会主义建设时期　1949 年 5 月，在县、区、乡党组织领导下，建立村政权，废除保甲制，8 月建立西周村，9 月建立高浜村，10 月建立洪溪村。1950 年后，进行剿匪反霸、土地改革、镇压反革命，使全村人民摆脱贫穷，政治上翻了身。1953 年，宣传贯彻中国共产党在过渡时期的总路线和第一个五年计划。1955 年，成立初级农业合作社。在农村广泛宣传《关于发展农业生产合作社的决定》，按照"积极领导、稳步向前"的方针，引导农民走合作化道路。1956 年 2 月，西周村建立临时党支部。1957 年 2 月，洪溪村域内成立洪联高级社和七一高级社，建立七一高级社党支部，加强党组织对农村工作的领导。1958 年 9 月，天凝、洪溪、杨庙三乡合并，成立红旗人民公社（天凝人民公社）。洪溪村域内建立七一生产队。1960 年，宣传贯彻中共中央《关于农村人民公社当前政策问题的紧急批示信》；开展整风，纠正"五风"。1961 年 4 月，调整公社、大队规模，天凝公社划分为天凝、洪溪、杨庙 3 个公社。洪溪村属洪溪人民公社管辖，洪溪村域内建立七一大队和洪联大队，4 月建立七一大队党支部，同年 5 月建立洪联大队党支部，党支部的中心工作主要是落实中共中央《关于坚决纠正平调错误，彻底退赔的规定》，宣传贯彻国民经济"调整、巩固、充实、提高"的八字方针。1962 年春，贯彻中共中央《关于改变农村人民公社基本核算单位问题的指示》，实行三级所有，队为基础，以生产队为基本核算单位。1963 年年初，贯彻《农村人民公社工作条例（草案）》，即"六十条"。划小生产队规模，恢复社员自留地。1964 年冬，贯彻中共中央《关于目前农村工作中若干问题的决定（草案）》和《关于农村社会主义教育运动中一些具体政策的规定（草案）》。1965 年秋，贯彻中共中央关于《农村社会主义教育运动中目前提出的一些问题》的指示文件，开展"四清"运动，其间，社会主义教育工作队进驻社、队，访贫问苦，帮助干部改进工作作风。

“文化大革命”时期　1966 年，《五·一六通知》后，“文化大革命”开始。1967 年，党组织被迫停止活动。1968 年，“清理阶级队伍”，大队成立革命委员会。“文化大革命”期间，开展“农业学大寨、工业学大庆”运动，兴修水利。1969 年，洪联大队、七一大队合并成立洪溪大队，建立洪溪大队革命委员会。1970 年 5 月，整顿大队党支部，党组织恢复正常活动，党员重新登记。1971 年，洪溪大队党支部召开社员大会，传达中共中央关于粉碎林彪反革命集团的文件，开展“批林整风”。1974 年，开展“批林批孔”运动。1976 年 10 月，粉碎江青反革命集团，开展“揭、批、查”运动和一系列拨乱反正工作。

社会主义现代化建设新时期　1977 年，洪溪大队党支部在全县最先规划启动新村建设，拆除农民旧房，评估折价，由大队统一建造 4 米 × 9 米、檐高 5.8 米的连体两层楼，每人 15—20 平方米新楼房，以每平方米 22 元的价格分配给农户，历时 3 年，共建楼房 42 幢 308 间（二层）22176 平方米，共有 269 户入住。1978 年 12 月，学习贯彻中共十一届三中全会精神，党的重点工作转移到社会主义现代化建设上来。1979 年，开展真理标准的大讨论，停止使用“以阶级斗争为纲”和“无产阶级专政下继续革命”的口号，同时，对“文化大革命”中的冤假错案进行复查、平反，纠正 1957 年反右派斗争中错划的“右派分子”，予以平反。

20 世纪 80 年代以来，党支部的重点工作在稳定农业生产的同时，大力兴办队办企业，增加集体经济。洪溪大队 1971 年开办养鸡场。1973 年，开办水泥预制场。1974 年，开办平瓦厂、蚕桑队。1975 年，办农机修理厂。1979 年，创办嘉善淀粉薄膜厂。1980 年，办针织厂。同年，新建土窑墩一座。1981 年，办纸箱厂，全大队经济快速增长。1983 年年底，全村实行家庭联产承包责任制，划田到户。1986 年，贯彻中共中央《关于整党的决定》，全村开展党员登记。1990 年起，全体党员进行民主评议，经过学习、教育、自评、互评，由党支部填写民主评议情况表，以后每年进行一次，形成制度。2001 年 4 月，开展社会主义思想道德和文明卫生宣传教育，整治社会风气，整治农村居住环境。同年 11 月，开展村级“三个代表”重要思想教育。2003 年，开展中共十六大精神主题教育，洪溪村党支部书记通过全体党员无候选人直选产生，陈俐勤（女）高票当选支部书记。2004 年，洪溪村党支部首创“重大村务公决制”，变“为民作主”为“由民作主”。2005 年 1 月，在全体共产党员中开展保持共产党员先进性教育。2008 年 9 月，深入开展实践科学发展观学习教育活动。2009 年 7 月，做好调整杨庙、天凝、洪溪三镇行政区划的工作。10 月，村党支部升格为党总支部。2010 年，努力加强党的执政能力建设，发挥党员先锋作用，永葆先进本色，每位党员先锋承诺。2012 年后，认真贯彻学习十八大精神，开展党的群众路线教育实践活动。村党支部组织开展发展经济惠民心、健全民主稳民心、文化建设聚民心、服务群众得民心活动。2016 年，组织党员开展“两学一做”学习教育，即学党章党规，学系列讲话，做合格党员教育活动。

第三节 党 员

1956—2020 年，洪溪村党组织在各个不同时期共发展党员 108 人，其中已故党员 35 人，现有党员 73 人。洪溪村的党员在党的各个时期活动中都发挥了党员的先锋作用，认真执行党的政策，对党忠诚。截至 2020 年，所有党员未出现脱党和开除党籍等现象。

党员发展

1949 年 5 月 11 日嘉善县全境解放。8—11 月中共嘉善县委、干窑区委派党员干部桑明山、陈川郁、韩田正、岑潭浦在洪溪乡发展党员。村民刘学洪成为域内第一位发展的中国共产党党员。1953 年 10 月中共洪溪乡支部委员会又先后在生产救灾、土地改革，镇压反革命、爱国增产和互助合作等运动中发展境地 6 名优秀积极分子入党。至 1956 年 2 月成立西周村临时党支部时已有中共党员 7 人。至 1966 年 5 月（“文化大革命”前）境地有中共党员 25 人。“文化大革命”结束后，党组织经过整党，对党员重新进行登记，域内共有中共党员 31 人。1984 年 2 月政社分设时境地有中共党员 43 人。2004 年始，域内党组织根据老龄党员多的特点，着重培养青年骨干入党，改善年龄结构，增添新鲜血液，充实党的队伍。支部认真贯彻执行“坚持标准，保证质量，改善结构，慎重发展”的十六字方针，以“一线，一流”为重点，坚持把党员标准、严格顺序、保证质量放在首位，做到成熟一个，发展一个。至 2020 年境地党组织共发展中共党员 24 人，至 2020 年年底，洪溪村党委共有党员 73 人，其中部队退伍军人转入 8 人，外单位转入党员 24 人，1956—2020 年境地共发展党员 108 人。

党员教育

对党员的思想教育是党组织的职责，也是中国共产党的优良传统。自西周村临时党支部建立至今，历届支部委员会都注重对党员的思想教育工作。利用支部大会，组织党员学习党章，明确党的宗旨、任务，牢记入党誓言，学习党的方针政策，学习科学文化知识，不断提高党员的文化素养。围绕党中央在各个历史时期的中心工作，有重点地开展思想教育，提高党员的政治思想觉悟和为民服务的素质理念。

20 世纪 50 年代，域内党支部党员教育以坚持走集体化道路，树立艰苦奋斗、勤俭节约、自力更生、奋发图强为主要内容。60 年代，以学习雷锋好榜样忠于革命忠于党，学习兰考县委好书记焦裕禄全心全意为人民，学习大寨人与天斗、与地斗的大无畏革命精神为主要内容。1976 年 10 月，粉碎江青反革命集团后，党支部加强对党员干部的思想教育工作，组织党员学习中共十一届三中全会精神，学习《关于建国以来党的若干历史问题的决议》，开展“真理标准”讨论，否定了“两个凡是”，扫除僵化思想，打破“以阶级斗争为纲”的束缚，确立以经济建设为中心的发展思路，坚定走改革开放道路的决心。80年代中期至21世纪初，党支部开展以“五讲四美”（讲文明、讲礼貌、讲卫生、讲秩序、讲道德，心灵美、语言美、行为美、环境美）为中心的文明礼貌活动。组织党员干部积极参与创建“新风户”五好家庭活动，制定标准，评比先进，使群众学有榜样，干有方向，从而促进域内社会风尚的好转。2004—2012年党支部开展“三评、三学”活动。“三评”即党员自评、互评及群众测评，每季度由党支部组织全体党员、村民代表，开展民主评议党员活动，广泛听取党外群众评议，接受群众监督，民主评议党员已经成为党支部的一个制度，持续至今，也为每个争做先锋党员、争做群众表率的党员注入了新的动力。“三学”是党支部组织的党员学习邓小平理论，“三个代表”重要思想和科学发展观。围绕党中央“提高党员素质、加强基层组织、服务人民群众、促进各项工作”的要求，开展“党员先锋承诺活动”“保持党员先进性教育”“社会主义荣辱观教育”等系列活动。2013—2020年中共十八大、十九大召开以后，党支部组织党员干部开展“两学一做”（学党章、学习近平总书记系列讲话、做合格党员）学习教育活动，提高党员干部遵守党章的自觉性，永远把党的纪律放在制度前面，严格遵守党中央八项规定，营造风清气正的和谐社会。明确在新时期党员干部要有新思想、新作为，深化改革开放，加快经济转变方式，团结带领全国各族人民继续全面建成小康社会，为加快推进社会主义现代化，开创中国特色社会主义事业新局面多作贡献。

2020年中共洪溪村委员会党员一览表

表12-2

序号	姓名	性别	民族	学历	入党日期	所在支部
1	贝国来	男	汉族	初中	2004年6月20日	洪帆
2	陈龚杰	男	汉族	本科	2012年11月20日	洪帆
3	陈佳杰	男	汉族	本科	2018年9月5日	洪帆
4	陈建明	男	汉族	初中	2006年12月16日	洪帆
5	费惠娟	女	汉族	初中	2008年10月15日	洪帆
6	冯斌	男	汉族	大学	2007年8月21日	洪帆
7	冯剑	男	汉族	大专	2017年7月22日	洪帆
8	冯雪根	男	汉族	初中	1989年8月2日	洪帆
9	顾春雷	男	汉族	初中	1996年8月12日	洪帆
10	顾建强	男	汉族	初中	1998年11月27日	洪帆
11	顾梅新	女	汉族	初中	2005年7月6日	洪帆

续表 12-2

序号	姓名	性别	民族	学历	入党日期	所在支部
12	顾新成	男	汉族	初中	1990 年 10 月 22 日	洪帆
13	顾雪昌	男	汉族	初中	1988 年 7 月 22 日	洪帆
14	顾禹玉	男	汉族	小学	1991 年 9 月 9 日	洪帆
15	金懿龙	男	汉族	大学	1999 年 6 月 13 日	洪帆
16	李献忠	男	汉族	初中	2006 年 12 月 16 日	洪帆
17	李雪华	女	汉族	小学	2005 年 7 月 6 日	洪帆
18	陆祥	男	汉族	初中	2010 年 8 月 14 日	洪帆
19	吕懿	女	汉族	大学	2013 年 12 月 28 日	洪帆
20	蒋春华	男	汉族	初中	2013 年 8 月	洪帆
21	金炜	男	汉族	本科	2017 年 12 月 9 日	洪帆
22	倪明华	男	汉族	初中	2014 年 9 月 3 日	洪帆
23	倪振焕	男	汉族	大学	2009 年 11 月 8 日	洪帆
24	彭瑞华	男	汉族	高中	2000 年 8 月 10 日	洪帆
25	钱荣芳	女	汉族	大学	2010 年 8 月 14 日	洪帆
26	钱荣良	男	汉族	初中	1979 年 6 月 4 日	洪帆
27	吴明华	男	汉族	初中	1998 年 12 月 9 日	洪帆
28	叶倩	女	汉族	大学	2012 年 5 月 16 日	洪帆
29	占旭峰	男	汉族	本科	2013 年 3 月 29 日	洪帆
30	张剑	男	汉族	大学	2008 年 11 月 5 日	洪帆
31	周善琪	男	汉族	初中	2012 年 11 月 10 日	洪帆
32	周芸娇	女	汉族	本科	2014 年 11 月 28 日	洪帆
33	周卓旻	男	汉族	大学	2011 年 11 月 26 日	洪帆
34	朱美根	女	汉族	初中	2008 年 10 月 16 日	洪帆
35	邹飒燕	女	汉族	大学	2004 年 8 月 12 日	洪帆
36	朱天林	男	汉族	初中	1977 年 10 月 1 日	洪帆
37	陈俐勤	女	汉族	本科	1991 年 9 月 9 日	辣妈
38	金玉琴	女	汉族	初中	2011 年 8 月 31 日	辣妈
39	倪美丽	女	汉族	大学	2013 年 12 月 28 日	辣妈
40	宗毓	女	汉族	大学	2007 年 8 月 20 日	辣妈
41	贝桂祥	男	汉族	小学	1963 年 3 月 1 日	夕阳红
42	陈其荣	男	汉族	小学	1971 年 7 月 1 日	夕阳红

续表 12–2

序号	姓名	性别	民族	学历	入党日期	所在支部
43	陈兴华	男	汉族	初中	1971 年 5 月 27 日	夕阳红
44	费福林	男	汉族	小学	1978 年 4 月 6 日	夕阳红
45	顾华荣	男	汉族	小学	1978 年 4 月 6 日	夕阳红
46	盛家龙	男	汉族	初中	1975 年 5 月	夕阳红
47	黄福观	男	汉族	小学	1956 年 8 月 1 日	夕阳红
48	黄泉庆	男	汉族	初中	1979 年 11 月 19 日	夕阳红
49	刘金荣	男	汉族	小学	1955 年 8 月 1 日	夕阳红
50	吕稚元	男	汉族	高中	1994 年 7 月 15 日	夕阳红
51	浦铭荣	男	汉族	小学	1990 年 7 月 9 日	夕阳红
52	邵阿珍	女	汉族	小学	1971 年 10 月 2 日	夕阳红
53	沈明善	男	汉族	初中	1974 年 7 月 6 日	夕阳红
54	于秀英	女	汉族	小学	1956 年 8 月 1 日	夕阳红
55	俞爱林	男	汉族	小学	1973 年 11 月 1 日	夕阳红
56	俞仁杰	男	汉族	初中	1970 年 10 月 9 日	夕阳红
57	周爱生	男	汉族	小学	1958 年 11 月 29 日	夕阳红
58	周友贤	男	汉族	初中	1973 年 6 月 1 日	夕阳红
59	朱彤芳	女	汉族	小学	1971 年 10 月 2 日	夕阳红
60	冯兰	女	汉族	本科	2006 年 12 月 29 日	银城
61	冯涛	男	汉族	大专	2014 年 12 月 3 日	银城
62	黄婷	女	汉族	大专	2015 年 12 月 25 日	银城
63	陆献峰	男	汉族	初中	2003 年 12 月 29 日	银城
64	莫荣飞	男	汉族	中专	2012 年 8 月 10 日	银城
65	石磊	男	汉族	大学	2009 年 5 月 13 日	银城
66	王士杰	男	汉族	硕士	2011 年 5 月 1 日	银城
67	肖建林	男	汉族	高中	2005 年 7 月 6 日	银城
68	姚萍	女	汉族	大学	1997 年 8 月 5 日	银城
69	俞周佳	女	汉族	本科	2012 年 5 月 25 日	银城
70	张俊超	男	汉族	本科	2012 年 2 月 24 日	银城
71	顾炳峰	男	汉族	大专	2005 年 11 月	银城
72	周星泉	女	汉族	高中	2015 年 11 月 19 日	银城
73	周益波	男	汉族	大专	2011 年 9 月 5 日	银城

已故共产党员（35 名） 诸元法、冯永昌、沈永春、张金宝（女）、钱永舫、黄寿观、黄瑞祥、黄书根、方广裕、陈公望、傅夏勾、周雪珍（女）、石金城、刘学洪、余鹤云、俞荣生、龚阿妹（女）、丁根法、邵炳夫、金维松、刘桂林、陈福荣、顾宗城、陈叶成、徐宝昌、王玉坤、张海生、李福康、王福兴、钱福林、潘洪志、傅福庆、黄志刚、黄明高、周兴观。

第四节 党代会代表

《中国共产党地方组织选举工作条例》第九条规定，党地方各级代表大会的代表名额，由召开代表大会的党委会全体会议按照有利于充分发扬党内民主，有利于讨论决定问题和代表具有广泛性的原则确定。

代表产生的程序：洪溪村按照镇党委分配的名额和有关要求组织全体党员充分发扬民主酝酿讨论，根据多数党员的意见提出初步人选。考察确定候选人预备人选报镇党委审批，待批准后，提交党员大会选举，采用无记名投票差额选举，选举结果报镇党委。经审查通过后获得正式党代会代表资格。自 1959 年 12 月 3 日中共天凝公社委员会第一次代表大会至 2016 年 10 月 27 日中共天凝镇委员会第十四次代表大会，洪溪村按选举要求选举党代会代表参加乡镇党代会。洪溪村乡镇党代会代表名单因资料缺少，只记录了第八至十四次乡镇党代会代表名录及县级以上党代会代表名单。

洪溪村党委书记陈俐勤（女）2003—2020 年任嘉善县第十一、十二、十三、十四次党代会代表；2007—2020 年任嘉兴市第六、七、八届党代会代表。

洪溪村出席镇第八次至十四次党代会代表一览表

表 12-3

届别	时间	代 表
洪溪镇第八次党代会	1993 年 2 月	丁根法 李福康 沈明善 陈俐勤（女） 顾禹玉 浦铭荣
洪溪镇第九次党代会	1996 年 1 月	丁根法 李福康 俞仁杰 邵阿珍（女） 顾禹玉 李友观 冯善良
洪溪镇第十次党代会	1999 年 1 月	丁根法 顾雪昌 陆盛林 吕稚元 陈俐勤（女） 费福林
洪溪镇第十一次党代会	2002 年 1 月	金根林 陈俐勤（女） 陆盛林 丁根法 费福林 吕稚元
洪溪镇第十二次党代会	2006 年 12 月	陈俐勤（女） 金懿龙
天凝镇第十三次党代会	2011 年 10 月	陈俐勤（女） 金懿龙
天凝镇第十四次党代会	2016 年 10 月	陈俐勤（女） 陆祥

第十三章 村级组织

第十三章　村级组织

民国24年（1935）实行保甲制。解放后，1949年8月建立西周村，9月建立高浜村，10月建立洪溪村。1953年9月，建立西周代表区、高浜代表区和洪溪代表区。1957年2月建立七一高级社和洪联高级社。1959年3月，为天凝公社七一生产队。1961年4月，设七一大队管理委员会和洪联大队管理委员会。1968年3月，改为七一大队革命委员会和洪联大队革命委员会。1969年10月，设洪溪大队革命委员会。1982年5月，恢复为洪溪大队管理委员会。1984年2月，改为洪溪村民委员会，同时成立村经济合作社。并召开村民（社员）代表大会，选举产生村民会主任、副主任、委员、经联社社长、副社长、委员，至2020年换届选举共13届。村经济合作社负责经济工作及村集体资产管理。高级社、大队时期设生产小队，1984年2月后设村民小组18个。

第一节　解放前村级机构

明万历《嘉善县志》记载思贤乡思四区有“西周村庄”“西周浜”“黄家滩”。民国24年（1935）洪溪村域内实行保甲制，保甲制是以“户”为社会组织的基础单位，10户为一甲、10甲为一保、10保以上为乡、镇〔以后鉴于各地地理、交通、经济情况各异，在实行“新县制”时采取了有弹性的办法，规定“甲之编制以十户为原则，不得少于六户、多于十五户”，保编制以十甲为原则，不得少于六甲、多于十五甲；乡（镇）之划分以十保为原则，不得少于六保、多于十五保〕。保设保办公室，保长通常由当地地主、名流担任。解放前夕洪溪村设7个保，域内北汇头（七组、八组）属一保，保长周金福；洪港岸（五组）到倪家场（四组）属三保，保长王桂福；金家场及俞家浜、贝家场到原永宁庵、黄家场（四组大部分及三组全部）属四保，保长黄金祥；钱家场、西周浜（全浜）、冯家塘全塘属五保，保长冯子荣；高浜村（九、十、十一、十二组）属六保，保长顾泳裳。集镇有两个保。

第二节　解放初期的村级组织

解放后，延续民国时期的镇、村制。1949年8月建立西周村，9月建立高浜村，10月建立洪溪村，村设村长。1953年9月，设立西周代表区、高浜代表区和洪溪代表区，各区设主任。1957 年 2 月建立高级社，西周代表区和高浜代表区变更为七一高级社，洪溪代表区变更为洪联高级社，各社设社长。

解放初期和农村合作化时期的村级组织领导名录

西周村（1949 年 8 月至 1953 年 9 月）

村　长　冯连生（1949 年 8 月至 1953 年 9 月）

副村长　周志龙（1949 年 8 月至 1953 年 9 月）

西周代表区（1953 年 9 月至 1957 年 2 月）

主　任　黄书根（1953 年 9 月至 1957 年 2 月）

副主任　陈公望（1953 年 9 月至 1957 年 2 月）

高浜村（1949 年 9 月至 1953 年 9 月）

村　长　张志飞（1949 年 9 月至 1953 年 9 月）

副村长　陆昌荣（1949 年 9 月至 1953 年 9 月）

高浜代表区（1953 年 9 月至 1957 年 2 月）

主　任　顾功成（1953 年 9 月至 1957 年 2 月）

洪溪村（1949 年 10 月至 1953 年 9 月）

村　长　江有三（1949 年 10 月至 1953 年 9 月）

副村长　黄启东（1949 年 10 月至 1953 年 9 月）

洪溪代表区（1953 年 9 月至 1957 年 2 月）

主　任　刘桂林（1953 年 9 月至 1957 年 2 月）

七一高级社（1957 年 2 月至 1958 年 9 月）

社　长　陈公望（1957 年 2 月至 1958 年 9 月）

副社长　顾功成（1957 年 2 月至 1958 年 9 月）

洪联高级社（1957 年 2 月至 1958 年 9 月）

社　长　刘桂林（1957 年 2 月至 1958 年 9 月）

第三节　人民公社时期的村级组织

1958 年 9 月，天凝、洪溪、杨庙三乡合并成立红旗（天凝）人民公社，洪溪村域地为 11 营管辖，设洪溪、高浜、西周 3 个连，各连设连长。1959 年 3 月设为七一生产队。1961 年 4 月成立洪溪公社，域地为七一大队、洪联大队，大队下设生产小队。大队设管理委员会，由大队长、副队长、委员组成。各生产小队设小队长、队务委员及妇女小队长。“文化大革命”开始后，1968 年 3 月管理委员会改为七一大队革命委员会和洪联大队革命委员会。各生产小队设政治小队长和生产小队长、队委，政治小队长抓政治工作，生产小队长抓生产。1969 年 10 月，七一大队和洪联大队合并成立洪溪大队革命委员会。1982 年 5 月恢复为洪溪大队管理委员会。

公社化时期的村级组织领导名录

红旗人民公社十一营（1958 年 9 月至 1959 年 3 月）

洪溪片连长刘学洪

高浜片连长陈叶成

西周片连长潘桂生

七一生产队（1959 年 3 月至 1961 年 4 月）

队　长　陈公望（1959 年 3 月至 1960 年 10 月）

李顺兴（1960 年 10 月至 1961 年 4 月）

副队长　俞连生（1959 年 3 月至 1960 年 10 月）

陈叶成（1959 年 3 月至 1960 年 10 月）

沈永春（1959 年 3 月至 1960 年 10 月）

刘明宝（女，1959 年 3 月至 1960 年 10 月）

潘洪志（1960 年 10 月至 1961 年 4 月）

顾功成（1960 年 10 月至 1961 年 4 月）

邵炳夫（1960 年 10 月至 1961 年 4 月）

冯永昌（1960 年 10 月至 1961 年 4 月）

章大土（1960 年 10 月至 1961 年 4 月）

周雪珍（女，1960 年 6 月至 1961 年 4 月）

七一大队管理委员会（1961 年 4 月至 1968 年 3 月）

大队长　陈公望（1961 年 4 月至 1962 年 12 月）

潘洪志（1963 年 1 月至 1968 年 3 月）

七一大队革命委员会（1968 年 3 月至 1969 年 10 月）

主　任　黄志刚（1968 年 3 月至 1969 年 10 月）

副主任　潘洪志（1968 年 3 月至 1969 年 10 月）

陈叶成（1968 年 3 月至 1969 年 10 月）

周正荣（1968 年 3 月至 1969 年 10 月）

委　员　黄书根（1968 年 3 月至 1969 年 10 月）

冯建业（1968 年 4 月至 1969 年 10 月）

洪联大队管理委员会（1961 年 4 月至 1968 年 3 月）

大队长　刘桂林（1961 年 4 月至 1968 年 3 月）

洪联大队革命委员会（1968 年 3 月至 1969 年 10 月）

主　任　邵炳甫（1968 年 3 月至 1969 年 10 月）

副主任　劳海根（1968 年 3 月至 1969 年 10 月）

龚阿妹（女，1968 年 3 月至 1969 年 10 月）

委　员　李品华（1968 年 4 月至 1969 年 10 月）

仇瑞生（1968 年 4 月至 1969 年 10 月）

杨阿二（1968 年 4 月至 1969 年 10 月）

洪溪大队革命委员会（1969 年 10 月至 1982 年 5 月）

主　任　黄志刚（1969 年 10 月至 1979 年 10 月）

副主任　劳海根（1969 年 10 月至 1972 年 9 月）

邵炳夫（1969 年 10 月至 1978 年 4 月）

潘洪志（1969 年 10 月至 1974 年 9 月）

陈叶成（1970 年 8 月至 1972 年 9 月）

徐保昌（1977 年 5 月至 1982 年 5 月）

黄根华（1977 年 5 月至 1982 年 5 月）

陈福荣（1977 年 8 月至 1982 年 5 月）

费福林（1978 年 1 月至 1982 年 5 月；1977 年 5 月至 1982 年 1 月任委员）

丁根法（1979 年 10 月至 1982 年 5 月）

委　员　陆坤林（1969 年 10 月至 1979 年 2 月）

沈永春（1969 年 10 月至 1979 年 10 月）

冯良才（1969 年 10 月至 1979 年 3 月）

于秀英（女，1969 年 10 月至 1979 年 10 月）

张金宝（女，1969 年 10 月至 1977 年 10 月）

俞仁杰（1969 年 10 月至 1977 年 10 月）

吴福云（1977 年 5 月至 1982 年 5 月）

丁阿炎（1977 年 5 月至 1982 年 5 月）

洪溪大队管理委员会（1982 年 5 月至 1984 年 2 月）

大 队 长　黄志荣（1982 年 5 月至 1984 年 2 月）

副大队长　费福林（1982 年 5 月至 1984 年 2 月）

钱永舫（1983 年 5 月至 1984 年 2 月）

委　　员　朱彤芳（女，1982 年 5 至 1984 年 2 月）

吕稚元（1982 年 5 月至 1984 年 2 月）

李福康（1982 年 5 月至 1984 年 2 月）
浦铭荣（1982 年 5 月至 1983 年 5 月）
俞丽华（1983 年 5 月至 1984 年 2 月）
周友贤（1983 年 5 月至 1984 年 2 月）

第四节 村民委员会

1984 年 2 月，洪溪大队管理委员会改称洪溪村民委员会。1998 年 11 月 4 日，第九届全国人民代表大会修订通过了《中华人民共和国村民委员会组织法》，保障了农村村民实行自治，由村民群众依法办理自己的事情，发展农村基层民主，促进农村社会主义物质文明和精神文明建设。2010 年 10 月 26 日，中华人民共和国第十一届全国人民代表大会常务委员会第十七次会议修订通过《中华人民共和国村民委员会组织法》，根据规定，洪溪村村民委员会由主任、副主任、委员组成，采用选民直接推荐候选人或无候选人，全体选民投票选举产生，至 2020 年 12 月共选举产生十三届村民委员会，同时全村设置 18 个村民小组，选举产生 18 个村民小组长和 40 名左右的村民代表，村委会下设人民调解、治安保卫、公共卫生与计划生育等委员会。村民委员会是村民自我管理、自我教育、自我服务的基层群众性自治组织，实行民主选举、民主决策、民主管理、民主监督。洪溪村村民委员会先后制定了 30 多项工作制度、村规民约和洪溪村公约。2015 年 4 月，洪溪村被中华人民共和国司法部、中华人民共和国民政部授予“全国民主法治示范村”称号。

洪溪村第一至十三届村民委员会成员名录

第一届村民委员会（1984 年 2 月至 1987 年 7 月）
主　任　黄志荣（1984 年 2 月至 1987 年 7 月）
副主任　费福林（1984 年 3 月至 1987 年 7 月）
委　员　李福康（1984 年 2 月至 1987 年 7 月）
朱彤芳（女，1984 年 2 月至 1987 年 7 月）

第二届村民委员会（1987 年 7 月至 1990 年 11 月）
主　任　费福林（1987 年 7 月至 1990 年 11 月）
副主任　丁根法（1987 年 7 月至 1990 年 11 月）
委　员　陈俐勤（女，1987 年 7 月至 1990 年 11 月）
吕稚元（1987 年 7 月至 1990 年 11 月）
李福康（1987 年 7 月至 1990 年 11 月）

第三届村民委员会（1990年11月至1993年9月）

主　任　费福林（1990年11月至1993年9月）

副主任　丁根法（1990年11月至1993年9月）

委　员　李福康（1990年11月至1993年9月）

陈俐勤（女，1990年11月至1993年9月）

第四届村民委员会（1993年9月至1996年3月）

主　任　费福林（1993年9月至1996年3月）

副主任　丁根法（1993年9月至1996年3月）

委　员　李福康（1993年9月至1996年3月）

陈俐勤（女，1993年9月至1996年3月）

浦铭荣（1993年9月至1996年3月）

第五届村民委员会（1996年3月至1999年3月）

主　任　陆盛林（1996年3月至1999年3月）

委　员　陈俐勤（女，1996年3月至1999年3月）

吕稚元（1996年3月至1999年3月）

第六届村民委员会（1999年3月至2002年4月）

主　任　顾雪昌（1999年3月至2002年4月）

副主任　吴明华（1999年3月至2002年4月）

委　员　陈俐勤（女，1999年3月至2002年4月）

第七届村民委员会（2002年4月至2005年5月）

主　任　陆盛林（2002年4月至2005年5月）

委　员　陈俐勤（女，2002年4月至2005年5月）

吴明华（2002年4月至2005年5月）

第八届村民委员会（2005年5月至2008年4月）

主　任　陆盛林（2005年5月至2008年4月）

委　员　邹飒燕（女，2005年5月至2008年4月）

金懿龙（2005年5月至2008年4月）

第九届村民委员会（2008年4月至2011年3月）

主　任　陆盛林（2008年4月至2011年3月）

副主任　邹飒燕（女，2008年4月至2011年3月）

冯　斌（2008年4月至2011年3月）

第十届村民委员会（2011年3月至2013年12月）

主　任　陈俐勤（女，2011年3月至2013年12月）

副主任　邹飒燕（女，2011 年 3 月至 2013 年 12 月）
　　　　沈　斌（2011 年 3 月至 2013 年 12 月）
第十一届村民委员会（2013 年 12 月至 2017 年 4 月）
主　任　金懿龙（2013 年 12 月至 2017 年 4 月）
副主任　倪美丽（女，2013 年 12 月至 2017 年 4 月）
　　　　冯　斌（2013 年 12 月至 2017 年 4 月）
第十二届村民委员会（2017 年 4 月至 2020 年 12 月）
主　任　金懿龙（2017 年 4 月至月 2020 年 12 月）
副主任　倪美丽（女，2017 年 4 月至 2020 年 12 月）
　　　　陆　祥（2017 年 4 月至 2020 年 12 月）
第十三届村民委员会（2020 年 12 月起　　）
主　任　金懿龙（2020 年 12 月起　　）
副主任　倪美丽（女，2020 年 12 月起　　）
委　员　陆　祥（2020 年 12 月起　　）

第五节　村经济合作社

洪溪村经济合作社自 1984 年 2 月成立，与村民委员会同时产生，同时换届，2013 年 12 月改称为洪溪村股份经济合作社，成立董事会。

洪溪村经济合作社领导名录

社　长　钱永舫（1984 年 2 月至 1988 年 5 月；1988 年 5 月至 1990 年 11 月任委员）
　　　　费福林（1988 年 5 月至 1996 年 3 月）
　　　　冯善良（1996 年 3 月至 1999 年 3 月）
　　　　顾雪昌（1999 年 3 月至 2002 年 9 月）
　　　　金根林（2002 年 9 月至 2005 年 5 月）
　　　　陈俐勤（女，2005 年 5 月至 2013 年 12 月）
副社长　周友贤（1984 年 2 月至 1988 年 5 月）
　　　　丁根法（1988 年 5 月至 1996 年 3 月）
　　　　陆盛林（2008 年 5 月至 2011 年 3 月）
　　　　金懿龙（2011 年 3 月至 2013 年 12 月；2008 年 5 月至 2011 年 3 月任委员）
委　员　俞利华（1984 年 2 月至 1988 年 5 月）
　　　　吕稚元（1984 年 2 月至 1988 年 5 月）
　　　　钱永舫（1988 年 5 月至 1990 年 11 月）

洪溪村股份经济合作社

董 事 长　陈俐勤（女，2013 年 12 月至 2020 年 12 月）

金懿龙（2020 年 12 月起　；2013 年 12 月至 2020 年 12 月任副董事长）

副董事长　倪美丽（女, 2020 年 12 月起　；2013 年 12 月至 2020 年 12 月任董事）

董　　事　冯　斌（2013 年 12 月至 2020 年 4 月）

邹飒燕（女，2013 年 12 月至 2020 年 12 月）

陆　祥（2020 年 12 月起　　）

第六节　生产队和村民小组

1953 年 9 月起，洪溪村域内先后设初级社、高级社、生产大队，村民委员会、村经济合作社，下设生产队、村民小组及小社。生产队设生产队长、财务队长、会计、妇女队长等队务委员会人员。“文化大革命”期间增设政治队长。1969 年 10 月，洪联大队、七一大队合并成立洪溪大队。1977 年 11 月三队析建为三队、农场，1981 年 12 月调整生产队规模，二队析建为二队、十三队，七队析建为七队、十四队，八队析建为八队、十五队，十队析建为十队、十六队，九队析建为九队、十七队，农场改称十八队。1984 年 2 月生产队改称为村民小组，同时为村经济合作社的小社，村民小组设组长，兼任小社长，同时设计划生育联络员、村民代表等。至 2020 年有 18 个村民小组和相关人员任职情况如下：

初级社社长、会计

建新社社长　陈公望　　会计　周品伟

建中社社长　黄志刚　　会计　周友贤

建国社社长　冯永昌　　会计　钱永年

永联社社长　王春生　　会计　邵瑞君

永远社社长　顾功成　　会计　金大昌

中心社社长　于爱生　　会计　吴济华　吴祥云

红心社社长　刘桂林　　会计　顾德渊　顾德甫

高级社（大队、村）会计

七一高级社　周友贤（1957 年 2 月至 1958 年 9 月）

洪联高级社　顾德甫（1957 年 2 月至 1958 年 9 月）

七一大队　　周友贤（1961 年 4 月至 1969 年 10 月）

洪联大队　　顾德甫（1961 年 4 月至 1964 年 1 月）

俞仁杰（1964 年 2 月至 1969 年 10 月）
洪溪大队　周友贤（1969 年 10 月至 1996 年 11 月）
吕稚元（1996 年 12 月至 2001 年 12 月）

洪联高级社生产队长、妇女队长

一队　生产队长　陈其荣（1957 年 2 月至 1958 年 9 月）
妇女队长　劳雪珠（1957 年 2 月至 1958 年 9 月）
二队　生产队长　邵炳甫（1957 年 2 月至 1958 年 9 月）
妇女队长　费玉英（1957 年 2 月至 1958 年 9 月）
三队　生产队长　吴祥云（1957 年 2 月至 1958 年 9 月）
妇女队长　冯金宝（1957 年 2 月至 1958 年 9 月）

七一高级社生产队长、妇女队长

一队　生产队长　顾龙山（1957 年 2 月至 1958 年 9 月）
妇女队长　冯龙宝（1957 年 2 月至 1958 年 9 月）
二队　生产队长　陆福祥（1957 年 2 月至 1958 年 9 月）
妇女队长　张金宝（1957 年 2 月至 1958 年 9 月）
三队　生产队长　周菊生（1957 年 2 月至 1958 年 9 月）
妇女队长　黄惠英（1957 年 2 月至 1958 年 9 月）
四队　生产队长　张海生（1957 年 2 月至 1958 年 9 月）
妇女队长　周秀英（1957 年 2 月至 1958 年 9 月）
五队　生产队长　周永祥（1957 年 2 月至 1958 年 9 月）
妇女队长　周雪珍（1957 年 2 月至 1958 年 9 月）
六队　生产队长　顾功成（1957 年 2 月至 1958 年 9 月）
妇女队长　蒋其宝（1957 年 2 月至 1958 年 9 月）
七队　生产队长　陈叶成（1957 年 2 月至 1958 年 9 月）
妇女队长　张明珍（1957 年 2 月至 1958 年 9 月）
八队　生产队长　王玉坤（1957 年 2 月至 1958 年 9 月）
妇女队长　王友宝（1957 年 2 月至 1958 年 9 月）
九队　生产队长　孙保荣（1957 年 2 月至 1958 年 9 月）
妇女队长　陆宝观（1957 年 2 月至 1958 年 9 月）

七一生产大队小队长、妇女小队长

一队　生产队长　顾龙山（1959 年 3 月至 1961 年 4 月）

妇女队长　冯龙宝（1959年3月至1961年4月）
二队　生产队长　陆福祥（1959年3月至1961年4月）
妇女队长　张金宝（1959年3月至1961年4月）
三队　生产队长　周菊生（1959年3月至1961年4月）
妇女队长　朱德宝（1959年3月至1961年4月）
四队　生产队长　李顺兴（1959年3月至1961年4月）
妇女队长　周秀英（1959年3月至1961年4月）
五队　生产队长　周永祥（1959年3月至1961年4月）
妇女队长　周雪珍（1959年3月至1961年4月）
六队　生产队长　吴祥云（1959年3月至1961年4月）
妇女队长　冯金宝（1959年3月至1961年4月）
七队　生产大队　章大土（1959年3月至1961年4月）
妇女队长　费玉英（1959年3月至1961年4月）
八队　生产队长　马加明（1959年3月至1961年4月）
妇女队长　劳雪珠（1959年3月至1961年4月）
九队　生产队长　顾功成（1959年3月至1961年4月）
妇女队长　蒋其宝（1959年3月至1961年4月）
十队　生产队长　陈叶成（1959年3月至1961年4月）
妇女队长　张明珍（1959年3月至1961年4月）
十一队　生产队长　王玉坤（1959年3月至1961年4月）
妇女队长　王友宝（1959年3月至1961年4月）
十二队　生产队长　潘洪志（1959年3月至1961年4月）
妇女队长　陆宝观（1959年3月至1961年4月）

洪联大队生产队长、妇女队长

一队　生产队长　吕幼元（1961年4月至1962年3月）
顾月明（1962年4月至1963年3月）
翟登彩（1963年4月至1968年3月）
黄金泉（1968年4月至1969年10月）
妇女队长　劳雪珠（1961年4月至1969年10月）
南二队　生产队长　周友记（1961年4月至1969年10月）
妇女队长　费玉英（1961年4月至1969年10月）
北二队　生产队长　龚阿妹（1961年4月至1963年1月）

		沈奎林（1963 年 2 月至 1964 年 11 月）
		章小土（1964 年 12 月至 1966 年 12 月）
		龚阿妹（1967 年 1 月至 1969 年 10 月）
	妇女队长	俞静芳（1962 年 11 月至 1964 年 10 月）
		龚阿妹（1964 年 11 月至 1966 年 12 月）
		俞玉琴（1967 年 1 月至 1969 年 10 月）
三队	生产队长	吴祥云（1961 年 4 月至 1963 年 1 月）
		马加明（1963 年 2 月至 1966 年 12 月）
		冯金宝（1967 年 1 月至 1969 年 10 月）
	妇女队长	冯金宝（1961 年 4 月至 1969 年 10 月）
蔬菜队	队长	章小土（1961 年 4 月至 1964 年 11 月）
		陈金观（1964 年 12 月至 1969 年 10 月）
	妇女队长	江三宝（1961 年 4 月至 1969 年 10 月）

七一大队生产队长、妇女队长

一队	生产队长	诸元法（1961 年 4 月至 1964 年 12 月）
		诸来法（1965 年 1 月至 1966 年 10 月）
		冯补庆（1966 年 11 月至 1968 年 1 月）
		诸元法（1968 年 2 月至 1969 年 10 月）
	妇女队长	冯龙宝（1961 年 4 月至 1969 年 10 月）
二队	生产队长	陆福祥（1961 年 4 月至 1966 年 12 月）
		陆永生（1967 年 1 月至 1969 年 10 月）
	妇女队长	张金宝（1961 年 4 月至 1964 年 4 月）
		沈小妹（1964 年 5 月至 1969 年 10 月）
三队	生产队长	李顺兴（1961 年 4 月至 1969 年 10 月）
	妇女队长	朱德宝（1961 年 4 月至 1969 年 10 月）
南四队	生产队长	潘阿毛（1961 年 4 月至 1969 年 10 月）
	妇女队长	蒋来宝（1961 年 4 月至 1969 年 10 月）
北四队	生产队长	马水林（1961 年 4 月至 1969 年 10 月）
	妇女队长	周秀英（1961 年 4 月至 1968 年 1 月）
		时引华（1968 年 2 月至 1969 年 10 月）
五队	生产队长	章大土（1961 年 4 月至 1969 年 10 月）
	妇女队长	周雪珍（1961 年 4 月至 1969 年 10 月）

六队　生产队长　顾功成（1961年4月至1964年12月）
　　　　　　　　顾华荣（1965年1月至1969年10月）
　　　妇女队长　蒋其宝（1961年4月至1969年10月）
七队　生产队长　陈叶成（1961年4月至1969年10月）
　　　妇女队长　张明珍（1961年4月至1969年10月）
八队　生产队长　王玉坤（1961年4月至1968年11月）
　　　　　　　　吴传兴（1968年12月至1969年10月）
　　　妇女队长　王友宝（1961年4月至1969年10月）
九队　生产队长　鲁爱生（1961年4月至1963年4月）
　　　　　　　　孙保荣（1963年5月至1969年月）
　　　妇女队长　陶桂花（1961年4月至1969年10月）

洪溪村（大队）村民小组长（生产队长）、计划生育联络员（妇女队长）

一组　组长（队长）　诸元法（1969年10月至1976年10月）
　　（政治队长）　冯良才（1971年12月至1976年6月）
　　　　　　　　　孙福泉（1976年11月至1980年10月）
　　　　　　　　　冯建业（1980年11月至1982年10月）
　　　　　　　　　陆根生（1982年11月至2008年11月）
　　　　　　　　　冯雪根（2008年12月起　）
　　联络员　　　　冯龙宝（1969年10月至1972年2月）
　　（妇女队长）
　　　　　　　　　周小妹（1972年3月至1976年3月）
　　　　　　　　　陆马英（1976年4月至1982年10月）
　　　　　　　　　冯玉英（1982年11月至2013年11月）
　　　　　　　　　陆玉芳（2013年12起　）
二组　组长（队长）　陆永生（1969年10月至1971年11月）
　　　　　　　　　张国栋（1971年12月至1976年6月）
　　（政治队长）　钱永舫（1971年12月至1976年6月）
　　　　　　　　　钱永舫（1976年7月至1981年11月）
　　　　　　　　　周新荣(1981年12月至2003年11月，此后由十三组组长兼任）
　　联络员　　　　沈小妹（1969年10月至1981年11月）
　　（妇女队长）
　　　　　　　　　张文宝（1981年12月至1984年2月）

张明宝（1984 年 3 月至 1989 年 12 月）
陆春华（1990 年 1 月至 1996 年 11 月，此后由十三组联络员兼任）
三组　组长（队长）　黄志荣（1969 年 10 月至 1978 年 11 月）
（政治队长）　贝兴明（1971 年 12 月至 1976 年 6 月）
黄镜明（1978 年 12 月至 1982 年 11 月）
贝照荣（1982 年 12 月至 1996 年 11 月，此后由十八组组长兼任）
联络员
（妇女队长）　贝美宝（1969 年 10 月至 1971 年 12 月）
贝德宝（1972 年 1 月至 1981 年 11 月）
贝爱宝（1981 年 12 月至 1990 年 10 月）
顾梅新（1990 年 11 月至 2013 年 11 月）
黄良华（2013 年 12 月起　）
四组　组长（队长）　杨茂龙（1969 年 10 月至 1976 年 6 月）
（政治队长）　徐保昌（1971 年 12 月至 1976 年 6 月）
黄镜明（1976 年 7 月至 1978 年 12 月）
江金生（1979 年 1 月至 1983 年 1 月）
杨茂龙（1983 年 2 月至 1986 年 10 月）
王明芳（1986 年 11 月至 1992 年 11 月）
顾鸣强（1992 年 12 月至 1995 年 11 月）
方国强（1995 年 12 月起　）
联络员（妇女队长）　时引华（1969 年 10 月至 1982 年 12 月）
潘国英（1983 年 1 月至 2005 年 5 月）
金玉琴（2005 年 6 月起　）
五组　组长（队长）　章大土（1969 年 10 月至 1971 年 10 月）
周乐君（1971 年 11 月至 1986 年 12 月）
（政治队长）　黄书根（1971 年 12 月至 1973 年 10 月）
（政治队长）　黄敖观（1973 年 11 月至 1976 年 6 月）
刘连观（1987 年 1 月至 2003 年 11 月）
李玉强（2003 年 12 月起　）
联络员
（妇女队长）　周雪珍（1969 年 10 月至 1976 年 12 月）
顾秀芳（1977 年 1 月至 1982 年 12 月）
李雪华（1983 年 1 月起　）

六组　组长（队长）　储连卫（1969 年 10 月至 1971 年 7 月）
吕稚元（1971 年 8 月至 1982 年 11 月）
（政治队长）　梅荣华（1971 年 12 月至 1973 年 10 月）
（政治队长）　黄书根（1973 年 11 月至 1976 年 6 月）
周友骥（1982 年 12 月至 1985 年 11 月）
储仁卫（1985 年 12 月至 1986 年 11 月）
王静才（1986 年 12 月至 2016 年 11 月）
叶根生（2016 年 11 月起　）
联络员
（妇女队长）　周燕燕（1969 年 10 月至 1982 年 12 月）
仑爱宝（1983 年 1 月至 2005 年 5 月）
娄国娟（2005 年 6 月至 2011 年 3 月）
杨雪萍（2011 年 4 月起　）
七组　组长（队长）　周友骥（1969 年 10 月至 1977 年 6 月）
（政治队长）　俞仁杰（1971 年 12 月至 1976 年 6 月）
劳海根（1977 年 7 月至 1978 年 6 月）
俞丽华（1978 年 7 月至 1986 年 11 月）
俞仁杰（1986 年 12 月至 1996 年 11 月，此后由十四组组长兼任）
联络员
（妇女队长）　倪玉芳（1969 年 10 月至 1971 年 9 月）
张友珍（1971 年 10 月至 1981 年 11 月）
于炳珍（1981 年 12 月至 2005 年 5 月）
蒋其珍（2005 年 6 月至 2011 年 3 月，此后由十四组联络员兼任）
俞春妹（2016 年 12 月起　）
八组　组长（队长）　黄金泉（1969 年 10 月至 1971 年 11 月）
劳长法（1971 年 12 月至 1976 年 6 月）
（政治队长）　陈福荣（1971 年 12 月至 1976 年 6 月）
陈福荣（1976 年 7 月至 1982 年 11 月）
黄金泉（1982 年 12 月至 1996 年 11 月，此后由十五组组长兼任）
吕拯民（2016 年 12 月起　）
联络员
（妇女队长）　江文女（1969 年 10 月至 1981 年 11 月）
陆凤珍（1981 年 12 月至 2002 年 4 月）

金文宝（2002 年 5 月至 2005 年 5 月）
顾秀丽（2005 年 6 月至 2008 年 4 月）
梁爱红（2008 年 5 月起 ）

九组 组长（队长） 顾华荣（1969 年 10 月至 1972 年 11 月）
（政治队长） 钱福林（1972 年 12 月至 1976 年 6 月）
朱根生（1972 年 12 月至 1976 年 11 月）
顾华荣（1976 年 12 月至 1986 年 11 月）
顾华生（1986 年 12 月至 1989 年 6 月）
潘金红（1989 年 7 月至 1996 年 11 月，此后由十七组组长兼任）

联络员
（妇女队长） 蒋其宝（1969 年 10 月至 1996 年 11 月，此后由十七组联络员兼任）
杨 琴（2006 年 11 月至 2013 年 12 月，此后由十七组联络员兼任）

十组 组长（队长） 陈叶成（1969 年 10 月至 1984 年 11 月）
（政治队长） 俞德甫（1971 年 12 月至 1973 年 11 月）
万根全（1984 年 12 月至 1986 年 11 月）
顾宗瑞（1986 年 12 月至 1995 年 11 月）
顾宗荣（1995 年 12 月至 1996 年 11 月，此后由十六组组长兼任）

联络员
（妇女队长） 张明珍（1969 年 10 月至 1981 年 11 月）
金友妹（1981 年 12 月至 2005 年 5 月）
陆雅秋（2005 年 6 月至 2008 年 4 月）
钱荣芳（2008 年 5 月起 ）

十一组 组长（队长）吴传兴（1969 年 10 月至 1972 年 11 月）
（政治队长）王玉坤（1971 年 12 月至 1976 年 6 月）
顾华荣（1972 年 12 月至 1976 年 11 月）
费福林（1976 年 12 月至 1981 年 11 月）
顾松观（1981 年 12 月至 1983 年 11 月）
顾洪观（1983 年 12 月至 1986 年 11 月）
吴明华（1986 年 12 月至 2000 年 5 月）
陈建明（2000 年 6 月起 ）

联络员
（妇女队长） 王友宝（1969 年 10 月至 1981 年 11 月）
费寿宝（1981 年 12 月至 2005 年 5 月）

朱美根（2005 年 6 月起　）
十二组　组长（队长）　孙保荣（1969 年 10 月至 1981 年 12 月）
（政治队长）　钱福林（1971 年 12 月至 1972 年 11 月）
（政治队长）　李福康（1972 年 12 月至 1976 年 6 月）
李福康（1982 年 1 月至 2006 年 11 月）
李献忠（2006 年 12 月起　）
联络员
（妇女队长）　陶桂花（1969 年 10 月至 1970 年 2 月）
邵阿珍（1970 年 3 月至 2005 年 5 月）
费惠娟（2005 年 6 月起　）
十三组　组长（队长）　钱永舫（1981 年 12 月至 1996 年 11 月，此后由二组组长兼任）
钱永舫（2003 年 12 月至 2010 年 11 月）
周善琪（2010 年 12 月至 2013 年 11 月）
钱亚明（2013 年 12 月至 2016 年 11 月）
周善琪（2016 年 12 月起　）
联络员
（妇女队长）　沈小妹（1981 年 11 月至 1996 年 12 月）
吴德红（1996 年 12 月至 2011 年 2 月）
周佩燕（2011 年 3 月至 2013 年 2 月）
徐静铮（2013 年 3 月至 2016 年 9 月）
吴德红（2016 年 12 月起　）
十四组　组长（队长）　陈元生（1981 年 12 月至 1986 年 11 月）
李品华（1986 年 12 月至 1996 年 11 月）
仲金耀（1996 年 12 至 1999 年 11 月）
李慧祥（1999 年 12 月起　）
联络员
（妇女队长）　张友珍（1981 年 12 月至 1996 年 11 月，此后由七组联络员兼任）
王彩虹（2011 年 4 月至 2016 年 11 月，此后由七组联络员兼任）
十五组　组长（队长）　陈金观（1981 年 12 月至 2010 年 11 月）
周友兴（2010 年 12 月至 2016 年 11 月，此后由八组组长兼任）
联络员
（妇女队长）　江文女（1981 年 12 月至 1996 年 11 月，此后由八组联络员兼任）
十六组　组长（队长）　费福林（1981 年 12 月至 1983 年 11 月）
王品华（1983 年 12 月至 1985 年 11 月）

		邵大土（1985 年 12 月至 1990 年 11 月）
		邵珍琴（1990 年 12 月至 1996 年 11 月）
		邵金强（1996 年 12 月至 2002 年 11 月）
		莫东武（2002 年 12 月起 ）
	联络员（妇女队长）	邵珍琴（1981 年 12 月至 1996 年 11 月，此后由十组联络员兼任）
十七组	组长（队长）	顾菊年（1981 年 12 月起 ）
	联络员（妇女队长）	陆美英（1981 年 12 月至 2005 年 5 月）
		唐秀珍（2005 年 6 月至 2013 年 11 月）
		胡雅芳（2013 年 12 月起 ）
十八组	组长（农场）	贝善良（1977 年 11 月至 1978 年 11 月）
		贝虎良（1978 年 12 月至 1979 年 11 月）
		贝善良（1979 年 12 月至 2003 年 11 月）
		黄明荣（2003 年 12 月至 2010 年 11 月）
		贝虎良（2010 年 12 月起 ）
	联络员（妇女队长）	薛玉英（1977 年 11 月至 1996 年 11 月，此后由三组联络员兼任）

第七节　村民代表

1984 年 2 月，洪溪大队改称洪溪村，建立村民委员会。设 18 个村民小组，按照各村民小组的人数多少，由全体村民民主选举（无候选人直选）村民代表。每个村民小组选举村民代表 2—3 名，1984 年 2 月选举产生第一届村民代表 39 人，到 2020 年共选举 13 届，第 13 届村民代表共 47 人，每届村民代表任职期限与村民委员会相同，同期选举，同期换届，可连选连任，也可交叉任职。各村民小组的村民代表，代表本村民小组的民意，向本村民小组全体村民负责，村民代表在任期内，认真听取和收集本村民小组村民的意见建议和诉求，积极向村委会反映，及时向村民传递村委会发布的各种信息，贯彻落实村委会布置的各项工作。做到下情上传、上情下达，在村委会和村民间建起联系的桥梁和纽带。参加村委会召开的有关涉及本村村民重大利益以及对村委会成员的民主听证会议，并有表决权。

1984—2020年洪溪村一到十三届村民代表一览表

表13-1

届别	时间	代表名录
一	1984—1987年	陆根生、冯玉英（女）、周新荣　张明宝、钱永舫、沈小妹（女）、周友贤、贝照荣、贝爱宝（女）、黄志荣、贝善良、薛玉英（女）、杨茂龙、潘国英（女）、朱彤芳（女）、周乐君、李雪华（女）、周友骥、仓爱宝（女）、俞利华、于炳珍（女）、陈元生、张友珍（女）、陈金观、江文女（女）、顾华荣、蒋其宝（女）、顾菊年、陆美英（女）、金友妹（女）、万根全、王品华、邵珍琴、顾洪观、费寿宝（女）、李福康、邵阿珍（女）、费福林、陈叶成
二	1987—1990年	陆根生、周新荣、张明宝（女）、沈明善、钱永舫、沈小妹（女）、周友贤、贝照荣、贝爱宝（女）、贝善良、薛玉英（女）、潘国英（女）、朱彤芳（女）、王明芳、刘连观、李雪华（女）、仓爱宝（女）、王静才、俞仁杰、于炳珍（女）、李品华、张友珍（女）、丁根法、陈金观、江文女（女）、顾华荣、蒋其宝（女）、顾华生、顾菊年、陆美英（女）、金友妹（女）、顾宗瑞、邵珍琴（女）、邵大土、费寿宝（女）、吴明华、李福康、邵阿珍（女）、费福林
三	1990—1993年	陆根生、周新荣、沈明善、钱永舫、沈小妹（女）、周友贤、陆春华（女）、贝照荣、顾梅新（女）、贝善良、薛玉英（女）、朱彤芳（女）、王明芳、李雪华（女）、仓爱宝（女）、于炳珍（女）、俞仁杰、李品华、张友珍（女）、丁根法、陈金观、江文女（女）、顾华荣、蒋其宝（女）、潘金红、陈俐勤（女）、顾菊年、陆美英（女）、金友妹（女）、顾宗瑞、邵珍琴（女）、费寿宝（女）、吴明华、李福康、邵阿珍（女）、费福林、潘国英（女）、刘连观、王静才
四	1993至1996年	陆根生、冯玉英（女）、周新荣、沈明善、钱永舫、沈小妹（女）、周友贤、陆春华（女）、贝照荣、顾梅新（女）、贝善良、薛玉英（女）、潘国英（女）、顾明强、刘连观、李雪华（女）、仓爱宝（女）、王静才、于炳珍（女）、俞仁杰、李品华、张友珍（女）、丁根法、陈金观、江文女（女）、顾华荣、潘金红、陈俐勤（女）、顾菊年、陆美英（女）、金友妹（女）、顾宗瑞、邵珍琴（女）、浦铭荣、费寿宝（女）、吴明华、李福康、邵阿珍（女）、费福林
五	1996—1999年	陆根生、冯玉英（女）、周新荣、钱永舫、陆春华（女）、吴德红（女）、贝照荣、顾梅新（女）、贝善良、薛玉英（女）、潘国英（女）、顾明强、方国强、刘连观、李雪华（女）、周学平、周爱平、仓爱宝（女）、王静才、吕稚元、于炳珍（女）、俞仁杰、丁根法、仲全耀、陈金观、江文女（女）、顾华荣、陈俐勤（女）、顾菊年、陆美英（女）、顾雪昌、金友妹（女）、邵锦强、冯善良、李友观、费寿宝（女）、吴明华、李福康、邵阿珍（女）、陆盛林
六	1999—2002年	陆根生、冯玉英（女）、周新荣、钱永舫、吴德红（女）、贝照荣、顾梅新（女）、贝善良、黄敏雄、潘国英（女）、方国强、金玉琴（女）、刘连观、李雪华（女）、周学平、周爱平、仓爱宝（女）、王静才、吕稚元、娄国娟（女）、于炳珍（女）、俞仁杰、李慧祥、仲全耀、陈金观、江文女（女）、顾秀丽（女）、顾华荣、陈俐勤（女）、顾菊年、陆美英（女）、顾雪昌、金友妹（女）、邵金强、费寿宝（女）、吴明华、陈建明、李福康、邵阿珍（女）、陆盛林、费惠娟（女）
七	2002—2005年	陆根生、冯玉英（女）、周新荣、钱永舫、吴德红（女）、顾梅新（女）、贝善良、彭瑞华、黄敏雄、黄玉林、潘国英（女）、方国强、金玉琴（女）、李雪华（女）、周学平、周爱平、李玉强、仓爱宝（女）、王静才、娄国娟（女）、于炳珍（女）、俞仁杰、李慧祥、仲全耀、陈金观、顾秀丽（女）、金文宝（女）、江涛、顾华荣、陈俐勤（女）、顾菊年、陆美英（女）、唐秀珍（女）、金友妹（女）、莫东武、费寿宝（女）、吴明华、陈建明、李福康、邵阿珍（女）、费惠娟（女）
八	2005—2008年	陆根生、冯玉英（女）、钱永舫、吴德红（女）、冯斌、冯炜娟（女）、顾梅新（女）、贝善良、黄敏雄、黄玉林、邹飒燕（女）、顾明强、方国强、金玉琴（女）、李雪华（女）、周学平、周爱平、李玉强、王静才、娄国娟（女）、俞仁杰、李慧祥、蒋其珍（女）、王明兴、陈金观、顾秀丽（女）、金文宝（女）、江涛、顾华荣、陈俐勤（女）、顾菊年、唐秀珍（女）、杨琴（女）、莫东武、陆雅秋（女）、金懿龙、陈建明、朱美根（女）、陆盛林、费惠娟（女）、李献忠、杨雅红（女）

续表 13-1

届别	时间	代表名录
九	2008—2011年	冯玉英（女）、钱永舫、潘佩燕（女）、冯斌、冯炜娟（女）、冯雪根、顾梅新（女）、黄敏雄、黄玉林、邹飒燕（女）、周昌林、顾明强、方国强、金玉琴（女）、李雪华（女）、周学平、周爱平、李玉强、王静才、娄国娟（女）、吴卫华、俞仁杰、李慧祥、蒋其珍（女）、王明兴、陈金观、顾秀丽（女）、金文宝（女）、江涛、顾华荣、陈俐勤（女）、顾菊年、唐秀珍（女）、杨琴（女）、莫东武、钱荣芳（女）、金懿龙、顾春雷、陈建明、朱美根（女）陆盛林（女）、费惠娟（女）、李献忠、杨雅红（女）
十	2011—2013年	冯玉英（女）、潘佩燕（女）、冯斌、周善琪、冯雪根、钱亚明、黄敏雄、邹飒燕（女）、黄玉祥、贝虎良、黄雯玉（女）、方国强、金玉琴（女）、宗、毓（女）、李雪华（女）、周学平、周爱平、李玉强、王静才、娄国娟（女）、叶根生、俞仁杰、李慧祥、蒋其珍（女）、王彩红（女）、陈金观、周友兴、梁爱红（女）、顾华荣、陈俐勤（女）、顾菊年、唐秀珍（女）、杨琴（女）、莫东武、钱荣芳（女）、金懿龙、顾春雷、陈建明、朱美根（女）、陆盛林、费惠娟（女）、李献忠、杨雅红（女）
十一	2013—2017年	潘佩燕（女）、冯斌、周善琪、冯雪根、陆玉芳（女）、钱亚明、邹飒燕（女）、黄玉祥、贝虎良、黄良华（女）、方国强、金玉琴（女）、宗毓（女）、李雪华（女）、周学平、周爱平、李玉强、王静才、叶根生、杨雪萍（女）、俞仁杰、李慧祥、蒋其珍（女）、王彩红（女）、倪美丽（女）、陈金观、周友兴、梁爱红（女）、陈俐勤（女）、唐秀珍（女）、杨琴（女）、莫东武、钱荣芳（女）、金懿龙、顾春雷、陈建明、朱美根（女）、费惠娟（女）、李献忠、杨雅红（女）
十二	2017—2020年	吴德红（女）、潘佩燕（女）、冯斌、周善琪、冯雪根、陆玉芳（女）、钱亚明、邹飒燕（女）、黄玉祥、贝虎良、黄良华（女）、蒋凤珍（女）、方国强、金玉琴（女）、宗毓（女）、李雪华（女）、周学平、周爱平、李玉强、傅国庆、孟林娟（女）、王静才、俞仁杰、李慧祥、蒋其珍（女）、倪美丽（女）、俞春妹（女）、梁爱红（女）、吕拯民、周雪明、陈佳杰、陈俐勤（女）、顾菊年、胡雅芳（女）、顾禹玉、邵锦强、莫东武、钱荣芳（女）、金懿龙、陈建明、朱美根（女）、陆祥、费惠娟（女）、李献忠、杨雅红（女）
十三	2020年起	吴德红（女）、周善琪、陆玉芳（女）、邹飒燕（女）、黄玉祥、贝虎良、黄良华、蒋凤珍（女）、方国强、金玉琴（女）、宗毓（女）、李雪华（女）、周爱平、傅国庆、王静才、俞仁杰、李慧祥、蒋其珍（女）、倪美丽（女）、俞春妹（女）、梁爱红（女）、吕拯民、周雪明、陈佳杰、陈俐勤（女）、胡雅芳（女）、邵金强、莫东武、金懿龙、朱美根（女）、陆祥、费惠娟（女）、李献忠、杨雅红（女）、冯剑、冯玉兴、陆正光、陈吉（女）、于引芳（女）、叶根生、杨雪萍（女）、陆凤珍（女）、马德龙、伊静静（女）、蒋引华（女）、占旭峰、王育君

第八节　人大代表

自1953年10月洪溪乡第一届人民代表大会举行，至2017年1月天凝镇第十八届人民代表大会，镇层面共召开十八届人民代表大会。洪溪村当选镇（乡、公社）第五、第七至十八届人民代表大会代表有 59 人次（缺少第一、二、三、四、六届代表名单资料）。

自 1954 年嘉善县第一届人民代表大会举行至2017年第十六届人民代表大会，嘉善县共召开十六届人代会。洪溪村人当选县人大代表的有 7 人。

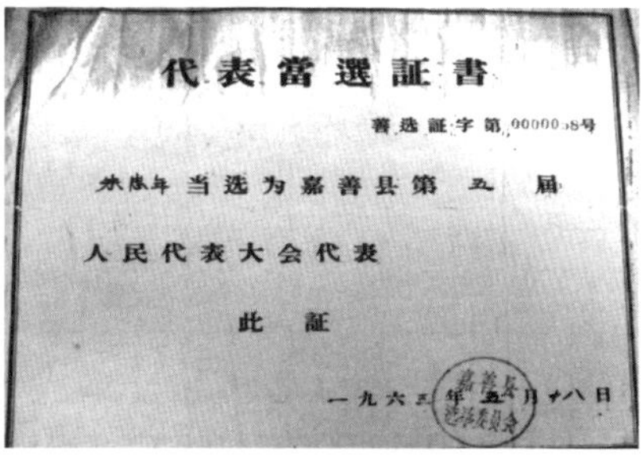

代表当选证书
（沈纪昌　摄）

1978年2月黄志刚当选全国第五届人大代表。

洪溪村当选镇（公社、乡）人民代表大会代表一览表

表13-2

届　别	时间	代表
洪溪公社第五届人民代表大会	1963年5月	冯金宝（女）、刘桂林
洪溪公社第七届人民代表大会	1981年1月	沈明善、冯建业、黄志荣、贝兴明、朱彤芳（女）、周乐君、黄书根、丁根法、陈福荣、劳雪珠（女）、顾华荣、俞德强、孙保荣、费福林、黄志荣
洪溪乡第八届人民代表大会	1984年12月	吕稚元、周友贤、朱彤芳（女）、黄志荣、周乐君、俞丽华、陈叶成、顾洪观
洪溪乡第九届人民代表大会	1987年4月	周友贤、朱彤芳（女）、丁根法、费福林
洪溪乡第十届人民代表大会	1990年3月	贝照荣、周友贤、陈俐勤（女）、费福林、顾华生
洪溪镇第十一届人民代表大会	1993年4月	贝照荣、刘连观、沈明善、陈俐勤（女）、浦铭荣、费福林
洪溪镇第十二届人民代表大会	1996年1月	陈俐勤（女）、陆盛林、费福林
洪溪镇第十三届人民代表大会	1999年3月	刘连观、吴明华、顾雪昌
洪溪镇第十四届人民代表大会	2002年1月	刘连观、仲金耀、陆盛林
洪溪镇第十五届人民代表大会	2007年1月	冯斌、邹飒燕（女）、陆盛林、俞仁杰
天凝镇第十六届人民代表大会	2008年8月	陆盛林、邹飒燕（女）
天凝镇第十七届人民代表大会	2012年1月	陈俐勤（女）、邹飒燕（女）
天凝镇第十八届人民代表大会	2017年1月	金懿龙、宗毓（女）

洪溪村当选县以上人民代表大会代表一览表

表13-3

姓名	性别	出生时间	出生地	当选级别
冯金宝	女	1914年	北汇头	嘉善县第五届、六届人大代表（1963年12月至1968年4月）
朱忠年	男	1941年	高浜	嘉善县第五届人大代表（1963年12月至1966年5月）
黄志荣	男	1943年	中龙港	嘉善县第七届、八届人大代表（1981年8月至1987年4月）
孙福全	男	1956年	蔡家浜	嘉善县第七届人大代表（1981年8月至1984年7月）
浦铭荣	男	1945年	高浜	嘉善县第十届人大代表（1990年4月至1993年3月）
丁根法	男	1944年	洪港岸	嘉善县第十一、十二、十三届人大代表（1993年4月至2007年3月）
邬炳其	女	1962年	洪港岸	嘉善县第十六届人大代表（2017年2月起　　）
黄志刚	男	1936年	中龙港	全国第五届人大代表（1978年2月至1983年6月）

附录：

2018年村民家庭户主一览表

表13-4

组别	户　主
1	陆玉芳（女）、冯林华、冯金根、冯森泉、冯忠新、冯良才、宗建新、陆静文（女）、冯根荣、冯丽（女）、诸海忠、冯雪根、冯兴华、杨玲珍（女）、冯立新、冯玉明、陆巧珍（女）、冯其珍（女）、冯金华、顾渭良、冯留荣、冯友兴、冯根兴、冯玉泉、周福英（女）、顾渭全、邱志芳（女）、冯玉兴、冯亮、冯德林、冯森卫、冯森林、诸连珍（女）、冯德珍（女）、冯友林、冯根明
2	冯玉梁、张国栋、沈明善、冯伟、冯永法、冯炜娟（女）、冯根良、沈明伟、张文宝（女）、周玉林、周昌荣、王永根、沈志兴、冯良、周艳（女）、沈志良、沈志明、陆美玉（女）、沈明耀、沈小妹（女）、吴小宝（女）、冯发兴、周新荣
3	贝玉根、冯水林、冯荣海、朱爱珍（女）、陆林宝（女）、黄英（女）、贝善明、黄建中、黄美华（女）、黄申荣、黄玉祥、黄志宣、李、明、冯水海、黄雯玉（女）、黄镜明、鲍玉宝（女）、贝林兴、邹智英（女）、彭瑞华、贝德宝（女）、张萍宝（女）、黄正明、黄志荣、沈亚芳（女）、贝玉明、贝虎良、方佳玲（女）、贝玉英（女）、周昌林、周昌全
4	方引观（女）、张永生、汪冬姣（女）、周泉荣、周锦文、潘志强、杨桂英（女）、王鸣珊、倪炳兴、王明观、陆富林、方国强、方嘉才、杨桂林、马国良、潘志东、王祥芬（女）、倪善强、倪俊明、周世兴、潘国强、倪雪萍（女）、倪新华、陈炳英（女）、孙明英（女）、黄福观、夏宇峰、周根荣、潘国英（女）、倪雪峰、许建英（女）、周齐良、周齐红（女）、金传生、姚毛头、马小妹（女）、程桂明、王全珍（女）、程桂忠、周世明、朱彤芳（女）、黄志林、严三喜、顾鸣兴、顾鸣强、时引华（女）
5	董瑞珍（女）、丁顺德、丁德荣、丁德金、张留根、刘连珍（女）、李成林、黄敖庆、黄敖观、李根林、黄永林、李玉其、王小宝（女）、王锦华、张留荣、傅国庆、章国明、王逸然、刘连观、姚韵华（女）、叶元奎、黄敖其、王根林、徐庆和、周海桥、王乐其、周乐君、李玉强、颜玉琴（女）、黄敖生、金静观（女）、邹斌、章联明、章跃明、李小宝（女）、计海英（女）、周学平、王博金、石文祥、王根泉、肖建林、陆海荣、沈永年、杨永林、史明云、费忠伟、董根荣、吴凤英（女）、李建明、李艳（女）、姚根虎、金时刚、金凤斌、王湘泉、李玉兰（女）、陈海英（女）
6	于雅萍（女）、吴祥华、刘春华（女）、黄钰柱、黄鉴柱、高金女（女）、储庭伟、俞龙珠（女）、储秋江、储同华、储秋萍（女）、周伯贤、周国华、王阿早（女）、邵菊芳（女）、张保生、吴凤鸣、吴玉宝（女）、周伯林、周国良、张秀珍（女）、叶根生、吴玲玲（女）、仓爱宝（女）、叶连根、吴强、汪继珍（女）、吴卫华、罗卫红（女）、吴松年、马静玉（女）、马水康、王静才、黄镇柱、马德法、陈兴观、陈忠桥、丁元兴、冯荣花（女）、裘连兴、计玲珍（女）
7	俞良红（女）、俞建明、冯小宝（女）、俞仁杰、俞荣华、俞月明、俞全明、王兰凤（女）、周勤（女）、俞文祥、俞永强、顾美玲（女）、周建明（女）、倪玲英（女）、王志才、王志英、周建忠、金美萍（女）、朱国富、刘金荣、俞繁明、金萍（女）、朱美英（女）、王静英（女）、陆美芳（女）、张惠英（女）、陆立明、沈连观（女）、周善英（女）、俞凤宝（女）
8	顾梅森、冯美观（女）、翟来英（女）、盛惠玲（女）、周美芳（女）、金木根、邱维富、黄景全、陈静英（女）、吴岸龙、翟春马、邹红（女）、范德琪、周雪明、周志明、陈其荣、刘正辉（女）、吕拯民、项藕花（女）、刘龙海、吴敏龙、吕炳泉、何天富、梅正芳（女）、吕瑞兴、邱维龙、邱成、张雪春（女）、劳卫强、劳卫忠、周友兴、诸震豪、张卫华（女）、吕人峙、陆凤珍（女）、金寿根、梅引芳（女）
9	顾四观、杜建庆（女）、顾禹玉、顾宗强、徐连根、顾芝香（女）、徐学忠、顾宗兴、顾旭明、周根荣、顾宗元、倪幼春、顾宗鸣、顾祖佐、顾华荣、顾宗伟、顾小弟、顾小观、张丽萍（女）、潘金红、潘春荣、顾宗全、顾宗熙、邹巧云（女）、顾大友、潘双红

续表 13-4

组别	户　　主
10	顾宗瑞、顾博玉、顾宗荣、顾宗耀、顾春雷、李伯根、徐幼良、顾益红（女）、徐增良、魏银全、陈洪兴、魏立新、魏新龙、魏根全、浦铭荣、魏掌全、金懿龙、金不儒、莫纪华、陈洪强、浦万光、浦万春、魏金全
11	朱关荣、朱敖荣、顾颖庄（女）、胡爱珍（女）、潘寿宝（女）、朱清、莫彩珍（女）、朱强、倪静芳（女）、王国华、王雪龙、王雪明、张宗林、张金奎、张金坤、陈凤祥、顾根兴、张金光、洪玉英（女）、王志君、王育君、吴明华、顾洪观、张宗其、顾征宇、费兴华、顾友观、张根其
12	杨建国、张秋英（女）、孙瑞林、何下华、何红旗、陆盛林、陆荣林、陆理忠、陆海林、陆献峰、费福林、王同生、陆友林、邵关海、鲁志强、陆献波、王妹妹（女）、丁爱珍（女）、王桂芳（女）、沈静华（女）、钱荣良、陆彩英（女）、钱明星、钱燕飞（女）、钱明忠、钱关荣、沈玉英（女）、王海弟、叶彩香（女）、计善良、孙保荣、陆双林、李锦全、李锦明、陆雪英（女）、陆坤林、陆忠林、邬志龙
13	陆亚军、潘金祥、钱鸿舫、顾小妹（女）、姚福珍（女）、贝美宝（女）、周烜良、潘明华、潘家荣、黄海英（女）、周友贤、顾瑞珍（女）、周佩华、陆永生、丁忠妹（女）、董传金、潘六观、潘四观、钱晋深
14	仲金照、俞瑞珍（女）、王早生、陆其荣、陆志芳（女）、周幼骥、倪明华、倪静芳（女）、倪新华、倪方荣、倪良荣、陆其山、陆其生、陆根其、王持华、王明兴、沈永芳（女）、沈玉宝（女）、王文珍（女）、邵国强、仲金耀、李慧祥、周东裕、周立强、周春新、费玉英（女）、陈福生、陈皓
15	姚凤明、贾阿龙、陈荣华、梅静芳（女）、陈明荣、江涛、江金根、江勇、陈正华、刘洪华、刘龙宝、陈金观、江文女（女）、章菊林、何天水、胡凤英（女）、周志祥、章菊荣、贾杨根、黄伯年、周锦华、章菊明
16	莫东豪、莫纪光、莫纪昌、莫铭伦、莫铭权、王祥城、金文祥、王品华、王芳（女）、俞德甫、俞德祥、孙凤玉（女）、蒋桂林、徐向前、江惠英（女）、金文金、莫纪荣、邵玉强、莫东武、邵锦强、徐英（女）、蒋小弟
17	杨德根、杨建荣、杨炳华、杨建时、唐秀珍（女）、顾菊年、顾寿康、顾建华、姚玉华（女）、陈俐勤（女）、顾梅珠（女）、杨志根、顾宣华、顾纪昌、顾功俊、顾功荣、顾雪昌、陈勤跃
18	冯水荣、周爱生、薛凤萍（女）、贝建新、周锦秀（女）、胡爱珍（女）、冯国荣、黄敏雄、徐巧玲（女）、潘家泉、赵英（女）、邬玉观（女）、黄文梁、蒋凤珍（女）、贝兴明、贝善良、贝雪英（女）、周连华（女）、周龙观、邵荣耀、方志敏、薛玉英（女）、周家华、周寅华、贝春妹（女）、朱锦荣、袁赟

第十四章 村务管理

第十四章 村务管理

初级农业合作社、高级农业合作社时期，生产管理、分配管理、财务管理比较粗放，人民公社时期实行“计划统一，收支统一，分配统一”的管理体制。1962 年上半年，贯彻“三级所有，队为基础，以生产队为基本核算单位的体制”，生产、分配、财务管理权回归到生产队。1984 年建立村民委员会后，实行“村民自治”，村务管理由村民委员会承担，管理更加规范，更加透明。2000 年起，实行村账镇代管。

2004 年，开始探索村务民主管理新模式，推行重大事项由村民公决。2015 年，“重大村务决策公决”入选“中国全面小康十大民主决策”之一。

第一节 生产管理

合作化时期

解放后进行土地改革，村民分得了田地，在属于自己的土地上各自自由种植，自主生产劳动。单家独户的农业生产方式缺少劳力，缺乏生产工具和资料，难以抗衡自然灾害，农业生产、农村经济发展缓慢。1952 年年初，成立互助组，农忙时节，你帮我翻耕土地，我帮你拔秧种田，相互伴工，解决了劳力不足，把握住农时季节。互助组时期，土地仍归农民私有，生产由自己安排，收获也归自己所得。

1955 年年初，村域内几个互助组联合起来建立农业初级合作社，下设生产小组，由社长负责劳动、生产管理。1957 年 2 月，成立高级农业合作社，农业社长负责全社农业生产，以自然村为单位划分生产小队，小队长具体安排本队的生产种植规划，社员的劳动每天由小队长派工。

公社化时期

1958 年 9 月 18 日，成立红旗人民公社（天凝公社），实行三统一（计划统一，收支统一，分配统一）。造成劳动松懈，效率低下。1959 年提出“大跃进”口号，不切实际的高指标催生了“共产风、浮夸风、干部特殊风、强迫命令风、生产瞎指挥风”，农业生产秩序混乱。生产上的瞎指挥，劳动上的大呼隆，严重阻碍了生产力的发展。1962 年，省委发出《关于调整人民公社体制的通知》，实行“三级所有，队为基础”的管理体制，劳动、生产的管理权回到大队和生产队。

大队生产管理　农业生产管理主要由大队长负责，全大队各生产队的生产计划、电力供应、农田灌溉、农作物病虫害防治等都由大队统一制定规划和组织管理。大队确定一名放水员负责全大队各生产队的农田用水管理，一名电工负责全大队用电管理。大队建立植保员队伍，全大队共有 13 人，孙福泉为大队负责人，12 个小队每个队 1 人，他们是冯玉兴、周新荣、黄根华、周新荣、李顺林、计玲珍、张永梅、陈振华、徐连根、邵大土、张宗林、钱关荣。植保员平时在生产队内负责作物查病、防病工作。小面积的病虫害由植保员自行除杀，出现大面积虫情，立即向大队植保员汇报，由大队植保员现场勘查后或汇报公社农技站，或组织力量统一时间，统一用药进行除杀。公社农技站每年对各大队植保员进行专业培训，学习防治病虫害知识，提高鉴别病虫害的能力和掌握各种农药的作用及使用方法，不定期地进行现场查病、防病指导。1970 年以后，公社要求各大队扩大早稻种植面积，提高复种指数，此后大队的早稻种植面积逐年增加，全大队早稻种植率达到 100%。大队管委会除对各生产队进行农作物种植规划和栽培技术指导外，还直接参与生产指挥，在夏收夏种、双季稻抢收抢种（简称“双抢”）、秋收冬种三个农忙时期，特别是“双抢”，开始时召开全大队动员会议，双抢中到进度快、质量好的生产队召开现场会，发现问题时开展全大队生产大检查，生产队长参加，有时妇女队长也参加。公社广播站每天播报各大队双抢进度情况。洪溪大队的双抢工作总是排在全公社的前列。

生产队生产管理　各生产队根据大队制定的生产规划，由队委会集体讨论，确定生产队全年种植计划，由生产队长具体实施。生产队社员一般都选举队里种田经验最丰富的同志担任队长。队长从浸种催芽、落谷育秧、秧苗移栽、施肥除草、水浆管理，直到稻谷收获，绝不会耽误农时。劳动管理上也是队长负责，除了卫生员（倒马桶）、记工员、放水员人选由队委会集体决定外，每天劳动派工都由队长根据男女劳动力的特点和能力，挨家挨户关照，有的队在出工前集中派工，也有前天预先派工的情况。出工、收工，上午、下午中间各一次歇息，都由生产队长吹哨发令，不在一起劳动的歇息时间自行决定。生产队记工员在下午歇息后到各工地记工。1964 年学习大寨式评工记分，采取自报公议的方式，实际上就是平均记分，男劳力 1 工 10 分，女劳动力 1 工 8 分，小孩、老人，量力而给分。1969 年以后，采取定额管理的办法，按照社员劳动的数量和质量记分，拔秧点只数、锄田计埭（条）数、割稻收稻计亩数。记工员每天记清工种、数量和工分数，并上墙公布，接受监督。社员外出务工收入，按生产队规定每天或每月上交生产队买工分，年终参加生产队粮食、经济分配。

村民委员会（村经济合作社）管理

1983 年年底，农村实行土地联产承包到户，在粮食生产上大队对承包户下达指导性意见。1984 年，政社分设，建立洪溪乡人民政府，大队管理委员会改称村民委员会，同时设立村经济合作社，乡、村不再下达生产种植指标，承包田由农户自由种植，自主经营。2000年以后，村民的承包田逐步转包给大户承包，村民委给承包户提供水电灌溉和病虫害情报，镇政府和村民委的职能由管理型转变为服务型。

第二节　分配管理

粮食分配

1955年年初，村域内建有7个初级农业合作社，粮食分配在完成国家公粮后，按土地、劳动工分分配。高级社时粮食分配的形式已有所变化，国家部分有公粮和征购任务，集体部分增加了饲料粮，社员的粮食分配依人定量，按年龄大小、男女劳动力强弱分等分级（称老三定口粮），再有多余的按工分分粮。1958年9月，红旗人民公社（天凝公社）成立，全社统一分配，以供给制为主，吃饭不花钱。由于费用支出较大，供给制实行四五个月就维持不下去了，改为按劳分配加照顾。1962年1月，省委下发《实行以生产队为基本核算单位的若干政策问题》，确立“三级所有，队为基础”的人民公社经营管理体制，粮食和经济的分配权重新回到大队、生产队。1963年以后农业连年丰收，粮食增产，集体经济发展，分配方式逐步完善和细化，粮食分配按照兼顾国家、集体、个人三者利益的原则，先完成国家征购任务，留足集体种子粮、储备粮，社员得粮由老三定口粮、投肥及出售生猪奖励粮三部分组成。丰收年份可在老三定基础上加1%—15%。1976年十二队全队水田面积206亩，50户农户150人，54个男女劳动力，粮食亩产850公斤，男劳力用粮390公斤（原粮），女劳力360公斤，达到老三定加15%的水平；1983年年底，实行家庭联产承包责任制，承包农户只需每年缴纳国家定购任务每亩260公斤（口粮田无定购任务），农业税每亩稻谷30公斤；2004年1月国家免征农业税。

经济分配

高级社时经济分配按劳动和投肥分配。公社化后，经济分配上集体部分有提留公积金、公益金、管理费，公积金按全年总收入的3%—5%提取（毛收入），公益金按2%—3%提留。各生产队的年终决算方案，经大队审核同意后方可兑现，1976年十二队全年农副牧业总收入32900余元，除去农副业等支出和集体提留，社员经济分配总额21760余元，每个劳动日（10分工分）1.36元，人均收入140.5元，最多的一户分得500多元现金，仅一户透支50多元。1983年家庭联产承包后，社员只需每年上交村土地承包金每亩15元（包括口粮田）、社会福利费每人12元、水利设施折旧费每亩2元、镇教育附加费每人20—40元。随着集体经济的不断发展壮大，1995年起承包农户的机耕费由村补助。2002年起，村民土地承包金、水电灌溉费、社会福利费等全部免交。

1961—1980年洪溪大队各生产队经济收入和经济分配汇总资料情况表

表14–1

年份	总收入(万元)	费用部分			国家税金(万元)	集体提留（万元）					社员分配			
		合计(万元)	其中生产费用(万元)	其中牧业支出(万元)		合计(万元)	公积金(万元)	公益金(万元)	生产基金(万元)	储备基金(万元)	合计(万元)	其中家肥报酬(万元)	分配人口(人)	每人平均(元)
1961	13	4.2	4	—	1	0.7	0.5	0.2	—	—	7.1	—	1308	54
1962	15	4.7	—	—	0.8	0.5	—	—	—	—	9	—	1408	64
1963	20.5	5.6	—	—	0.9	1	—	—	—	—	12.9	—	1490	86
1964	26.5	5	—	—	0.9	2.8	—	—	—	—	17.7	—	1527	116
1965	27.9	5	4.8	—	0.9	2.8	1.3	0.7	0.6	0.2	19.2	2.3	1579	122
1966	31.7	5.2	5.2	—	1	4	1.6	1	0.8	0.6	21.5	2.3	1635	131
1967	33.7	5.2	5.2	—	1	4	1.7	1	0.8	0.5	23	1.8	1662	138
1968	29.4	4.7	4.6	0.1	1	3.9	2	0.9	0.8	0.2	20	2	1696	119
1969	34.2	5.3	5	0.3	1	4.8	2.5	1	0.7	0.6	23.1	2.4	1755	132
1970	35	6.6	6.1	0.5	1	4.8	2.2	1	0.6	1	22.4	2	1793	126
1971	38.8	8.8	8.8	—	1	5.4	2.8	1.3	0.9	0.4	23.6	1.7	1795	131
1972	43	10	7.8	2.2	1	5.8	3	1.3	0.8	0.7	26.2	2.4	1820	144
1973	45.5	12	11.8	0.2	1	6	3.4	1.2	0.8	0.6	26.5	2.4	1777	149
1974	45.8	10.3	10.1	0.2	1	6.5	—	—	—	—	28	—	1821	154
1975	44.2	10	9.8	0.2	1	6.1	4.4	1	0.7	—	27	2.6	1790	151
1976	54.5	12.3	11.9	0.4	1	8.9	5.9	1.5	1.1	0.4	32.3	2.6	1875	172
1977	55	13.1	13	0.1	1	8.8	5.3	2.1	1.4	—	32.1	2.8	1881	171
1978	69.9	15.7	15.2	0.5	1	11.6	7.8	1.9	1.4	0.5	41.6	3.9	1892	220
1979	80.3	18	14.2	3.3	1.2	13.4	9.4	2.2	1.6	0.2	43.3	3.7	1890	253
1980	76.3	22.7	18.3	3.8	1.2	6.8	5.1	1.3	0.4	—	45.7	4.5	1876	243

第三节 财务管理

初级社、高级社时期财务管理比较粗放，人民公社化时期实行公社一级核算，损失浪费严重，1962年实行以生产队为基本核算单位的管理体制，财务管理逐步加强。1983年年底，土地联产承包到户后，生产队集体经济由大队统一管理。2000年起，实行村账镇代管。

大队（生产队）财务管理

大队设财务大队长、出纳会计或经济保管员，负责财务管理、分配工作和经济收付；生产队设财务小队长、生产队会计、经济保管员，负责本小队经济管理和收支。1963年“小四清”运动以后，公社进一步抓紧对各大队、生产队的财务管理工作，各大队和生产队制订财务管理制度，白头凭证及没有经手人签名的发票不准报销入账，领用集体资金必须出具领款凭证，及时结账，不准拖沓，借款必须经财务队长批准后经济保管员方可支付，不得挪用公款，经济保管员在发生收入和支出时，每日须逐笔登记，每月与会计结账（日清月结），经济保管员的钱包最多不得超过现金 50 元，超过部分存入信用社。公社每年组织财务大队长、大队会计分片到各大队进行财务大检查，检查财务管理制度、是否有违规凭证发票入账、有无宕账（领款后不结账），对大队出纳和生产队经济保管员当场掼洋（钱）包，检查账目与事实是否相符。1983 年年底，土地联产承包到户后，生产队集体经济由大队统一管理。

村民委员会（村经济合作社）财务管理

1984 年大队改为村，建立村民委员会和村经济合作社，实行村民自治，成立民主理财小组，管理村级财务，每月进行民主理财，检查经济收支情况，发现问题或有意见建议向村两委反映。2000 年起实行村账镇代管，2008 年 4 月建立村务监督委员会，财务管理纳入其工作范围。

村财务各类发票报销，3000 元以下需经手人、证明人、审批人签字，3000 元以上支出必须由村班子人员集体讨论同意方可支付。全部票据先由村务监督小组进行集中理财，签字审阅；后由村出纳在三资监管系统中录入收支明细，由村代理会计进行报账管理。每月的收支情况在下月 15 日前进行财务公开，接受群众监督。除慰问费可以现金支付外，其余全部转账支付。

2003—2019 年洪溪村集体收入支出情况表

表 14–2　　单位：元

年份	收入	支出
2003	514156.47	526642.45
2004	102838.59	102838.59
2005	1949805	457687.53
2006	1341782.61	872343.40
2007	2157548.91	1182403.08
2008	1630947.89	1826019.80
2009	4391002.12	1324066.38
2010	3523308.39	1172016.29
2011	2410734.12	1327964.02
2012	2235816.16	1589270.57

续表 14-2

年份	收入	支出
2013	3326166.80	1687739.37
2014	2626512.08	2146324.59
2015	5678323.25	3408874.92
2016	4559218.75	1730039.32
2017	6264286.82	1804706.54
2018	9535075.03	3359338.66
2019	7911966.69	3930373.41

第四节　集体资产管理

1955 年 2 月，村域内建立红心、中心、永远、永联、建新、建中、建国 7 个初级社，村民开始走上合作化道路。刚组建的初级社规模小，生产力水平低下，农村经济发展缓慢，经济基础薄弱，集体资产除了土地、耕牛、风车外几乎没什么，并未设立资产管理组织。1957 年 2 月成立高级社，规模虽然有了扩大，但农业生产和农村经济发展仍然低迷，集体经济仍较薄弱，没有集体资产管理组织和具体责任人。1958 年 9 月 18 日成立红旗人民公社（天凝公社）后，打破了高级社时以生产队为单位的格局，实行“一大二公”。1959 年 3 月，域地改称七一生产队，当时“五风”盛行，公社任意平调大队、生产队的物资，使大队、生产队失去集体资产的管理权、使用权、拥有权。1961 年 4 月，天凝公社析为天凝公社、杨庙公社、洪溪公社，域地析为洪溪公社洪联大队、七一大队，实行“三级所有，队为基础”的管理体制。当时正处于三年困难时期，农业减产、农村经济下降、农民收支倒挂。1963 年起，虽然克服了三年自然灾害带来的困难，但农业生产和农村经济发展仍较缓慢，生产队家底（资产）薄弱，个别生产队只有“三个氨水甏、一间破草棚”，没有仓库，借用办公用房。1969 年 10 月洪联大队、七一大队合并成立洪溪大队，至 1983 年年底，土地联产承包到户这十几年间，农业连年丰收，集体经济不断发展壮大，各生产队建办公室、造仓库、购拖拉机、挂桨船，增添电动脱粒机、大包机、吸泥泵等大型农机具。为了加强对集体资产的管理，由生产队长全面负责，并落实专人保管。仓库有仓库保管员，拖拉机有机手保养，挂桨船有驾驶员保养，农机具有农机员保养，如有出借、出租，须经生产队长同意。

1983 年年底，土地联产承包到户后，生产队集体经济运作终止。生产队原有集体资产或分给社员或折价变卖现金上交给大队统一保管，“三级所有”转变为大队集体经济。1984

年2月，政社分设建立村民委员会，村设立经济合作社，管理村集体资产。1993年5月前，先后有18家村办企业，实行厂长负责制，负责对企业的经营和资产管理。2013年12月，村经济合作社变更为股份经济合作社，成立董事会，选举党总支书记任董事长，制定集体资产管理制度，进一步完善和规范集体资产管理工作，使集体资产保值增值。

附：集体资产管理制度

一、村集体土地管理、宅基地的审批必须严格按照《中华人民共和国土地管理法》和《浙江省村镇规划建设管理条例》规定执行。

二、村集体资金对外投资经营，集体资产拍卖、转让或实行各种形式的租赁经营等，须由村班子联席会议研究方案，提交村民会议或村民代表会议讨论通过。

三、村集体不得为外单位和个人提供经济担保。

四、严格执行资产评估，以评估价值作为转让所有权或使用权的依据，集体资产评估结果要按照权属关系，经过村民大会或村民代表大会确认。

五、村集体资产拍卖、转让和租赁，应接受农村集体资产主管部门的指导，实行公开招标，其结果向村民公开。

六、村集体资产的所有运作，必须由村务监督委员会全程参与，并接受其监督。

第五节　村务监督

监督机构

2008年4月，经村民代表民主选举建立村务监督委员会，村监委成员任职年限与村民委员会相同，同期换届选举。村务监督委员会内分别设立民主理财小组、村务公开监督小组、工程建设和资产管理监督小组、重大村务决策监督小组，对村民委员会实行全方位监督。按照村务监督委员会工作职责，每月进行一次民主理财，对村集体收支的每一张发票凭证逐一审核，有违规或不合理支出的及时向村班子反映，并要求立即改正，未经村务监督委员会专职副主任签字的收支发票凭证，不得入账。村务监督委员会每年底向村民代表大会报告村务监督工作情况，主持对村民委员会的民主评议。

监督事项和步骤

事项　对村民会议和村民代表会议决议执行情况监督；重大事项民主决策情况监督；村务公开和民主理财情况监督；村级各项收支、集体土地征收征用、工程项目招标等监督；村务管理执行情况监督。支持和配合村级组织正确履行职责，协助做好有关工作。主动收集并认真受理村民的意见建议，及时向村级组织反映村民对村务管理的意见和建议。

步骤　分六步：“网格监督员”全面听取和收集网格内村民的意见建议，及时上报村务监督委员会；村务监督委员每月召开工作例会，研究分析村务监督情况，提出村务监督意见；将村务监督意见报村“两委”研究落实，重大监督建议上报镇纪委；对村“两委”班子办理情况进行监督，并要求限期办结；通过公开栏、召开会议和个别反馈等形式及时公布整改结果，同时上报镇纪委；定期向村民会议或村民代表会议报告村务监督工作情况。

2008—2020 年洪溪村村务监督委员会人员一览表

表 14–3

职务	姓名	任职时间	职务	姓名	任职时间
主任	俞仁杰	2008 年 4 月至 2011 年 2 月	委员	钱永舫	2008 年 4 月至 2011 年 2 月
	金懿龙	2011 年 3 月至 2013 年 12 月		费福林	2011 年 3 月至 2020 年 12 月
	孟林娟	女，2014 年 1 月至 2019 年 9 月		顾菊年	2011 年 3 月至 2020 年 12 月
	冯剑	2020 年 12 月起		顾春雷	2014 年 1 月至 2017 年 4 月
副主任	俞仁杰	2011 年 3 月至 2013 年 12 月		周善琪	2017 年 5 月起
	宗毓	女，2014 年 1 月起		宗　毓	女，2011 年 3 月至 2013 年 12 月
委员	李雪华	女，2008 年 4 月至 2011 年 2 月 2020 年 12 月起		李献忠	2020 年 12 月起

第十五章 群团组织

第十五章　群团组织

洪溪村域围绕洪溪集镇，解放前，在窑业中建立窑业工会，在船民中建立船民协会。解放后，相继建立农民协会、贫下中农协会、共产主义青年团、妇女联合会。并随着社会的发展、工作的细化，群团组织相继增加。至 20 世纪 80 年代后，洪溪村社团组织有共产主义青年团支部委员会、妇女联合会、残疾人联合会、计划生育协会等。2018 年 9 月 22 日，成立乡贤参事会。

第一节　农民组织

农民协会

1950 年春，洪溪村域内成立了洪溪村农会、高浜村农会、西周村农会，直到土地改革运动结束。洪溪村农会主任刘桂林，高浜村农会主任陆昌荣，西周村农会主任陆保成。

贫下中农协会

1963 年 5 月中共中央制定的《关于目前农村工作中若干问题的决定（草案）》要求更新组织阶级队伍。从县到公社、大队开始建立贫下中农组织，召开贫下中农代表会议，成立贫下中农协会，生产队建立贫协小组。贫协组织的宗旨是适应农村阶级斗争的需要，树立贫下中农优势，对各级政权机构实行民主监督。20 世纪 70 年代，贫协组织逐渐消失。洪联大队贫协主任杨阿二，七一大队贫协主任方广裕。

第二节　共青团组织

1957 年 2 月，中国新民主主义青年团洪联高级社支部、七一高级社支部成立，5 月改称为中国共产主义青年团（简称共青团）。1969 年 10 月，洪联大队与七一大队合并，1970 年 10 月成立洪溪大队团支部。

团支部在党的领导下，围绕党在各个时期的中心任务，根据青年特点开展各项工作，动员团员青年投身社会主义建设运动，组织团员青年开展扫盲活动，参加农业合作社，走合作化的道路。20 世纪 60 年代开始，号召团员青年“学雷锋，做好事”。1979 年以后开展“争当新长征突击手”活动，团支部书记孙福泉当时被授予全国新长征突击手标兵。在青少年中开展“五讲四美三热爱”运动，号召团员青年成为有理想、有道德、有文化、有纪律的社会主义新人，特别是20世纪50、60、70年代，洪溪村的团员青年为全村政治、经济建设做了大量工作，许多团员青年经过锻炼后加入中国共产党，走上领导干部岗位。

历任团支部书记名录

洪联高级社团支部

书　记　俞静芳（女，1957年2月至1958年9月）

洪联大队团支部

书　记　俞静芳（女，1961年5月至1963年9月）

陈福荣（1963年10月至1969年10月）

七一高级社团支部

书　记　陈叶成（1957年2月至1958年9月）

七一大队团支部

书　记　周正荣（1961年5月至1969年10月）

洪溪大队（村）团支部

书　记　王品华（1970年10月至1976年9月）

孙福泉（1976年10月至1979年10月）

周世珍（女，1979年11月至1982年10月）

沈明耀（1982年11月至1987年6月）

陈俐勤（女，1987年7月至1993年3月）

陆献峰（1993年4月至2005年7月）

冯　斌（2005年8月至2008年4月）

孟林娟（女，2008年5月至2017年5月）

倪美丽（女，2017年6月起　　　）

第三节　妇女组织

1956年2月洪溪乡召开首次妇女代表大会，各村相继成立村级妇女组织。1957年2月，改称妇女联合会（简称妇联）。妇女组织成立后，积极宣传《中华人民共和国婚姻法》。号召妇女走向社会，提出婚姻自主，反对封建婚姻，组织妇女参加合作化运动。20世纪60年代，号召妇女投身社会主义建设，搞好生产，参加劳动，勤俭持家，节约粮食。70、80年代，宣传计划生育政策，深入一家一户做妇女的工作，落实计划生育措施。90年代后，教育引导妇女自尊、自信、自立、自强，组织妇女开展“双学双比”活动，带领妇女投身经济建设，引导妇女走共同富裕的道路。组织开展“文明家庭”创建活动，提倡男女平等、夫妻和睦、勤俭持家、尊老爱幼、邻里团结的社会主义新风尚。维护妇女儿童的合法权益，关心妇女的恋爱、婚姻、家庭问题，协助调解婚姻家庭纠纷，引导妇女实行晚婚晚育、计划生育、优生优育。

历任妇联主任名录

洪联高级社妇联

主　任　吕学芳（1957 年 2 月至 1958 年 9 月）

七一高级社妇联

主　任　徐小妹（1957 年 2 月至 1958 年 9 月）

洪联大队妇联

主　任　吴雪芳（1961 年 5 月至 1963 年 5 月）

俞静芳（1963 年 6 月至 1964 年 6 月）

龚阿妹（1964 年 7 月至 1969 年 10 月）

七一大队妇联

主　任　张金宝（1961 年 5 月至 1969 年 10 月）

洪溪大队（村）妇联

主　任　于秀英（1969 年 11 月至 1977 年 10 月）

朱彤芳（1977 年 11 月至 1988 年 10 月）

陈俐勤（1988 年 11 月至 2005 年 7 月）

邹飒燕（2005 年 8 月起　　　）

第四节　残疾人协会

2002 年 6 月成立洪溪村残疾人协会，至 2017 年 6 月共召开 6 次残疾人代表大会。残疾人协会主要是宣传贯彻《中华人民共和国残疾人保障法》，维护残疾人的合法权益，安置残疾人就业，做好残疾人帮扶、救助工作。2020 年年底，洪溪村有残疾人 64 人，占总人口的 3.76%，其中，视力残疾 10 人、听力残疾 11 人、肢体残疾 29 人、精神残疾 6 人、智力残疾 3 人、语言残疾 2 人、多重残疾 3 人。其中，生活补助 29 人，福利院养老 3 人。

洪溪村残疾人协会历任主席、副主席、委员及联络员一览表

表 15-1

届次	日期	选举结果			
		主席	副主席	委员	联络人
一	2002 年 6 月	陆盛林	陈俐勤（女）	吴德红、倪立峰	倪立峰
二	2005 年 6 月	陆盛林	邹飒燕（女）	吴德红、倪立峰	倪立峰
三	2008 年 6 月	陆盛林	孟林娟（女）	倪立峰、俞春妹	倪立峰
四	2011 年 6 月	金懿龙	孟林娟（女）	倪立峰、俞春妹（女）	倪立峰
五	2014 年 6 月	孟林娟（女）	—	傅国庆、俞春妹（女）	傅国庆
六	2017 年 6 月	孟林娟（女）	—	傅国庆、俞春妹（女）	傅国庆

第五节　计划生育协会

1989 年，洪溪村成立计划生育协会，开展计划生育宣传活动，普及计划生育方针、政策，普及人口理论，普及避孕节育、优生优育优教知识，提高群众实行计划生育的自觉性。组织会员开展计划生育摸底调查，向上级部门反映情况，提出建议，开展兄弟协会之间的联系，及时了解各地信息，进行合作交流，建立村民小组、企业计划生育联络员，方便群众，及时掌控信息。

洪溪村计划生育协会历任会长、副会长、秘书长、理事一览表

表 15-2

届次	日期	选举结果			
		会长	副会长	秘书长	理事
一	1989 年	沈明善	费福林 陈俐勤（女）	陈俐勤（女）	费福林、李福康、丁根法、李雪华（女）
二	1996 年 10 月	冯善良	陆盛林 陈俐勤（女）	陈俐勤（女）	费福林、李福康、丁根法、李雪华（女）
三	1999 年 9 月	顾雪昌	陆盛林 陈俐勤（女）	陈俐勤（女）	吴明华、李雪华（女）、费福林、顾梅新
四	2002 年 9 月	金根林	陆盛林 陈俐勤（女）	陈俐勤（女）	吴明华、李雪华（女）、费福林、顾梅新
五	2005 年 9 月	陈俐勤（女）	陆盛林 邹飒燕（女）	邹飒燕（女）	金懿龙、冯斌、顾梅新、李雪华（女）、费福林

续表 15-2

届次	日期	选举结果			
		会长	副会长	秘书长	理事
六	2008 年 9 月	陈俐勤（女）	陆盛林 邹飒燕（女）	邹飒燕（女）	金懿龙、冯斌、顾梅新、李雪华（女）、费福林
七	2011 年 9 月	陈俐勤（女）	金懿龙 邹飒燕（女）	邹飒燕（女）	冯斌、孟林娟（女）、沈斌、顾梅新
八	2014 年 9 月	陈俐勤（女）	金懿龙 邹飒燕（女）	邹飒燕（女）	冯斌、孟林娟（女）、陆祥、倪美丽（女）、顾梅新
九	2017 年 9 月	陈俐勤（女）	金懿龙 邹飒燕（女）	邹飒燕（女）	冯斌、孟林娟（女）、倪美丽（女）、陆祥

第六节　乡贤参事会

贤者，贤明才德之人。村域内推崇敬重本土精英，也包括因求学、致仕、经商而走入城市的外出精英，以及市场经济环境下的农村投资创业的外来精英。乡贤不分贵贱、无论贫富，生于斯、长于斯、有心于乡、有益于民。归是一份乡情，离怀一腔乡愁，或建功，或立志，或尊老爱幼，或甘于奉献，有大人物的寻根故事，有小人物的人生传奇，凝聚着丰富多彩的乡贤文化。

洪溪村，水清、岸绿、景美、人才辈出，重建于民国 5 年（1916）的安澜桥一侧对联“群贤缘助、石建安澜”，记载乡贤缘助建桥，2004 年 7 月村里修建永安大道时有 50 户村民助资 4.8 万元，其中乡贤浦禹门助资 3 万元。为了凝聚乡贤力量，提升基层治理水平，推进基层协商民主，服务农村经济，建设“共建、共治、共享”美好洪溪，洪溪村于 2018 年 9 月 22 日成立第一届乡贤参事会，会员 35 人。

洪溪村乡贤参事会会员一览表

表 15-3

姓名	性别	出生日期	单位及职务（退休前单位及职务）	祖籍地	备注
顾宗平	男	1939 年 6 月	中国海洋工程学会常务理事，上海石油学会副理事长，中国地质学会海洋地质专业委员会主任	高浜	顾问
顾宏地	男	1972 年 10 月	中国小鹏汽车副董事长兼总裁	高浜	顾问
冯四新	男	1946 年 1 月	原嘉善县委统战部正科级巡视员，第八届县委委员，第十届、十二届政协委员	塘上	顾问
钱亚畅	男	1963 年 9 月	嘉兴市统计局调研员	西周浜	会长
浦禹门	男	1947 年 12 月	嘉兴兴和时装有限公司董事长	高浜	常务副会长

续表 15-3

姓名	性别	出生日期	单位及职务（退休前单位及职务）	祖籍地	备注
朱 伟	男	1967 年 1 月	嘉善县公安局民警	高浜	副会长
何 镇	男	1965 年 10 月	嘉善县卫生局党委书记、局长	北汇头	副会长
陈俐勤	女	1963 年 2 月	天凝镇洪溪村党委书记	高浜	副会长兼秘书长
俞新华	男	1964 年 4 月	嘉兴市南湖区政协副主席	北汇头	副会长
顾浩林	男	1960 年 3 月	嘉善县洪峰热电有限公司董事长	洪港岸	副会长
王国华	男	1974 年 11 月	天凝镇友顺机械总经理	高浜	会员
王图强	男	1969 年 11 月	嘉善祥和食品有限公司总经理	洪港岸	会员
冯立新	男	1966 年 9 月	江苏南通海华建材有限公司董事长	塘上	会员
冯忠新	男	1969 年 3 月	嘉善文渊阁字画店负责人	塘上	会员
吕 震	男	1972 年 10 月	浙江大学城市学院副教授	北汇头	会员
朱锦洪	男	1964 年 2 月	嘉兴市锦佳船舶制造有限公司总经理	中龙港	会员
邬炳其	女	1962 年 1 月	嘉善浩良金属材料有限公司总经理	洪港岸	会员
刘 勇	男	1967 年 9 月	嘉善县人民法院党组成员、审判委员会专职委员	洪港岸	会员
李 刚	男	1970 年 3 月	嘉兴市第二人民医院总务科科长	蔡家浜	会员
肖建林	男	1971 年 11 月	嘉善兴泰染织有限公司总经理	洪港岸	会员
邱红兰	女	1968 年 8 月	嘉善勤达化工经营部总经理	洪溪村	会员
沈永年	男	1966 年 1 月	嘉善凝新混凝土构件有限公司董事长	洪港岸	会员
张金光	男	1964 年 12 月	嘉善新顺预制构件公司晋杰厂业务总经理	高浜	会员
陆洪生	男	1951 年 11 月	天凝卫生院洪溪分院医生	西周浜	会员
陆晓霖	男	1981 年 3 月	浙江心激励科技发展有限公司执行总裁	洪溪村	会员
俞新民	男	1968 年 10 月	浙江三利律师事务所主任	北汇头	会员
顾秀雯	女	1981 年 12 月	中国金茂控股集团有限公司审计经理	高浜	会员
钱明星	男	1969 年 3 月	嘉善帛源家纺有限公司总经理	蔡家浜	会员
徐幼良	男	1958 年 3 月	嘉善三鼎微粉有限公司总经理	高浜	会员
浦似石	男	1968 年 12 月	嘉善县委党校副校长	高浜	会员
黄文君	男	1968 年 4 月	嘉善双宇电梯配件有限公司总经理	中龙港	会员
黄逸凡	男	1982 年 12 月	中国科学院深圳先进技术研究院教授级高工	独圩	会员
章剑锋	男	1982 年 8 月	Hortonworks 软件工程师	北汇头	会员
程增华	男	1964 年 7 月	嘉兴盛杰五金制品有限公司总经理	洪溪村	会员
储旭东	男	1963 年 9 月	国家税务总局嘉善税务局主任科员	洪溪村	会员

附：洪溪村乡贤参事会章程

第一章　总　则

第一条　本会的名称：洪溪村乡贤参事会。

第二条　本会是由热心服务本村经济社会建设的乡贤自愿组成的，具有公益性、服务性、互助性、地域性、非营利性的基层社会组织。

本章程所称乡贤，包括因品德、才学为乡人推崇敬重的本土精英，也包括因求学、致仕、经商而走入城市的外出精英，以及市场经济环境下在农村投资创业的外来精英。

第三条　本会的宗旨：协助推动洪溪村经济社会发展、基层社会治理、群众生活美好，“共谋、共建、共治、共享”乡村振兴。

第四条　本会在洪溪村党委的领导下开展活动。

第五条　本会住所：嘉善县天凝镇洪溪村村委会内。

第二章　业务范围

第六条　本会的业务范围：

1.弘扬优秀传统文化，促进奖教助学和乡风文明；

2.组织慈善公益活动，开展扶贫济困等活动；

3.积极引智引才引资，助推农村经济社会发展；

4.参与公共事务管理，为村“两委”提供决策咨询；

5.推动实施村规民约，维护公序良俗；

6.收集了解社情民意，反馈群众意见建议；

7.协调邻里纠纷，促进社会和谐。

第三章　会　员

第七条　本会实行个人会员制。个人会员为本村的老党员、老干部、复退军人、经济文化能人，出生地成长地或姻亲关系在本村的“返乡走亲”机关干部、企业法人、道德模范、教育科研人员，以及在农村投资创业的外来生产经营管理人才等。

第八条　申请加入本会的会员，必须具备下列条件：

1.拥护本会的章程；

2.自愿申请加入本会；

3.热心为本村经济社会建设服务。

第九条　会员入会的程序：

1.提交入会申请；

2.经洪溪村党委审核确认；

3.经参事会执委会讨论通过。

第十条　会员享有下列权利：

1.本会的选举权、被选举权和表决权；

2.参加本会的活动；

3.对本会工作的批评建议权和监督权；

4.入会自愿，退会自由；

5.推荐会员的权利；

6.法律、法规规定的其他权利。

第十一条　会员履行下列义务：

1.执行本会的决议；

2.维护本会合法权益；

3.完成本会交办的工作；

4.向本会反映情况，提供有关资料；

5.积极参加本会组织的活动。

第十二条　会员如有违反本章程的行为，视其严重程度，经会员大会表决通过，予以警告、严重警告、除名等处分。

第四章　组织机构和负责人产生、罢免

第十三条　本会的最高权力机构是参事会会员大会,其职权是：

1.制定和修改章程；

2.推选和罢免会长、常务副会长、副会长、秘书长；

3.审议会长工作报告和财务报告；

4.决定终止事宜；

5.决定其他重大事宜。

第十四条　参事会须有 2/3 以上的会员出席方能召开，其决议须经到会会员半数以上表决通过方能生效。

第十五条　参事会每届 3 年。因特殊情况需提前或延期换届的，报洪溪村党委审查并经批准同意。但延期换届最长不超过 1 年。

第十六条　执委会是乡贤参事会的执行机构，在闭会期间执行日常工作。其职权是：

1.执行会员大会的决议；

2.筹备召开会员大会；

3.决定会员的吸收或除名；

4.制定内部管理制度；

5.决定其他重大事项。

第十七条　参事会每年开展活动不少于 1 次。情况特殊的，也可采用通讯形式召开。

第十八条　本会会长、常务副会长、副会长、秘书长必须具备下列条件：

1.坚持党的路线、方针、政策，具有较高的政治思想素质，善于团结协作，热心公益事业，社会信用良好；

2.热心为本村经济社会建设服务，并在本村具有一定的影响力；

3.最高任职年龄不超过 75 周岁；

4.身体健康，能坚持正常工作；

5.具有完全民事行为能力。

第十九条　本会会长、常务副会长、副会长、秘书长每届任期 3 年，可连选连任。本会会长、常务副会长、副会长、秘书长选举结果须报洪溪村党委审查并经批准同意后方可任职。

第二十条　本会会长行使下列职权：

1.召集和主持会员大会；

2.检查会员大会决议的落实情况；

3.法律、法规规定的其他职责。

第二十一条　本会秘书长行使下列职权：

1.主持开展日常工作，组织实施年度工作计划；

2.处理其他日常事务。

第五章　资产管理、使用原则

第二十二条　本会经费来源：

1.捐赠；

2.政府资助；

3.在允许的业务范围内开展活动或服务的收入；

4.利息；

5.其他合法收入。

第二十三条　本会经费必须用于本章程规定的业务范围和事业的发展，不得在会员中分配。

第二十四条　本会的资产，任何单位、个人不得侵占、私分和挪用。

第二十五条　本团体应按照民间非营利组织会计制度的有关规定，建立严格的财务管理制度，保证会计资料合法、真实、准确、完整。

第二十六条　本会的资产管理必须执行国家规定的财务管理制度，接受审计机构的监督，并将有关情况以适当方式向社会公布。

第二十七条　本会换届之前必须接受洪溪村党委、村委会组织的财务审计。

第六章　终止程序及终止后的财产处理

第二十八条　本会终止动议须经参事会会员大会表决通过，并报洪溪村党委、村委会审查同意。

第二十九条　本会终止前，须在洪溪村村委会及有关机构指导下成立清算组织，清理债权债务，处理善后事宜。清算期间，不开展清算以外的活动。

第三十条　本会终止后的剩余财产，在洪溪村党委、村委会的监督下，按照国家有关规定，用于发展与本会宗旨相关的事业。

第七章　附　则

第三十一条　本章程经 2018 年 9 月 22 日会员大会表决通过。

第三十二条　本章程自公布之日起生效。

2018年10月13日乡贤参事会会员助资村举办“百桌千人宴”重阳节敬老活动一览表

表15-4

姓名	洪溪村参事会职务	工作单位及职务	捐赠
钱亚畅	会长	嘉兴市统计局调研员	1000元
浦禹门	常务副会长	嘉兴兴和时装有限公司董事长	10000元
顾浩林	副会长	嘉善县洪峰热电有限公司董事长	15000元
浦似石	会员	嘉善县委党校副校长	1000元
钱明星	会员	嘉善帛源家纺有限公司总经理	1万份毛巾
王图强	会员	嘉善祥和食品有限公司总经理	10000元
冯立新	会员	江苏南通海华建材有限公司董事长	10000元
朱锦洪	会员	嘉兴市锦佳船舶制造有限公司总经理	10000元
邬炳其	会员	嘉善浩良金属材料有限公司总经理	10000元
黄文君	会员	嘉善双宇电梯配件有限公司总经理	10000元
陆晓霖	会员	浙江心激励科技发展有限公司执行总裁	10000元
程增华	会员	嘉兴盛杰五金制品有限公司总经理	10000元
邱红兰	会员	嘉善勤达化工经营部总经理	10000元
王国华	会员	天凝镇友顺机械总经理	6000元
肖建林	会员	嘉善兴泰染织有限公司总经理	6000元
沈永年	会员	嘉善凝新混凝土构件有限公司董事长	6000元
徐幼良	会员	嘉善三鼎微粉有限公司总经理	6000元
张金光	会员	嘉善新顺预制构件公司晋杰厂业务总经理	6000元
顾秀雯	会员	中国金茂控股集团有限公司审计经理	2000元
冯忠新	会员	嘉善文渊阁字画店负责人	103幅“福寿”

第十六章 军事 治安 司法

第十六章 军事 治安 司法

抗日战争时期，嘉善县沦陷，洪溪成为日伪统治区。其间，域内人员被奸淫、财产被掠夺，遭受无故损失，军民奋起抗击。1957年高级社时期建立民兵分队，1961年4月建立民兵连、治保组织，协助征兵工作，维护社会治安。1986年起实施普法教育，普及法律知识。开展民主法治建设，“自治”“法治”“德治”三治融合，营造和谐社会，推进村民自治。

第一节 军 事

域内抗日战争纪事

《嘉善县抗战时期人口伤亡和财产损失调研成果汇编》记载：

民国27年（1938）2月，驻在县境内的国民党陆军独立暂编45旅，联络县内各界人士，在洪溪乡高浜村组成“嘉善县抗敌委员会”，下设政训、经理、军事、教育4个处，代理县长。恢复了县政政权和中小学校。旅长张銮基派军医官王泰清任主席，派营长马锦波重组“嘉善县自卫队”。是年底，嘉善县政府返回境内，改“嘉善县抗敌委员会”为“嘉善县抗敌自卫委员会”。

2007年1月10日，洪溪镇抗损课题调研组调查洪溪村沈顺宝（女、83岁）、顾宗城（男、71岁）、邵珍琴（女、76岁）、倪雪芳（女、73岁）。

口述内容（记录人：毛其荣）

沈顺宝：日本侵略者打进来，到处放火，我们的稻堆都被烧掉。

顾宗城：民国26年（1937）的一天，高浜的钱阿大，吃好中饭到镇上去，途经北汇头时遇到了日军，吓得他拼命往前跑，结果还是被日军开枪打死。

邵珍琴：我5岁那年，我父亲外出时被日军抓到西塘毒打，逃回来几次都被抓走，还在他的腿上戳了一刀，我父亲后来因为伤势过重加上惊吓过度，没几日就死了。

2007年1月18日，洪溪镇抗损课题调研组调查洪溪集镇王福荣（男、76岁）、诸玉峰（男、78岁）、冯阿龙（男、79岁）、卜雪生（男、80岁）。

口述内容（记录人：毛其荣）

王福荣：日本侵略者入侵时，我父亲王金奎被打断胸骨，不到半年就死了。

诸玉峰：民国 29 年（1940）日本侵略者大“扫荡”时，当时担任洪溪小学校长的吴定跃，带着学生逃到薛家桥的岳父家，被日本侵略者抓出来，用刺刀连刺十几刀而死。北汇头的许阿大在下甸庙烧窑时被日本侵略者抓走，至今下落不明。同年，居住在老街上的一位 20 岁姑娘被日本侵略者扒光衣服，迫令其赤裸裸地游街示众，后来又将她拖到西塘的军营迫害。

民国 32 年（1943）春节的农历初七，日本侵略者在我们这里大“扫荡”，张步云在老街上开茶店，被日本侵略者抓住后用刺刀刺死。日本侵略者侵略我们这里时，我还记得有 3 个人被活埋在原洪溪小学处，其中一人是杨庙人，来洪溪做客。后来有人把活埋人的地方挖开，看到 3 个人头。

冯阿龙：1942 年春节的正月初七，一个 30 多岁的绍兴人被日本侵略者刺杀，绍兴人的妻子被日本侵略者迫害。

卜雪生：民国 31 年（1942），洪溪中龙港倪阿东的房子被日军烧毁，同时还被抢走大米 30 斤。

《嘉善抗战时期史料图文集》记载：

民国 34 年（1945）4 月 26 日凌晨 2 时，嘉善县自卫队包围了洪溪镇。4 时 30 分，洪溪镇日伪军 150 多人企图进犯天凝，至马塔塘摆渡。等其半渡时，自卫队即以猛烈的火力射击正在河心及岸边待渡的敌人。渡河之敌全部被歼，待渡之敌突遭攻击，也乱了阵脚，纷纷溃逃，又遭设伏于圣北泾自卫队的伏击。敌慌乱之中，就近抢占窑墩顽抗。县自卫队一部分佯攻洪溪镇，另一部分以迫击炮猛轰窑墩。占据窑墩之内的敌人招架不住我自卫队的攻击，逃回洪溪镇。整个战斗至上午 11 时结束，共歼敌 62 人，伤 15 人。

征兵

兵役是国家征集兵员的一种制度。明清时期实行募兵制，民国时沿用，其后实行征兵制。解放初期和抗美援朝时期实行志愿兵制。1955 年 7 月 30 日，国家颁布《中华人民共和国兵役法》，实行义务兵役制。1984 年 5 月 31 日修订《中华人民共和国兵役法》，实行义务兵和志愿兵相结合，民兵与预备役相结合的兵役制，将兵役分为现役和预备役两种，义务兵役制的征兵工作分为兵役登记、体格检查、政治审查、定兵送兵四个程序，征集新兵工作由县征兵办公室、镇（公社、乡）人武部负责实施，大队（村）民兵连协助征兵工作。至 2020 年，全村参军入伍 54 人。

1948—2020年洪溪村入伍退伍军人一览表

表16-1

姓名	入伍年月	退伍年月	姓名	入伍年月	退伍年月
冯正明	1950年3月	1952年6月	余鹤云	1948年1月	1952年10月
冯永明	1951年5月	1954年4月	李国良	1966年3月	1970年1月
冯雪根	1986年11月	1990年3月	余永强	1973年11月	1975年10月
冯　斌	2002年12月	2004年12月	朱天林	1975年1月	1979年3月
冯　涛	2010年12月	2012年12月	周佰歧	1964年1月	1966年1月
冯　剑	2010年12月	2012年12月	储　超	2011年12月	现役
冯宇斌	2009年12月	2011年12月	储玉峰	1950年3月	1952年6月
钱建舫	1975年1月	1979年3月	于爱生	1952年3月	1955年3月
钱佩年	1957年7月	1970年5月	俞荣生	1950年2月	1955年6月
沈　斌	1997年12月	2000年12月	俞荣华	1977年1月	1980年1月
徐　超	1997年12月	2000年12月	周卓旻	2009年12月	2011年12月
钱亚明	1999年12月	2001年12月	丁阿炎	1949年8月	1955年5月
贝桂祥	1961年9月	1968年3月	盛金观	1951年5月	1957年8月
黄玉环	1969年4月	1973年2月	俞少华	1978年3月	1989年3月
黄志林	1969年4月	1973年2月	章人杰	2010年12月	2012年12月
贝志豪	2011年12月	2013年12月	江　勇	1998年12月	2003年12月
李　佳	2008年12月	2010年12月	顾建强	1995年12月	1999年12月
李明华	1981年10月	1985年1月	顾育聃	2008年12月	2010年12月
周陆军	2002年12月	2004年12月	顾晓苗	2002年12月	2004年12月
马宇立	2018年9月	2020年9月	顾林君	2004年12月	2017年6月
金玉言	1951年5月	1957年4月	顾炳峰	2003年12月	2005年12月
黄家生	1951年5月	1957年4月	顾春雷	1994年12月	1997年12月
章大土	1947年12月	1956年4月	莫齐峰	1996年12月	1999年12月
俞　勇	1980年11月	1997年4月	金懿龙	1995年12月	1999年12月
金凤斌	2000年12月	2002年12月	张　剑	2006年12月	2008年12月
董根荣	1980年11月	1986年1月	钱荣良	1976年3月	1980年12月
盛保仁	1949年8月	1955年6月	何　刚	1989年3月	1991年12月

民兵组织

解放后为进行剿匪和土地改革斗争，建立和发展民兵组织。1952 年年底，洪溪乡建立民兵中队，全乡各村优秀青年参加民兵中队。1957 年高级社时期，洪联高级社、七一高级社分别建立民兵分队。1958 年 9 月根据“全民皆兵”的要求，实行生产组织和民兵组织合一的体制。县建立民兵总指挥部，公社编民兵团，生产大队编民兵营，生产队编民兵连。1961 年 4 月建立洪溪公社，洪联大队、七一大队建立民兵连，七一大队组建武装基干民兵排，从此民兵分为武装基干民兵、基干民兵和普通民兵三种。1966 年，民兵工作停顿。1967 年“文化大革命”中造反派夺权，大队党组织被迫停止活动，由民兵连长拿总，主持全面工作。1968 年 3 月大队革委会成立，全大队工作由革委会负责。1970 年年初，大队民兵连在公社人武部指导下，组建武装排，从全大队基干民兵中选拔 18—25 岁优秀青年组成，民兵连长任武装排排长，全排三个班，受公社人武部、武装连领导。为提高武装排战士的军事素质，每年由县、公社人武部组织集训、打靶和拉练。县人武部定期派员对武装连全体战士进行武器使用、枪械保养、检修等方面的培训，1972 年公社人武部组织武装连全体战士进行集训并拉练到惠民公社东石大队。1985 年年底，武装排武器全部收归县人武部武器库统一保管。

民兵连长、指导员名录

洪联高级社民兵分队

分队长　俞昌生（1957 年 2 月至 1958 年 9 月）

七一高级社民兵分队

分队长　陈叶生（1957 年 2 月至 1958 年 9 月）

洪联大队民兵连

连　长　余鹤云（1961 年 5 月至 1963 年 9 月）

　　　　陈福荣（1963 年 10 月至 1969 年 10 月）

指导员　傅福庆（1961 年 5 月至 1966 年 5 月）

　　　　刘桂林（1966 年 6 月至 1969 年 10 月）

七一大队民兵连

连　长　徐宝昌（1961 年 5 月至 1966 年 5 月）

　　　　周增荣（1966 年 6 月至 1969 年 10 月）

指导员　黄志刚（1961 年 5 月至 1969 年 10 月）

洪溪大队（村）民兵连

连　长　俞仁杰（1969 年 11 月至 1977 年 12 月）

　　　　王品华（1978 年 1 月至 1979 年 4 月）

钱建舫（1979 年 5 月至 1985 年 5 月）
李福康（1985 年 6 月至 1987 年 6 月）
陈俐勤（女，1987 年 7 月至 1993 年 3 月）
陆献峰（1993 年 4 月至 2005 年 6 月）
冯　斌（2005 年 7 月至 2011 年 4 月、2012 年 11 月至 2014 年 2 月）
沈　斌（2011 年 5 月至 2012 年 10 月）
陆　祥（2014 年 12 月起　　　　）
指导员　黄志刚（1969 年 11 月至 1979 年 10 月）
陈福荣（1979 年 11 月至 1983 年 5 月）
黄志荣（1984 年 11 月至 1986 年 11 月）
沈明善（1986 年 12 月至 1995 年 6 月）
冯善良（1995 年 7 月至 1997 年 7 月）
顾雪昌（1997 年 8 月至 2001 年 11 月）
金根林（2001 年 12 月至 2003 年 9 月）
陈俐勤（女，2003 年起　　　）

第二节　治　安

1961 年 4 月，天凝人民公社分为天凝、洪溪、杨庙人民公社，各自成立治安保卫组。七一、洪联大队相继成立治保组，由大队干部兼任治保主任。

治安管理

维护社会治安，保护群众生命财产安全是治保组织的职责。1969 年 1—9 月，七一大队蔡家浜（十二队）连续发生 10 多次火灾，社员的猪棚、柴堆接连被烧，一时人心惶惶。公社、大队治保组立即成立破案小组，组织力量侦查，走访群众，召开座谈会，排摸了解情况，选派民兵夜间蹲点守候。1970 年农历年初三晚，将犯罪嫌疑人当场抓获，连续 18 次纵火案告破。

2014—2019 年，每年一届的世界互联网大会在桐乡乌镇召开，会议期间治保委员会组织两委班子成员、村民代表、年轻党员、平安志愿者组成巡防队伍，排摸重点人员，排摸危险物品，分组分班昼夜巡查，为大会提供平安和谐的社会环境。

2017 年，出租房整改，县消防大队要求每一个承租户配置不少于 1 只 3 公斤以上（ABC）干粉灭火器，两层楼以上每层必须配置逃生绳，楼梯通道配置应急灯，张贴疏散指示标志，厨房与卧室实心墙隔断，有电动车的安装充电桩，所有明线必须套管，治保组配备 12 名工作人员，分 3 个组分别做好承租人和房东的工作，抽调电工、泥工安装充电桩 200 只，应急灯 100 只，配置逃生绳 89 根、灭火器 300 只，全村 256 户出租房整改全部通过县消防大队验收。

2018 年，交通大会战，实行路长制，洪溪—高浜路段由村党委书记担任路长，排摸清除道路交通安全隐患，开展电动车专项整治活动，每辆电动车粘贴反光膜，在重点路口安排文明劝导员，劝导电动车驾驶人员佩戴头盔，给全村 600 多辆电动车登记上牌。

治保主任名录

七一大队

徐宝昌（1961 年 5 月至 1966 年 5 月）

朱明华（1966 年 6 月至 1968 年 5 月）

周增荣（1968 年 6 月至 1969 年 9 月）

洪联大队

余鹤荣（1961 年 5 月至 1963 年 9 月）

陈福荣（1963 年 10 月至 1969 年 9 月）

洪溪大队（村）

劳海根（1969 年 10 月至 1974 年 4 月）

黄书根（1974 年 5 月至 1979 年 4 月）

钱建舫（1979 年 5 月至 1985 年 5 月）

李福荣（1985 年 6 月至 1987 年 6 月）

陈俐勤（女，1987 年 7 月至 1993 年 3 月）

陆献峰（1993 年 4 月至 2005 年 6 月）

冯　斌（2005 年 7 月至 2011 年 4 月、2012 年 11 月至 2014 年 2 月）

沈　斌（2011 年 5 月至 2012 年 10 月）

陆　祥（2014 年 2 月起　　　　）

户政管理

1950 年 1 月，建立以自然村、居民会为单位的基层户口册。1953 年第一次全国人口普查时，统一户口簿册，建立户口变动登记制度。1956 年 4 月，户籍管理由县民政科移交公安局。乡镇未设派出所，由乡、镇人民政府负责办理出生、死亡、迁出、迁入、变更等登记工作和人口年报工作。1957 年，调换户口登记册，高级社开始办理社内人口出生、死亡、迁入、迁出、变更等登记工作。每年年底向乡（公社、镇）上报辖区内人口四项变动情况及人口统计年报，该工作一般由会计或出纳担任。1985 年 4 月 16 日，洪溪乡建立派出所，接管乡政府户政管理工作，村民会仍开展人口四项变动登记、人口统计工作，报给派出所，至今未变。

第三节　基层民主法治建设

洪溪村坚持民主管理，民主决策，民主选举，民主监督，坚持自治、法治、德治相结合，以自治“内消矛盾”，以法治“定分止争”，以德治“春风化雨”，使昔日的“上访村”“问题村”蝶变成如今的“和谐村”“小康村”。先后荣获全国民主法治示范村、中国最美村镇人文奖、中国最美村镇五十强、全国乡风文明示范村、全国综合减灾示范村、全国妇联基层组织建设示范村、全国优秀学习型组织学习型村居（社区）等称号。“重大村务决策公决制度”和“文化活动创造文明幸福生活”分别于 2012 年、2015 年入选“中国全面小康十大民生决策”。

自治

村务公决　2004 年为推进村民自治，变“为民作主”为“由民作主”，凡涉及村庄建设规划、经济和社会发展规划、村庄道路、农田水利等公益事业的建设，资金筹集等村级经济发展和关系村民利益的重大事项须实行村务公决。重大事项在公决前和公决后做好八项工作，包括公决事项的酝酿、公决事项的论证、提出公决草案、合法性审查、完善公决方案、组织村务公决、决议的实施及监督、实施结果公开。公决当天召开村民大会，由村民委主任宣读重大事项公决方案，此方案早已在村务公开栏中公布，然后进行投票，凡是重大事项所涉及的村民，每户一票；由于事先走访征求村民的意见建议，所以基本上都投赞成票。公决后，村民委即组织实施。自 2004 年实施村务公决以来到 2017 年，已有村道建设、新村规划、圩区改造、资金筹集、企业创办、医疗卫生等 30 件重大事项通过公决来实施。2015 年“重大村务决策公决”入选“中国全面小康十大民主决策”之一。

2004 年 7 月，村务公决现场（孟林娟 摄）

2004—2017 年以来洪溪村村务公决项目情况表

表 16-2

序号	时间	项目名称	公决类型	涉及村民小组
1	2004 年 7 月	高浜筑路	局部公决	9 组、17 组、10 组、16 组、11 组
2	2005 年 12 月	西周浜筑路、修建块石护岸	局部公决	2 组、13 组
3	2005 年	建设新农村小区规划	全村公决	全村
4	2005 年	建设新农村小区规划补充	全村公决	全村
5	2005 年	完善二轮土地承包权证	全村公决	全村
6	2005 年	第十一、第十二村民小组道路建设	局部公决	11 组、12 组
7	2005 年	中龙港块石护岸	局部公决	3 组、4 组、6 组、18 组
8	2007 年 7 月	建设第二期新农村小区规划	全村公决	全村
9	2008 年 6 月	居家养老服务若干规定和养老服务券使用办法	全村公决	全村
10	2009 年 1 月	文明和谐户和五户单项获奖户评创办法	全村公决	全村
11	2012 年 6 月	“全家福”保险实施办法	全村公决	全村
12	2012 年 6 月	住院津贴、小康农家保险实施办法	全村公决	全村
13	2013 年 10 月	生态高效农业园区建设	局部公决	9 组、17 组、10 组、16 组、11 组、12 组
14	2013 年 11 月	2014—2016 年发展规划	全村公决	全村
15	2014 年 7 月	高浜自然村生活污水处理	局部公决	9 组、17 组、10 组、16 组、11 组、12 组
16	2015 年 5 月	塘上自然村生活污水处理	局部公决	1 组
17	2015 年 5 月	西周浜自然村生活污水处理	局部公决	2 组、13 组
18	2015 年 7 月	对农户墙面粉饰	全村公决	全村
19	2015 年 7 月	村规民约	全村公决	全村
20	2016 年 3 月	高浜农户房前屋后全面整治	局部公决	9 组、17 组、10 组、16 组、11 组、12 组
21	2016 年 9 月	北汇头窑场及环境整治	局部公决	7 组、8 组、14 组、15 组
22	2017 年 3 月	2017—2019 年发展规划	全村公决	全村
23	2017 年 3 月	北汇头自然村道路维修公决	局部公决	7 组、8 组、14 组、15 组
24	2017 年 3 月	高浜美丽乡村建设提升项目	局部公决	9 组、17 组、10 组、16 组、11 组
25	2017 年 3 月	蔡家浜美丽乡村建设提升项目	局部公决	12 组
26	2017 年 3 月	洪港岸美丽乡村建设提升	局部公决	5 组
27	2017 年 3 月	塘上自然村农户房前屋后全面整治	局部公决	1 组
28	2017 年 3 月	西周浜自然村农户房前屋后全面整治	局部公决	2 组、13 组
29	2017 年 2 月	中龙港自然村农户房前屋后全面整治	局部公决	3 组、4 组、6 组、18 组
30	2017 年 3 月	北汇头自然村农户房前屋后全面整治	局部公决	7 组、8 组、14 组、15 组

民主理财，民主监督　2008 年经村民代表选举，建立村务监督委员会，分设民主理财小组、村务公开小组、工程建设和资产管理监督小组、重大村务决策监督小组，对村委会进行全方位监督。为规范村民自治，制定《洪溪村村规民约》《洪溪村村民自治章程》，作为村民自我管理、自我教育、自我监督的行为准则，增强村民的凝聚力，提高精神文明、物质文明建设水平，进一步做好公益事业。配合村委会调处村民、邻里间的矛盾纠纷，营造团结和谐氛围，努力筹措公益资金，量力开展慈善助学、评先等活动。为协助两委做好村民自治，2018 年 9 月 22 日成立“洪溪村乡贤参事会”，35 位会员中有本村的老党员，经济文化能人，出生地、成长地或婚姻关系在本村的机关干部，企业法人，道德模范，教育科研人士，来本村创业的外来生产经营管理人才等。为深入推进“三治融合”建设，扩大村民行使民主权利，调动村民自治的积极性和创造性，2018 年 10 月在村民代表中通过民主推选，成立“洪溪村村民议事会”，由 12 人组成，设主任 1 名。制定“村民议事会”制度，为村民自治增添了新平台。

附：村民议事会制度：

一、村民议事会是由本村村民代表参加的参谋议事、民主监督村务的基层群众性组织。

二、村民议事会成员任期与村民委员会相同，每届三年，可以连选连任。

三、村民议事会的职权：

1.对村内重大事务的参谋权；

2.对村委会计划、报告的审议权；

3.对村干部执行政策情况的监督权；

4.对群众意见和建议的收集、反映权；

5.对村务的民主管理权。

四、村民议事会的主要工作内容是：讨论村委会（村经济合作社）中长期规划和年度工作计划、财务收支预决算、年终收益分配、各业承包合同、集体土地的征用、新建企业和企业新增项目的开发、村镇建设的规划和宅基地的审批、大型基本建设和固定资产购置及处理。

五、村民委员会（村经济合作社）接受村民议事会的检查、监督。每年年终，应将本年度财务收支情况、企业承包情况、土地承包情况、农民负担情况、宅基地审批情况、计划生育指标分配情况等向村民议事会汇报，对群众关心的热点问题，要求在村内要道予以公示。

六、村民议事会每季度至少召开一次会议，由村民委员会召集、主持。

七、村民议事会建立健全各种资料表册，做到各种活动有记录，各项决策有记录，意见建议有记录，决策的执行情况有反映，并将有关资料整理入档。

八、议事会成员误工由村委会负责按时记工，工资年终一次结算付清。

洪溪村各项规章制度一览表

表 16–3

序号	规章制度名称	序号	规章制度名称
1	村党委工作制度	18	村财务公开制度
2	村党委议事制度	19	村委会学习制度
3	村民兵连活动制度	20	村集体资产管理制度
4	村妇代会工作制度	21	村干部承诺目标制
5	村团支部工作制度	22	村安全生产消防工作制度
6	村经济合作社工作制度	23	村级计划生育工作管理服务制度
7	村治保调解委员会工作制度	24	村环境卫生检查评比制度
8	村民主听证会制度	25	村残疾人协会制度
9	村民主评议村干部制度	26	村民小组长工作责任制度
10	村级民主议事协商制度	27	村干部述职评议制度
11	村民主决策制度	28	村组织建设监督制度
12	村重大决策法律咨询制度	29	村党员议事会制度
13	村民主理财小组工作制度	30	村重大事项决策“五议两公开”制度
14	村务公开监督小组工作制度	31	村规民约
15	村务公开监督委员会工作制度	32	村民自治章程
16	村级党务公开制度	33	村民议事会制度
17	村务公开制度	—	—

法治

普法教育　1986 年起开展“一五”（1986—1990 年）普及法律常识教育，抽调村干部组成普法宣讲队，分片巡回到自然村进行《中华人民共和国宪法》《中华人民共和国刑法》《中华人民共和国刑事诉讼法》《中华人民共和国民法通则》《中华人民共和国婚姻法》《中华人民共和国继承法》《中华人民共和国经济合同法》《中华人民共和国兵役法》《中华人民共和国治安管理处罚条例》（简称“九法一例”）的宣讲，让全体村民知法、懂法、守法，学会用法律武器维护自身的合法权益。此后以此方法开展了“二五”“三五”“四五”“五五”“六五”普法教育，普法宣传教育每五年为一个时段，2016—2020 年为第七个普法教育时段。

法治培训　2013 年，成立法治宣传活动小组，党总支书记任组长，副书记任副组长，各组组长为组员，采用黑板报、村级简报、公开栏、宣传橱窗等形式在全村进行法治宣传，普及法律知识。以村党校、农民法治学校、远程教育、老年电大、妇女学校为载体，对村干部、党员、村民代表、青少年等进行法律、法规教育。提高村干部的法律意识，提升依法治村的能力，提高村民代表的履职水平，提高党员的法律素质。2013—2014 年，共开办培训班 23 期，1137 人次参加培训。

2013—2014 年洪溪村法治教育培训情况表

表 16–4

时间	地点	主讲人	学习培训内容	参加对象	参加人次（人）
2013 年 1 月 23 日	村会议室	陈俐勤	安全与法治	村两委班子成员、全村党员、村民代表	64
2013 年 2 月 20 日	村会议室	金懿龙	公共法律服务指南	村两委班子成员、全村党员、村民代表	56
2013 年 3 月 6 日	村会议室	陈俐勤	共建平安嘉善、揭露邪教本质	村两委班子成员、全村党员、村民代表	63
2013 年 5 月 9 日	村会议室	金懿龙	法律援助	村两委班子成员、全村党员、村民代表	40
2013 年 6 月 19 日	村会议室	陈俐勤	抵制黄赌毒	村两委班子成员、全村党员、村民代表	45
2013 年 7 月 8 日	村会议室	嘉善县消防大队冯涛	防灾减灾	本村青少年	43
2013 年 8 月 22 日	村会议室	镇新居所吴敏	新居民法制宣传	洪溪村新居民、村妇女代表	64
2013 年 9 月 30 日	村会议室	镇宣传委员李浩	党的群众路线教育	全村党员	44
2013 年 10 月 13 日	村会议室	社区民警黄金毛	防范电信诈骗	本村村民	36
2013 年 11 月 18 日	村会议室	陈俐勤	浙江省违法建筑处置规定	村两委班子成员、全村党员、村民代表	63
2013 年 12 月 13 日	镇成人教育中心	镇新居所吴敏	流动人口管理	本村出租房房东	65
2014 年 1 月 27 日	村会议室	陈俐勤	洪溪村村民公约、村民自治章程	村两委班子成员、全村党员、村民代表	64
2014 年 2 月 28 日	村会议室	镇党委王亚辉	十八大精神	村两委班子成员、全村党员、村民代表	60
2014 年 3 月 7 日	村会议室	吴玉红	计划生育政策和生殖健康培训、妇女权益保障法	村妇女	43
2014 年 4 月 18 日	巨峰木业食堂	镇新居所董丽英	治水我参与，共建新家园	巨峰木业厂内新居民	64
2014 年 5 月 6 日	村会议室	陈俐勤	五水共治、治污先行	村两委班子成员、全村党员、村民代表	56
2014 年 6 月 2 日	村会议室	陈俐勤	观看《焦裕禄》电教片	村两委班子成员、全村党员、村民代表	65
2014 年 7 月 31 日	村会议室	俞仁杰	嘉善县教育局法制宣传手册	村两委班子成员、全村党员、村民代表	43
2014 年 8 月 28 日	村会议室	县信访局副局长芮红卫	家庭教育知识讲座	村两委班子成员、全村党员、村民代表	42
2014 年 9 月 19 日	村会议室	陈俐勤	观看《第一书记》电教片	村两委班子成员、全村党员、村民代表	41
2014 年 10 月 28 日	村会议室	陈俐勤	浙江省城乡规划条例	村两委班子成员、全村党员、村民代表	42
2014 年 11 月 3 日	村会议室	镇党委王亚辉	提倡秸秆综合利用	村两委班子成员、全村党员、村民代表	66
2014 年 12 月 3 日	村会议室	陈俐勤	食品安全法	村两委班子成员、全村党员、村民代表	68

法律顾问　2011 年聘请法律顾问，在制定村规民约和村民自治章程、签订合同协议时，协助进行合法性审查，维护集体经济合法权益。提供法律咨询，以便民服务中心法律窗口远程法律援助网点、公共法律服务热线为途径，由村法律顾问为村民答疑解难。警民联动共建平安社区，邀请镇派出所民警给村民讲授防范电信诈骗知识。为老年人讲授常见诈骗方法和预防措施，提高老年人防骗能力，维护自身合法权益不受侵害。

德治

德治教化，凝心聚力，弘扬好人好事，抑制歪风邪气。2009 年设立“道德评判团”，对有关道德事项进行评判，参与纠纷化解，协助调处有违道德行为的人和事，参与涉及村民重大事项的监督和评议，参与村组织的各类评审。到 2008 年，化解各类矛盾 50 余次。同年开展五户（尊老爱幼户、邻里和睦户、热心公益户、卫生清洁户、创业致富户）评创活动，此后每年开展评创活动，并形成制度，表彰先进，提升村民文明素养，村委会注重道德教育，组织村域内的青少年到教育基地“功叙园”接受爱国主义教育，加强青少年的道德建设，植厚道德根基。开展各类文体活动，组建 20 多支文体队伍，打造“洪溪篮球”和“辣妈宝贝”两张道德名片。每年举办农民文化体育节、全国小康村篮球赛、村民趣味运动会、洪溪村春晚会等。丰富多样的文体活动吸引住村民，以前的“上访带头人”变成“文艺骨干”“和事佬”，昔日的上访村成为如今的小康村、和谐村。

关心关爱困难群众，加大对孤寡老人、重症病人等社会弱势群体的关爱力度，在他们最需要得到帮助的时候能在第一时间得到。2006 年，建造占地面积 300 平方米，建筑面积 260 平方米的居家养老照料中心，配备 2 名服务人员免费为老年人提供全方位服务，洗衣送饭，陪他们聊天。开办老年电视大学，让老年人“老有所为、老有所学、老有所乐”。2014 年，高浜自然村孤寡老人徐连根因车祸住院，党总支得到消息后立刻在“红色 E 家园”微信群发出倡议，发扬党员的关爱精神，为徐连根进行一次送温暖募捐活动，三天时间 41 位党员捐款 3300 元，由党总支副书记、党总支委员代表党员把爱心捐款送到徐连根手中。党员的行动温暖了孤寡老人的心。为了让老年人晚年生活健康快乐，2017 年 9 月 27 日举办“金婚夫妇”庆贺大会，全村 58 对金婚夫妇穿上村委会赠送的唐装，喜气洋洋接受村委会庆贺，少年儿童为每对金婚夫妇佩戴上大红花，整个庆典活动场面喜庆热烈。2018 年 9 月 23 日，举办首届“农民丰收节”暨洪港岸新村首届中秋邻里节，新村 58 户 300 多人齐聚一堂，欢庆中秋佳节活动的举办，使邻里关系更加亲密，社会环境越发和谐。10 月 13 日，村委会在高浜开展“相亲相爱一家人，共建共享新洪溪”主题活动，588 位 60 岁以上老人和县政协、县统战部、县民政局领导，镇党委书记、镇长及全体村干部、老年人家属共 800 多人参加活动，其间村委会为每一位老人送上中秋礼品。为 96 位 80 岁以上老人集体过生日，活动的开展凝聚了民心，增强了村干部和村民之间的亲和力、凝聚力。

人民调解

1961年4月，村域内建立七一、洪联大队，成立治保调解组织，负责调处家庭矛盾和民事纠纷。“文化大革命”开始后人民调解组织瘫痪，1973年恢复重组。2006年3月成立全县首支民间和谐员队伍——洪溪村“大阿姐”队伍，由村支部书记担任领导小组长，妇女主任为副组长，10名“大阿姐”为组员，协助调解工作，及时化解各类矛盾和纠纷，积极稳妥处理群体性事件，维护基层稳定。2007年，洪溪村调委会被省司法厅评为“优秀人民调解委员会”。2010年9月“大阿姐”队伍开辟了“大阿姐”社会工作室，制定工作学习制度，热情接待村民来访，及时调处村民纠纷，将矛盾化解在萌芽状态，使小事不出村，大事不出镇，原先的“上访村”变为“零访村”，自2006年至2020年连续15年无一例上访。

第十七章 教育

第十七章 教 育

清光绪年间，村域内有私塾、村塾。光绪三十四年（1908）7 月，村域内高浜村人顾进人与朱杭圩人陆一苇创办洪家滩初等小学堂。民国 34 年（1945），扩建为县立洪溪小学，解放后，1952 年改为干窑区第二中心小学。1956 年 8 月改为洪溪乡中心小学，村域内学龄儿童纳入学校就读。解放后，学前教育开办农忙托儿所、幼儿园（班）。1986 年 8 月，洪溪乡政府投资扩建洪溪乡中心幼儿园。洪溪村学前教育全部纳入中心幼儿园。1974 年 7 月，洪溪公社创办洪溪公社中学。1989 年 5 月，洪溪乡政府征用洪溪村土地新建中学，改名洪溪中学。洪溪村学生纳入学校就读。1950—1952 年，成人教育由农会组织农民办识字班，1965—1966 年，洪溪公社抽调学校老师在域内开展扫盲工作，办速成识字班。2006 年 3 月，建立村（社区）教育领导小组，开办社区学校，对青少年、老年人、妇女、党员、干部、村民代表等进行文化思想教育，推荐村民到镇成人学校接受劳动技能培训和学历教育。1987 年，全国恢复高考，至 2020 年，全村有 229 人通过自学或成人教育考取大学，进入高等教育完成学业，走上工作岗位。

第一节 学前教育

幼儿园设置

1958 年 9 月人民公社时期，村民劳动实行军事化，大兵团作战，家中幼儿无人照看，为解除家长后顾之忧，村域内开办托儿所、幼儿园（班）。教养员选用小学文化程度以上女青年担任，没有经过专业培训，也没有专业教材，以看管、保育为主。1965 年，公社中心小学附设 1 个幼儿班，有 40 名幼儿。由于人数有限，大多数村民的幼儿不能入园。20 世纪 70 年代中期，各生产队在农忙季节都办有托儿所、幼儿园（班）。教养员为生产队里的中、青年妇女。教养员的报酬按出勤天数记工分，参加生产队分配。1986 年 8 月，洪溪乡中心小学划出部分校舍、园地，由政府投资扩建洪溪乡中心幼儿园，园址在村域内斜红路 61 号，至此村域内的幼儿全部纳入中心幼儿园接受学前教育。

天凝镇洪溪幼儿园

1986 年 8 月，从洪溪乡中心小学划出部分校舍，政府投资扩建洪溪乡中心幼儿园，园址在斜红路 61 号。1992 年，改称洪溪镇中心幼儿园。1995 年，幼儿园有幼儿班 5 个，幼儿 169 人，幼儿教师 8 人。1996 年，在洪溪集镇文苑路 2 号，易地新建洪溪镇中心幼儿园，由政府出资和企业捐资 140 万元建设，占地面积 4525 平方米，建筑面积 1721.5 平方米，主体结构为钢筋混凝土，辅助设施为砖混结构，室外道路、活动场地面积 2633 平方米，绿化面积 170 平方米。幼儿园可开设 9 个班，有活动室、午睡室、教玩具储藏室、简易卫生设施，教室安装空调设备，当年投入使用。1997 年，被评为县一级二类幼儿园。2000 年 3 月，在体制改革中转为民办。2001 年，被评为市一级乙类幼儿园。2009 年，天凝、洪溪、杨庙三镇合并后改称天凝镇洪溪幼儿园，面向原洪溪镇学区。2019 年，幼儿园有班级 9 个，幼儿人数 311 人，教师 19 人。是浙江省三级幼儿园。

第二节　小学教育

旧学

私塾　清光绪年间，村域内共办有 3 所私塾，其中高浜自然村办有 2 所。顾祖尧（字仰唐，顾功叙父亲）开办私塾一所，有学生五六人，学馆设在家中。顾进人开办私塾一所，学馆也设在家中，有学生四五人。教学课程分为启蒙识字、读书、写字、作文、作对几个方面。课本主要有《百家姓》《三字经》《千字文》，结合识字教学，年龄稍大的再读《大学》《中庸》《论语》《孟子》《孝经》《千家诗》《唐诗三百首》等，结合作文、作对教学，教学方法以个别教学为主，学习方法以死记硬背为主，写字（练习毛笔字）每天有规定字数，先描红，后临帖。

村塾　高浜自然村人顾啸谷于光绪三十四年（1908）前在安澜桥北堍西侧高墩头（原卫生院址）利用自己房屋及俞厅作教室，创办村塾，设一至四年级两个复式班，有学生六七十人，后改名为小学堂、小学校，开设新学科。民国 18 年（1929），并入第一国民初级小学。

小学堂　清光绪三十四年（1908）7 月，高浜自然村人顾进人与洪溪朱杭圩人陆一苇创办洪家滩初等小学堂，地址在洪家滩集镇北新街西侧，建有教室和办公室 5 间，面积 150 平方米，设一至四年级，分两个复式班，有教师 3 人、学生 70 人，顾祖尧被聘为教师。民国 19 年（1930）增设五年级，民国 34 年抗战胜利后，学校扩建成北六间、南六间，分设 6 个班级，升格为完全小学，为洪溪镇中心小学。

解放后小学设置

解放后，政府重视和发展教育事业，将洪溪镇中心小学改为县立洪溪小学。1952 年，改名为干窑区第二中心小学，将位于学校西北角的朱天庙正殿改为礼堂，厢房辟为教室，增设至 8 个班级。洪溪村地域处于学校周边，村中学龄儿童入校就读。1964 年，根据教育部关于“就近入学”和提倡“半耕半读”，解决农民子弟入学困难，提高入学率的精神，七一大队在塘上（一组）办起耕读小学一所，借用民房作教室，没有课桌，学生自带凳子，只有一块小黑板，条件十分简陋。一个 1—3 年级复式班，有多名学生，一名教师。1965 年春，该教师被公社中心小学抽调搞扫盲和教改工作，下半年塘上耕读小学的学生全部并入公社中心小学就读。高浜自然村也于 1964 年利用庙宇（侍灵庵）办起耕读小学一所，一个 1—3 年级复式班，有 30 名学生，一名教师。1966 年 5 月后“文化大革命”开始，全日制小学“停课闹革命”，耕读小学也停课。1967 年陆续复课。1971 年，高浜耕读小学由公社中心小学指派教师到该校执教，课程设置与公社中心小学相同。1979 年，高浜耕读小学并入公社中心小学，学校前后有 5 位老师任教。

学制与课程设置

学制　清末，小学堂学制为 9 年，初等 5 年，高等 4 年。民国 4 年（1915），小学学制改为 7 年，初等 4 年，高小 3 年。民国 12 年高小改为 2 年。解放后，学制沿用 4、2 分段的小学 6 年制，即初小 4 年，高小 2 年。20 世纪 60 年代末推行 5 年一贯制。1983 年恢复 6 年制，以后学制一直无变动。

课程　解放前，课程设置为国文、写字、算术、地理、历史和体操等。解放后，课程设置为语文、写字、算术、珠算、自然、地理、历史、体育。“文化大革命”中，教育秩序被打乱。“文化大革命”结束后，拨乱反正，课程设置有思想品德、语文、写字、数学、自然、地理、历史、体育、音乐、美术等。每节课时从 45 分钟改为 40 分钟，学生每周在校时间 31—34 节课时，全年教育时间为 40 周。现代课程设置分低级段和中高级段，低级段设品德、生活、语文、数学、体育、音乐、美术等，中高级段设品德、社会、语文、数学、科学、外语、体育、音乐、美术、综合实践活动等。

小学入学年龄　1998 年以前为 6—7 周岁，1998 年起为满 6 周岁。

嘉善县洪溪小学

嘉善县洪溪小学前身是清光绪三十四年（1908）创办的洪家滩初等小学堂，到 2020 年，已有 100 多年校史。

洪家滩初等小学堂，地址在洪家滩集镇北新街西侧（解放后洪溪乡中心小学校址），有教室和办公室 5 间，面积 150 平方米，设一至四年级，分两个复式班，有教师 3 人，学生 70 人。翌年把教室南面的空地和稻田辟为操场，四周筑起围墙，南面开正门，西面开边门，建成能关闭的校园。民国 19 年（1930），在操场南建造教室 1 间，增设五年级。民国 34 年抗日战争胜利后，学校扩建成北六间、南六间，分设 6 个班级，升格为完全小学，校门改为朝东开（朝北新街）。解放前为洪溪镇中心小学，解放初为县立洪溪小学，1952年改名为干窑区第二中心小学，将西北角朱天庙正殿改为礼堂（俗称小礼堂），厢房辟为教室，学校设8个班级。1956年8月，改称为洪溪乡中心小学。1959年8月，改名为天凝公社中心小学洪溪分校。1961年8月，改称洪溪公社中心小学。1964年，将小礼堂（包括厢房教室）全部拆除，落地翻建约180平方米房屋一排，设教室2间，寝室2间，在操场西部新建平房3间，作乒乓球活动室。1968年3月成立革命委员会，1971年成立贫管会。1974年新建二层教学大楼1080平方米，1979年12月公社中心小学与洪溪中学合并，称公社中心学校。1982年，新建三层教学大楼1304平方米。1983年7月，中、小学校分设，复称洪溪公社中心小学。1984年1月，改称洪溪乡中心小学，后中心小学校门改建在斜洪路61号。1989年，洪溪中学易地新建，原中学校舍划归中心小学使用，1990年2月搬入原中学教育大楼上课。2000年，在洪溪镇文苑路1号易地新建，占地面积26166平方米（39.25亩），建筑面积6325平方米，分教育、办公、生活、运动四个区块，2001年8月投入使用。学校现有普通教室25间，建筑面积2375平方米，实验室144平方米，计算机房77平方米，图书室107平方米（藏书29500册），行政、教师办公室887平方米等。实验仪器标准化，教育信息网络化，计算机、音乐、美术、劳技器材设备配备齐全。学校拥有250米环形跑道、小足球场、篮球架2副、排球场等标准运动场及各类运动项目设施。1983年7月改称为洪溪镇中心小学。2009年，天凝、洪溪、杨庙三镇合并后，改称嘉善县洪溪小学，承担原洪溪镇区域小学教育责任。

学校先后被评为浙江省示范性小学、浙江省绿色学校、浙江省卫生先进单位、嘉兴市文明单位、嘉兴市现代技术实验小学、嘉兴市行为规范达标学校等。

第三节　中学教育

学校设置

1974年7月，创办洪溪公社中学，设立初中、高中班，成立洪溪公社中学革命委员会。1979年12月，中、小学合并，改名洪溪公社中心学校。1983年7月，小学、中学重新分设，撤销高中班，改名洪溪公社初级中学。1989年8月，改名洪溪中学，一直延续到2012年并入天凝中学。

1974年洪溪公社中学建校时，在集镇北新街西侧中心小学北面建两层教育大楼。到1983年7月，洪溪初级中学占地面积9980平方米，建筑面积2372平方米，有校办厂1个。1989年5月，在南新路58号易地新建洪溪中学，占地面积6527平方米（征地9.8亩），建筑面积1206平方米，有教室12间，物理、化学实验室120平方米，办公室6间，操场3600平方米，围墙572米，同年12月竣工。1990年2月12日，举行洪溪中学落成典礼，新学期投入使用。1993 年、1995 年、1998 年分别新建（扩建）校舍建筑面积 316 平方米、120 平方米、955 平方米，新增校舍 1391 平方米，1995 年，实验室扩大到 240 平方米，实验仪器设备达省 I 类标准。1996 年，添置幻灯机、录音机，电教设备普及到各班级。1997 年，电教设备达省 I 类标准。1998 年，建成计算机房 60 平方米，购置计算机 25 台，实施信息技术课程教育。1999 年，将学校朝东大门改建朝南大门（校门坐落在洪兴路北侧），并设 50 平方米的图书室（达标），藏书 16500 册，学生人均 23 册（达标）。2000 年，添置电脑 30 台。2001 年，为适应教学信息化、网络化的发展趋势，学校自筹资金 6 万多元，建成了多媒体教室 1 间，提高了课堂教学效率。2004 年，学校闭路电视系统、校园智能音响系统和校园计算机网络系统建成。2007 年，为全校 12 个班级配备了多媒体教室，使学校现代化教育水平进一步提高。到 2008 年，有 17 间教室（1020 平方米）、实验室（240 平方米）、图书室（50 平方米）、计算机房（60 平方米）、多媒体教室（60 平方米）、广播室（8 平方米）、档案室（10 平方米）、体育器材室（40 平方米），教育及辅助用房建筑面积共 1488 平方米，行政、教师办公室 350 平方米，其他用房 759 平方米，全校总建筑面积 2597 平方米，占地 6977 平方米。图书室藏书 19100 册，生均 28 册。至 2012 年，洪溪中学并入天凝中学。

办学规模

1988 年，有 7 个班级，学生 267 人，教师 25 人。2001 年，学生最多时设 15 个班级，有学生 803 人，教师 32 人。以后稳定在 12—13 个班级，学生 600 多人。到 2008 年，洪溪中学有 12 个班级，621 名学生，40 名教师。2009 年 7 月洪溪镇并入天凝镇，2012 年洪溪中学并入天凝中学。天凝中学由原洪溪中学、杨庙中学、天凝中学合并而易地新建。

学制课程

学制　1974—1977 年为初中学制二年制。1978 年学校工作纳入正规，初中学制改为三年。2003 年新课程实施后为九年一贯制，初中为七、八、九三个年级。

课程　按教育部门关于课程设置的要求开设课程。1978—1993 年使用部编教材，初一年级课程有青少年修养、语文、数学、英语、历史、地理、植物、体育、音乐、劳技、美术。初二年级课程有政治、语文、数学、英语、历史、地理、物理、动物、体育、音乐。初三年级课程有政治、语文、数学、英语、物理、化学、生理卫生、体育。1993 年开始使用省编教材，部分课目作了调整，将政治改为公民，后改名思想政治；植物、动物、物理、化学、生理卫生合称为自然科学，后又改称为科学；历史、地理合称为社会，后又改称为历史与社会。各年级课程设置均为公民、语文、数学、英语、自然科学、社会、音乐、美术、劳技、体育。1999 年起开设信息技术课程。2003 年课程改革，新课程设置增设了综合实践活动、地方课程与校本课程，将公民（政治）改为思想品德。各年级课程设置均为思想品德、语文、数学、英语、科学、历史与社会、音乐、美术、体育、信息技术、综合实践活动、地方课程与校本课程共12门，至2012年不变。

德育教育　贯彻《中学生守则》，明确学生应有的思想、行为规范。1978年后，贯彻教育部颁发的《中学教育大纲》《中学工作条例》和新的《中学生守则（试行草案）》，1982年广泛开展“五讲四美三热爱”教育，1983年政治课以爱国主义教育为主要内容，1987年实施《嘉善县中学生品行规范（试行稿）》，加强学生思想品德教育。学校根据学生品德教育过程中的“知、情、意、行”四个方面不可分割的特点，制定切实可行的德育行为规范、“重德、敬业、勤奋、进取”的校训和“创绿色学校、建和谐校园”的总目标，积极探索和创新德育工作的新路子。学校从七个方面作为常规德育工作来抓：学生日常行为规范养成教育、法制教育、安全教育、爱国主义教育、革命传统教育、心理健康教育、生态环境教育。通过课堂教学，建立警校共建制度和家长学校，利用社会调查、黑板报、宣传橱窗、看录像等形式，提高学生思想品德和整体素质。

文化教育　1985年起，贯彻以学生为主体、以老师为主导的原则，采用教师讲授、演示与学生讨论、实验相结合，课内学习与社会调查相结合的“双向互动”教育方式，改变传统的“注入式”教育方式。2003年起，以实施新课程为突破口，以素质教育为目标，深化课堂教育改革，大力开展教研工作，提高教师教学水平，积极探索以促进学生全面发展，培养学生创新精神为核心的新模式。

文体教育　抓好音乐、体育、美术教学，促进学生全面发展；学校配备专职音乐、体育、美术教师，音乐、美术配有专用教室、专用器材，1990年达省定标准，2003年购进波尔顿钢琴一台。体育场地设施3600平方米，运动场建有250米环形跑道，小足球场、标准篮球场2片、排球场、羽毛球场、单杠、双杠等，还有室内乒乓室，各种体育器材齐全，1999年体育器材达到省定标准。重视学生课内外文体活动，发展学生的才艺特长，学校每学期举办一次校运动会，举行一次文艺会演。

特色教学　1992年以来，推进学校素质教育，推广篮球运动，以弘扬篮球之乡为宗旨，有计划、有组织地开展篮球运动，特聘洪溪村农民篮球运动员“小猫”吕瑞泉为校外教练员，组织篮球训练，取得优异成绩，1998年被定为县少年儿童业余篮球训练点。自1998年开始，学校男子篮球队获县中学生篮球赛五连冠，2003年以后，在县、市篮球赛中取得良好成绩，在嘉善县颇有声誉。

附：顾功叙为洪溪中学题写校名

1989 年 12 月，乡政府领导致信中国科学院学部委员（院士）顾功叙，请其为家乡新建的中学题写校名，顾功叙欣然接受，并于 12 月 9 日致信洪溪乡政府负责同志，将已题就的洪溪中学校名随信寄上。

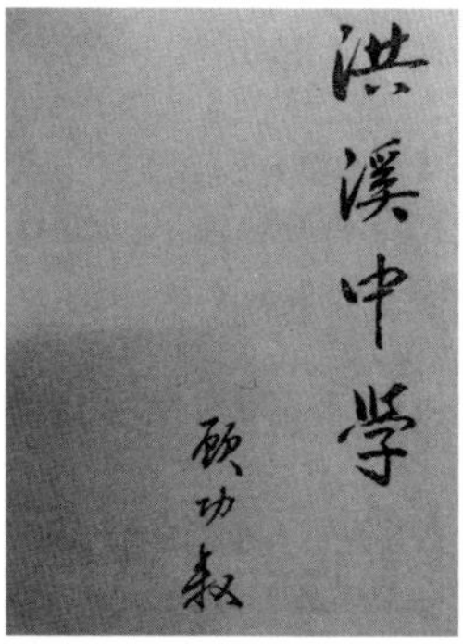

1989 年 12 月顾功叙题写的校名（沈纪昌摄）

顾功叙信件

负责同志：

来信收到，承告故乡建设成就，非常鼓舞人心，足见乡的党与政府领导有方，全乡人民的团结奋斗精神无比高涨。

我现年 82 岁，12 岁就离乡去天凝庄、枫泾进高小，距今已 70 年。当时农村教育极不发达，能入高小、中学者为数不过 1—2 人，入大学者则千人万人中不过 1 个。

我之所以能升学，也是经历了极为坎坷艰难的过程。由于家境清寒，随时可被迫辍学。不过勤奋与意志，给予青年人力量来克服困难。

现在洪溪兴办中学，可使青年学生就近入学，是一件最好的事情，希望他们好好学习，勤奋攻读，将来在国家四化建设中有所作为。

祝：故乡取得更大的发展。

此致　敬礼

顾功叙

1989 年 12 月 9 日

洪溪中学校名已写就 现寄奉

第四节　人才培养

洪溪村民历来尊重知识，尊重人才，崇尚学习，希望成为一个有文化、有知识的人。旧中国农民生活贫苦，无法实现这一愿望。中华人民共和国成立后，大力发展教育事业，1952 年，高等院校招生实行全国统一考试，择优录取。20 世纪 50 年代，农村经济发展缓慢，农民生活水平提高慢，洪溪村没有大学生，仅有 8 名中专学生。60 年代初三年困难时期，缩改学制，撤并学校，7 位中专学生中断学业，返乡务农。1966 年 5 月“文化大革命”开始，高等院校招生制度受到冲击，不再进行全国统一考试，改为推荐与选拔相结合，实施“自愿报名，群众推荐，领导批准，学校复审”的十六字方针。“文化大革命”结束后，1977 年 9 月，教育部决定恢复已经停止十年的全国高等院校招生考试。1978 年夏季恢复全国统一考试，1980 年 7 月，钱亚畅成为恢复高考后洪溪村首位大学生，被浙江商学院录取。至 2020 年，洪溪村具有大专以上学历的人员有 229 人。其中大专 92 人、大学本科 118 人、硕士 17 人、博士 1 人、博士后 1 人。

2020 年洪溪村大专以上人员一览表

表 17–1

姓名	性别	出生年	最高学历	就读院校	毕业时间	工作单位、职务职称
冯泉荣	男	1965	大专	湖州师范学院	1987 年 7 月	嘉善县第一中学高级教师
李浩	男	1983	本科	湖北大学	2005 年 7 月	浙江萨淮科技有限公司
冯斌	男	1984	本科	嘉善广播电视大学	2010 年	洪溪村党委委员
冯兰	女	1985	本科	浙江海洋学院	2008 年 7 月	中科五金节能技术（浙江）有限公司
梅媚	女	1986	本科	中央司法警官学院	2009 年 12 月	个体
冯超	男	1986	大专	浙江水利水电学院	2010 年 7 月	嘉善大鹏工程管理有限公司部门经理
冯威	男	1988	大专	三峡大学电气系	2009 年 7 月	浙江越江国际货运代理有限公司
冯凯	男	1987	大专	嘉善广播电视大学	2005 年 7 月	西塘派出所
冯剑	男	1992	大专	杭州市工人业余大学	2016 年 1 月	洪溪村党委委员
许楚楚	女	1997	大专	杭州女子专修学校	2017 年 7 月	嘉善祥云国际幼儿园教师
陆星玉	女	1997	大专	浙江传媒学院	2019 年 7 月	嘉善宾馆
冯佳雷	女	1997	本科	浙江农业大学	2019 年 7 月	西塘镇政府科员
冯涛	男	1992	大专	嘉善广播电视大学	2018 年 7 月	个体
周宏良	男	1966	本科	北京广播学院	1986 年 7 月	浙江电视三台
钱亚畅	男	1963	本科	浙江商学院	1984 年 7 月	嘉兴统计局调研员
钱亚平	男	1965	本科	浙江工学院	1985 年 7 月	嘉兴食品药品检验检测院
冯金良	男	1965	大专	湖州师范学院	1987 年 7 月	今泽皮具厂业主
张善林	男	1966	本科	杭州大学	1988 年 7 月	嘉善县总工会法律办公室主任
张震仙	女	1975	大专	嘉兴教育学院	1996 年 7 月	里泽中学教师
张敏	女	1980	本科	温州医学院	2002 年 7 月	嘉兴市第一人民医院医生
潘曙红	女	1980	本科	温州医学院	2002 年 7 月	嘉兴市第一人民医院医生
周国鹰	女	1980	本科	中央传媒大学	2002 年 7 月	北京
周契	女	1988	本科	南京传媒大学	2012 年 7 月	嘉善电视台
钱艳秋	女	1989	大专	台州科技职业学院	2011 年 7 月	嘉兴允德进出口有限公司

续表 17-1

姓名	性别	出生年	最高学历	就读院校	毕业时间	工作单位、职务职称
张俊超	男	1989	本科	华东师范大学	2012 年 7 月	嘉善凡佳孚装饰材料有限公司
钱静秋	女	1987	本科	中央广播电视大学	2012 年 7 月	嘉善县公安局交警大队
冯敏浩	男	1987	本科	南京师范大学	2012 年 7 月	嘉善第二实验小学教师
沈董栋	男	1989	本科	长春理工大学	2014 年 7 月	青岛海信集团
潘婷艳	女	1994	大专	浙江商业职业科技学院	2017 年 7 月	嘉兴耀辰贸易有限公司
沈策	男	1995	大专	杭州长征职业技术学院	2016 年 7 月	自谋职业
王静君	女	1995	本科	浙江海洋学院	2018 年 7 月	嘉善第一人民医院护士
钱奇	男	1998	本科	浙江财经学院	在读	—
冯赟	女	1996	在读硕士	浙江大学	在读	—
冯斐	男	1998	大专	上海方德学院	在读	—
陆俊凤	女	1999	大专	绍兴职业技术学院	在读	—
钱董靓	女	1998	大专	嘉善信息技术工程学校	2016 年 7 月	嘉善迪卡澳美
周乾	男	2001	大专	温州工贸学院	在读	—
潘曙勤	女	1975	本科	浙江省委党校函授学院	1998 年 7 月	嘉善卫生监督所副所长
王俊君	女	1988	本科	浙江水利水电学院	2011 年 7 月	海宁市晨璐布艺有限公司会计
黄雪东	男	1972	本科	浙江农业大学	1994 年 7 月	嘉善县土管局
黄永强	男	1989	本科	浙江科技学院	2001 年 7 月	嘉兴秀洲区委组织部
周树峰	男	1984	本科	湖北国际金融学院	1996 年 7 月	湖北中财典当有限公司总经理
周涛	男	1987	本科	四川大学	1999 年 7 月	嘉善优知人力资源公司
黄晶	女	1995	本科	丽水学院	2017 年 7 月	惠民街道
黄玉兴	男	1986	大专	中央广播电视大学	1997 年	洪溪洪峰热电厂
邹飒燕	女	1968	大专	浙江省委党校函授学院	2006 年	洪溪村党委委员
黄薇	女	1994	本科	宁波工程学院	2016 年 7 月	三发村党委委员
黄婷	女	1989	大专	绍兴师范学校	2012 年 7 月	嘉善杜鹃幼儿园教师
冯燕	女	1988	本科	浙江林学院	2010 年 7 月	嘉兴银行员工
冯雯	女	1995	本科	中国计量学院	2007 年 7 月	嘉兴王江泾盛荣纺织品有限公司销售部
周振涛	男	2001	本科	郑州工程技术学院	在读	—
黄燕敏	女	1991	大专	杭州经贸职业学院	2013 年 7 月	自由职业
周丹	女	1990	大专	浙江交通职业技术学院	2011 年 7 月	嘉善浙商银行
王明	男	1990	大专	浙江交通职业技术学院	2011 年 7 月	嘉善北方机械厂

续表 17-1

姓名	性别	出生年	最高学历	就读院校	毕业时间	工作单位、职务职称
冯益欢	女	1988	本科	浙江财经大学	2011 年 7 月	嘉善工商银行
周贤岚	女	1977	大专	平湖师范学校	1996 年 7 月	嘉善实验小学教师
黄育忠	男	1970	大专	浙江物资学校	1992 年 7 月	嘉善县机关事务管理中心员工
冯靓	男	1985	本科	西安交通大学	2008 年 7 月	中南控股集团（上海）资产管理有限公司风控经理
黄红梅	女	1986	大专	天津对外贸易职业技术学院	2010 年 7 月	浙江美声智能系统有限公司员工
黄红霞	女	1977	大专	浙江师范大学	2003 年 12 月	自由职业
王圣寅	男	1986	大专	绍兴托普信息技术学院	2018 年 6 月	自由职业
周思琦	女	1992	硕士	英国考文垂大学	2015 年 7 月	嘉兴清华园科技公司财务
金立中	男	1968	本科	浙江工业学院	1990 年 7 月	西塘镇政府公务员
倪佳俊	男	1993	大专	常州信息职业技术学院	2015 年 7 月	嘉善贝壳找房房地产公司
施昱	女	1998	本科	舟山航空学院	在读	—
潘雪春	女	1987	大专	嘉兴职业技术学院	2008 年 7 月	嘉善布谷鸟教育老师
王臻	男	1989	大专	浙江水利水电学院	2011 年 7 月	嘉善喜力啤酒有限公司
周益波	男	1987	本科	嘉兴学院	2010 年 7 月	上海畅联国际物流股份有限公司
倪萍	女	1986	大专	西北工业大学	2007 年 7 月	嘉善帛源家纺有限公司出纳
俞剑	男	1981	本科	中央广播电视大学	2005 年 7 月	嘉善帛源家纺有限公司厂长
周洁	女	1995	大专	浙江工商大学	2016 年 7 月	浙江新舍网络科技有限公司客服
王婉	女	1983	本科	嘉兴学院	2005 年 4 月	天凝镇中心小学教师
周杨	男	1992	大专	杭州科技职业技术学院	2013 年 6 月	自由职业
陈剑萍	女	1992	本科	浙江师范大学	2016 年 6 月	嘉善红黄蓝亲子园教师
刘海明	男	1965	大专	湖州师范学院	1984 年 7 月	自由职业
刘勇	男	1967	本科	杭州大学	1989 年 7 月	嘉善人民法院党组成员、审判委员会专职委员
李源	男	1973	本科	嘉兴学院	1995 年 7 月	嘉善县行政执法局
姚燕	女	1984	硕士	四川外国语学院	2007 年 7 月	定居美国
李萍	女	1976	本科	湖州师范学院	1998 年 7 月	嘉善第二高级中学
黄春燕	女	1987	硕士	武汉财经政法学院	2012 年 7 月	嘉兴市中级人民法院
王静	女	1986	大专	杭州长征职业技术学院	2009 年 7 月	嘉善干窑工业开发区
章凤娟	女	1982	大专	嘉善广播电视大学	2005 年	自谋职业
章金凤	女	1988	本科	嘉善广播电视大学	2005 年	浙江阅阅门业有限公司会计

续表 17-1

姓名	性别	出生年	最高学历	就读院校	毕业时间	工作单位、职务职称
徐李军	男	1989	大专	杭州警官职业学院	2010 年 7 月	魏塘派出所
王士杰	男	1986	硕士	宁波大学	2010 年 7 月	自谋职业
王欢	女	1991	本科	浙江大学	2014 年 7 月	嘉善日报社
石磊	男	1990	本科	嘉善广播电视大学	2015 年 7 月	浙江和达科技股份有限公司员工
周伟超	男	1995	本科	浙江财经学院	2017 年 7 月	杭州中勤万信会计师事务所
仲李佳	女	1996	大专	嘉兴学院	2018 年 7 月	嘉善家教
傅裕瑶	女	1995	大专	浙江育英职业技术学校	2017 年 7 月	新世纪学校教师
黄志豪	男	1998	大专	浙江机电职业技术学院	在校时服役	北京武警部队（服役）
陆园	女	1997	硕士	英国莱斯特大学	在读	—
张歆琰	女	1998	本科	浙江科技学院	在读	—
章径丰	女	1994	大专	宁波职业技术学院	2016 年 7 月	天凝电网
周俊超	女	1986	本科	宁波大学	2008 年 7 月	浙江翔日科技碳素有限公司日语翻译
蒋芝萍	女	1975	本科	嘉兴学院	2009 年 7 月	嘉善第一人民医院护士长
姚森	男	1995	本科	华东政法大学	2017 年 6 月	江苏畅然律师事务所律师
吕莉	女	1969	硕士	美国加州大学	2003 年	定居美国
吕震	男	1972	博士	浙江大学	1999 年 7 月	浙江大学城市学院副教授
黄逸凡	男	1982	博士后	浙江大学	2013 年 7 月	中国科学院深圳先进技术研究院教授级高工
周琳莺	女	1982	本科	江西大宇学院	2004 年 7 月	上海奉贤区四团镇
吴强	男	1977	本科	长春建筑材料工业学校	2000 年 7 月	嘉兴银行
王玮	男	1988	本科	丽水师范学院	2010 年 7 月	桐乡石门路学校教师
马玲燕	女	1991	本科	嘉兴学院	2014 年 7 月	浙江嘉深律师事务所律师
吴晋	男	1991	本科	吉林大学	2014 年	嘉善农商银行员工
叶飘	女	1992	本科	宁波大学	2015 年 7 月	宁波银行嘉兴分行
黄逸清	男	1993	大专	金华技术学院	2015 年 7 月	自由职业
储涛	男	1993	硕士	南京大学	2018 年 7 月	嘉兴市水利局
吴敏岑	女	1993	本科	宁波大红鹰学院	2016 年 7 月	浙江森美展有限公司会计
周家欢	男	1994	大专	嘉善广播电视大学	2013 年	自由职业
马凯杰	男	1995	大专	嘉善广播电视大学	2014 年	浙江闼闼门科技门业有限公司专员
周伟杰	男	1997	在读硕士	上海复旦大学	在读	—

续表 17-1

姓名	性别	出生年	最高学历	就读院校	毕业时间	工作单位、职务职称
马裕超	男	1997	大专	浙江商务职业技术学院	2018 年 7 月	浙江省轨道交通营运集团员工
吴尘弈	女	1998	本科	浙江外国语学院	2019 年 7 月	嘉兴麒圣科技有限公司
陈杰	男	1992	大专	浙江理工大学	2013 年 7 月	中国财保嘉兴分公司
吴越	男	2000	大专	杭州商业技术职业学院	在读	—
俞新华	男	1964	本科	浙江师范大学	1985 年 7 月	嘉兴市南湖区政协副主席
俞新民	男	1968	硕士	华东政法学院	1994 年 7 月	嘉兴三利律师事务所主任
俞亚清	女	1968	本科	天津轻工业学院	1991 年 7 月	嘉善一中教师
俞丽娜	女	1980	本科	浙江师范大学	2002 年 7 月	嘉善高级中学教师
俞国柱	男	1988	本科	浙江电子科技大学	2011 年 7 月	嘉善中医院职工
俞冯建	男	1986	本科	武汉科技职业学院	2009 年 7 月	嘉善大云开发区海力工具有限公司业务部经理
俞周佳	女	1992	本科	嘉兴学院	2014 年 7 月	浙江嘉亨包装技术有限责任公司
倪美丽	女	1986	大专	浙江体育职业技术学院	2008 年 7 月	洪溪村委会
程杰	男	1993	本科	印第安纳州立大学（美国）	2016 年 5 月	上海盛沃艺术设计有限公司
杨雨欣	女	2001	大专	杭州经贸职业技术学院	在读	—
俞强	男	1991	大专	嘉兴南洋职业技术学院	2013 年 6 月	嘉兴天律工程管理有限公司监理
仲洪根	男	1963	本科	浙江工业大学	1985 年 7 月	嘉善声源电子厂
仲洪生	男	1966	本科	上海外贸学院	1988 年 7 月	浙江土畜产进出口公司
仲洪吉	男	1966	本科	中国计量学院	1988 年 7 月	无锡欧瑞康纺织机械有限公司
倪剑平	男	1975	本科	西北纺织学院	1997 年 7 月	上海汉得信息技术股份有限公司高级工程师
倪育红	女	1980	本科	湖州师范学院	2002 年 7 月	嘉善落古泥服饰商行
倪震中	男	1984	大专	浙江杭州信息技术学院	2006 年 7 月	上海万达集团公司经理
倪震亚	男	1989	本科	宁波万里学院	2011 年 7 月	自己开工作室
邵丹	女	1991	大专	浙江工贸职业技术学院	2013 年 7 月	盛威安全设备有限公司
周嘉楠	男	1996	本科	上海南汇区电力大学	2018 年 7 月	自由职业
王佳欢	男	1996	大专	浙江省职业技术学院	2017 年 7 月	嘉兴肯德基
陆祥	男	1986	大专	嘉善广播电视大学	2014 年	洪溪村委会
陆萍	女	1991	大专	郑州大学	2012 年 8 月	自由职业
仲超凡	男	1992	本科	嘉兴学院	2014 年 7 月	嘉善肯德基经理
陆萌	女	1995	本科	上海财经学院浙江学院	2018 年 6 月	自由职业

续表 17-1

姓名	性别	出生年	最高学历	就读院校	毕业时间	工作单位、职务职称
陆雅琴	女	1996	大专	衢州职业技术学院	2017 年 5 月	浙江越江货运代理有限公司会计
陆婧	女	2001	大专	嘉兴技师学院	在读	—
何镇	男	1965	大专	湖州师范学院	1987 年 7 月	嘉善卫生局党委书记、局长
黄建政	男	1962	大专	湖州师范学院	1986 年 7 月	嘉善县第四中学、中学高级教师
章剑锋	男	1982	硕士	浙江大学	2007 年 7 月	上海 HORTCHWRKS 软件
姚杰	男	1986	大专	嘉兴学院	2008 年 7 月	长城东旺乌镇有限公司
吕懿	女	1986	本科	宁波大学	2009 年 7 月	洪溪幼儿园教师
俞勇超	男	1991	本科	嘉兴秀洲财经学院	2013 年 7 月	干窑开发区
周宇翀	男	1992	大专	扬州工业技术学院	2015 年 7 月	嘉善中信评估有限公司
黄宇晨	男	1996	本科	浙江师范大学	2019 年 7 月	嘉善实验一小教师
陈龚杰	男	1989	大专	华东师范大学	2009 年 7 月	嘉善杰成物业管理有限公司
孙怡	女	1994	在读硕士	上海理工大学	在读	—
劳振煜	男	1996	在读硕士	哈尔滨工程大学	在读	—
劳宇煜	男	1998	本科	浙江电子科技大学	在读	—
刘伟	男	1988	本科	福建仰恩大学	2010 年 6 月	海盐县财政局
吕雪娟	女	1984	本科	温州大学	2006 年 6 月	富阳县招商银行
吴煜峰	男	1993	本科	贵州毕节师范大学	2015 年 6 月	嘉善杜鹃小学教师
江胜男	女	1994	大专	嘉兴秀洲专修学院	2015 年 6 月	自由职业
刘佳奇	男	1995	在读硕士	上海大学	在读	—
诸嘉诚	男	1995	本科	西南大学	2018 年 6 月	上海泛微网络科技股份有限公司
杨怡婷	女	1992	大专	嘉兴职业技术学院	2014 年 6 月	自由职业
杨怡雯	女	1999	大专	南昌大学抚州医学院	在读	—
周福兰	女	1967	大专	湖州师范学院	1989 年 7 月	嘉善泗州中学高级教师
顾韵秋	女	1970	本科	杭州师范大学	1992 年 7 月	嘉善县教育局高级教师
杨立峰	男	1965	大专	湖州师范学院	1987 年 7 月	洪溪中学教师（已故）
顾国强	男	1972	本科	杭州商学院	1995 年 7 月	自由职业
顾葱葱	男	1981	大专	南京东南大学	2003 年 7 月	宁波利星工程机械公司员工
顾永清	男	1970	大专	嘉善广播电视大学	2001 年 7 月	和悦制衣厂
顾惠红	女	1971	本科	哈尔滨电子工业大学	1993 年 7 月	定居加拿大
樊雪仙	女	1976	大专	绍兴纺织学院	1998 年 7 月	和悦制衣厂主管

续表 17-1

姓名	性别	出生年	最高学历	就读院校	毕业时间	工作单位、职务职称
顾婵娟	女	1982	本科	嘉善广播电视大学	2006 年 7 月	加州阳光大酒店总经理
顾旭东	男	1984	大专	衢州学院	2005 年 7 月	桐乡混凝土制品厂化验员
周良红	女	1984	本科	湖州师范学院	2006 年 7 月	嘉善泗州中学教师
顾秀文	女	1981	硕士	清华大学	2005 年 7 月	中国金茂控股集团有限公司、注册会计师
顾骏	男	1986	硕士	意大利摩德纳大学	2010 年 7 月	上海博玛医疗科技有限公司
顾陈洁	女	1989	本科	英国曼彻斯特城市大学	2014 年 7 月	自由职业
顾德鸿	男	1985	本科	浙江科技学院	2008 年 7 月	嘉善县环保局
顾涛	男	1977	本科	宁波大学	2000 年 7 月	上海富士通有限公司
顾雪娟	女	1988	大专	嘉善广播电视大学	2018 年 7 月	加州阳光大酒店销售经理
徐梦迪	女	1990	大专	嘉兴学院	2013 年 7 月	奔奔鸟教育培训
顾颖	女	1992	本科	南京财经大学	2015 年 7 月	嘉兴实业资产投资集团公司
杨莉	女	1992	大专	北海技术学院	2014 年 7 月	杭州纳禾时装有限公司服装设计师
周良娴	女	1993	本科	温州师范大学	2015 年 7 月	嘉善中学教师
顾立	男	1998	本科	杭州电子科技大学	2019 年 7 月	嘉善惠民街道
顾维杰	男	1999	本科	福州农业大学	在读	—
杨嘉俊	男	1988	本科	江西九江学院	2014 年 7 月	嘉善刑特警大队特警
陈俐勤	女	1963	本科	郑州大学金融学	2012 年 3 月	洪溪村原党委书记
杨绮	女	1999	大专	金华技术学院	在读	—
顾方洲	男	1999	大专	台州科技职业学院	在读	—
浦似石	男	1968	本科	浙江林学院	1990 年 7 月	嘉善党校副校长
金红霞	女	1980	大专	嘉兴卫校	2002 年 7 月	自谋职业
李媛	女	1986	本科	嘉善广播电视大学	2010 年	自谋职业
徐丹燕	女	1988	本科	宁波大学	2011 年 7 月	洪溪邮政所
魏峰	男	1988	本科	宁波大学科学技术学院	2011 年 7 月	海宁三联钢花玻璃有限公司员工
俞勇超	男	1989	本科	绍兴文理学院	2001 年 7 月	嘉兴远石文化传媒有限公司员工
莫宇熙	女	1993	本科	宁波大学	2015 年 7 月	昂立教育舟山校区教师
莫凌燕	女	1986	本科	杭州师范大学	2018 年 7 月	嘉善第三人民医院行政人员
莫兰婷	女	1992	本科	嘉兴学院南湖学院	2014 年 7 月	嘉兴创诺汽配有限公司
魏昕煜	女	1993	本科	浙江建设职业技术学院	2015 年 7 月	嘉善喜力啤酒厂安全员
魏忆忱	男	1996	本科	浙江水利水电大学	2019 年 7 月	嘉善广阳建设有限公司员工

续表 17-1

姓名	性别	出生年	最高学历	就读院校	毕业时间	工作单位、职务职称
莫怡珺	女	1996	大专	合肥职业技术学院	2018 年 7 月	浙江嘉兴广拓外贸有限公司
顾体梅	女	1974	本科	温州医学院	1997 年 7 月	嘉善一院医生
顾体标	男	1979	本科	浙江师范大学	2003 年 7 月	西塘镇行政执法中队长
陈龙	男	1989	大专	杭州经济学院	2010 年 7 月	嘉兴奥迪 4S 店员工
金懿龙	男	1976	大专	浙江省委党校函授学院	2006 年	洪溪村党委副书记、村主任
王燕华	女	1992	大专	宁波天一职业学院	2014 年 7 月	嘉善第一人民医院护士
朱伟	男	1967	本科	同济大学	1989 年 7 月	嘉善公安局民警
朱建初	男	1966	大专	湖州师范学院	1988 年 7 月	嘉善泗州中学教师（已故）
朱怜军	男	1984	本科	中国计量学院	2007 年 7 月	上海东方航空公司员工
朱芫怡	女	1986	本科	宁波万里学院	2009 年 7 月	杭州商检局员工
张杰	男	1990	大专	嘉善广播电视大学	2011 年 7 月	嘉善成祥木业员工
王晨	男	1991	本科	浙江海洋大学	2018 年 7 月	杭州浙大网新系统工程有限公司
陈敏东	男	1993	大专	金华职业技术学院	2015 年 7 月	江苏帝阳塑业
王龚	男	1993	大专	中央广播电视大学	2016 年 7 月	浙江双飞无油轴承股份有限公司
张欢	女	1995	大专	浙江农业商贸职业学院	2017 年	卫生院临时工
王磊	男	1997	大专	上海思博技术职业学院	2018 年	自由职业
顾安平	男	1989	大专	杭州江南专修学院	2011 年 6 月	自由职业
潘金妹	女	1966	本科	杭州师范大学	1986 年 6 月	嘉善高级中学教师
陆婷婷	女	1989	本科	浙江同济科技职业学院	2011 年 7 月	嘉兴市中业建设工程有限公司
邵强	男	1990	本科	宁波理工大学	2002 年 7 月	嘉兴宁波银行
李业帆	男	1994	在读硕士	同济大学	在读	—
陆岚	女	1994	本科	浙江同济科技职业学院	2016 年 7 月	杭州纵横通讯股份有限公司
陆盛林	男	1965	大专	嘉善广播电视大学	2006	天凝镇镇政府工作
钱凯利	女	1992	本科	南京视觉艺术学院	2014 年 7 月	嘉善帛源家纺有限公司总经理
计晓华	女	1988	大专	温州大学	2010 年 7 月	浙江三赢建材厂员工
盛子浩	男	1990	本科	四川农业大学	2013 年 7 月	嘉兴协诚贸易有限公司
陈陆一格	男	2000	大专	浙江工业技术学院	在读	—
冯敏浩	男	1986	本科	广西南宁师范学院	2010 年 6 月	嘉善实验小学教师

说明：1.入志名录学生包括毕业、在读学生

2.收录范围为考取大学时户籍在洪溪村的村民

第五节　成人教育

扫盲教育

解放前村民缺吃少穿，不得温饱，不但自己上不起学，也根本无力供子女上学读书，因此村域内绝大多数村民是文盲或半文盲。解放后人民政府重视扫盲工作。1950 年冬至 1952 年，村农民协会动员农民中的文盲、半文盲进村办识字班（冬学）学文化、学政治。对能识几个字的半文盲开办速成识字班，用拼音字母教学，以提高他们的识字能力，扫盲工作取得阶段性成效。1965—1966 年，公社抽调学校老师再次开展扫盲工作，西周浜的永宁庵、高浜村的侍灵庵均被作为教学课堂，利用晚间时间开展扫盲工作，参加永宁庵学习的有 40 多人，参加侍灵庵学习的有 30 多人，教师在教学时先从易记易懂，与日常生产、生活密切相关的字词入手，教学员识字、写字，通过一年多时间的学习，原来一字不识的文盲不仅能识能写自己的名字，还能识得好几百个文字，摘掉了文盲的帽子。截至 2020 年，本村常住人口非文盲率达 96%，扫盲完成率 85%。

职业教育

洪溪村成人教育领导小组为开拓村民就业渠道，把农村富余劳动力转移到社会的各行各业，2013—2020 年推荐村民到镇成校接受各类技术培训，其中商品营业员培训 8 人，北汇头有刘有庭、梁爱红（女）、王彩红（女）、王彩英（女）4 人参加，中龙港有聂洪英（女）、郑秀菊（女）2 人参加，蔡家浜有费惠娟（女）参加，西周浜有钱静婷（女）参加。仓库保管员培训 4 人，洪港岸有仲国庆、黄菊红（女）、徐兴芳（女）、钱飞飞（女）。餐厅服务员培训 2 人，高浜有唐秀珍（女）参加，中龙港有金玉琴（女）参加。叉车司机培训 6 人，中龙港有邵青峰参加，洪港岸有石文祥、汤明琴 2 人参加，蔡家浜有费超参加，西周浜有沈斌参加，北汇头有李佳参加。电焊技术培训 4 人，中龙港有周亚明、倪善强、倪振焕、倪忠强 4 人参加。另有蔬菜园艺培训 2 人、现代农艺技术培训 1 人、会计专业培训 2 人、育婴师 1 人、初级家政服务员 2 人、起重装卸机械操作 2 人、工业废水处理（高级）1 人，共计 35 人次，通过培训都获得上岗资格证书。

学历教育

洪溪村成人教育领导小组为提高村民的文化素质，在自愿的基础上，通过自己报名和推荐，有 11 名村民进入镇成校高中班学习，2 名村民进入中专班学习。学完相关课程，经过考试合格，13 名村民都取得了相应的学历文凭。2013 年，洪溪村村民参加镇成人高中、中专班学历培训的有 5 人，其中高浜倪幼春、孙祎韬、李静 3 人参加，洪港岸周越飞、吴素芝（女）参加。2014 年，洪溪村村民参加镇成校高中、中专班学历培训的有 8 人，其中高浜顾育聃、马刘敏、张剑、顾林君、陈磊 5 人参加，洪港岸张凤卫、黄晓晨 2 人参加，北汇头吴雪萍（女）参加。

老年电视大学

土地联产承包到户后，随着农业、农村、农民经济持续发展，村民的物质生活和医疗水平不断提高，老年人口增加，社会老龄化速度加快，按户籍人口统计资料显示，2019 年洪溪村 60 岁以上老年人口已达到 567 人，占总人口的 29.9%，已经进入老龄化社会。党总支为丰富老年人的精神文化生活，于 2008 年 9 月 5 日开办秋季村老年电视大学，入学 54 人，通过老年电视大学的教育平台，提高老年人的自身修养，陶冶情操，增进身心健康，实现老有所养、老有所医、老有所教、老有所学、老有所为、老有所乐的目标。2009 年春，秋季各办 1 期。2012 年起春、秋季各办 2 期。2008—2019 年共办春、季秋季班 23 期，其中有 11 对老年夫妻双双上电视大学，学员中年龄最大的已有 91 岁高龄，他们活到老学到老，学在其中，乐在其中。每一学期过后，在教学结束时进行一次考查，考查采用笔试答题，成绩合格者，给予一定的物质奖励，同时还免费为老年学员提供学习资料和用品，免费提供茶水，十余年来村老年电视大学为老年学员的晚年生活和学习提供了一个全新的平台。2020 年，因新冠肺炎疫情而停办。

2008—2019 年村老年电视大学办班情况表

表 17-2

年份	时间	课本名称	学员人数（人）	时间	课本名称	学员人数（人）
2008	—	—	—	秋季	老年维权常识	54
2009	春季	老年实用保健	65	秋季	老年居家护理	65
2010	—	老年常见病预防（上）	71	秋季	老年常见病预防（下）	71
2011	—	孙辈教育（上）	73	秋季	孙辈教育（下）	73
2012	春季	旅游文化　好吃的粗粮	83	秋季	美食文化 二十四节气民俗文化与养生	83
2013	春季	家庭清洁小窍门聘请客席讲座	96	秋季	老年人营养攻略 慢性病防治一本通	96
2014	春季	益寿养生足部按摩	97	秋季	家庭安全用药指南 四季果蔬养生	97
2015	春季	延缓衰老有办法 心理保健	94	秋季	养生按摩手法 教你饮食滋味	94
2016	春季	吃出健康来 睡出健康来	106	秋季	发现身体的危险信号 浙江的传统节庆	106
2017	春季	体质与养生 四季花卉家庭栽培	110	秋季	实用保健养生操 情歌漫漫大家唱	110

续表 17-2

年份	时间	课本名称	学员人数（人）	时间	课本名称	学员人数（人）
2018	春季	老年人安全与防范 茶文化趣谈	113	秋季	智能手机与老年人生活 健康生活 24 小时	113
2019	春季	岁月静好做个优雅的老人 共和国历史中的浙江记忆	110	秋季	老年人法律常识 煲出健康来	110

成人学校

2006 年 3 月，村建立社区教育领导小组，由党总支书记任组长，副书记任副组长，村两委班子成员任组员。开办社区教育学校，设置教室 2 间，面积 260 平方米，课桌椅 100 套，图书室 1 间，面积 40 平方米，图书 280 册，社区教育学校的办学宗旨：提高村民的综合素质，利民生促发展，为构建学习型社区，和谐社区、全力服务。社区教育学校由党总支书记任校长。兼职教师由村干部、卫生院医生、老年大学辅导员等组成，建立社区教育志愿者队伍。2012 年有 7 名村民为志愿者，2013 年增加到 10 名，2014 年增加到 20 名，志愿者们自愿接受社区学校培训、为社区教育服务，教育志愿者人数占全村总人口的千分之三以上，受训率达 100%。从 2012 年开始，村（社区）教育领导小组每年制订教育工作计划，建立规章制度，把村（社区）教育作为一项民心工程来抓。为了确保社区学校教育工作正常持久开展，每年年初村委会在财务预算中列出专项费用作为社区学校教育专用款。2012 年预算 2.5 万元，实际支出 2.9 万元；2013 年预算 3.2 万元，实际支出 3.5 万元；2014 年预算 3.6 万元，实际支出 3.9 万元。教育经费逐年增加，为方便村民就近学习，社区学校添置电脑 1 台、电视机 2 台、音响 1 套、DVD1 台、投影机 1 台，建立远程教育接收站 1 个和 3 个家庭学习点，为村干部、党员、村民代表及村民们的学习教育搭建了一个全新的平台。村（社区）教育领导班子为丰富社区学校的教育内容，针对村域内的不同人群，依托村党校、妇女学校、道德讲堂、老年大学、青少年学生暑期实践活动，有针对性地开展党性和党的宗旨教育、卫生计生教育、嘉言善行教育、健康教育和法律法规教育。2012 年办班 36 期，受训村民 1221 人次。2013 年办班 36 期，受训 1360 人次。2014 年办班 37 期，受训 1421 人次。村民受训率每年超过 60%，在社区学校开展的“春泥计划”活动中，暑期返乡大学生和中、小学生自觉参加社区学校培训。2012 年举办 3 期，受训学生 96 人次。2013 年举办 3 期，

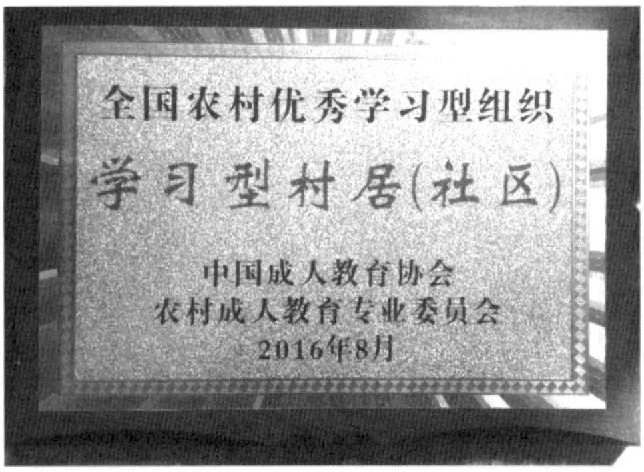

2016 年 8 月，获“全国农村优秀学习型组织、学习型村居（社区）”称号（沈纪昌摄）

受训 107 人次。2014 年举办 4 期，受训 122 人次，学生受训率 70%以上。

社区学校的教育，在村域内为村民营造了浓厚的学习氛围，无论是个人或者家庭，青年人还是老年人，都积极参与社区学校的学习培训。在 2014 年度的全村评选学习型家庭活动中有 114 户被评选为学习型家庭，占全村总户数的 21.7%，有 2 户被评为优秀学习型家庭。2016 年 8 月，洪溪村被中国成人教育协会、农村成人教育专业委员会授予“全国农村优秀学习型组织、学习型村居（社区）”称号。

第十八章 文化 体育

第十八章　文化　体育

解放前，洪溪地区民间自发组织庙会，一年有 10 多个会市，其间有调马灯、地方戏、舞龙、打莲湘、荡湖船、踩高跷等表演，热闹非凡。传统文化结合乡风村俗，自娱自乐。

解放后，人民政府重视文体建设，开展形式多样的群众文体活动。20 世纪 50 年代，村里成立文艺宣传队，宣传党的政策和社会新风尚。体育活动主要是闲时打篮球、下象棋。20 世纪 70 年代前后，洪溪村的篮球运动兴起，在省内名声很大。以洪溪村为主力队员的球队多次代表县、市参加省农民篮球赛，男女队双获冠军。改革开放后，为进一步满足村民不断增长的文化、体育活动需求，加大文体设施建设的资金投入。到 2020 年，洪溪村有文化礼堂 1 座、门球场 1 个、文体广场 3 个、室内舞蹈房 1 个、篮球馆 1 座、健身路径 22 条、文体队伍 12 支。村里的文体队伍金名片“辣妈宝贝”舞蹈队五上央视演出，声名远扬；洪溪篮球家喻户晓，远近闻名。域内有县级文物保护单位（点）3 处，省级文物保护单位 1 处。

第一节　文化活动

旧时，村域内文化活动大多在村内空域场地或寺庙自发进行。解放后，随着经济的发展，逐步建起文化基地，建立文艺队伍，较大程度上丰富了村民的文化生活。

庙会

解放前，洪溪民间庙会比较多。每年在春暖花开的二三月里，四面八方的迎神赛会，都要到洪溪聚集，一年有 10 多个会市。有时上午有庙会，下午有庙会，傍晚又有庙会到洪溪宿寨（过夜），真是“鞭炮锣鼓通宵响，香火辉煌到天亮”。集市周围的自然村百姓携带老幼，都纷纷来赶庙会，热闹非凡。

洪溪村本土的庙会有西周浜朱府英烈侯、高浜二老爷出会，外方有荡湾万民庵施老爷出会，外乡外村如天凝、官溇、蒋村、戴西港、青龙港、施家湾等地庙会都途经洪溪村。荡湾的施老爷庙会会夫最多，人头最兴，乡脚远，而且有岸会、水会，分水陆两路，场面最热闹。

解放后，庙会逐渐被取缔，这一民间文艺逐步停止。“文化大革命”时期，破“四旧”

拆除大量小庙。20世纪80年代，一些民间习俗，民间的文化活动逐步展开。在2008年农历三月十四，古老的民间庙会又一次在洪溪集市兴起，庙会增加了新时代的文化元素，如舞龙、广场舞、越剧等，减少了封建迷信。

文艺活动

解放后，文化阵地逐渐由农村俱乐部占领，运用读报、广播、黑板报、故事会、歌咏、曲艺以及民歌、民间舞蹈等多种形式，围绕党的中心工作，广泛开展文艺宣传活动。20世纪60年代，各大队成立文艺宣传队。时兴曲艺说唱、讲故事，“文化大革命”时期盛行“样板戏”、革命歌曲。80年代，开展民间文学、民间故事和民歌、谚语普查，重新挖掘丰富多彩的民间文艺。90年代，流行卡拉OK，传统文艺融入西方文艺。2000年以后，广场舞悄然兴起，开展各种排舞比赛，其欢乐的音乐、整齐的舞姿、简单的节奏，易学易会，深受中老年妇女的喜爱。洪溪村以“辣妈宝贝”舞蹈队为主力，不管春夏秋冬，每天傍晚都有3—4支队伍，几百人参加。

“种文化”

长期以来，农村文化活动除了自娱自乐，小型多样的业余活动外，大多是从省、市、县逐级送文化下乡巡回演出。2007年3月，浙江省农民“种文化”百村赛活动由《浙江日报》《钱江晚报》《今日早报》及浙江在线新闻网联合举办。活动从2007年3月4日启动，到9月25日举行大赛评选及获奖村展示活动。通过报纸和网络媒体，展示参赛村独特的群众文化体育活动。洪溪村进入首批参赛村。5月15日，洪溪村向全省参加农民“种文化”百村赛的兄弟村发出“英雄帖”，摆开篮球擂台赛，来自杭州、嘉兴、绍兴、金华等地的6支村级篮球队相继“揭帖”，首场攻擂方为义乌市廿三里街道华溪村，比赛期间男人们在打篮球，女人们也很忙，村里3月份组建一支20多人的“篮球宝贝”，年纪最大的52岁，最小的21岁，在比赛空隙跳起舞蹈，引来全场喝彩，灯光球场有约4000人观看。6月16日，《人民日报》、新华社、中央电视台等多家中央媒体及省级新闻单位，采访洪溪村“种文化”百村篮球擂台赛活动。11月11日，首届农民“种文化”在杭州市吴山广场闭幕。村里“篮球宝贝”被邀参加文艺表演。2009年，中共浙江省委宣传部授予洪溪村“千镇万村种文化活动先进村”称号，洪溪村篮球教练吕瑞泉（小毛）个人被授予“浙江省‘种文化’能手”称号。随后，农民种文化活动在全村全面展开，洪溪篮球与“篮球宝贝”声名远扬，参加了县百场文艺下乡演出。

洪溪“辣妈宝贝”舞蹈队

2005年，洪溪村组建一支文艺队“腰鼓队”，是洪溪村“辣妈宝贝”的前身。2007

年《浙江日报》等 5 家媒体在全省发起十万农民“种文化”活动，并在洪溪村举办了篮球擂台赛，为给球队加油，洪溪村里组建了“篮球宝贝”舞蹈队，在篮球赛休场时，组成啦啦队上场跳舞。在 2010 年全国女排联赛比赛中，又被叫作“排球宝贝”进场助兴，后因热辣的舞姿、妈妈的年龄，被亲切地称为洪溪“辣妈宝贝”。

洪溪“辣妈宝贝”的队员由洪溪村和周边村的妇女组成，现有队员 26 人，平均年龄 43 岁。洪溪“辣妈宝贝”组建以来，多次参加村、镇、县、市演出。2010 年、2011 年，连续两年作为全国女排联赛的啦啦队参与演出。2011 年，参加中国达人秀第二季、第三季的比赛，并成功闯入全国 50 强。2012 年，应邀先后参加浙江卫视“舞动好声音”、山东卫视“歌声传奇”和江苏卫视“最炫民族风”等多家卫视演出。2013 年，5 次踏上央视舞台，参加央视七套“中央电视台三农新闻事件推介会”演出，央视一套“状元 360”节目，3 次登上央视一套“舞出我人生”的舞台。2013 年 1 月，在人民大会堂参加全国乡村春节联欢晚会。7 月，又参加“我要上春晚”的节目，并从杭州赛区复赛中胜出，进入下一轮比赛。2015 年 9 月赴西班牙参加 42 届隆达国际民间艺术节的交流演出。

随着“辣妈宝贝”知名度的不断提升，2018 年 4 月，正式成立嘉善“辣妈宝贝”文化传播有限公司，注册“辣妈宝贝”商标。从农村跳到城市，从田间地头跳进各大电视台，“辣妈宝贝”是洪溪村的文化品牌和耀眼明星，更是全村精神富有的真实写照。“辣妈宝贝”正在走向全国，走向世界，成为嘉善文化发展的又一张新名片。

洪溪村“辣妈宝贝”主要活动情况表

表 18-1

时间	地点	活动主题	获得荣誉
2007 年 4 月 6 日	洪溪篮球馆	洪溪村向全省参加农民“种文化”百村赛演出	—
2007 年 11 月 11 日	杭州吴山广场	首届农民“种文化”闭幕式	—
2009 年 7 月 26 日	浙江电视台	“流动大舞台”上演出	—
2009 年 8 月 8 日	嘉善县体育馆	全国首个全民健身日活动演出	—
2009 年 10 月 31 日	干窑	十万农民种文化演出	—
2010 年 3 月 18 日	中央电视台	央视 7 套“乡村大世界”	—
2010 年 11 月 13 日	陶庄中学	十万农民“种文化”优秀节目展演	—
2011 年 2 月 25 日	嘉善	“农行杯”嘉善县巾帼排舞大赛	—
2011 年 4 月 26 日	上海	中国达人秀	—
2011 年 9 月 23 日	嘉善	浙江省第十四届中老年篮球赛	—
2011 年 10 月 6 日	嘉善	2011 嘉善县农民艺术节“十万农民种文化”节目展演	—
2011 年 10 月 31 日	嘉善县体育馆	在美国芝加哥明星职业队与浙江稠州银行队男子篮球对抗赛上表演	—

续表 18-1

时间	地点	活动主题	获得荣誉
2011 年 11 月	嘉善县体育馆	全国女排联赛啦啦队	—
2011 年 11 月	上海	中国达人秀	—
2012 年 8 月	浙江卫视	舞动好声音	—
2012 年 9 月	山东卫视	歌声传奇	—
2012 年 10 月	江苏卫视	最炫民族风	—
2012 年 11 月	嘉善县体育馆	全国女排联赛啦啦队	—
2012 年 12 月	中央电视台	2012 年央视 7 套“三农”记忆晚会	—
2013 年 5 月	浙江教育科技	美丽 A 计划	—
2013 年 1 月	北京人民大会堂	全国乡村春节联欢晚会	—
2013 年 4 月 7 日	中央电视台	央视 1 套“状元 360”	—
2013 年 5 月 6 日	中央电视台	央视 1 套“舞出我人生”	—
2013 年 6 月 4 日	县文化艺术中心	“善报情 · 青春梦”嘉善报庆 20 周年文艺晚会	—
2013 年 6 月 9 日	嘉善县影剧院	嘉善县周末大舞台——生态环保节目展演专场	—
2013 年 7 月 8 日	浙江电视台	浙江教育科技台“我要上春晚”杭州赛区选拔	—
2014 年 1 月	嘉善县体育馆	全国女排联赛啦啦队	—
2014 年 1 月 8 日	嘉善	嘉善春晚	—
2014 年 3 月 6 日	嘉善	省、市、县妇联演出	—
2014 年 4 月 26 日	嘉善	嘉善县第二届职工排舞大赛	金奖
2014 年 5 月 28 日	洪溪篮球馆	辣妈宝贝 PK 美国篮球宝贝	—
2014 年 5 月 20 日	嘉善影剧院	青海省海西州文化走亲旅游推介走进嘉善文艺演出	—
2014 年 9 月	北京	中国最美干部	—
2014 年 9 月 18 日	上高影剧院	上海浦东、浙江嘉善、江西上高“文化走亲三地行”文艺首演	金奖
2014 年 11 月	桐乡	浙江省文化礼堂排舞大赛	金奖
2014 年 11 月	嘉兴	嘉兴市文化礼堂排舞大赛	—
2014 年 12 月	嘉善体育馆	全国女排联赛啦啦队	—
2015 年 1 月	杭州	2014 年度浙江新农村建设带头人金奖	—
2015 年 1 月	上海东方卫视	与星共舞	—
2015 年 2 月	嘉善体育馆	嘉善春晚	—
2015 年 2 月	嘉兴	嘉兴网络春晚	—
2015 年 2 月	嘉善体育馆	嘉善春晚	—
2015 年 6 月	上海廊下中华村	文化走亲演出	—
2015 年 9 月 2 日	西班牙	第 42 届隆达国际民间艺术节	首次有中国人参加
2015 年 10 月	丽水松阳	第二届浙江“文化礼堂”乡村排舞大赛	金奖
2015 年 11 月	洪溪篮球馆	第七届全国小康村篮球赛	亚军
2015 年 12 月	平湖	2015 嘉兴市乡村排舞大赛	金奖
2016 年 1 月	北京	全国乡村春晚	—

续表 18-1

时间	地点	活动主题	获得荣誉
2016 年 1 月	嘉善体育馆	嘉善春晚	—
2016 年 4 月 7 日	嘉善	嘉善县百场文艺下乡演出	—
2016 年 9 月	金华	浙江省第三届文化礼堂排舞大赛	金奖
2016 年 11 月	洪溪篮球馆	全国第八届全国小康村篮球赛	第四名
2017 年 1 月	杭州	浙江春晚	—
2017 年 1 月	嘉善体育馆	嘉善春晚	—
2017 年 3 月	上海	上海大世界开业	—
2017 年 5 月	嘉善看守所	辣妈宝贝禁毒志愿者活动	—
2017 年 6 月 10 日	嘉善	嘉善县百场文艺下乡演出	—
2017 年 9 月	台州天台	浙江省第四届文化礼堂排舞大赛	金奖
2017 年 11 月	洪溪篮球馆	第九届全国小康村篮球赛	第三名
2017 年 11 月	惠民街道	2017 首届中国嘉善·善文化节“舞动文明”广场舞大赛	金奖
2018 年 1 月	余新镇普光村	嘉兴春晚	—
2018 年 2 月	嘉善体育馆	嘉善春晚	—
2018 年 4 月	嘉善	嘉善县百场文艺下乡演出	—
2018 年 11 月	洪溪篮球馆	第十届全国小康村篮球赛	金奖
2019 年 1 月 23 日	凤桥联丰村	嘉兴春晚	—
2019 年 1 月 28 日	嘉善体育馆	嘉善春晚	—
2019 年 2 月 20 日	嘉善新西塘	元宵舞龙比赛	银奖
2019 年 4 月 30 日	嘉善影剧院	辣妈宝贝专场演出	—
2019 年 5 月 23 日	洪溪篮球馆	洪溪村第九届文化体育节演出	—
2019 年 6 月 25 日	枫南村	禁毒日志愿活动演出	—
2019 年 7 月 29 日	嘉善影剧院	拥军爱民、拥政爱民晚会	—
2019 年 9 月 27 日	洪溪村高浜	相亲相爱一家人活动演出	—
2019 年 12 月 10 日	翁村村	辣妈宝贝专场演出	—
2019 年 12 月 27 日	洪溪篮球馆	洪溪春晚	—
2020 年 1 月 3 日	姚庄村	姚庄春晚	—
2020 年 1 月 7 日	洪溪村文化礼堂	天凝镇春晚	—
2020 年 5 月 23 日	姚庄体育馆	志愿者慰问演出	—
2020 年 6 月 6 日	嘉善市民广场	嘉善消费节启动仪式	—
2020 年 6 月 28 日	天凝镇市民广场	庆“七一”活动演出	—
2020 年 7 月 28 日	嘉善影剧院	双拥文艺晚会	—
2020 年 8 月 12 日	嘉善市民广场	善阿姨志愿服务队排舞大赛	金奖

洪溪村简报

《洪溪村简报》月报，2005 年正式创办至 2018 年暂停，八开四版月报。头版刊登全村政治、经济建设要闻。二版为村主要文体活动、村务活动。三版宣传法律、法规、政治生活常识。四版主要公示村务、财务、新居民事务等。内容真实及时，图文并茂，深受村民欢迎。至 2017 年 12 月，总刊 141 期。

村歌

2013 年 1 月 27 日，在北京人民大会堂举办的全国乡村春节联欢晚会，第二届全国乡风文明与小康建设论坛暨第三届中国村歌十大金曲、十佳村歌颁奖盛典上，洪溪村村歌《美丽洪溪》获评“全国十佳村歌”，并成功入选《中国村歌精选 100 首》。《美丽洪溪》这首村歌采用歌伴舞的形式，由王斌演唱，洪溪村的“辣妈宝贝”为其热情伴舞。唱出了洪溪村的风土人情，跳出了现代农民新风范。

美丽洪溪

=F/#G 4/4　　作词 周剑光　作曲 张叶帆

F　||:366 61 3 21 | 232 17 6 - | 222 23 5 65 | 323 12 3 - |

一段段的故事随着　歌声在流传　金灿灿的生活都由　我们来主宰
一声声的欢笑飘荡　在我们耳畔　一张张的笑脸是这　里最美云彩
羞答答的你请不要　再犹豫徘徊　跟着我们一起去达　人秀的舞台
一声声的呐喊在耳　边不断传来　一串串的汗水都在　为拼搏喝彩

6 66 12 35 | 2 13 2 - | 3 55 5 3 | 66 535 6 - :||

让 我们共同决定 美 好未来 走 出属 于我 们村 的风 采
在 这里安居乐业 生 活美满 让 青春 没有 岁月 的阻 碍
让 生命绽放出最 耀 眼色彩
让 我们抢下最耀 眼 的篮板

3 55 5 3 | 17 65 6 - |

在这里 夕阳 都一样温暖
微笑中 记录 你我的精彩

#G　| 6 3 3 66 | 1 21 6 - | 222 23 5 65 | 323 12 3 - |

美 丽 洪 溪 永远的 爱 一寸寸 土地 上 都洋 溢青 春欢快
最美的 爱 一声声 高歌 让 它穿 越千 山万水

36 65 6 3 | 223 211 2 6 | 35 55 5 5 | 66 765 6 - |

太阳 月亮 都 能 照亮 我们的步伐 让我 们手 牵手 走进新的时代
昨天 所有 梦 想 变成 今天的绚烂

35 55 5 3 | 12 35 6 - :||

用我 们的 欢 笑 把你留下来

农民文化体育节

2011 年 5 月 19 日，由洪溪村党总支、村民委员会主办的首届农民文化体育节在村文化礼堂开幕，村民们上演了自编自导自演的、原汁原味的、带着乡土气息的精彩节目。丰盛的文化体育大餐吸引了 3000 多名群众驻足观看。这也是嘉善县村级组织举办的第一个农民文化体育节。开幕式上，18 个村民小组的 150 多名文艺骨干，身着盛装，轮番上场演出了 20 多个各具特色的节目。文化体育节期间，村里先后举办了舞龙、拔河、社级篮球赛。首届农民文化体育节的主题是争创国家级生态村。农民文化体育节每年举办一届，到 2019 年，农民文化体育节共举办九届，每届都有不同的文化体育项目，除传统的篮球赛外，还有社与社之间的排舞比赛、拔河比赛、趣味运动、书画比赛、乒乓球比赛等。结合文化体育节文艺演出，村里每年对“乡风文明”五户评创进行颁奖。

洪溪村一至九届文化体育节情况表

表 18-2

届次	时间	主题	活动内容	地点及人数
一	2011 年 5 月 19 日	创建国家级生态村	1.五户评创获奖名单并颁奖 2.宣传创建国家级生态村倡议书 3.创建国家级生态村先锋志愿者宣誓 4.文艺会演（大合唱之前穿插重温入党宣誓）	在文化礼堂，观众 1000 多人
	2011 年 5 月 20 日		1.洪溪村中龙港 4 个组舞龙 2.洪溪村 12 个小组拔河比赛	在文化礼堂，观众 1000 多人
	2011 年 5 月 27 日		社级篮球赛 参加队有本村西联队、南联队、中联队	在文化礼堂，观众 200 多人
二	2012 年 5 月 11 日	体现邻里亲情、共建生态洪溪	洪溪村首届排舞大赛，全村 12 个村民小组组成的 6 支排舞表演	在文化礼堂，观众 200 多人
	2012 年 11 月 7 日	弘扬善文化、喜迎十八大	军民共建文艺晚会，演出节目 20 个	在文化礼堂，观众 1000 多人
三	2013 年 9 月 12 日	善文化 ·道德讲堂	1.“善文化 ·道德讲堂”开讲活动设计了“6+1”活动流程，即作一次省身，讲一个故事，唱一首歌，念一份村民公约，行一个遵善礼，送一份吉礼六个仪式环节和一场全民趣味运动会 2.全村 18 个村民小组，400 多位村民运动员参加了趣味运动会，运动会设置了老鹰捉小鸡、千里传音、挑担接力和抱气球四个项目	在文化礼堂，观众 1000 多人
	2013 年 12 月 18 日	“乡风文明”五户评创	1.60 户五户（卫生清洁户、尊老爱幼户、创业致富户、热心公益户和邻里和谐户）单项的获奖家庭颁奖仪式 2.文艺演出，参加表演的人员有 180 多人	在文化礼堂，观众 1000 多人
四	2014 年 9 月 27 日至 2014 年 9 月 29 日	迎国庆农民书画作品展	有书法、绘画、剪纸、灶头画等约 50 件优秀作品展出	在文化礼堂，观众 200 多人
	2014 年 10 月 16 日	—	1.对“嘉言善行好人榜”的 57 户家庭进行表彰 2.全村 12 个村民小组的 400 多名村民参加了滚铁圈、夹乒乓球、两人三足和接力赛 4 个趣味项目比赛	在文化礼堂，观众 1000 多人
	2014 年 11 月 27	创建国家级民主法治村	文艺演出，20 个节目，全部由村民自编自演，有舞蹈、鼓乐、健身操、广场舞等节目	在文化礼堂，观众 1000 多人

续表 18-2

届次	时间	主题	活动内容	地点及人数
五	2015 年 5 月 21 日	美丽乡村、和谐洪溪	有绑腿齐步走、运乒乓球接力赛、定点投篮、背媳妇大赛	在文化礼堂，运动员 500 多人，观众 1000 多人
	2015 年 12 月 22 日	社级文艺会演暨第二届嘉言善行好人榜表彰会	1.60 户（为人诚善户、家庭和谐户、邻里友善户、环境美善户和富裕慈善户）获奖家庭颁奖仪式 2.文艺演出，参加表演的人员有 200 多人，全场共有 20 个节目	在文化礼堂，参演人员 200 多人，观众 1000 多人
六	2016 年 5 月 25 日	美丽乡村、和谐洪溪	共安排了 5 个比赛项目：踩气球接力、滚轮胎接力、运丢沙包团体赛、定点投篮及男女两人夹球大赛	在文化礼堂，运动员 500 多人，观众 1000 多人
	2016 年 12 月 27 日	建设美丽乡村、创建优美庭院	1.举行了 60 户获奖家庭颁奖仪式 2.文艺演出，节目共有 22 个	在文化礼堂，参演人员 200 多人，观众 1000 多人
	2016 年 12 月 29 日	学习贯彻党的十八届六中全会精神军民共建美丽家园专场文艺演出	“辣妈宝贝”专场演出，13 个节目，演绎出了军爱民、民拥军，军民团结一家亲的鱼水情谊	在文化礼堂，参演人员 200 多人，观众 1000 多人
七	2017 年 5 月 16 日	大力推进环境整治、加快建设美丽乡村	邻里趣味运动会，有袋鼠跳接力、珠行万里接力、滚轮胎接力、巨人脚步接力、混合队套圈 5 个比赛项目	在文化礼堂，参赛运动员 500 多人，观众 1000 多人
	2017 年 5 月 25 日	洪溪好声音比赛暨“送香囊迎端午”活动	“洪溪好声音比赛”“端午节自制香囊展示”“粽叶香里话家常”等环节，共有 17 位选手报名参加自制香囊活动，共有 14 位选手参加洪溪好声音比赛	在文化礼堂，观众 200 多人
	2017 年 6 月 7 日	—	洪溪村村级乒乓球邀请赛本镇 5 支、外邀 5 支，共 10 支队伍 30 位选手参与角逐	在文化礼堂，观众 200 多人
	2017 年 9 月 27 日	“喜迎十九大·助力美丽乡村”，相亲相爱一家人主题晚会	1.宣读垃圾分类倡议书，开展垃圾分类趣味小游戏 2.天凝镇文化志愿者中队成立，县文化局副局长谈萍莉（女）出席成立仪式并授牌 3.主题晚会共分为三个篇章，第一篇章是庆中秋，中建八局员工为全村 600 多位 60 岁以上老人送上中秋礼品；第二篇章是贺金婚，为 58 对金婚夫妇贺金婚；第三篇章是祝生日，为 43 位 80 岁以上的老人集体过生日	在文化礼堂，观众 1000 多位村民参加了活动
	2017 年 12 月 24 日	“学习贯彻党的十九大精神”创建浙江省文明村、建美丽乡村、创优美庭院	“辣妈宝贝”专场文艺演出，共 16 个节目	在文化礼堂，参演人员 200 多人，观众 1000 多人
	2017 年 12 月 25 日		1.宣读《创建浙江省文明村》倡议书 2.社级文艺演出，共 22 个节目	在文化礼堂，参演人员 200 多人，观众 1000 多人

续表 18-2

届次	时间	主题	活动内容	地点及人数
八	2018 年 5 月 27 日	“促融合、美生活”嘉善县流动人口社会融合示范社区（村）宣传系列活动暨天凝镇洪溪村第八届农民文化体育节开幕	1.洪溪村 2018 年五户评创（优美庭院户、家庭和谐户、邻里和谐户、诚信敬业户、热心公益户）获奖家庭颁奖 2.天凝镇“最美一家人”新居民微幸福全家福照片征集活动 3.镇领导为洪溪村党员志愿者、平安建设志愿者、宣传文化志愿者、巾帼服务志愿者、环境卫生志愿者、安全宣传志愿者、计生协会志愿者等 10 支队伍授旗，并发放聘书 4.“同在蓝天下，幸福共成长”——洪溪村与洪溪小学村校携手，共促融合结对仪式，同心协力推进“两美洪溪”建设 5.播放了“美丽洪溪和谐共融”宣传视频 6.洪溪“辣妈宝贝”现场表演了舞蹈《美丽中国》 7.举办扛担子接力、拷贝不走样、套圈齐步走、拔河等趣味游戏比赛	在文化礼堂，参演人员 600 多人，观众 1000 多人
	2018 年 10 月 13 日	相亲相爱一家人主题活动	1.嘉兴寿康堂、嘉善农商银行，“96345”嘉善社区服务信息中心为老年人服务 2.本次活动共分八项议程：（1）为老年人宣传交通安全的知识；（2）洪溪乡贤公益基金会成立仪式；（3）为 80 岁以上老人送上由乡贤冯忠新亲自题写的“福”字；（4）全域旅游合作框架协议签订仪式、保利物业和天凝镇旅游公司全域旅游合作框架协议签约仪式正式举行；（5）嘉善力通信息科技股份有限公司为 80 岁以上老人送上智能手表；（6）老年人走秀；（7）文艺演出邀请了嘉兴歌舞团，表演舞蹈、歌曲、二胡、越剧，等等；（8）百桌、千人席，全村 60 岁以上老人大聚餐	在洪溪村高浜，全体村干部、各方志愿者和洪溪村全村 60 岁以上老人及家属参加，共计 800 多人
	2018 年 12 月 27 日	社级文艺演出	以“创建浙江省文明村、庆祝改革开放 40 周年”为主题的社级文艺演出，共有节目 13 个	在文化礼堂，参演人员 200 多人，观众 1000 多人
	2018 年 12 月 28 日	创建浙江省文明村、庆祝改革开放 40 周年	嘉善县民政局、嘉善洪峰热电有限公司、洪溪社区、洪溪村的四方红色联盟单位参加活动 1.洪溪村党委与姚庄村党委、干窑供电所党支部、翁村村党总支结对，并为演出选送了节目 2.退伍老兵表彰仪式 3.天凝镇派出所为洪溪村的 10 位“善卫士”发放聘书 4.安全知识有奖问答 5.文艺演出	在文化礼堂，参演人员 200 多人，观众 1000 多人

续表 18-2

届次	时间	主题	活动内容	地点及人数
九	2019 年 5 月 23 日	献礼中华人民共和国成立 70 周年,助力全国文明城市创建系列之洪溪村创建省级文明村 大力开展农村人居环境整治暨洪溪村第九届农民文化体育节	洪溪村十大志愿者队伍代表宣读农村人居环境整治承诺书（由洪溪村专职网格员冯剑领读） 辣妈宝贝文艺演出 洪溪村趣味运动会	洪溪村运动员 700 人，干窑供电所、洪峰热电有限公司、洪溪社区运动员 100 人，观众 500 多人参加

第二节　民间艺术

洪溪村域内民间艺术荟萃、名目繁多，涉及美术、文艺、舞蹈等。

民间美术

灶头画　旧时农家，凡新砌两眼以上的柴灶都要画画，从灶山画到灶底，五颜六色，颇具乡土风味。灶头画有写意（俗称粗画）、写实（俗称细画）和堆画三种，有画人物、花卉和吉祥物等。所谓粗画，就是按传统的画法，画花、草、鱼、虾之类，下笔很随意，一笔即成一个形状，然后上色点缀，这种画法的特点是构图简单，朴素美观，富有想象力。细画，灶山上画仙人或和合，下面画花、鸟之类或其他吉祥物，人物和动物的形态都需按传统细笔勾勒，讲究工整，图样完美。村域内会灶头画的有 3 人，以粗画为主，砌灶师傅俞海金除会粗画外，还会细画，是邻近闻名的灶画师傅和砌柴灶泥水匠。堆画，先根据构思，用石灰把图案堆成立体状，如花有画瓣和花叶，鱼有鱼鳞和鱼翅，都要“堆”得清晰可辨，上色后形态逼真。解放后多采用粗、细结合的画法，融意与实为一体。“文化大革命”时破旧立新，灶头画趋向简单画，传统画法渐渐淡化。20 世纪 90 年代以后，村民逐渐用上燃气灶，柴灶及灶头画越来越少。

采桑图　顾纪昌作品

2014 年 10 月 24 日，天凝镇文化站在洪溪村文化礼堂举办全镇灶头画大赛，有 20 多组灶画参加比赛，经县文化部门专家评选，洪溪村顾纪昌等三人的作品获得金奖。

农民画　顾纪昌，民间农民画艺人，1949 年出生，1983 年参加省农民画比赛，作品《采桑图》入选浙江省首届工人农民画展图

录，在县内绘画比赛中，得过县书画展优胜奖、灶头画比赛金奖。近年来每年送作品参加镇三溪书画社画展。域内还有李一鸣、徐连根等书画爱好者，参加本地书画展和本村画展。2014 年 9 月 27—29 日，在村文化礼堂举办迎国庆农民书画作品展（书法、绘画、剪纸、灶头画），共 50 件作品参展。

摄影　顾梅森，1963 年 4 月 27 日出生，天凝镇洪溪村人。浙江省摄影家协会会员、嘉兴市摄影家协会会员、嘉善县摄影家协会理事，2012 年荣获嘉善县文学艺术界最高奖——红杜鹃奖，受到县委、县政府的表彰。其摄影作品在国内外刊物发表并获得诸多奖项：

2001 年 7 月“南湖之光”中国摄影家协会主办的全国摄影大赛，《启蒙》获优胜奖。2004 年 9 月浙江省“科学在我身边”摄影展，《家园》获优秀奖。2005 年 12 月浙江省第二届乡镇美术、书法、摄影优秀作品展，《故乡娇子》获优秀奖。2006 年 5 月嘉兴市“影友杯”浪漫情、潮乡缘摄影比赛，《好日子》获二等奖。同年 10 月嘉兴市“新农村、新视觉”农民摄影大赛，《夜挑》获银奖。2008 年 6 月嘉兴市摄影艺术展，《窑工》获铜奖。全国非物质文化遗产传承人风采摄影大赛，《窑工》获铜奖。2009 年 6 月中国农业博物馆“当代中国农业农村农民图片展”，《家园》获优秀奖。同年 10 月，《家乡的小河》入选奥地利超级国际摄影展。同年 12 月嘉兴市“风雅运河”视觉艺术大赛，《八月渔火》获金奖。2010 年 12 月江南网船会浙江省摄影大赛，《扎肉提香》获三等奖。2011 年 6 月全国农民摄影大赛，《那个就是我》获优胜奖。同年 12 月浙江省农民摄影展览，《乡村舞场》获银奖。2012 年 7 月浙江省“寻找嘉兴端午百个民间影像”摄影大赛，《过端午》获入选。同年 10 月嘉兴市农民摄影比赛，《露天电影》获金奖。同年 12 月嘉兴市第二届摄影艺术展，《生命之源》获优秀奖。2016 年 1 月嘉兴市体育摄影大赛，《争雄》获一等奖。同年 10 月嘉兴市平安嘉善摄影大赛，《共享和谐》获一等奖。2017 年 11 月浙江省摄

争　雄

最后的窑工

启　蒙

影家协会主君泰杯“美丽家园共享平安”摄影大赛，《早春二月》获一等奖。2018 年 2 月嘉兴市摄影家协会主办“生态嘉兴——绿水青山品质生活”，《早春二月》获二等奖。

剪纸　民间剪纸也称剪画，是中国农村最悠久的民俗艺术之一。剪纸艺术具有很强的地域特点：村域内 50 岁左右的妇女，大都能剪双喜等简单的窗花，传统喜庆物品上都贴上双喜，吉祥的气氛就一下被渲染得更加喜庆。中龙港计玲珍，女，71 岁，除传统的剪纸外，还能剪出具有生活气息的作品，如抗台防台系列剪纸画 2015 年被县人防、县文广、县文联评为三等奖，她的作品富有时代气息，经常参加镇、村书画展。

民间舞蹈

腰鼓舞　中国广泛流行的民间舞蹈。解放前流行于陕北一带，解放后腰鼓舞遍及全国城镇农村，群众称“打腰鼓”。腰鼓舞属集体舞蹈，用于欢庆、热烈的场面，表达人们欢欣鼓舞的心情和劳动人民的英雄气概。舞者男女都有，均穿彩服，腰间挂一只椭圆形小鼓，双手各持一根鼓槌，鼓槌上扎有红绸，边打边舞，鼓点变化丰富，节奏强烈，舞步多变化，能走出各种复杂美妙的队形。腰鼓队少则 4 人至 8 人，多至 10 人甚至上百人。表演时情绪热烈，动作健壮，队伍整齐，气势浩大。域内庙会时能看到演出。随着庙会的破除，腰鼓舞也停止活动。2005 年 5 月，洪溪村成立了一支 18 人组成的腰鼓队，领队戴开玲（女）。平时她们被邀请参加村里或镇里的文化活动。

打莲湘　相传许多年前，一群乞丐在逢年过节的时候，到有钱人家的门口，手拿一根短棍又唱又跳，说一些恭维、奉承、吉祥喜庆的话，讨主人欢心，求得一些食物充饥。慢慢地，有钱人家为讨吉利，在过年过节的时候请一些人专门到家里唱，赏些红包。后来，人们把短棍改成了竹子，并装上了铜钱，敲打时铜钱相互撞击响声大，更热闹，这样就成了现今我们看到的莲湘了。打莲湘又称霸王鞭或打连湘。是一种传统的民俗舞蹈。打莲湘可由一人手拍竹板为唱，三四人手摇莲湘和之。莲湘是一根长约 1 米与拇指粗细相当的竹竿，两端镂成三个圆孔，每一个孔中各串数个铜钱，涂以彩漆，两端饰花穗彩绸，亦称“竹签”“花棍”。舞时可由数人、数十人乃至上百人参加。表演时，男女青年各持莲湘做各种舞蹈动作，从头打到脚，从前打到后，边打边唱，人数不拘，唱词多据民间唱本，也可现场编唱，亦可男女双人对打，形成舞、打、跳、跃的连续动作。行进时，可打出前进、停留、蹲下等多种步法。广场上可组成十字、井字等队形，随着男女交错对击，一起一落，节奏鲜明，动作活泼，主要流行于江南地区。解放初，域内庙会时能看到演出，随着庙会的破除，打莲湘表演也不见了。2010 年，洪溪村成立了一支 12 人组成的打莲湘队。通过学习培训，应邀参加民间艺术活动和村里的文化活动。

舞龙　早在汉代就有杂记记载了这样的壮观场面：为了祈雨，人们身穿各色彩衣，舞起各色大龙。渐渐地龙成了人们表达良好祝愿、祈求人寿年丰必有的形式，尤其是在喜庆的节日里，人们更是手舞长龙，宣泄着欢快的情绪。舞龙又叫“调龙灯”，是解放前后流传在洪溪域内的一种大型民间舞蹈。龙主要是用竹、木、纸、布等扎制而成，龙的节数以单数为吉利，多见九节龙、十一节龙……龙前由一人持竿领前，竿顶竖一个巨球，作为引导。舞龙以旌旗、锣鼓、号角为前导。引导舞动巨球前后左右摇摆，龙首作抱球状，引着龙身游走飞动，蜿蜒游走，数十人举竿来回奔走。古代制作好的龙平时一般放在龙王庙内，活动时将其请出。解放后“破四旧”时，舞龙被取缔。2008 年，洪溪村中龙港的村民又自发组织一支舞龙队。每年农历三四月份参加庙会时表演舞龙，也应邀参加民间或村里的文化活动。2017 年，村里组织一支腾龙舞龙队，领队陈佳杰，队员由村里的干部组成，共 10 人，参加各类文化和喜庆活动。

广场舞 洪溪村的广场舞兴起于 2009 年，以中老年妇女为主，有少量男性参加。多数为洪溪村村民，有少数集镇和邻村村民参加。地点位于重阳公园、吉阳公园和文体广场。雨天在社区排舞厅和文化中心排舞厅进行。30—40 人为一支队伍，常年有三支队伍活动，120 人左右。她们自由组合，自己编排舞蹈，每个队也派人积极参加镇、县排舞培训，回来及时推广训练，每支排舞队有 1—2 人的领舞（负责），音响自己出钱购买，自己保管，领舞平时通过网络下载排舞动作，学会后在自己的队伍里推广。政府除引导和培训外，还组织排舞大赛。村里除有三支排舞队外，还有“辣妈宝贝”，她们是村里的文艺名片。

民间故事

1987 年，由洪溪乡文化站主编的《洪溪乡民间文艺集成资料选本》共收集选录来自洪溪村的故事 4 篇。

洪家滩的来历 在洪溪镇的东面，有一个方圆约 100 米的小漾。早在明朝中叶，嘉善一个姓黄的吏部尚书，为了安葬先祖，到北门请了个风水先生，为他寻觅风水宝地。一行人登船从伍胥塘随着水势沿路，直达洪溪，绕漾一周之后，风水先生对尚书说：“这个小漾倒是不错，底下有颗龙珠，是三元不败、藏龙卧虎之地，倘将太老爷在此下葬，则保子子孙孙官爵久矣，惜乎还有点美中不足。”尚书一听，急问其故。风水先生点头晃脑一阵后说:“这条狭小的洪溪，溪水时水时干，老爷将溪水填塞，成了五龙抢珠之势，并将小漾开宽，可以增强五龙的取水，活跃兴风，未知老爷意下如何?”尚书一听，连连叫好，连夜回府，筹措方案。

不到三日，就命家人雇用工役 300 余人，填溪扩漾，并在漾底筑一坟墓。次年 3 月工程完工。命开堤，顿时漾中之水一片碧绿，坟隐于水底。与此同时，在漾的西侧筑起一座高大的看坟屋，并把这地方叫“黄家坟”。同时在此设了酒家当铺，成为个小街市。

殊不知尚书老爷只知自己升官发财，全不管百姓死活。他把洪溪填塞之后，附近农家遭洪水，总是颗粒无收。村民痛恨黄尚书的仗势欺人，户户敢怒而不敢言。但是几个有反抗精神的人，偏偏不向权势低头，他们把开黄家店铺的漾滩不叫“黄家滩”而叫“洪家滩”。

（1983 年洪溪村莫近威搜集）

茭白与高浜　在很早以前，高浜这个地方是一个很穷的村子。在村子偏西的地方，有一只小浜，小浜里生着菱白。有一天来了个风水先生，看了一阵之后，连说：“好地方！好地方！”他说这条河港形似乌龟，义浜就是乌龟头，水分成两路，像两只乌龟脚，向南的一段河面就是乌龟的身体，沿着这村子向西的河水和村东面的浜是乌龟的另两只脚，南面河后的这条大水沟就是乌龟的尾巴了。而现在乌龟吃下去的东西都在这一只小浜里，因此不但这里的菱白长得又盛又好，而且这里的风水特别好！消息传开之后，附近人家纷纷搬到这里来居住了，慢慢地成了一个人口密集的村庄。因为“菱”与“高”方言发声相同，就起村名为“高浜”。其实浜内姓高的是一户也没有的。

（1983 年洪溪村顾禹玉搜集）

自灵庵的传说　洪溪村高浜内有一座永安桥，北堍有一座尼姑庵，名为“永宁庵”。据说，明朝末年朝政腐败，民不聊生。这年寒冬腊月，北风呼呼，一个漆黑的晚上，天下着蒙蒙细雨，将近两更天光景，有一个名叫莫德林的盘窑师傅，从下甸庙盘好窑墩收工回家，经过此庵时，突然看见河边青草丛中有一个发光的东西，吓得他汗毛直竖，头也不回地逃回家中，可是这一夜翻来覆去总是睡不着。刚巧，他的妻子朱氏在这一夜作了一个梦，梦见河里飘来一朵莲花，上面坐着一个身披袈裟的美丽女人，向她频频点头，霎时，又飘入天际。第二天早上，他向丈夫说了此事。于是夫妻俩一同到昨晚发光的地方去看个究竟，原来那草丛里有一块木头，随涡盘旋，捞起来一看，原来是一尊用金粉漆过的观音菩萨。他们想这就是梦兆，就恭恭敬敬地把菩萨放在永宁庵里。不料到第二年的清明时节，有许许多多男女老少都患上了伤风咳嗽、肚痛腹泻的病。村中的私塾先生不能教书，盘窑师傅不能去做工。众人议论纷纷，恐惧万分。莫德林的妻子想起观音菩萨托梦之事，就到庵里去求神许愿，不几天毛病就好了。于是“观音显灵”的话就传了出去，庵里香烟缭绕。见此光景，莫德林就和私塾先生发起募化，要造一只新庵。过了一段时间，永宁庵被扩大了几倍，观音菩萨也重塑金身。佛台楼阁，雕刻着飞龙走凤，经堂内摆设得十分雅致。都说这个观音菩萨是自灵的，就将“永宁庵”改为“自灵庵”。现在高浜的粮库就是原来的“自灵庵”。

（1983 年洪溪村莫近威搜集）

莫元霸断桥　与洪溪漾西面相接的一条港叫“富村港”（斜塘），港面上有一座五孔的石桥，叫“富胜桥”。

相传在明末，这里有一个村庄叫“上南浜”。当地风俗，每年五月二十日要做上几本待龙戏，才能保佑一年之中风调雨顺，五谷丰登。这一年“上南浜”富翁张进财的儿子张秃，请了戏班子来，准备唱三本待龙戏，一则笼络人心，博个美名，二则摆摆阔气，显显威风。

这一天，戏班子来了。张秃和一群亲朋好友，高高地坐在看台上。当台上的花旦一连翻了八十五个旋子时，张秃还不肯罢休，连连喝彩，高声狂叫："再来一个！再来！"当演员的最后一个旋子在锣鼓声中停住时，身体一连晃了几晃，差一点跌下台来。不料张秃一伙见此情景，幸灾乐祸，拍手狂笑。

当时台下看戏的有高浜村的一位少年叫莫元岔，他从小熟练武艺，今天看到张秃如此不顾演员死活，心中十分不满。这时见他们拍手狂叫，再也忍不住了，就大吼一声。张秃正在兴头上，见有人扫他的兴，心中恼怒，就走下台，气势汹汹，一副寻事的样子。谁知那少年毫不惧怕，大声争辩。二人你一言，我一语，争论不休。张秃说理不过，恼羞成怒，就动手打人来。那莫元岔是一个顶天立地的硬汉，哪肯相让，你来一拳，我去一脚。张秃哪是他的对手。狗急跳墙，就唆使手下一班人用长凳、棍棒敲的敲，打的打，乱打一气。顿时戏场上乱成了一锅粥。莫元岔一看他们人多势众，又怕伤害百姓，就一面打，一面朝戏场外面退出去。不料张秃见他后退，误以为他惧怕，更加得意，急追不舍。当莫元岔走到桥上时，张秃一伙也已赶到桥下，莫元岔担心这伙人过来更殃及无辜，因此在桥中心脚猛力一踩，"轰隆"一声，桥上天罡石掉到河里去了，截断了追赶的人群。再看那莫元岔，早已一个"白鹤冲天"稳稳地站在对面河岸上了。但张秃不甘心，用船渡过江心去要捉那少年。莫元岔心中大怒，走到港边，飞起一脚，把一个石牌坊踢倒在地，双手托起石柱大声说:"谁是钢筋铁骨，过来见个高低！"说罢将石柱往港里一抛，随着港里涌起波涛，把他们吓得魂飞魄散，谁也不敢靠岸，个个胆战心惊，纷纷退去。在场看热闹的人都十分敬佩，赞声不绝，都说这少年将来是个为民除害的勇士，好一个当代的李元霸呀！从此之后，大家都叫莫元岔为莫元霸。

这座桥被踩断之后，张秃父子二人一商量，觉得是个发财的机会，就派个长工在这里设了个渡口，从中取利，并取名为"张家渡"。但村里乡民都不愿叫"张家渡"，都叫它"富胜桥"。

虽然现在这些古迹都荡然无存，但这个故事还一直流传到现在，"富胜桥"的地名沿用至今。

（1983 年洪溪村莫近戚搜集）

诗篇

清代嘉善知县江峰青到洪家滩后写下诗篇一首，描绘洪溪风貌。

夜泊洪家滩

一泓清水碧如烟，
烟锁垂杨夜泊船。
何处月凉人度曲，
弦歌声在板桥边。

歌谣

民间流传着一首歌谣，名为《洪家滩》（演唱者秦阿七，搜集者徐正荣，1983 年采录于洪溪乡），更是具体细致地描绘了洪溪风情——

洪家滩漾起水白遥遥，
六条江门一条桥。
四通八达东南西北才好去，
小小码头市面好，
两只渡船一来一去走马穿梭团团转，
摆渡格姑娘细白布衫黑里俏。
推艄扳艄摇呀摇，
唱起田歌九腔十八调。
头颈好像铜丝绕，
身体赛过杨柳条。
跑落是格只荡悠荡悠摆渡船，
说说笑笑解心焦。
男男女女老老小小街上去，
来来往往进进出出真热闹。
漾滩里坯船、柴船、菜船、粪船横七竖八摇船喊扳艄，
八八六十四只窑墩都在烧。
黑烟重重冲到云霄，
神仙下凡叫苦恼。
上坯搬货、搬货上坯真闹猛，
大货船桅杆矗到半天高。
装仔砖头瓦片、瓦片砖头，南京、北京、杭州、上海到处销，

窑业生意实在好！
寻着仔[1]洋钿角子、角子洋钿吪处用，
茶馆里吃酒、酒店里吃茶乱糟糟。
肉墩头斩仔肋条猪头加脚爪，
鱼行里买是鲤鱼、白鲦，
鲤鱼、白鲦根根跳[2]。
薛家纯糯米水磨汤团吊糖馅，
俞二姐格粽子当日裹来当日销，
朱同泰麻饼白糖猪油、猪油白糖香喷喷，
毛娘舅格山茹烘到四面焦。
俞泰茂格姑娘阿嫂、阿嫂姑娘招待顾客情义好，
茶馆酒店欢天喜地乐逍遥。
乌烟铺开仔当官[3]卖，
抽头、聚赌、麻将牌九，牌九麻将日夜到通宵。
狗屎警察上南落北趁势捞铜钿，
混水里摸鱼塞腰包。
辛苦铜钿快活用，
鸭脚背上清水上岸就干掉，
老古话洪家滩街路两头弯当中凹，
苦格多来富格少。
问那楚馆秦楼好勿好？
实在是乌烟瘴气一团糟。

第三节　文化遗产

古建筑

顾家厅及河埠　顾家厅及河埠位于洪溪镇洪溪村高浜 96 号，建于清代。该厅及河埠占地 118 平方米，顾家厅坐北朝南，面阔三间，通面宽 8.7 米，进深 10 米。厅内梁架及北面雕花落地门窗保存较好，明间梁架为五梁架，前单步，后双步，带前廊。厅南现存内河埠 2 座、八字形河埠 1 座及船坞残存石柱 6 根（原两座船坞），总长 28.9 米。顾家厅虽然

[1] 寻着仔：方言，这里是赚了钱的意思。
[2] 根根跳：方言，这里是条条鲜活的意思。
[3] 当官：方言，公开。

结构比较简单，但梁架、雕花保存较好，并且还有保存完整的河埠，具有一定的文物价值。2017 年 12 月，被列为县级文物保护点。

顾家河埠（顾梅森 摄）

顾家厅（陈家杰 摄）

朱家宅（黄家宅） 位于洪溪村北汇头北大街 12 号，建于清末。

该宅占地 147 平方米，坐北朝南，为墙门、东西厢房及正屋围合而成的一座小院。墙门为石库门，正屋面阔三间，两层楼房，底层方砖铺地，两楼明间梁架七檀抬梁，硬山顶。天井用条石铺地，内有“平升三级”石雕一块。东、西厢房已改建。朱家宅（黄家宅）是当地保留下来的为数不多的清代建筑，具有一定的历史价值。2010 年 5 月，被列为县级文物保护点。

朱家宅（顾梅森 摄）

洪溪黄家宅 洪溪黄家宅位于洪溪村北汇头北新街 13 号，建于民国后期。该宅占地 65 平方米，坐北朝南，为两层楼房，面阔两间，通面宽 6.2 米，进深 10.5 米。西面二楼挑出，南有单层廊棚，东面为硬山顶，西为四六戗屋顶，黄家宅建筑形制特别，具有一定的历史、艺术价值。2010 年 5 月，被列为县级文物保护点。

黄家宅（顾梅森 摄）

自灵庵 位于高浜永安桥北，民国 8 年（1919）由王姓女士出资建造。建有山门、仪门，前后两殿，各五开间，二殿的东面两间建有矮楼，占地约 300 平方米，前殿正中韦驮殿，东侧为二老爷殿，西侧为关帝殿，前殿与正殿之间是天井，正殿中有如来殿、观音殿，正殿后面又是天井。自灵庵内除王女士外，有尼姑 5 人，每天诵经念佛。初一、月半，附近香客信徒纷纷前来烧香拜佛。解放后，庵内佛像被毁，众尼姑还俗，该庵被国家征作粮仓得以保存至今。后政府将该庵归还村集体使用，更名永安庄，作为老年活动室。2004 年，附近村民出资重塑如来、观音等佛像，予以供奉，是保存最完整的古建筑之一。

古桥

安澜桥，位于洪溪洪港岸港。该桥占地 54 平方米，为三孔石板平桥，南北走向，跨洪港岸港，桥长 18.8 米，桥面宽 2.4 米，桥塊宽 2.9 米。桥面由四块长条石铺成，桥中孔刻“重建安澜桥中华民国五年”。南北栏杆各缺失一块，桥南 10 级台阶，北面 13 级台阶。桥西面一侧的对联为：“一木难支，人虞灭顶；群贤缘助，石建安澜。”桥东面一侧的对联为：“众水朝宗，南连马塔；万商云集，北跨虹溪。”

安澜桥（顾梅森 摄）

安澜桥在当地很有影响，而且保存较好，是研究民国桥梁的实物例证。2017 年 1 月 13 日，被列入天凝古桥群，为省级文物保护单位。

洪家滩古街

位于洪溪漾北滩，古名“黄家滩”，于明朝中叶渐成市镇，至解放后人民公社时期一直是洪溪地区的政治、文化、商贸中心。洪溪老集镇南大街、北大街至今还保持着原始的风貌。弯曲的街道，错落的古建筑虽破旧、残缺，但也能看到当年的繁华，如能保护性开发，是不错的景观，南大街东西长 150 米、宽 2 米，始建于清代；北大街东西长 80 米，宽 2 米，始建于民国初期。

南大街（顾梅森 摄）

北大街（顾梅森 摄）

西大街（顾梅森 摄）

遗迹

富胜桥凉亭，村域内的十四组土地上，先前曾建有凉亭一座（建造年代已无从考究），该凉亭坐落于斜塘河边，古代河上有一座桥叫富胜桥，亭子是供过桥人歇脚之用，亭子占地面积约 10 平方米，呈四方形，四面四根石柱，石柱与石柱之间除留有进出口外，在离地面约 30 厘米的地方用条石与石柱连接，以供行人歇息、纳凉。石柱的顶端又用条石连接，亭子顶部为砖木结构，木头椽子，墁砖瓦片盖顶。亭子四角翘起，通高约 3.5 米。四根石柱的每一面都刻有对联，一共 8 副 16 句，村内的老年人至今还记得几副对联的词句：“来来去去为民为利，忙忙碌碌为子为孙”；“顺利行将去，顺天吩咐来”；“人间富贵花间露，积善人家福寿多”。多少年来，凉亭为人们提供了诸多方便，可惜在 1958 年下半年刮“五风”时，凉亭被拆毁，这一处古建筑从此湮灭。

第四节　群众体育

洪溪的群众性体育活动主要是篮球，洪溪村是洪溪篮球的主阵地。洪溪篮球是一项家喻户晓的传统体育项目。1968 年，公社篮球队中有吕正民、俞利华、储连卫、吕瑞泉、吕炳泉、吕稚元、费继法、陈福荣、邵玉生、劳海根、黄继昌、张德明 12 人，其中洪溪村有 10 人。2008 年 12 月浙江省体育局授予洪溪村“浙江省村级体育俱乐部”称号，2009 年 11 月中共浙江省委宣传部授予洪溪村“千镇万村种文化活动先进村”称号。以篮球为代表的群众体育活动的广泛开展，带来了其他群众性体育活动的普及和蓬勃开展。村加大对文体设施的投入，使之不断完善。

文化体育设施

洪溪村为了满足广大村民的体育活动需求，加大了村体育设施的投入，在原有洪溪镇集镇体育设施的基础上，2014 年村投资 100 万元，建篮球馆 1 座、门球场 1 个、文化广场 3 个。至 2020 年，有篮球馆 1 座、门球场 1 个、棋牌室 1 间、乒乓台 1 张、健身步道 6000 米、健身器材 22 件、文化广场 3 个、室内篮球场 1 个、室内舞蹈房 1 间。

2020 年洪溪村文体场地设施情况表

表 18-3

序号	场地名称	数量	场地面积			建成年份
			长（米）	宽（米）	面积（平方米）	
1	篮球馆	1 座	45	30	1350	2013
2	室外门球场	1 个	38	29	1102	2014
3	棋牌室	1 间	6	5	30	2006
4	乒乓台	1 张	—	—	—	2006
5	健身步道	22 条	6000	1.5	9000	
6	健身器材	22 件	—	—	—	—
7	文体广场	3 个	—	—	—	—
8	室外篮球场	1 个	—	—	—	—
9	室内舞蹈房	1 间	—	—	—	—

文体队伍

洪溪村的文体队伍中洪溪篮球队和“辣妈宝贝”队是洪溪村对外交流的金名片。至2020年，洪溪村有12支文体队伍。

2020年村级文体队伍情况表

表18-4

队伍名称	人数（人）	成立时间
篮球队	18	2005年3月
辣妈宝贝队	26	2007年7月
腰鼓队	18	2005年5月
交谊舞队	16	2005年5月
老年门球队	10	2013年5月
排舞队	120	2009年5月
上海说唱队	4	2012年7月
乒乓球队	8	2012年7月
小品队	12	2011年9月
莲湘队	12	2010年8月
少年健美操队	18	2010年8月
儿童舞蹈队	18	2010年8月

篮球运动

20世纪40年代，洪溪建立一支以集镇窑业工人为主体的农民篮球队，在县内篮球赛事活动中常获好成绩。解放后，篮球运动开始向农村地区发展。一大批青壮年喜爱篮球，经常利用农闲、业余时间相约开展篮球活动。起初的篮球设施比较简单，一块平坦的泥地，竖一根木头，钉上木板，装上球筐，围上渔网，就成为一块篮球场。洪溪村的吕家“五兄弟”与集镇周边的年轻人，经常自发性地开展篮球比赛。到60年代，篮球运动已经成为洪溪的一项人人喜爱的体育活动。洪溪篮球不但影响着洪溪人的生活，甚至带动了全县篮球运动的兴起。此时，洪溪公社领导因势利导，1968年成立由12人组成的洪溪公社篮球队，洪溪村就有10名队员，其中有篮球“五兄弟”。洪溪篮球的兴衰一直影响着洪溪人的生活，篮球运动依然为广大的洪溪人民所热爱。如今篮球是洪溪村对外交流的一张金名片，获得了诸多的荣誉。

获得荣誉

1970年，代表嘉善县在嘉兴地区举办的篮球赛中荣获第一名。

1976年，洪溪大队男、女篮球队在全省农民篮球赛中双双荣获冠军。

1977年，代表嘉兴地区队获在金华举办的浙江省农民篮球赛第一名。

1986年，洪溪村篮球队获在嘉善举办的浙江储蓄杯农民篮球赛冠军。

1986 年、1987 年，洪溪男篮代表嘉兴市又先后获省首届“农业银行储蓄杯”和“丰收杯农民篮球赛”冠军。

从 2005 年开始，重新组建的洪溪村篮球队在随后的四年中，均获全县村级农民篮球赛第一名。

2012 年，承办第五届中国小康村篮球总决赛，并在比赛中获第一名。

承办赛事　洪溪村先后承办社级篮球联系、村级篮球联赛、嘉善县 JBA 篮球俱乐部联赛、中国小康篮球赛等。

社级联赛，村里的社级篮球联赛，堪称是全世界级别最小的篮球联赛了。2007 年 1 月 6 日首届洪溪村社级篮球联赛开赛，参加球队有西联队、南联队、中联队，共 30 多名球员，比赛实行循环制。至 2011 年 5 月 27 日，共举办四届社级篮球联赛，后被村农民文化体育节替代，作为其中一项球类活动。

村级篮球联赛，20 世纪 50、60 年代，洪溪就有不少喜爱篮球运动的年轻人，互相之间自发组织比赛。70 年代篮球运动发展迅速，每年农忙后或春节各村之间都要开展篮球友谊赛。比赛地在各村之间轮换。1991 年后，每年 10 月，洪溪镇都要进行村级篮球比赛，到 2007 年共举办 17 届。比赛地都设在文体中心（洪溪村文化礼堂），洪溪村参加了全部比赛，并夺冠。1988 年开始，洪溪乡政府举办农民运动会，至 2007 年共举办 4 届，洪溪村在篮球比赛项目中夺冠。2004 年 4 月举办三人制篮球联赛，至 2009 年 4 月共举办 6 届，洪溪村组队参加并夺冠。

1989 年，庆祝中华人民共和国成立四十周年洪溪篮球邀请赛（戴根荣 摄）

嘉善县 JBA 篮球俱乐部联赛，嘉善县 JBA 篮球联赛每年举办一届，从 2009 年 5 月开始至 2017 年 10 月共举办八届。其中村文化礼堂承办了小组赛到决赛近 50 场比赛，经过激烈的角逐，最终洪溪篮球俱乐部夺得自首届 JBA 篮球联赛以来 7 届联赛冠军。

中国小康村篮球赛，中国小康村篮球赛是农业部、中国合作经济学会、中国农村社区小康建设专业委员会主办的篮球赛事。赛事从 2008 年创立，至 2018 年，已经举办了 10 届。中国小康村篮球赛的参赛球队是以村为单位进行报名的，这是赛事的一大特色。赛事一般在每年的 8 月展开，12 月结束。参赛球队覆盖全国大部分省市，是全国参与面最广、影响力最大、参赛球员最多的业余篮球赛事之一。洪溪村于 2011 年组队参加第四届中国小康村篮球赛，比赛地在江苏江阴市华宏村。2012 年，洪溪村首次举办了第五届中国小康村篮球赛，洪溪村篮球队夺得冠军。自 2012 年以来，洪溪村已成功举办了六届总决赛，也是全国唯一一个连续举办六届小康村篮球赛总决赛的村。2016 年 1 月 8 日，中国小康村篮球赛组委会确定洪溪村为“中国小康村篮球赛”总决赛永久性优先承办地。

篮球五兄弟　洪溪村有个吕氏家庭篮球队，人称“篮球五兄弟”。

吕幼元，排行老大，绰号“老太婆”，因少时贪玩磕掉门牙，留下大号。人们几乎不知道他的真名，他是司职前锋，是队长。20 世纪 70 年代参加嘉兴地区、浙江省农民篮球赛，80 年代参加嘉善县“丰收杯”农民篮球赛及其他赛事。1988 年 10 月代表洪溪乡到北京参加第一届全国农运会农民体育先进代表大会，受到中央领导接见。90 年代后主要从事洪溪篮球运动的筹备与后勤工作。2002 年 9 月 2 日至 2010 年年底，担任第一届、第二届嘉善县篮球运动协会秘书长。2005—2012 年，担任嘉善县体育总会委员。

篮球五兄弟
（自左至右依次为吕炳泉、吕瑞泉、吕幼元、吕拯民、吕稚元）

吕稚元，排行老二，球场打后卫。20 世纪 70、80 年代是洪溪篮球的主力队员，代表洪溪篮球队参加县、市、省举办的农民篮球赛和其他比赛。90 年代后在村里担任会计工作，退休后随子女去了美国。

吕瑞泉，排行老四，绰号“小猫”。1950 年 11 月 20 日出生。18 岁时第一次摸到篮球，以后便与篮球结下了不解之缘，放下锄头柄，就往球场上跑，成为篮球迷。两年后就进了县农民篮球队，又一年后进嘉兴地区农民篮球队。1968 年组建洪溪篮球队时，是球队的骨干队员，参加洪溪镇、村所有篮球赛事，并成为省、市、县农民篮球队队员，参加全国、省、市、县农民篮球赛。1986 年，代表浙江队参加全国农民篮球赛。2007 年 5 月，洪溪村发起“种文化”百村竞赛“英雄帖”篮球擂台赛后，已经身患癌症的吕瑞泉又来了十足的劲头，当起了篮球教头，组织队员日夜操练。他说，篮球是洪溪的骄傲，输球不怕，重要的是要打出洪溪农民篮球的精神来。擂台赛期间，吕瑞泉应去医院化疗，但放心不下正在举行的篮球赛，瞒着家人，去医院请医生多让他休息一个星期。他说：“命和篮球我都不能丢。”擂台赛后，他获浙江省“种文化”能手的称号。1992 年起，吕瑞泉担任洪溪中学义务篮球教练，一当就是 13 年，为培育洪溪篮球接班人呕心沥血。2009 年 9 月，与篮球结缘 40 余年的吕瑞泉离开了人世。

吕炳泉，排行老五，绰号“咪猫”。篮球场上主打前锋，是投篮高手，球架两边的擦板球精准率很高，20 世纪 70、80、90 年代是洪溪篮球队的主力球员，参加那个时代的所有比赛，随着年龄的增大逐渐退出比赛，但有赛事活动就能看到他，对篮球运动有不解之缘。

吕拯民，前四位是他的叔叔，绰号“百嘴”，论年龄排老三，他能说会道，是篮球场上的控球后卫，组织进攻，球员调配，临场指挥。他虽说面对的都是叔叔辈的一代人，但球场上都能听他统一指挥，使这支队伍能屡建奇功。参加了 20 世纪 70、80、90 年代的所有比赛，后来他一直担任镇篮球队的教练，其他单位也经常邀请他担任教练。

从 1968 年公社成立篮球队开始到 20 世纪 80 年代，篮球五兄弟一直是篮球场上的主力队员。1972 年他们创造了“五吨”胜“万吨”的故事。新华社、新民晚报社等媒体驻华东地区记者站 36 名体育记者慕名到洪溪参加篮球友谊赛。篮球五兄弟为洪溪篮球运动的蓬勃发展作出了巨大贡献，并获得了县、市、省、全国诸多的荣誉。

洪溪村的男篮运动员，不仅有吕氏五兄弟，还有洪溪村在各个时期的篮球主力队员。20 世纪 70 年代，俞利华是篮球队的主力队员之一，身高 1.82 米，曾代表公社、县、市多次参加篮球比赛，为洪溪篮球争得很多荣誉；20 世纪 80—90 年代最有代表性的是陈荣华和黄智荣，陈荣华身高 1.8 米，绰号“陈阿二”，黄智荣身高 1.78 米，绰号“黄阿二”，人称“两阿二”，他们是这个时期篮球队的年轻主力队员，配合老队员为洪溪篮球队在比赛中锦上添花。到了 2010 年后，洪溪的篮球队员已经更新换代，当年的主力队员吕瑞泉、俞利华、陈福荣、劳长法已因病过世，其他的队员年事已高。

在洪溪的篮球运动员要断层的关键时刻，村党总支、村委会为了使篮球运动后继有人，永远传承下去，培养了一批优秀的年轻队员，陈佳杰中锋，1.9 米，是陈阿二的儿子；黄宇晨前锋，1.8 米，是黄阿二的儿子；李军前锋，1.77 米，绰号“大头”，三分球得分高手，他们是新时期洪溪篮球发展的主力军。

各阶段男篮主力队员一览表

表 18-5

时期职位	20 世纪 70 年代	80—90 年代	2018 年
教练	吕拯民、吕瑞泉	吕瑞泉	陈荣华
中锋	吕瑞泉	吕瑞泉、俞利华	陈佳杰
前锋	吕幼元	吕炳泉	黄宇晨
	吕瑞泉	黄灵炯	李军
	俞利华	陈荣华	冯涛
	金木根	黄智荣	周卓旻
	储连伟	金木根	吴雨杰
后卫	吕稚元	章菊荣	贝斌华
	陈福荣	吕稚元	俞强
	陈海荣	吕拯民	周宇翀
	劳长法	储连卫	鲁志强
	劳海根	—	—

门球

2005 年，成立洪溪老年门球队，主要人员由洪溪村村民组成，每逢县老年体协主办门球联赛，都积极参加，还应邀参加周边门球赛事，并主办县级老年（社区）门球赛。2008 年，洪溪门球队在县迎“奥运”老年门球冠军队比赛中获第二名。2014 年，洪溪村在建造文化礼堂时，在中龙港文化礼堂东侧新建门球场 1 个。

第十九章 医疗卫生

第十九章　医疗卫生

解放前有村民在村域内开设私人中医诊所。20 世纪 50 年代，开展妇女劳动保护宣传教育。1968 年 3 月，七一大队设立大队医务室。1969 年 10 月起，洪溪大队先后培养“赤脚医生”8 人。1970 年 3 月实行合作医疗，“赤脚医生”担负起大队（村）疾病防治工作。1973 年起，每年开展一次妇女病普查。1983 年，达到消灭血吸虫病标准。1986 年，进行大肠癌普查。2002 年起，全村为 60 周岁以上老年人每年进行免费健康体检。2003 年 8 月 1 日，全县实行新型合作医疗，为广大村民解除因病致贫的后顾之忧。

第一节　乡村医生（赤脚医生）

私人诊所、郎中

解放前村民李人雄在村域内安澜桥南家中开设中医内科诊所，行医治病，一直到解放后。1956 年 4 月，洪溪乡建立联合诊所，李人雄进入洪溪联合诊所继续行医。高浜自然村顾俊仁在解放前为乡间中医郎中。

村医务室

1968 年 3 月，七一大队设立医务室，地址在安澜桥南，面积 40 平方米。当时医务室设备简陋，连血压计也没有，只有体温表、听诊器、注射器。1969 年 10 月，洪溪大队逐步添置针灸针、拔火罐、压舌板、灌肠器、量杯、酒精灯、碾钵杵等。1976 年，增设中草药医务室，面积 40 平方米，在医务室南开辟了半亩地种植薄荷、仙鹤草、杭白菊、车前子、半边莲、一包针、益母草等几十种草药供医务室用，同时还经常出外采集，一些本地采集不到的就向中药店购买。由于农民劳动强度大，挫伤、扭伤的事时有发生，消炎、活血化瘀的中草药用量较大，针灸、拔火罐的人次也比较多。

大队医务室在 1976 年以前常有一名“赤脚医生”值岗，设立中草药医务室后有两名医生值岗。“双抢”农忙期间，一名医生值岗，一名医生下生产队巡回医疗。20 世纪 80 年代以后，随着合作医疗的转型，“赤脚医生”把诊所搬到了家里，以在家行医为主。

乡村医生（赤脚医生）

1965年6月26日毛泽东主席发出“应该把医疗卫生工作的重点放到农村去”的伟大号召，建议培养大批“农村也养得起的医生”，由他们来为农民看病服务，毛主席的指示催生了“赤脚医生”的诞生。

赤脚医生的选拔，首要条件是贫下中农出身，政治思想好，有为人民服务的思想，品行端正，肯吃苦耐劳，小学以上文化。1967年10月，七一大队选派陆洪生、洪联大队选派俞瑞珍（女）到天凝地区医院组织的“赤脚医生”培训班培训（称赤脚医生抗大学习班），时间3个月，理论学习在天凝地区医院，实习到当时全国合作医疗先进单位吴兴县荻港公社卫生院。随后几年里大队先后又培养6名“赤脚医生”，由公社卫生院培训2—3个月后，回到大队边工作边学习。1971年3月陆洪生被公社卫生院抽调去卫生院工作。1972年2月公社卫生院派陆洪生到上海市青浦县朱家角人民医院进修学习18个月，结束后回洪溪卫生院工作。

洪溪村“赤脚医生”一览表

表19-1

姓名	性别	工作时间	备注
陆洪生	男	1968—1971年	转公社卫生院
俞瑞珍	女	1969—1999年	—
汪小云	女	1973—1979年	下乡知识青年
贝美宝	女	1974—1982年	—
朱伯年	男	1974—1978年	—
王品华	男	1976—1988年	—
薛凤萍	女	1979—1984年	—
顾根兴	男	1979—1984年	—

1980年4月，县卫生局首次组织全县“赤脚医生”参加培训考试，成绩合格者由县卫生局发赤脚医生证，本村赤脚医生俞瑞珍（女）经培训考试合格，获得赤脚医生证。1982年12月“赤脚医生”改称“乡村医生”，经培训考试合格者，由县卫生局发乡村医生证。“赤脚医生”俞瑞珍（女）经培训考试合格获县卫生局颁发的乡村医生证。

“赤脚医生”由大队选派去公社卫生院学习培训，学成后回到大队，是为社员服务的农民医生。“赤脚医生”在医务室上班值岗，还是到生产队巡回医疗，都与生产队社员下田干活一样记工分，按照其实际出勤天数由大队开工分到自己所在生产队，参加年终粮食经济分配。“赤脚医生”的报酬，大队在年终决算时50%按人口、50%按田亩分摊到各生产队负担。“赤脚医生”的待遇并不高，社员们养得起，即便离岗后年满60周岁，政府也未发给退休金，只是以一年工龄每月补助 16.5 元左右的补助金。如工龄 30 年，其每月的补助金为 30 年 × 16.5 元，约 500 元。

第二节 疾病防治

常见病防治

常见病有急性肠胃炎、细菌性痢疾、流感、小儿带状疱疹、无名高热、肺结核、疟疾、麻疹和村民在劳动中的跌伤、挫伤、妇女痛经、白带等。在没有“赤脚医生”之前，村民打预防针要到公社卫生院，在校学生则由卫生部门派医务人员到学校为学生注射。20 世纪 60 年代初，小儿卡介苗注射要到嘉兴防痨协会。1968 年，大队开设医务室，“赤脚医生”担负起村域内的常见病防治工作，接种各类疫苗，主要疫苗有牛痘疫苗、鼠疫（活）疫苗、卡介苗、霍乱疫苗、伤寒三联疫苗、白喉疫苗、麻疹疫苗，还有小儿口服麻痹糖丸。进入 21 世纪以后，随着人口老龄化速度的加快，村域内老年人口增多，高血压、高血糖、高血脂已成为老年人群中的常见病。村委会关心老年人的身体健康，每年聘请卫生院、社区医院的医生到村老年大学为老年人作防控三高（高血压、高血糖、高血脂）疾病专题讲座。

血吸虫病防治

血吸虫病，俗称“肚包病”“鼓胀病”，是一种流行时间较长的地方病，对人体危害极大。民国 17 年（1928），嘉善被列为血吸虫病流行“浓厚区”、浙江省血吸虫病最剧县。洪溪村域地是重流行区之一。当初域地境内几乎所有河浜、水沟、潭洼、田地都有钉螺滋生。每个自然村都有血吸虫病人，小浜（十四组）邵家三弟兄、北汇头（七组）沈五姐（女）等都得了此病，骨瘦如柴，腹大如鼓，先后都死于血吸虫病。

解放后，党和政府重视血防工作，域地村民响应毛主席“一定要消灭血吸虫病”的号召，开展了声势浩大的防疫工作。1957 年高级社时就有一名社干部负责血防工作，组织起以青年妇女为骨干的血防队伍，开展血吸虫病防治工作。1964 年，洪联大队、七一大队学习天凝公社东方红大队的经验，全面开展血吸虫病综合防治工作，分别建立由妇女大队长为组长的血防领导小组，成立大队血防专业队伍，在村域内开展查螺、灭螺、查病、治病工作。查螺专业队员到河浜、水沟、潭洼、田头地边查螺，卫生院则检测村民粪便。对有钉螺区域进行药物喷杀，填埋潭洼，河浜采用“土埋灭螺法”和“降水灭螺法”，水沟开新填旧，稻田用五氯钠酚或石灰氮灭杀。粪便集中管理，社员家的马桶由生产队清卫员倒，不在河里洗马桶，建造三格式化粪池。对血吸虫病感染者分期分批分地段（队）集中进行药物治疗。1965—1969 年期间，以麻油 846 乳剂、血防 846 片、锑 273 片治疗，但疗效差、反应大而被淘汰。1970 年以后，晚期病人送天凝地区医院或县人民医院进行切除脾脏手术治疗。早中期病人由公社卫生院收治。大量早期病人由大队“赤脚医生”和卫生员利用农闲时间在大队会议室礼堂集中治疗。治疗药物主要是锑 273 片、呋喃胺（F30066）片，这种疗法比较安全，但疗程长，反应比较大。血吸虫病治疗费由大队负责。经过近 30 年的努力，洪溪村于 1976 年已查不到钉螺。1980 年，已无阳性病人。1983 年，达到中央血吸虫病防治办公室制定的消灭血吸虫病试行标准。

肿瘤防治

肿瘤分为良性肿瘤和恶性肿瘤两种，良性肿瘤一般不会对人体有致命威胁，恶性肿瘤则是百病中的头号杀手，死亡率高。定期体检是预防癌症的有效措施。1986 年，乡卫生院对各村进行大肠癌普查，本村查出肠癌病人一人，及时进行治疗。此后进行过多次肿瘤普查。2012 年开始，村委会利用村（社区）学校，聘请专家、医生对村民进行预防肿瘤知识讲座。专家医生的讲座增加了村民的预防肿瘤知识，树立了健康第一的正确观念。

2009—2020 年村民因癌症死亡人数统计资料显示，死于食道癌 8 人、肠癌 2 人、肝癌 4 人、肾癌 1 人、恶性淋巴瘤 3 人、胃癌 6 人、皮肤癌 1 人、胰腺癌 2 人、宫颈癌 2 人、腹腔转移性癌 1 人、肺癌 14 人，共计 44 人，占累计死亡人数的 1/3。

公共疫情防控

“非典型”肺炎防控　2003 年春，广东、北京等地暴发非典型性肺炎。为防止疫情流传到洪溪，村民委员会按照上级要求成立疫情防控领导小组，向村民宣传防控知识，告诫村民不要去疫区。将村域内的嘉善祥和食品有限公司作为重点防控单位，做好该公司采供销人员和外地来该公司洽谈业务人员的健康监测工作。发现发热和疑似病人立即送医院诊治。经过一个多月的防控，洪溪村域内未出现“非典”病例或疑似病例。

新型冠状病毒肺炎防控　2020 年 1 月湖北省武汉市出现新型冠状病毒肺炎疫情，党中央高度重视，立即成立新冠疫情防控领导小组。各省、自治区、市、县、镇（乡）村（社区）也成立相应的组织。洪溪村防控领导小组迅速在全村开展全面的防控工作，从 1 月 28 日起在镇东村大通桥设立卡口，配备 6 名工作人员，分 3 班 24 小时值勤。对过往车辆进行严格检查。

按照上级规定：

一、对所有司乘人员进行红外线额温计体温检测。发现发热并来自或经过湖北，或与武汉人员有过密切接触者，给予佩戴一次性外科口罩外，拨打电话由“120”专车转运至县一院发热门诊。

二、发现来自湖北的非发热人员，拨打电话，由专用车辆转运至集中观察点留观。

三、发现来自非湖北的发热人员，给予佩戴一次性外科口罩，并告知自行到就近发热门诊就诊。

对以上三种人员做好信息登记。发现非湖北的不发热人员予以放行。疫情防控时期，正值春节，洪溪村新冠肺炎防控领导小组关闭村域内的公共活动场所，停止一切文化、娱乐活动。利用各自然村、小区的电视屏幕用文字和语音劝导村民不扎堆、不集会、不出门、戴口罩、勤洗手。“辣妈宝贝”从 2 月 1 日开始连续半个月用本地方言反复向村民宣传：春节不串门、亲朋不聚餐、手机拜个年、礼到情义到。春节过后，返乡过年的租户将陆续返程，大量人口流动对疫情防控极为不利。为有效防止新冠肺炎疫情蔓延，村防控领导小组向村域内的房屋出租户下发承诺书。由房东劝导返乡租客延迟返程。明确告知目前返程拒绝出租，视情况对延迟返程的湖北籍租客给予一定的免租优惠。如有返程的湖北租客，第一时间告知村干部。2 月初，天凝镇也出现新冠肺炎感染者，疫情严峻。2 月 8 日，村防控领导小组按照上级要求对全村 7 个自然村实行封闭式管理。分别在高浜路口、沈北泾桥、北汇头入口、洪港岸、洪港岸新村（小区）、中龙港及独圩（洪兴路口）、西周浜、塘上（洪溪路村部门口）设立卡口，人员进出一律测体温，并出具有效证件（健康码）。外来人员的车辆一律严控，不得进入。特殊情况由管理人员做登记备案。凡从嘉兴市外返回的人员，必须在 1 小时内主动向居住地村、社区报告自己在过去 14 天内有无疫情重点地区旅行史，不主动申报，拒绝接受测温、医学观察等防控措施者，将依法追究责任。车辆及人员晚上 10：00 时至次日早上 6：00 时严禁出入。如因上下班需要等特殊情况，出示有效证件及单位证明方可进出村庄（社区），在封闭式管理期间，定期向每家每户免费发放口罩，消毒液，要求村民无特殊情况减少外出活动。每个家庭 2 天中，可有 1 人 1 次持村部发放的通行证出门。出门必须佩戴口罩，回家洗手消毒。经过近半年的上下同心，合力防控，至今洪溪村没有出现一例新型冠状病毒肺炎病例。

健康体检

健康体检是关系村民身体健康的民心工程。通过体检能及时掌握和了解身体各个脏器的信息，发现异常可以及时治疗。在合作医疗成立以前，健康体检往往被村民忽视，大多数村民只有在生了病才会去医院检查，等检查出了问题，有的可能已经错过了最佳治疗期。2002 年，在镇卫生院的统一安排下，全村为 60 周岁以上的老年人免费进行健康体检，此后每年进行一次。2006 年起，凡是参加城乡合作医疗的村民每两年可免费参加一次健康体检。检查时间一般安排在上半年的五六月份，下半年的九十月份，由镇卫生院组织体检团队，乡村医生、村干部配合，检查内容：身体状况及生活习惯询问，测量血压、体重、身高、腰围，血尿常规、肝功能、肾功能、血糖、血脂检查，肝、胆、脾、肾、女性乳房彩超，心电图测试，甲状腺彩超及体表触摸，检查结果在体检结束后，会告知体检者，如果在体检中查到病情比较严重的，卫生院会建议病人立即到上级医院进一步诊治。血生化检测寄到杭州医疗检测中心检验，检测出的各项指标约一个月后告知体检者。

第三节　妇女保健和合作医疗

妇女保健

妇女保健不仅关系妇女身体健康，更是关系到国家和民族兴旺发达的大事。20 世纪 50 年代政府开展妇女劳动保护宣传教育，推行妇女“四期”（经期、孕期、产褥期、哺乳期）劳动保护制度。由于农村妇女参加劳动频繁，劳动强度大，妇女闭经、子宫脱垂、自然流产人数较多。1960 年后，加强妇女劳动保护宣传力度，落实“三调三不调”（经期调干不调湿，孕期调轻不调重，哺乳期调近不调远）的措施，各生产队妇女队长在分派农活时灵活掌握，减少了妇科疾病的发生，对已患病的妇女，以药物和手术治疗，辅以营养、休息。1983 年年底土地联产承包到户以后，村域内的妇女已基本无因劳动过度而引起的闭经、子宫脱垂、流产等妇女病。

妇女病是困扰妇女身体、心理健康的女性疾病。主要的妇科疾病有乳腺增生、乳腺纤维瘤、乳腺管扩张、乳房结节、阴道炎、宫颈炎、盆腔炎、子宫附件炎、子宫肌瘤、卵巢囊肿及妇科肿瘤等。1973 年起，每年开展 1 次妇女病普查工作。2003 年起至 2020 年，村域内共查出乳腺癌 5 人、宫颈癌 2 人、子宫肌瘤 25 人，查出的病人都得到及时的药物治疗和手术治疗。

合作医疗

1970 年 3 月，大队办起合作医疗，每人每年缴 3 元，享受 50%的医药费报销。大队（村）医务室“赤脚医生”治疗村民的伤风感冒、头痛腹泻等常见病。一些疑难病症到县一级以上医院就诊。20 世纪 80 年代农村经济体制改革，洪溪村合作医疗室逐渐由洪溪镇卫生院替代。2003 年 8 月 1 日，全县实行新型农村合作医疗，每人缴纳 65 元。2005 年起，个人交费逐年增加，医药费报销的比例也相应提高。2007 年开始，每年补助参加合作医疗的村民 100 元。2020 年，全村合作医疗参保人数 943 人，占应参保人数的 99.68%。合作医疗每人交费 560 元，村补助 100 元后实际交费 460 元。市内社区卫生服务中心（站）以及按政策实行医共（联）体管理基层医疗机构门（急）诊报销 50%。住院报销：市内定点医疗机构一级及以下自付 300 元后医药费报销 80%，市内二级定点医疗机构自付 500 元后报销 75%，市内三级定点医疗机构自付 800 元之后报销 65%，市外医疗机构（规范转诊）先自费 10%医疗费，超过 800 元部分报销 65%，市外医疗机构（未规范转诊）先自费 20%医疗费，超过 800 元部分报销 65%，合作医疗解除了村民因病致贫的后顾之忧。

第二十章 民政

第二十章 民 政

村域内民政工作有拥军优属、社会事务、社会救助、社会福利等。主要是负责镇民政基层工作，有一名村委班子人员担任民政助理工作。

第一节 拥军优属

优待军属

解放后，现役军人、复员军人、转业军人、退伍军人、伤残军人及军属受到人民政府和人民群众的尊重和优抚，逢年过节，上门慰问，赠送礼品和礼金等，送上党和政府的关怀。

解放初，对缺乏劳动力的复员军人家庭和劳动力不足的现役军属，村里组织代耕、代种或派工帮助，形式有固定代耕和临时派工。代耕组由青年民兵组成，建立互助组后，由互助组负责代耕。1956 年后，高级社采用优待劳动日的办法，使军属家庭收入不低于社员平均水平，让现役军人安心服役，对确有生活困难的复退军人以及军属家庭，县、乡、社给予一定的生活补助。1983 年年底，农村实行土地联产承包责任制以后，采取优待现金的形式，由乡村统一筹集。对义务兵家属做到户户优待，优待标准达到当地正常劳动力全年收入的 1/2 到 2/3。1988 年开始，全县统一优待金发放标准，在职入伍的城镇义务兵（包括农村户口的合同制职工）每人每年 540 元，待业入伍的城镇义务兵每人每年 420 元，农村义务兵按不少于上年度当地农村人均年收入 50%的标准发放。义务兵优待金也不断提高，1999 年起实行优待金城乡一体化，2020 年的义务兵的优待金达到 27328 元。

解放初至 20 世纪 80 年代，对军属危房改造和修理，主要以供应物资（木材、毛竹及砖瓦）为主。90 年代后，采用由危房户自筹，村集体经济补助，乡、县民政、单位救助的方式，帮助危房户改善住房条件。

2002 年 9 月 1 日起，对在村复员军人发放医疗优待证（病历本），医疗费补助限额：解放战争时期服役的军人，每人每年 2500 元；解放后服役的军人每人每年 2000 元。在村的复员军人的优待金随着农民人均收入的逐年增加，而不断增长，做到老有所养。复员军人过世后，其配偶也可享受到每年不少于 2000 元的补助，在村复员军人每两年享受一次疗休养。对一般的退伍军人每年有县、镇、村慰问一次，60 周岁后可以享受军龄补助，以及申请养老金时的军龄抵交费年限的政策。

复员退伍军人安置

1950—2020 年，全村有 53 名复员退伍军人。根据“从哪里来，到哪里去”的原则，接收安置退伍军人。

1980 年，洪溪村对 3 名 1957 年前退伍已安排工作，在 1961 年至 1965 年 6 月精简回乡的年老体弱的复员军人，陆续给予定期补助和补差。对 1950—1983 年退伍军人优先安排在镇机关、学校、大集体单位、国企及县属工矿工作。1983—1997 年，农村退伍军人实行回原乡安置，80%安置在镇办、村办集体企业工作，还有一部分进入村班子。1998 年起从城镇到农村逐步实施退伍军人安置工作改革，对自谋职业者发放补偿金。2003—2008 年，农村退伍军人安置补偿金 6000 元，同时，开展退伍军人技能培训，提供就业服务，培养开发退伍军人两用人才。

第二节　社会事务

婚姻登记

解放初，村域内大力宣传贯彻 1950 年 5 月 1 日颁布的《中华人民共和国婚姻法》，废除封建包办婚姻，实行男女婚姻自由，一夫一妻，男女权利平等，保护妇女和儿童合法权益。结婚年龄规定为男 20 周岁、女 18 周岁。婚姻登记由乡政府的文书代办。20 世纪 60—70 年代，结婚登记先由大队出具婚姻状况证明，再到公社办理结婚登记，领取结婚证。1981 年 1 月 1 日起，贯彻新修订的《中华人民共和国婚姻法》，结婚的年龄改为男不得早于 22 周岁，女不得早于 20 周岁。实施婚前健康检查，持婚前健康检查表办理结婚登记手续。1981—2008 年村域内登记结婚 163 对，2003 年 10 月 1 日起，婚姻登记手续由嘉善县民政局统一办理。2010—2013 年，村域内结婚登记 21 对。

申请办理离婚手续，到婚姻登记机关办理离婚登记；或由司法调解部门调解协议离婚；申请法院判决离婚。

殡葬改革

解放前，村域内富户死后备棺入椁，念经超度，四时祭祀，有祖坟的则葬于祖坟，立新坟则请“风水先生”观测风水，选定吉地，定好墓穴方位，选“好日子”落葬。贫苦大众无力筑坟者则将棺材抬至田边，用稻草包扎，俗称草包棺材，或用砖块围棺材砌成亭子，俗称亭子棺材，也有挖坑土葬，还有的因买不起棺材用席子裹尸土葬。

解放后，提倡厚养薄葬。1985 年，乡政府制定殡葬改革意见，从 5 月 1 日起实行火葬，由村民委员会安排尸体运送船只，负担火化费。1996 年后，乡政府在红旗塘南岸石牌圩建造公墓，实行骨灰盒集中安放。2001 年，全村域内开展整治社会风气，整治村域环境，散落坟墓全部清除，或深埋，或移入公墓。

第三节 社会救助

解放后，党和政府重视和关心困难群众，采取定期、不定期的方法给予经济补助。20 世纪 50—70 年代，城乡困难户救助主要是结合国家政策采取救济借贷、救济粮食、借粮、劳动力互助、赠送过冬衣被等措施，解决这一时期因三年困难时期、春荒、无劳动能力、无生活来源的困难群众基本生活问题。80 年代起随着经济的逐步发展，救济对象逐年减少，救济标准不断提高，困难户的基本生活得到了保障。针对困难对象，采用“国家救济与集体补助相结合，国家救济与社会互助相结合，救济与扶持生产相结合，救济与以工代赈相结合”等有效方式，利用定期定量救济和临时救济等办法，建立一系列的救助制度。对因病致贫的家庭进行医疗救助，2008—2018 年共有 50 户家庭享受医疗救助，共 116595 元。2009—2016 年，对 9 户无力改造危房的贫困户给予补助，共 50445 元。2008—2020 年，对突发困难的 82 户群众给予临时救济，共 65600 元，对 13 户困难学生进行慈善助学。

1997 年起实行最低生活保障制度，对低于最低生活保障线的村居民（简称低保户）给予一定的生活补助。2001 年 10 月 12 日嘉善县人民政府发布了《嘉善县最低生活保障制度实施办法》，由此，最低生活保障制度的实施进一步统一和规范。随着经济的发展，低保标准逐年提高，对低保户实行动态管理，做到应保尽保，应退尽退。

2009 年，县政府印发《嘉善县农村困难群众危旧房改造救助办法》和《嘉善县城乡困难人员医疗救助办法》的通知。这些年来政府对困难群众的救助力度越来越大。

2008—2020 年洪溪村最低生活保障情况表

表 20-1

年份	享受低保户（户）	享受低保人数（人）	发放低保金（元）
2008	13	18	25044
2009	13	18	26784
2010	12	17	24360
2011	11	18	30108
2012	10	16	30360
2013	12	19	25980
2014	11	18	33210
2015	9	15	57408
2016	10	18	65376

续表 20-1

年份	享受低保户（户）	享受低保人数（人）	发放低保金（元）
2017	9	14	75504
2018	9	14	77856
2019	10	15	86928
2020	10	15	86928

2009—2016 年洪溪村享受危房改造补助情况表

表 20-2

年份	危房改造户（户）	补助危房改造款（元）
2009	1	9900
2010	3	13050
2011	1	3600
2012	2	11070
2015	1	10125
2016	1	2700

2008—2018 年洪溪村享受医疗救助情况表

表 20-3

年份	享受家庭（户）	享受医疗救助金（元）
2008	3	1578
2009	9	15733
2010	11	24654
2011	10	10184
2012	8	20693
2013	2	8734
2014	1	9263
2015	1	2138
2016	1	8761
2017	2	5236
2018	2	9621

2008—2020 年洪溪村临时救助情况表

表 20-4

年份	救助户数（户）	金额（元）
2008	2	500
2009	4	2500
2010	11	4600
2011	7	3200
2012	12	6000
2013	6	3000
2014	6	3500
2015	9	5700
2016	10	8500
2017	7	5400
2018	8	13600
2019	19	11500
2020	1	2000

第二十一章　劳动和社会保障

第二十一章 劳动和社会保障

解放前，洪溪村域内大部分村民从事农业劳动，只有少数村民从事商业、手工业。劳动就业处于无政府状态，生活得不到保障。解放后，人民政府引导村民走集体化道路，农民不再从事单一的农业劳动，有一部分农民进集体企业、村办企业做工。改革开放后，农村剩余劳动力转移到各行各业。1988 年进行城镇工业建设，被征地农民实行养老统筹，2008 年实行城乡居民养老保险和高龄老人补贴。至 2018 年，社会保障实现全覆盖。

第一节 农村劳动力就业结构

解放前，洪溪村域内农民主要从事农业生产，“种田万万年”的思想深入农民心中。洪溪村与洪溪集镇在同一地域，解放前洪溪村民从事商业活动的有 42 人，从事小生意的有 10 人，从事手工业的有 10 人左右，从事窑业的有 19 户，他们都是亦工亦农。1949 年解放后，洪溪村的劳动力基本没有变化，20 世纪 50—60 年代，主要是以粮为纲，发展农业生产，70 年代逐渐发展乡村企业，80 年代企业快速发展。1986 年，全村总人口 1793 人，劳动力 1124 人，从事农牧业 450 人、工业 409 人、建筑业 65 人、商业 68 人、运输业 132 人。农村劳动力 40%从事农业生产，其他都转移到二、三产业中去。1998 年后调整产业结构，农业走产业化道路，农田流转承包给大户种植，大部分劳动力进厂务工。2001 年全村劳动力 1148 人，从事农业 131 人、工业 413 人、其他 604 人。2008 年，全村劳动力 2175 人，从事农业生产 54 人、工业 1655 人、其他 466 人。2016 年，全村劳动力人口男性 853 人、女性 831 人，从事农业生产 87 人、工业 1163 人、其他 434 人。2019 年劳动就业率达到 98.3%。

第二节 知识青年下乡

1968 年 12 月，毛泽东主席发出“知识青年到农村去，接受贫下中农的再教育，很有必要”的号召，于是全国范围内开始了知识青年上山下乡运动，据档案资料统计，当时的洪溪公社接纳下乡知青 411 人，其中洪溪大队落户知青 41 人，大部分来自洪溪集镇和嘉善县内，少数投亲靠友插队落户知青。对下乡知青由生产队提供住房、农具，与社员一起劳动。因洪溪村靠近集镇，洪溪镇知青一般动户口不动住处。1978 年 10 月，全国知识青年上山下乡工作会议决定，停止上山下乡运动，并妥善安置知识青年回城和就业，国家允许知识青年以招工、考试、病退、顶职、独生子女身边无人等原因，逐步返回城市和集镇。到 1979 年后，绝大部分知青返城，户籍迁回原住地，由政府安排就业；知青已在当地落户成家的，当地政府安排到乡镇企业就业，户籍迁到集镇居民会，地址为洪溪集镇北新街 76 号（集体户口）。

第三节 社会保障

被征地农民养老

1988—2020 年期间，因洪溪新集镇开发建设、洪溪镇中心小学新建、小城镇建设、丁凝公路过境、镇拆迁户安置建房等，洪溪村被征用土地 855 亩，除去 18 周岁以下村民实行货币安置外，有 951 人纳入职工养老保险。每个失土村民的土地补偿金抵作 11 年社保交费，在被征地时男性年龄已满 60 周岁、女性年龄已满 50 周岁的，一次性补交足 4 年职工养老金保费，70 周岁以上的减半交足 4 年职工养老金保费后，次月即可领养老金，尚未达到年龄的男、女失土村民在女性 50 周岁、男性 60 周岁前，每月按时足额交纳职工养老金保费（自谋职业者社保局在年底会给予补助），交满 4 年后养老保险有效。

高龄老人补贴

2008 年，实施高龄老人生活补贴制度，对无养老保险金的 70 周岁以上老人，城镇户籍的每月享受 80 元老年补助，农村户籍的每月享受 50 元老年补助，此后每年补助标准都有提高，老年补贴改称基础养老金。到 2020 年，70 周岁以上农村户籍老人除每月补助基础养老金 215 元以外，对 70 周岁以上老人每月另加养老金补贴 40 元，80 周岁以上老人每月另加养老金补贴 50 元，90 周岁以上老人每月另加养老金补贴 60 元，再加高龄老年补贴每年 600 元。村域内 80 周岁以上老人有 85 人，其中 55 人有职工养老保险或失土农民养老保险。90 周岁以上老人有 9 人，其中 5 人有职工养老保险。

城乡居民养老（新农保）

2008 年，政府推出城乡居民养老保险，参保人员缴纳保费分两种方法，一是已达到退休年龄的可以一次性缴纳保费，办理退休后次月即可领金；二是分年缴费，分年缴费设四个档次，一档每年缴纳 1800 元，二档每年缴纳 2600 元，三档每年缴纳 3300 元，四档每年缴纳 500 元（该档次主要针对残疾人、低保户、低保边缘户及其他生活困难家庭户）。

残疾人或低保户无论参保哪个档次，缴费一年政府补助 500 元，低保边缘户一类缴费一年补助 250 元，低保边缘户二类缴费一年补助 100 元，缴满 15 年达到退休年龄，办理退休后次月即可领金，已达到退休年龄，未缴满 15 年的，可将剩余年数一次性补缴，办理退休后次月即可领金。洪溪村共有 325 人参保，其中一次性缴费的 82 人，一档 151 人、二档 56 人、三档 16 人、四档 20 人。已有 190 名参加城乡居民养老保险的村民达到退休年龄，领取养老金。

城乡居民社会养老保险一次性缴费及月领养老金标准一览表

表 21-1　　单位：元

个人	2008 年月领养老金标准					
缴费标准	60 周岁	61 周岁	62 周岁	63 周岁	64 周岁	65 周岁
10665	83	87	92	99	106	114
16260	119	125	132	141	152	164
21840	154	163	172	184	197	213

第二十二章 精神文明建设

第二十二章 精神文明建设

洪溪村域内民风淳厚，民性善良，千百年来，村民善良朴实，勤耕力作，积极向上，是村风之主流。20 世纪 90 年代以来，全村广泛深入开展文明村、文明家庭创建活动，取得显著成效。1992 年被评为县级文明村，2013 年被评为市级文明村，2016 年被命名为全国乡风文明示范村。

第一节 精神文明创建活动

文明村创建

解放后，20 世纪 50—60 年代，学习革命英雄精神，树立为人民服务的思想，一心为公，热爱集体，积极劳动，忘我工作，争做社会主义新型农民。80 年代，倡导健康的民风民俗，开展“五讲四美三热爱”活动。90 年代，开展文明村建设。1992 年，中共嘉善县委、嘉善县人民政府命名洪溪村为文明单位。2013 年 1 月，中共嘉兴市委、嘉兴市人民政府命名洪溪村为文明单位。

创建文明村工作是一项长期的全社会系统性工程，抓长效、促发展，以提高广大村民文明素质为根本目的，促进村级经济不断发展，村民收益逐步增加，使村内环境不断改观，村民的政治素质、文化素质、法律意识得以提高，加快推进社会主义新农村建设的步伐。

文明家庭创建

1988 年 11 月，开展评三户（遵纪守法户、五好家庭户、文明户）活动。2009 年 3 月，洪溪村通过村务公决，制定了洪溪村五户（卫生清洁户、尊老爱幼户、邻里和睦户、热心公益户和创业致富户）评创内容及评创办法，以村民小组为单位进行自评和互评，评出获奖家庭。全村共有 18 个村民小组归并为 12 个评创小组，每组每项评选 1 户，每年评选出 60 户获奖家庭。获奖家庭在村大型文艺活动上进行表彰。评创标准：1.爱国守法，热心公益。热爱祖国，拥护中国共产党的领导，严格遵守各项法律法规，能正确处理国家、集体、个人三者之间的关系，热心公益事业，扶贫济困，弘扬社会公德。2.学习进取，勤劳致富。重视教育、尊重知识，家中无适龄儿童失学，无青壮年文盲，崇尚科学，有吃苦耐劳的创业意识，自力更生，勤劳工作，努力增收致富奔小康。3.男女平等，尊老爱幼。建立平等、民主、和睦、友爱的家庭关系，夫妻之间互敬互爱，互信互勉，互谅互让，互帮互慰；家庭成员间尊老爱幼，维护老人和未成年人合法权益；邻里之间团结互助，和睦相处。4.移风易俗，少生优育。建立文明、健康、科学的生活方式，反对封建迷信，破除陈规陋习，提倡婚事新办、丧事简办、厚养薄葬；自觉遵守国家计划生育政策，树立正确的生育观和教子观，做到少生、优生、优育、优教，为孩子的健康成长创造良好的家庭环境。5.勤俭持家，保护环境。弘扬艰苦奋斗的优良传统，提倡勤劳致富，勤俭节约，合理消费，科学治家；学习环保知识，增强环保意识，热爱环境，建设环境，美化环境，保护环境。

2014 年，根据嘉善县委宣传部的提倡，在全县范围内以村为单位评选“嘉言善行好人榜”。洪溪村原开展的五户评创活动改为评选“嘉言善行好人榜”，按照上级的有关精神，洪溪村“嘉言善行好人榜”的评创标准：

为人诚善：1.遵守村规民约，主动配合村里组织开展的各项工作。2.重承诺守信誉，借贷信誉好。3.注重学习钻研，有一技之长。4.无违法违纪行为，不超生，不涉及黄、赌、毒行为。5.做生意不缺斤少两，不销售假冒伪劣产品。

家庭和善：1.关心父母物质生活，为父母购买食品、新衣、过生日、做体检。2.经常与父母交心沟通，一起锻炼身体，生病陪同就医。3.关爱小辈，教育子女，传承好家风。4.夫妻和睦，相互支持，有健康向上的生活情趣。5.注重勤俭节约，有节水、节粮、节能的好习惯。

邻里友善：1.有困难相互关心、相互帮助。2.邻里守望相助，不吵架。3.自觉抵制各类不良言行的发生和传播。4.邻里发生矛盾能及时予以疏导和耐心规劝。5.对本组新居民关心、关爱。

环境美善：1.注意环境卫生，屋内整洁大方，不乱扔、乱倒垃圾。2.注意庭院美化、绿化，房前屋后干净整洁。3.积极参与“五水共治”，不向河内排放、倾倒垃圾。4.遵守村规民约，不搭违章建筑。5.爱护环境，不破坏公共绿化，不散养畜禽。

富裕慈善：1.通过诚实劳动、合法经营，勤劳致富。2.乐于传授技能，带领周边群众共同致富。3.能为本地群众提供就业岗位、致富信息。4.为人公正，邻里之间有威信，乐于做“老娘舅”。5.乐于助人，扶贫济困，慈善献爱心。

2018 年，五户评创内容改为“优美庭院户、家庭和谐户、邻里和睦户、诚信敬业户、热心公益户”。2009—2019 年，共评选出 601 户获奖家庭。

2009—2019 年洪溪村“五户”评创获奖情况表

表 22-1 单位：户

年份	获奖数				
	卫生清洁户	敬老爱幼户	邻里和睦户	热心公益户	创业致富户
2009	14	12	14	12	12
2010	12	12	12	12	12
2011	12	12	12	12	12
2012	12	12	12	12	12
2013	12	12	12	12	12
2014	12	12	12	12	9
2015	12	12	12	12	12
2016	12	12	12	12	12
2018	12	12	12	12	12
2019	12	12	12	12	12

第二节 文明风尚

全国乡风文明示范村荣誉证（沈纪昌摄）

2009 年 3 月，村务公决通过了洪溪村的五户评创活动，充分利用村里的篮球队和“辣妈宝贝”文艺队伍两张文化金名片，开展文明风尚宣传活动，通过宣传活动，增强了村民的荣誉感、集体感和自豪感，自觉倡导文明之风。美丽庭院多了，富裕不忘慈善的多了，好人好事、见义勇为的多了，每户还订立“家风家训”，文明、和谐、友善、遵纪守法蔚然成风。2016 年 12 月，洪溪村被中国合作经济学会农村社区小康建设专业委员会、中国大众音乐协会、陕西广播电视台、全国乡风文明网共同授予“全国乡风文明示范村”称号。

典型事例

例 1：拾金不昧传递正能量

2015 年 4 月 5 日下午 4 时许，洪溪村中龙港村民王亚珍（女）买菜回家路上，看到地上有一叠人民币，她捡起来清点后有 1400 多元，掉失的纸币边还箍着银行的领条，她想，凭这张领条明天到银行肯定能找到失主。因为银行已经关门，所以第二天一大早，银行还没开门她就守在银行门口，在工作人员的帮助下，把钱还给了失主。失主邵巧英（女），是洪南村庄浜一位 60 多岁的老人，她万分感激，当天来到了好心人王亚珍家中，拿给她 100 元钱表示感谢，但是村民王亚珍还是婉言谢绝了。王亚珍这种拾金不昧的行为，不仅折射出了她个人的高尚品格，而且传递了社会正能量，是村民学习的榜样。

中龙港村民王亚珍（孟林娟 摄）

例 2：村民胡雅芳（女）勇救落水女孩

小芬，是干窑善川小学五年级学生。2014 年 6 月 8 日上午 10 时许，她和弟弟在路边摘果子，手脏了，就去河边洗手，这条河是洪溪村高浜河，河道很宽，河水最深处有 3 米多，由于水中的石阶上有青苔，小芬一不小心就掉到了河里，而此时洪溪村 17 组村民胡雅芳（女）到朋友家串门，路过事发地，突然听到有人在大呼“救命”。她走过去一看，有个小孩掉到河里了。当时看到这样的危急情景，虽然自己不会游泳，但还是下意识去救人。落水的孩子距离岸边有三四米远，胡雅芳下水后，几次用手去拉，都没成功。这时，看到岸边有一把 1 米多长的竹柄扫帚，她急中生智，把扫帚伸过去救人，终于，落水的小芬抓住了扫帚，不到两分钟，小女孩被成功救上岸来。

高浜村民胡雅芳（孟林娟 摄）

例 3：洪溪村老居民勇救新居民

2012 年 4 月 3 日的早晨，58 岁的陈红花（女）一早就来到河边洗衣服，正好碰到了暂住在隔壁的来自四川省犍为县的新居民李秀芳（女），大清早很少有人在河边，两人碰到就聊起了天。这时，陈红花发现站在河岸边正准备洗衣服的李秀芳脚下有几块砖头，为了安全起见，陈红花就提醒了几句，待她准备转身端脸盆的时候，忽然听到“扑通”一声，转过去一看，原本站在河岸边的李秀芳掉进了河中，慌乱挣扎中已然被水流冲到了河中央。陈红花急了，大喊：“快来救人啊，有人落水了！”但又转念一想叫人来救肯定

中龙港村民陈红花（女）与新居民李秀芳（女）（孟林娟 摄）

是来不及了，陈红花一下就跳到了冰冷的河水里，把奄奄一息的李秀芳救上了岸，被救上来的李秀芳意识已经有些模糊，正好这时听到呼救声的邻居也赶了过来，于是大伙立即把她们两人送到了医院。经过医生的抢救，李秀芳脱离了生命危险，大伙都感叹幸好救得及时，否则后果将不堪设想。死里逃生的新居民李秀芳说："现在还是好人多啊！"

例 4：不离不弃，贤妻二十余年如一日照顾病残丈夫

高浜村民张丽萍（孟林娟 摄）

她叫张丽萍，生于 1964 年 5 月，是洪溪村高浜 9 组一名普通的农村妇女。一个偶然的机会，与比她大十多岁的丈夫盛其荣相识，1994 年结婚。婚后，两人也曾度过一段幸福的时光，日子虽然过得不富裕，但也很甜蜜。天有不测风云，结婚当年丈夫盛其荣因自己弟弟车祸意外死亡，受了相当大的打击，说话突然变得语无伦次，送湖州市精神病医院，确诊为精神分裂症，当时的张丽萍感觉天都塌了。对于一个普通农民家庭来说，丈夫的精神残疾、经济收入的减少、生活中的种种困难是摆在张丽萍面前的一道道难题。短暂的恍惚之后，张丽萍选择了勇敢面对。

张丽萍就是这样一位平凡的女性，她悉心照料丈夫二十年如一日，她用爱呵护着残疾的丈夫。

家风家训

家风是一个家庭的传统风尚，是一种德行传承。家训则是一个家庭对子孙后代立身处世、持家治业的教诲。树家风、传家训是中华民族的传统美德，千百年来优良的家风、家训鞭策和激励着一代又一代人为国家、为民族鞠躬尽瘁。洪溪村先贤、中科院院士、地球物理学家顾功叙在"抱恒德、保恒业、守恒心"家训的教诲下终成大器。2010 年洪溪村洪港岸新村建成后，58 户村民先后开展"树家风""传家训"活动。

洪溪村洪港岸小区"美丽庭院户"家风家训情况表

表 22-2

户主姓名	家风家训内容
冯立新	勤为本　德为先
吴凤英	睦邻亲友　勤俭为荣
杨顺元	百善孝为先　家和万事兴
钱明星	谦让为贵　诚信为本
邬高峰	同心同德　勤俭持家　家和万事兴

续表 22-2

户主姓名	家风家训内容
杨锦荣	以德交友　以诚服人
李国荣	同心同德　勤俭持家
杨永明	和善 和睦　和气 和顺
邬文华	家庭以爱为根　生活以和为贵
冯国荣	致富靠勤劳　勤俭持家庭
朱凤根	爱国守法　明礼诚信
杨红林	勤劳为本　与人为善
沈海华	勤劳节俭　家和业兴
王震	俭以养德　诚以处世　礼待他人
俞瑞珍	孝顺父母　尊老爱幼　学会感恩　懂得付出
马水康	家和万事兴
黄智勇	明理处世　勤俭持家
倪雪萍	夫妻相敬　举案齐眉　一家和气
王唯一	踏实做人　认真做事
倪海斌	知足常乐　顺其自然
邬乐兴	家庭和睦　家和万事兴
江美	和气生财　诚信为本
朱建峰	自强不息　遵纪守法
周惠荣	睦邻亲友　勤俭为荣
毛世根	互敬互爱　和谐维家
章纪明	和气生财　家和万事兴
周伯林	勤俭持家
周善琪	百善孝为先　家和万事兴
顾祖佐	与人为善　家和万事兴
朱清	知足常乐　顺其自然
俞霞红	勤俭持家能致富　积善成德满庭芳
顾梅森	勤为本　德为先
顾瑞珍	勤劳为本　与人为善
顾银娟	勤俭持家　遵纪守法
陆志芳	邻居相和睦　家庭奔小康　勤俭能持家　共创美丽新生活
俞仁杰	用功读书　用心做事　清白做人　真诚待人

续表 22-2

户主姓名	家风家训内容
陆根其	诚实守信　勤劳致富　家和业兴
王国华	行善积德　尽忠尽孝
莫铭伦	敬老爱幼　勤俭持家　邻里和睦
王曙明	明理处世　诚信为先
陈福根	堂堂正正做人　踏踏实实做事
何娄根	团结友善　勤劳致富
戴煜	家和万事兴
徐志兴	勤俭持家　家和万事兴
彭瑞华	勤俭持家　家庭和善
张根林	真心相待　邻里团结
姚立平	和气生财　诚信为本
徐明川	团结邻里　与人为善
蒋海明	和睦友善　勤俭持家
倪美珍	待人真诚　与人为善
陆坤林	家庭和睦　邻里相亲
钱兴良	有德才有福　有爱才有家
邬开兴	有德才有福　有爱才有家
张卫华	和睦友善　勤俭持家
贾杨根	诚实守信　开明节俭
周建忠	待人以真为诚　家庭以家为根　生活以和为贵
俞俊峰	遵纪守法　与人为善
陈俐勤	以诚待人　清白做人

第二十三章 居民生活

第二十三章　居民生活

洪溪村历来人多田少，农民以种田为生。旧时生产力低下，加上天灾人祸，村民生活贫困又极不稳定。明清时期，洪家滩一带窑业发达，村民兼业做土坯和从事竹、木、铁等小手工业。1958年人民公社化后，走集体经济道路，居民生活靠集体经济分配和粮食分配，村民平均生活水平得到改善和逐步提高。改革开放后，调整优化农村产业结构，发展个私经济，拓展收入来源，物质和精神生活水平不断提高。到2019年，村级经济经常性收入419.04万元，农民人均纯收入43351元。

第一节　社员粮食分配

1957年，农业合作社时期，粮食按人、按劳分配。

1961年，人民公社时期，以生产队为基本核算单位进行粮食分配，按“兼顾国家、集体、个人三者利益”的原则，搞好粮食分配。在正常年景下，完成国家粮食征购任务，留足种子粮，留好集体饲料粮、储备粮及其他用粮，以“老三定”口粮为基础分好社员口粮，留好社员饲料粮。丰收年景，多卖国家加价及议价粮，集体多留储备粮（以丰补歉），社员多分口粮。

每年春粮、早稻、秋收三季，粮食部门均组织力量帮助社队搞好粮食分配。

国家部分

为国家粮食征购任务。 实行统购统销后，主要由余粮户负担，自给户负担少量的征购任务；合作化时期，由农业社负担；人民公社时期，由生产队交售；1983年起由承包户承担。1985年取消统购，改为合同定购。

集体部分

农村粮食分配中的集体留粮部分包括种子粮、饲料粮、储备粮和其他用粮。1983年后没有集体留粮。

社员部分

社员部分由社员口粮与饲料粮两部分组成。社员口粮以“老三定”口粮为基础，以外可以加 1%—15%。社员饲料粮按交售国家肉猪及投肥分配。1983 年后，完成国家征购、定购任务后，均为社员得粮。

1961—1982 年农村以人定量（原粮）标准情况表

表 23-1

等级	一等	二等	三等	四等		五等				六等
				一级	二级	一级	二级	三级	四级	
年龄（岁）	1—3	4—6	7—10	11—15		16—60				60 以上
全年定粮（公斤）	65	115	165	240	210	330	300	275	250	250

说明：农村以人定粮又称“老三定”口粮

1961—1980 年洪溪大队社员口粮分配情况表

表 23-2

年份	分配总产量（斤）	社员分配			
		分粮人口（人）	每人平均（斤）	实分口粮（斤）	饲料粮（斤）
1961	872900	1345	364	489200	6900
1962	1146000	1440	457	657700	
1963	1413700	1490	556	827900	11800
1964	1626600	1516	539	817700	91500
1965	1717600	1582	534	844300	141700
1966	1795900	1635	544	888900	148400
1967	1918400	1662	543	901800	144800
1968	1665300	1697	508	862100	103400
1969	1867800	1760	541	951400	141300
1970	2069600	1795	557	999900	156200
1971	2064700	1809	555	1004400	121500
1972	2197100	1820	572	1040600	149100
1973	2377700	1834	576	1055700	160700
1974	2176600	1836	572	1050200	139900
1975	2155800	1842	531	978500	137100
1976	2788800	1877	592	1111700	149900
1977	2797400	1889	597	1128500	234200
1978	3220100	1892	661	1251600	309300
1979	3444600	1840	661	1248600	443400
1980	2625900	1874	604	1132200	427600

说明：1 斤=0.5 公斤

第二节 社员劳动收入

工分、工分值

从 1955 年初级农业生产合作社成立，到 1983 年年底实行家庭联产承包责任制，社员报酬凭工分年终进行结算。一般以出工到田头参加劳动的天数或按件计算。生产队年终分配，以全队农副业总收入减去农副业等总支出，提留集体公积金、公益金、管理费后，按全队社员累计工分，得出工分单价，即工分值。每个社员全年总工分和工分单价相乘得出个人全年总报酬。妇女计划生育误工、生产队固定工、养猪、养牛、大队干部工分等采取同等劳力工分计算。每年收成丰歉不一，年间工分值不同。

社员工分收入、计酬

1955—1983 年，社员均以工分计酬。工分的评定和取得，各阶段主要有以轻、中、重工等级和个人工分级别计算记分，有大寨式评工记分、计件记分、单项长期工记分等。

评工记分、劳动等级工分 1957 年，高级农业生产合作社实行三等计工分级，以重、中、轻三等农活划分。如常年靠肩挑、扛活、耕、犁、开沟、罱泥为重工；铁搭坌地、种田、拔秧、耘苗、种菜、轧稻脱粒、喷雾农药等为中工；用锄头活、晒谷、扬乱柴、除草的等为轻工。社员量力自报，参加等级劳动，得同级工分。重工一工 12 分，中工一工 10 分，轻工一工 8 分，10 小时为一工。

大寨式评工记分 1964 年年底开展“农业学大寨运动”，1964 年实行大寨式评工记分。劳动力分男劳力、女劳力、老年劳力、新生劳力 4 类。一级男劳力为 12 分，一级女劳力为 10 分，老年劳力 7 分，新生劳力为 3—5 分。每级工分级差 0.2—0.3 分。各生产队有一名记工员常年记工，每天踏地一一按人头在总工分簿上记录工作实况。总工分簿记录项目有工种、劳动时间。每个社员有劳动工分手册，由个人保管，定期抄录。每年生产队实行年中分配（称小分红）、年终分配，两次评工分级别。每次评工分，大多在雨天、晚上。全队社员集中在生产队办公室，先由队长讲话，各人自报分级，社员大家评议（自报公议），队委会最后裁定，再开大会公布各人级别。大寨式评工记分造成社员“吃大锅饭”，“出工似拉纤，收工像射箭”，“做一天和尚，撞一天钟”，出工不出力，早工、夜工疲劳战等问题。

计件（工作量）记分 1965 年之前和 1970 年以后，各队依计件，按工作量、工种定件记工分。实行大寨式评工记分时，有不少工种仍实行计件（工作量）记分。犁田、耙田、种田、耘苗、割稻、挑稻、扶稻、挑秧、施化肥按亩记分，捻河泥、挑河泥按船记分，拔秧按块数或只数记分，挑草泥、挑白河泥按担数记分，做田岸按长度（公尺）记分。除无

法按件记分外，其他全部按件记分。

单项长期工记工分　生产队单项长期用工人员有养猪、养牛、养鸡等饲养员、清卫员，每天记 5—10 分。放水员自开始放水的第一天起到结束放水的这一天参照本生产队同等劳力的每天工分记分。小队会计有固定每月记 150—200 分的，有参照本生产队同等劳力工分记分的。

干部及误工工分收入

大队党支部书记、副书记、大队长、大队会计、大队出纳按每月三十天出勤计算，男的每天 12 分，女的每天 10 分。赤脚医生、兽医、电工、大队理发员、缝纫组人员按出勤天数计算，男女每天 10—12 分。党支部委员、大队管理委员会委员、共青团书记、民兵连长、妇女主任、治保主任、贫协主席随误随记，年终时将工分开到各自生产队参加年终分配。大队 50%按人口、50%按田亩将工分分摊到各生产队，生产队将大队开给的大队干部及误工工分相抵后，多还（有大队拨付）少补（生产队给大队）。

年终分配

1957—1983 年，公社出台当年度分配政策，盘点物资、评工分、会计结算，收支往来账出报表公布，制订总分配方案，依次经队委会审查、大队审批、公社审批，编造分户总方案，最后兑现。每年年终各生产队会计年末总决算，盘点固定资产、库存物资、低值易耗品、对外往来账、社员往来账、社员总工分。编造分配总方案，总收入包括农业、畜牧业、副业、林业、渔业和其他收入，总支出包括全年生产队所有支出。收支相抵，得出净收入，减去应上缴的管理费、减提留的公共积累，加营业外收入，减去营业外支出，加公益金支付，得出可分配总额，分配总额除总工分，得出工分值。编造分户分配方案，类目包括户主姓名、农业人口、劳动力人数、全家总工分，应分配总额，扣除已支总额，包括现金预支、实物预支、合作医疗费，得出应找补数、透支数、缓发金、实发金。最后领款人签名。

第三节　经济收入

解放前，境内农业生产手段落后，灾害频发，产量很不稳定。抗战爆发后，由于战乱，人民无法专心侍农，粮食产量一降再降，到民国 32 年（1943），大米产量仅为抗战前的一半，农民收入甚微。洪溪大部分农村有做坯这一副业，农民用做坯所得来维持家用，经济收入十分有限，生活贫穷，入不敷出。

洪溪商业、手工业发展较早。解放前，洪溪村村民开办大小商店 16 家，从业 42 人，由于社会动荡不安，造成各行各业经济凋零，民不聊生，经济状况一蹶不振。洪溪是嘉善窑业的重要基地之一 ，窑墩都为富户人家所有，广大农民只是做苦力。

1949 年 5 月解放后，经济逐步得到复苏。但由于遭受 1954 年、1957 年两年严重洪涝灾害，村域经济损失严重，农业产值基本没有增长。

1958 年，生产关系变革超前，经济急于求成，损失浪费严重，致使经济比例失调，物资匮乏，人民生活困难。1959—1961 年国家三年困难时期，1960 年春，社员口粮严重短缺，出现饿病逃荒现象。1961 年，贯彻中央关于“调整、巩固、充实、提高”的八字方针，开始纠正“左”的错误，国家给予农业财力、物资支援，减免农业税及粮食征购任务，精简下放城镇职工，减少吃商品粮人口，发展农村机电，采取圩区建设和工业支援农业等系列措施，经济复苏，农业基础得到巩固，经济建设步入正轨。

1966 年下半年“文化大革命”开始，由于广大农民坚守生产岗位，又没有发生大的自然灾害，故农业生产保持低速增长。1976 年 10 月粉碎江青反革命集团后，经过拨乱反正，经济开始走上持续发展的轨道。1978 年 12 月，中共十一届三中全会作出“以经济建设为中心”的决策，洪溪村办企业，农业生产有了飞跃发展、提高，形成新的产业和新的生产能力。1983 年年底，实行家庭联产承包责任制，开展多种经营，发展二、三产业，实行专业化商品生产，推广科技兴农，增加对农业的投入，疏通农业流通渠道，提高农副产品收购价格，调动了农民的积极性，农村经济和农民收入保持较快增长，农民的生活得到显著改善和提高。农民年人均收入 1961 年仅 54 元，1990 年达 1415 元，2010 年 13068 元，2018 年 39410 元，2019 年 43351 元。

2009—2018 年洪溪村农村经济主要指标一览表

表 23–3

年份	村级经济收入（万元）	人均纯收入（元）
2009	439	11880
2010	339	13068
2011	241	16080
2012	309.89	18200
2013	293.13	20566
2014	251.6	23240
2015	455.3	25566
2016	455	28202
2017	626.4	32842
2018	村级经济经常性收入 423.79	39410
2019	（同上）419.04	43351

第四节　生活消费

解放前，村民缺衣少粮，生活艰难。物质生活消费以谋食为头等大事，衣着其次，最次建屋。极少考虑安排提高生活质量的消费支出。生活水平历来有贫富之分，贫苦农民占绝大多数，尤其屡经战乱之祸，疫病之害，生活历尽艰辛，饱受苦难。解放后，随着农业生产的逐步恢复和发展，村民生活逐渐改善，消费水平有所提高。改革开放后，农村多种产业兴起，经济发展迅速，农民生活日益富裕。20 世纪 80 年代后期，居民生活从温饱迈向小康，衣、食、住、用、行各个方面都发生巨大变化。

衣

解放前，广大农民，男的穿对襟衣服，叠腰档裤子，外系布裙。女的穿大襟衣服，也是叠腰裆裤子，外系围裙。儿童小时穿开裆裤。农村俗话："新三年，旧三年，缝缝补补又三年。"小孩儿的衣裤："新老大、旧老二、缝缝补补给老三。"贫苦农民出门做客借衣服穿是常事。少数富户人家，岁数大的男子身穿长衫马褂，头戴瓜皮帽；中青年男子身穿长衫，头戴大英帽，脚穿皮鞋；女子身穿旗袍，脚穿绣花鞋，还戴金银首饰。解放初，中老年服饰变化不大，青年人改穿西装裤，当时普遍流行人民装、列宁装。20 世纪 60 年代初，少数青年流行穿小脚管裤子，"文化大革命"时，男女青年流行穿草绿色军便装，70 年代流行中山装。改革开放后，有少数青年流行喇叭裤，随着生活水平不断提高，有补丁衣服比较少见，衣服式样多样化，有西装、夹克衫、皮大衣、滑雪衫、羽绒服、羊毛衫、运动服、牛仔裤，流行款式不断翻新，女的更是花色繁多、讲究时尚。

食

解放前，广大农民一般早晚餐吃粥，中午吃米饭，以自种蔬菜、咸菜为主，难得做一点荤菜。少数贫困户达不到温饱。解放后实行土地改革，贫苦农民分得了土地，农民生活有所提高。改革开放以来，人民生活不断改善，已讲究吃食营养，增进补品，向保健型发展。

住

解放初，当地农户一般住砖瓦平房，少数农户住草棚，客帮农户一般住草棚。20 世纪 60—70 年代草棚改建平房，部分农户进行平房翻新。80 年代，开始建造砖混结构两层楼房，少数建三层楼房。90 年代起，建造楼房讲究结构、装潢，农村出现钢筋混凝土结构，盖琉璃瓦，安装不锈钢门窗，外墙贴瓷砖，内有卫生设施。也有建造别墅，内设车库的。2000 年，洪溪村建楼房完成 98.07%。

行

旧时，百姓出行以步行为主，舟船为次。20 世纪 70 年代起，挂桨机船出现，方便出门办事、购物、运货。80 年代起，乡村铺设机耕路、简易路，自行车普遍进入农村家庭。90 年代起，建设镇村公路，摩托车、轿车、面包车、卡车进入农村家庭。

用

洪溪境内传统生活用品繁多，有瓷碗、瓷盆、铁锅、陶罐、筷、瓢、饭盂、水桶、勺、马桶、脚桶、雨具、照明具、化妆具、取暖用品、针线用品、竹篮、桌、凳等。20 世纪 70 年代起，日常生活用品有了明显变化，手表、缝纫机进入普通农户家庭。80 年代，购黑白电视机、自行车。90 年代，置洗衣机、彩色电视机、录像机、VCD、电冰箱、摩托车、固定电话。2000 年起，移动电话（手机）、电脑、空调、家用汽车等现代生活用具和交通工具逐步走进普通居民家庭。1999 年，洪溪村有电话机 277 部、手机 74 部、BP 机 206 只、电视机 591 台、电冰箱 286 台、空调 50 台、录像机 141 台、摩托车 45 辆、助动车 46 辆、微波炉 18 台。

1987—1997 年部分年份洪溪村社员建房及耐用消费品拥有量情况表

表 23-4

年份	总户数（户）	建楼房住房		年末家庭耐用消费品拥有量									
		合计（户）	其中三层以上（户）	电视机（台）	其中彩电（台）	收录机（台）	洗衣机（台）	电冰箱（台）	电风扇（台）	自行车（辆）	摩托车（辆）	缝纫机（台）	录像机（台）
1987	546	477	1	359	18	78	29	31	628	338	2	337	—
1988	534	506	1	398	19	114	58	40	765	444	4	354	—
1989	573	526	1	408	19	138	98	83	918	632	5	382	—
1990	575	555	3	446	37	104	90	94	884	588	11	401	—
1991	576	561	3	453	38	110	92	94	884	619	11	401	—
1994	576	556	3	513	101	115	131	143	954	709	25	428	30
1996	576	561	3	532	139	124	175	163	1023	759	26	398	56
1997	586	568	3	548	207	139	204	202	1071	749	47	410	71

全镇社会消费品零售总额，从 1990 年的 1662 万元，提高到 2005 年的 13800 万元。

1990—2005年洪溪镇社会消费品零售总额情况表

表23-5

年份	社会消费品零售总额（万元）	年份	社会消费品零售总额（万元）
1990	1662	1998	7141
1991	1885	1999	7598
1992	2432	2000	8480
1993	2297	2001	9200
1994	5687	2002	10000
1995	5647	2003	11000
1996	6516	2004	12320
1997	6800	2005	13800

说明：资料来源于洪溪供销社（包括下伸店）和洪溪集体商业（包括二代店）统计资料

精神文化生活消费

旧时，境内居民大多数无文化，信奉鬼神，烧香拜佛。看戏、听书、自娱自乐也都结合庙会民间习俗活动。解放后，政府重视发展教育，有文化有知识的新一代茁壮成长，人民群众的精神面貌发生根本变化，精神生活日趋活跃，文化事业不断发展。20世纪70—80年代，集镇开设新华书店、电影院、图书馆，年轻一代购书、租书，一般人群看电影、看戏。90年代，文化娱乐消费上升，年轻一代到KTV唱歌、歌舞厅跳舞，一般人群到录像厅、歌舞厅消费。电视机从黑白换成彩色，家庭影院等层出不穷，文化娱乐消费上升到前所未有的水平。居民的休闲消费需求逐渐提高，2000年起旅游消费逐年增加。居民精神生活消费支出占生活消费总支出的比例1997年为8.387%，2008年为9.71%。

第二十四章 习俗 宗教

第二十四章　习俗　宗教

中国人民长期的生产、生活，积累了丰富多样的社会习俗，代代相传。洪溪村域内宗教活动历史悠久，域内主要信佛教与基督教，有寺庵3处、教堂1处。

第一节　婚育习俗

婚姻形式

解放前，男女一般18岁就要婚嫁，婚嫁形式多种多样。

童养媳　俗称“养媳妇”，因女方家庭经济困难，把未成年女儿送到男方家，待成年后结婚，俗称“养媳妇并亲”。

入赘　俗称“做女婿”，男方嫁到女方家，所生子女随女方姓氏，做女婿社会地位低下，贫苦家庭无力娶媳，才做女婿。

填房　男方妻亡，再娶之妻称“填房”。前妻所生子女称填房为“晚娘”“后娘”。

再嫁　丧夫或离婚妇女再嫁，被鄙称为“二婚头”，再嫁妇女所带子女被俗称为“拖油瓶”。

填寡　寡妇再找男子进家为夫，称之为“填寡”，俗称“钻火进”。

纳妾　旧社会有钱人可一夫多妻，男子结婚后，又找女人做妻，称“纳妾”，为妾者也称“偏房”，俗称“小老婆”，社会地位低下，正房子女称之为“庶母”，妾所生儿子称“庶子”。

冲喜　男方订婚后，男方病重，提前成亲，想消去病魔，称作“冲喜”，男方病故，女方即为寡妇。

叔接嫂　兄长亡故，而其弟尚未成家，叔嫂之间配成夫妻，称之为“叔接嫂”。

调换亲　贫苦人家男儿娶不起媳妇，以自家姐或妹做人家媳妇，换取人家姑娘为自己媳妇，称之为“调换亲”。

解放后，1950年《中华人民共和国婚姻法》颁布，废除旧社会封建婚姻制度，实行男女平等，婚姻自主，一夫一妻制，平等相处，依法登记结婚。解放初，由区人民政府代管，从1956年2月起由镇、乡、公社政府部门代管，2003年10月起由民政局婚姻登记机关办理，领取结婚证，即夫妻关系确立。也可依法离婚、再婚、改嫁、入赘，所生子女可随父姓，也可随母姓。

婚育习俗

婚嫁习俗流传很久，男女青年到了结婚年龄，就要男婚女嫁，生儿育女，世代相传，婚嫁习俗、礼仪，各个时代各个地方有所不同。

出八字　旧时婚嫁讲究门当户对，尊重父母之命，媒妁之言。男方父母托媒人到女家“讨帖子”，女方父母同意即“出帖子”，又叫“出八字”（女儿的出生年、月、日、时辰，用旧时干支历书写的八个字）。男家向女家讨得“八字”后，请算命先生“排八字”，又叫“合八字”。若“八字”不合，则不合适婚配，男方叫媒人退回“帖子”，“八字”相合，男方叫媒人上女方家说亲，女方同意后，商定订婚日（贫困家庭不请算命先生，男女双方家庭通过了解，合适就直接定亲），称“合婚”。

订婚　到了订婚日，男女双方办定亲酒，邀请亲戚赴宴，定亲日男方经介绍人拿去“小盘”聘礼、金银首饰、四牲礼（鲜肉猪腿一只、咸肉猪腿一只或火腿一只、大公鸡一只、鲤鱼一条）、烟酒、补品等到女方家，同时请姑娘一同到男方家。定亲酒开席后，由男方母亲带领姑娘逐一与长辈见面，并唤其称谓，父母等长辈要备红包相送，称“见面钿”，随后男方介绍人到女方家参加女方定亲酒。

准日　又叫拿通讯，农历八月准日，新年才好结婚。准日即男方家托媒人去女方家，通报选定的结婚日期，同时拿“小盘”和“大盘”，即小礼、大礼、伯礼、叔礼、舅礼、姑礼等。

结婚　旧时称好日，一般选定在过年前后。在结婚的前一天晚上办落桌酒，又叫待媒酒、起媒酒，同时请娘舅、姑父等出席。结婚日男家备亲船、花轿娶新娘。男方备“落礼”“谢娘礼”“四牲礼”及烟酒等，开出讨亲船，放八响礼炮，讨亲船人数必须去单来双，到女家河埠，又放八响礼炮，讨亲船停靠，缆绳系在红桩上（女家预先设置），介绍人把“礼盒”，讨亲人把礼品、物品送入女方家，喝茶等待。在花轿左右由一对父母双全的童男童女手提纱灯随轿同行。待女方家主人发出“落亲”号，讨亲人可搬铺盖、嫁妆、物品等东西，所有东西必须经新娘兄弟发送。讨亲人搬东西时，必须是一件一人，大件可多人，路中不能停，不能换人，新娘随身箱由新娘陪客拿，最后新娘上轿落亲船，新娘兄弟用青竹竿送篙开亲船，放高升，一路上还有“拦亲船”的习俗，讨喜糖、喜烟。新郎在船头前用茶壶取河水（称顺风水）。花轿进宅后，新娘从红地毯步入堂前，男方在客堂摆香案、点花烛，新郎新娘行结婚礼，一拜天地，二拜父母，夫妻对拜（解放初期行大礼，三叩九拜，后来一般采用三鞠躬）。礼毕，最后由父母双全的一对童男童女手持花烛迈入新房。新娘入洞房后，酒席开始，有的男女双方在酒店一起办结婚酒，席间新郎新娘逐桌敬酒、敬烟、发喜糖，是长辈的并逐一唤其称谓，长辈送上“见面钿”。解放初，迎亲用手摇船，坐轿子，落亲船（路很近可不用亲船直接轿子抬上门）。20 世纪 60 年代起不再用轿子抬新娘，80 年代起用机船讨亲，90 年代中后期道路已通的用轿车讨亲，21 世纪起都用轿车讨亲，而且轿车档次越来越高。解放前，贫苦人家办不起嫁妆，请不起结婚酒，征得女方同意，男方请几个人把新娘接来，放一副礼炮吃一顿便饭，就算结婚，俗称“并铺”，如果女方不同意，男方选择时机请几个人把新娘抢来，放鞭炮，吃一顿便饭，就算成亲，俗称“抢亲”，也有不办结婚酒，男女双方走在一起，就算夫妻，俗称“拆铺并床”。

望朝　俗称“通烟囱”，由新娘的弟兄或叔伯弟兄担当，新郎对他们称舅老。舅老备上泥菱、甘蔗、粑粑等物品，结婚后到新郎家，旧时是结婚后次日，现在是结婚的当天。

回门　新娘回娘家称回门，有“三朝回门”“大回门”。“三朝回门”旧时是结婚后第三天，新郎陪同新娘回门，当天去当天回，现在都是当天回门，酒店办婚宴的不用回门。“大回门”一般是十二朝，由娘家弟兄到男方家邀回门，新郎新娘备上礼盘，由舅老摆回门，要住上几天，新郎新娘一同去一同回。

担糖　妇女怀孕称“有喜”，在分娩前，亲戚朋友相继担糖，称糖客。娘家最后担糖，称主糖，要送上红糖（白糖）、胡桃、绒线等，娘家还要送小孩衣服、脱毛衫、斗篷等，同时还要送粽子、糕团，分发给男方的邻里、乡亲及介绍人，男方要办宴招待来客，欢聚一堂，皆大欢喜，希望孩子平安出生，聪明健康成长。

满月　分娩月内还有“望舍母（要拿礼品探望）”的习俗。孩子出生一个月时称“满月”，也有到 2 个月时做满月的称“双满月”，做满月要剃“满月头”，办“满月酒”。请剃头师傅上门为孩子剃出生后第一个头，由孩子的舅父给剃头钿，剃好头后，大人抱孩子到左邻右舍串门。到了满月那天，外祖父母、舅父母家要备肉粽、寿桃粑粑（送给邻里乡亲、担糖客人家）、云片糕、包扎等物品，亲戚备云片糕、包扎等物品，一同前来贺喜，吃满月酒，在酒席间，由孩子的母亲或祖母抱着孩子，代孩子向长辈逐一唤称谓，长辈则送上红包，称“百岁钿”。满月习俗历来流行，解放前，富裕大户比较隆重，一般人家只请孩子舅父母，或主要亲戚，现今满月酒排场越来越大，满月酒后，还有一个“送端午”的习俗。主要亲戚要送小孩服装或衣料等，现今有送红包的简单方法，孩子的舅父母家要送服装、童车、婴儿床等物品。

第二节　生活习俗

生日　过去做生日不大讲究，现在盛行父母为子女做生日的习俗，子女一周岁、二周岁、十周岁……父母为子女做生日，吃生日蛋糕、吃生日面、唱生日歌，祝生日快乐。

做寿　子女们为父母做寿是历来流传的习俗。做寿一般从五十大寿开始，六十大寿、七十大寿、八十大寿……过去只有富裕人家才为父母做寿，现在人民生活水平提高后，普通家庭也有为父母做寿的，为父母购买服装、做寿礼品，吃长寿面，祝父母健康长寿、生活愉快。2018 年 10 月，洪溪村在高浜为 60 岁以上的老人集体做寿。

冬爽米　稻谷经砻碾去壳后成糙米，然后舂成白米。为使白米有适当的湿度，常在白米里掺入少些水分，然后放在柴囤内储存，米粒发酵膨化、发黄，称“冬爽米”，可耐久贮藏，煮成的米饭松脆，夹着霉香味。

卤汁菜　臭卤由腌过头的菜心、荠菜、苋菜梗连料带卤倒入甏内，连续几天用热火钳搅，置于屋檐下风吹日晒，甏内存放物完全发酵为“渣卤状”，有臭味，竹笋、莴苣、菜梗、瓜皮均可投入甏中，一周后便可取出炖食，豆腐干经浸泡后可炖也可油氽，颇有风味，取卤汁炖淀粉麸皮夹水淘洗后沉淀物，状如蜂王浆，称“臭王浆”，其味异香。现农村仍有不少家庭保留臭卤甏。

腌菜　将菜心、芥菜、雪菜、青菜等洗净，晾干水渍，置缸内撒上盐，上压石块，称“腌菜”，待盐卤浸没后再过半月余便可食用，平时可清食或炖汤，也可作大菜的辅料，咸菜烧肉、雪菜烧鸡都是农家餐桌上的家常菜。或用大头菜、洋芋头、榨菜蒜头、萝卜干和其他菜类，洗净去水渍，撒盐拌和，装入甏内，用木棍挤压结实，搪砻糠泥密封甏口，倒置于草灰里，数十天后开甏取食，有很多农家还将咸菜晒干做成霉干菜，霉干菜烧肉是当地农家的传统大菜。

杜做酒　每年冬季，家家酿酒，少者二三十公斤，多则一百多公斤。糯米淘洗后待其膨胀，然后用蒸笼煮成米饭，冷却后掺入酒药拌匀，放置缸内，中间留一个酒潭，缸四周置保温材料，温度凭做酒人经验，温度高发酵好，温度低则不能正常发酵，米饭发酵逐渐渗出水分，当水分充满酒潭时，倒入河水（水量根据所需酒精度而定，水量少则酒精度高，水量多则酒精度低），米饭发酵至沉淀，即成杜做酒。如长期保存需装甏再加米饭封存，储存在凉湿之地。到来年春暖花开，开甏即饮，酒味香醇，清纯可口，是极佳饮品，人称“加饭酒”。杜做酒味道甘美，男女老少皆喜欢喝。做完酒的米糟不少家庭用来做糟鱼、糟鸡、糟蛋，是传统的风味佳肴。

豆瓣酱　将蚕豆浸泡，去皮烧熟，加入少量小麦粉搅和成黏糊状，做成面麦糕，置铺垫麦柴的匾或埭内，放在室内发酵，面麦糕水分逐渐蒸发，质地变硬，并长满霉菌，然后备缸盆，倒入盐水（咸淡以放鸡蛋浮出水面为宜），将面麦糕清洗后放入缸盆内暴晒数日至盐水发红，面麦糕由硬变酥，渐成糊状，便是豆瓣酱。将豆瓣酱盛入甏内放置随用随取。

制衣　旧时做衣服靠手工一针一线缝制，费心又费时。成人单衣单裤和孩童衣服一般由农家女子自己缝合。要添夹衣、棉袄，多请客师上门手工缝制数日。行乡裁缝极为常见，镇上也有裁缝店，以料加工男女老少四季各式衣服，也招揽裁剪、刮浆、熨烫等生意。民国后期，有少数裁缝使用脚踏缝纫机（俗称洋机），提高了工效，改进了工艺，做衣裳随之称作“踏衣裳”，但在乡下穿手工衣的仍占绝大多数。解放后，1970年大队办起缝纫组。此后有的家庭也开始拥有缝纫机。人们从布店选购布料（俗称剪布），然后去裁缝店量身裁衣制作，或请人裁剪后自己用缝纫机缝制。手工缝制日渐减少。80年代后，成品服装开始走俏，直接进商场试镜购衣的越来越多。

做鞋　旧时男女老少都穿一个样式的布鞋，分单鞋和棉鞋。由家庭的女子自己采样纳制。首先，要预备很多大小不一的旧布，洗净拌糨糊，摊平褙在门板上（一般褙布五层），称“褙百纸”，晒干后如一张硬板纸。其次依照鞋底样裁成片，数片重叠，用针线纳成结实耐磨的鞋子底，称“切鞋底”。绝大多数人穿单鞋，鞋帮（也称鞋圈）有鞋面和夹里两层，仍用糨糊褙合，然后裁剪，沿口包边，称“上滚条”。不同的年代有不同的式样，20世纪50年代以前穿圆口式样，称“南京鞋”，50—70年代穿略带方口式样，称“北京鞋”，70年代以后改穿松紧口式样，称“松紧鞋”。少数中老年人和小孩冬天穿棉鞋，鞋帮内夹棉絮，依样裁剪后，形似一对蚌壳，故也称“蚌壳棉鞋”，为当地最多见的棉鞋式样，最后鞋帮与鞋底用线缝合，称“绱鞋子”。进入21世纪，做鞋子的年代逐渐远离，人们穿鞋都从商场选购，质地以皮、塑制品为主，且按各自所需分门别类，名目繁多。

缠足　封建时代，女孩童年时用长布裹紧脚趾，里面还要加夹木板或硬板纸，使足骨变形，步履不稳，俗称“三寸金莲”。旧社会审美观畸形，竞相以此为美。结婚之日，新郎须先看新娘小脚。若新娘的脚缠得小，新郎会很高兴，此陋习辛亥革命后明令废除。

拜师　乡里称泥水匠、木匠为师傅，学徒学手艺须行拜师礼。十五六岁的少年经人介绍并征得师傅同意后，选定黄道吉日，由介绍人陪同，带猪蹄、红烛等物品到师傅家拜师，对师傅行跪拜礼，并订立师徒契约。学徒期限一般为三年，期满师傅赠徒弟一样工具（泥刀、斧头之类），徒弟出资办满师酒后方可自立门户。如未经拜师而擅自营业，同行们会用有违行规来处置，将其工具抛进河里，并需要“吃讲茶”（指到茶馆里评理）。而今虽拜师之俗尚存，但自学成材者也不再受同行歧视。

抛梁　建房是家庭大事，旧时，建房在开工之前，先要请风水先生在意中的地块上测风水、定屋向，从准宅定墒、工匠进场、立柱上梁到结瓦满垅，都由风水先生在一张红纸上写明具体日子、时辰，依次进行。其中立柱这一日最有讲究，称为正日，亲戚朋友都来送礼喝酒，主妇娘家还会送来糯米糕团。上梁这一刻最为隆重，现场欢聚男女老少，在鞭炮声中由站在柱架高处的泥木工头向人群抛撒糯米糕团（俗称抛梁），人们“哄抢”嬉闹，开心异常。建造旧式民房先要搭木框屋梁，由木柱支撑，立柱时左右正柱贴对联，如“上梁巧遇紫薇星，立柱适逢黄道日”等，后梁挂横批，如“吉星高照”等，正梁饰镶边红布悬挂万年青，上梁时，泥木工头分立东西柱架上，边撒糕团边讲好口彩。20世纪60—70年代，因实行计划用粮爱惜粮食，上梁撒糕团改为撒糖果，送礼也由食物改为现金。现在农村都盖楼房，“抛梁”之俗已改头换面，但宴客尚礼之风仍在民间广泛流传。

倒药渣　中草药煎服后，药渣倒在三岔路口或行人路面上，据称可驱病魔，又有说法是告知这家有病人，有事待病愈后再讲。

天汪汪　遇婴儿夜间啼哭不止，家人在红纸上写上“天汪汪，地汪汪，我家有个小儿郎，过路君子读一遍，一觉睡到大天亮”字样，贴于路边易见墙上，谓路人一读，夜睡能安。

腊八粥　腊八节俗称“腊八”，是古代庆祝丰收，感谢先祖和神灵的一种古典祭祀仪式。因为在每年农历的最后一个月举行，故称这个月为腊月，把进行仪式的这一天称为腊日。作为民间风俗，农历腊八日吃腊八粥，用以庆祝丰收，一直流传至今。腊八节在老一辈人心里是一个重要节日，在这一天，家家户户都有喝腊八粥的生活习俗。腊八粥的食料丰富，有花生、大豆、绿豆、赤小豆、芸豆、蚕豆、核桃、粳米、薏米、小米、桂圆、荔枝干、红枣、桂花、红薯、松子、白果、百合、莲子、板栗、蜜饯，等等，各地各家各有不同。如今洪溪村每年要在腊八节的时候烧上几大锅腊八粥，送给村民喝，庆贺丰收，说吃了可以增福增寿。

第三节　生产习俗

掼火把　掼火把也叫“着癞子”（癞子，即蚜虫，是黏在庄稼上吸其汁的害虫）。正月十五，时值春临大地之际，元宵节晚上掼火把是常见的习俗活动之一，掼火把老少皆喜，由成人用稻柴扎成火把，一般由青少年手执点燃的火把到田埂上边跑边挥舞并高喊：“着癞子，着癞子，田稻好来造房子。”掼火把是古代社会刀耕火种的遗风，流传至今，寓意祈求丰收，兼有娱乐之意。同时认为燃火可杀灭越冬害虫。此俗在宋、元即已流行。解放后，此俗以一种娱乐和游戏的形式流传，活动主要参与者为少年。人民公社时期，仅有极少数孩童掼火把，实行家庭联产承包责任制以后，掼火把又逐渐盛行。

开秧门　农民将扎秧时两半合处的缺口称“秧门”，第一天插秧称“开秧门”，象征一年农事的开端，农家当日如办喜事。“早晨鲞中午蛋，晚上一餐小酒会”，而且还要“上午团子下午糕，点心送到田横头”。富裕人家还设三牲祭祀“田土地”。吃鲞鱼寓意种田有“想头”，吃团子寓意团团圆圆，吃糕则祈求年成步步高。旧时农户往往相互伴工，几家农户预先约定谁家先开秧门，并轮流进行。

关秧门　插秧结束称“关秧门”。当日需早收工，收工晚了以为不吉利，收工时带回一只秧，将秧根洗净后抛于屋面。第二天，儿媳妇要回娘家，谚云“笃脱黄秧望望爷娘”。20世纪70年代生产队时一般休息一天，称“吃汰脚茶”。

第四节 丧葬习俗

解放前，丧葬习俗盛行鬼神论，充满封建迷信色彩。解放后，随着破除迷信，普及科学知识和思想教育的不断深入，改革殡葬方式，殡葬中迷信活动基本消除。

殡葬方式

土葬 1979年以前全部是土葬，将遗体存放在棺材里，然后葬于坟墓，有砖砌的坟墓，也有土埋的坟墩。进入21世纪后，在农村开展整治居住环境，土葬坟墓全部实行深埋或移入公墓。

火葬 1979年起渐行火葬。1985年起实行殡葬改革，全部实行火葬，火化后将骨灰盒埋于田头地角。1996年，洪溪镇在杨树村石碑圩建成公墓，骨灰盒集中存放在公墓中。

殡葬礼仪

送终 老人临终前，子女须前来送终。自古以来，子女为父母养老送终，是中华民族的传统美德，代代相传，一直延续至今。当老人病危时，子孙及全家人守候在病床前，听候交代后事，当神志有变，即将死亡时，子孙及全家人在床前高声呼唤，直到死亡，号啕大哭，整个过程谓之“送终”。老人死后，子女为其擦身、穿衣（年长者事先准备的寿衣）。

丧事 遗体转入灵堂、报死（讣告）、上厢、入殓、丧葬，整个过程是对逝者沉痛悼念活动的礼仪。一般停尸三天叫“三朝丧”，少数贫困户有摆“二朝丧”，这是极少数。有经济实力的，特别年老的也有摆“五朝丧”，在丧事期间，子媳、孙子辈、亲属小字辈都要穿白衣，所有丧事参与者都要佩戴黑纱、扎白带。子女、亲属中的小字辈有陪夜守灵的习俗。根据各家信仰，请和尚或道士念经超度。基督教者，由教会牧师主持，举行祷告愿死者安息升入天堂，丧礼至遗体火化。

转入灵堂 丧户在客堂间或正间设灵堂，安放本家的两条长凳，上面搁上本家的门板。由长子捧头、次子抱脚，邻里帮忙将死者转入灵堂，在门板上停放，头朝外，脚朝里，在死者口里放入一小撮茶叶，面部用旧书盖上，上面压一把剪刀，头前挂上白布，放上遗像，脚后点上长明灯，同时将死者生前用的蚊帐，在河中浸湿后置于屋面，床铺置于河滩边，将死者换下的衣服，床铺上的草席铺垫物烧在河滩边。并为男性死者剃头，为女性死者梳头，然后组织发丧。

报死 又叫“报丧”“噩耗”，事主安排邻里乡亲二人或二人以上为一组（一人不可以）分别到亲戚家告之死亡的消息，即为“报死”。报死人员必须喝亲戚家一杯糖茶（旧

时报死人员倒挟雨伞，到亲戚家时，将雨伞戤在廊檐下，先在门外喝杯茶，再进门报丧）。并告之死亡时间、丧葬时间，亲戚家接到报死后，筹备祭品，奔丧悼念。

上厢　晚辈，一般用条厢，有方肉一桌（方肉八碗），水果、茶点一桌（放入条厢），被面（称轴子）1 个及祭品等，有的另加现金折厢。同辈、长辈、亲戚、朋友一般上现金折厢，其中也有送轴子的，自族、邻里、乡亲都上现金折厢，称拢厢。前来吊唁者，有祭品的放在供台上，均需向死者行跪拜礼（大礼即三叩九拜）或三鞠躬，女性要在遗体旁哭丧。以前丧事中一般以素食为主，必办豆腐，故奔丧又称“吃豆腐”，现在是荤菜为主，但豆腐必不可少。

入殓　在火化前一天晚上，要进行入殓礼仪，按子女、主要亲族、亲朋好友、送丧人员的次序，在死者前行大礼，然后将死者由长子捧头、次子抱脚，相帮一起动手放入棺内（以前为木棺，现在为纸棺），媳妇、女儿、女客在旁哭丧。

丧葬　以前是出殡，现在是火化，出殡由四人抬棺材在最前头，依次是长子端盘（盘中放有死者牌位）紧跟，次子随后，接着是长媳、次媳，手抱万年青囤，随后是婿、女及主要亲属，最后是送丧人员。实行火化后一路由二人撒用黄纸折成的锭、锡箔，将遗体送到火葬场，举行告别仪式，其程序为默哀（奏哀乐）向死者三鞠躬，绕场三圈向遗体告别，然后将遗体火化。在回程中，一路上由儿媳、女儿啼哭，称“哭好”。到公墓后，将骨灰盒存放好。回到丧主家，要在三脚火把旁绕三周，吃糖茶、云片糕的习俗，脱去白衣，媳妇们要先到自己房中。

做七　做七是对死者亡灵的祭祀，从死的第一天起到第七天称“头七”，每七天为一个“七”，共有七个“七”，最后一个“七”，叫“断七”，每个“七”都要祭祀，俗称做“七”，“五七”最为隆重，丧家要请素酒，凡是穿着白衣的亲戚都要到场，来时备纸屋、纸箱、纸瓶、金斗等，里面装锡箔，有的请和尚念经，大多请尼姑念佛，中午吃“五七”酒。下午道场完毕为死者烧衣服、纸屋、纸箱、纸瓶、金斗等物品。

第五节　节庆习俗

节庆分为传统节日、传统习俗、法定假日及其他节日四个方面，其中法定假日、其他节日纪念活动全国类同，不作论述。

传统节日

春节　解放前习惯叫新年（农历新年），解放后叫“春节”，是民间最隆重的传统节日。庆典时间长，内容极为丰富。农历十二月二十三至三十为“年节”，正月初一至正月十五为新春（叫新年里）。农历十二月二十三日家家户户有大搞清洁卫生的习俗（旧时叫掸烟尘），二十四日称小年夜，有吃汤圆（土话叫粑粑）的习俗。过了二十四家家户户遣磨划糕，做粑粑，办年货，买烟花、爆竹、水果、茶点。农历三十大年夜（除夕夜）全家团圆吃一顿丰盛的“年夜饭”。饭后，当家人给小孩“压岁钿”，给长辈“过年钿”。解放前，正月初一清早起来要放鞭炮，称“开门第一炮”，小孩给大人拜年，媳妇给长辈送糖茶，年初一不扫地、不泼水，水缸里装满水（叫有进水），不走亲戚、不做客。新年出门见人要说恭喜发财，禁忌骂人。年初一上街看画张、吃烧卖。年初二开始可以走亲戚做客，一直做到正月半。解放后，过春节逐渐改除迷信旧俗。成为人们一年一度辞旧迎新、走亲访友、休息娱乐的美好节日。年前，政府各部门给烈军属、五保户、困难户、寡独老人送慰问品，增添了节日的温馨。

元宵节　农历正月十五元宵节，又称上元节，也叫正月半。城镇家家户户门前张灯结彩，农村则有调马灯、掼火把的习俗，祈望农业丰收。这天晚上农民们家家吃糯米汤团。旧时村域内村民大多不吃汤团而是吃十二月二十三夜供在灶君堂里的粉食，叫“元宝岁团”，有的已经有霉点，用板刷刷去霉点再煮食。

清明节　亦称“踏春节”“聪明节”，清明节是中国农历二十四节气之一，在清明节前过节祭拜祖先（俗称“请上代头”）。旧时过节（祭祀）前由当地庙宇（洪溪村域地属天凝蒋村庙宇管辖）僧人挨家挨户送来“金疏子”，本家给予僧人一些辛苦钿，“金疏子”内列有本家已经逝去的列祖列宗名单，过节时，烧上一桌菜，备好水果糕点，摆上与逝去的列祖列宗人数相对的盅子、筷子，点烛焚香，祭拜祖宗，酒过“三巡”后，焚烧锡箔，在焚烧时先将“金疏子”放在锡箔上面一起焚烧，让列祖列宗在阴间享用。现今蒋村寺庙内已无各家各户先人的名单，也没有僧人送“金疏子”了。人死去后第一个清明节家人去上坟叫上“新坟”，要办八个菜，猪蹄是必备的，叫蹄子“八样头”，还有粽子、酒等物品，祭扫坟墓，培上新土，焚烧锡箔。老坟就不需要酒菜食物了。实行火葬后，将骨灰盒存放在公墓，祭扫要到公墓，烧上黄纸锡箔，摆上鲜花。解放后，有学校单位组织到烈士公墓去扫墓。

端午节　农历五月初五为端午节，本名为“端五”，又名“端阳”，有吃粽子的习俗，是纪念中国古代爱国诗人和政治家、思想家屈原投汨罗江殉国的日子。人们将艾蓬、菖蒲挂于门边以辟邪，有的把雄黄水、雄黄酒洒于墙角外以避虫害，有的将雄黄酒涂于小孩耳内、额头、面颊，以防毒虫叮咬。端午节习惯除吃粽子外还要吃“五黄”，即黄鳝、黄鱼、黄瓜、咸鸭蛋黄、黄酒，现仍延旧俗。

中元节　农历七月十五日为中元节，也叫“七月半”，是传统的祭祀节日，百姓要在七月十五前办酒菜，烧些锡箔、纸钱以示不忘祖先。

中秋节　农历八月十五中秋节是中国民间传统节日之一，中秋节亦称“仲秋节”“秋节”“团圆节”“八月节”，也叫“八月半”。中秋佳节素有全家团聚、品尝月饼，吃酒赏月的风俗。据史书记载，早在春秋时代帝王已有拜月、祭月的礼制，后来逐渐成为民间的习俗。月饼始于唐，盛于宋。在中秋前夕，有给长辈、亲友赠送月饼的风俗。八月半当天吃月饼、南瓜，晚上赏月。

重阳节　农历九月九日为重阳节，亦称“重九节”“登高节”“九月九”。重阳节有登高、吃重阳糕之俗。洪溪有吃新糯米烧制的“粢米饭”习俗。现在中国将九月初九日定为敬老节，开展敬老活动。

传统习俗

送灶　接灶　灶神，又叫“灶君”、灶王爷，旧社会大多数人家信奉灶神，在灶上部神龛里贴上“灶神像”。据传农历十二月二十四，灶神要离开人间，上天向玉皇大帝禀报一家人这一年来的所作所为。农历十二月二十三日送灶日，在傍晚时分点上香烛，置放供品（元宝岁团）、水果等。用又甜又黏的供品搪塞，粘住“灶王爷”的嘴巴，让他上天多说好话，难开口说坏话，所谓“吃甜甜，好话传上天，坏话丢一边”，最后，烧上锡箔、黄纸连同旧灶神像送上天。正月初四为接灶日，傍晚时分把灶神接回来。接灶仪式与送灶相似，最后将神灶像贴在神龛里（现在无灶神像），供上元宝。

接财神　正月初五是财神的生日，也是一些盼望发财者崇仰祈奉的时日，所以在正月初五早晨开门，赶早鸣放高升、百响，焚香点烛，备上盛祭迎接财神。然后烧上锡箔，恭上大礼。意祝新年生意兴隆，万事如意，财源广进。

地藏王生日　农历七月三十日（小月为二十九日）是地藏王生日，由来已久，每年这一天家家户户点上地藏香，有纪念地藏王生日的习俗，农历七月三十日（小月为二十九日），吃过晚饭后，天将暗下来时，在自家门前石阶上，按自家人口数量，点上相同数量的蜡烛，在蜡烛前插上地藏香，并在自家河桥上点上一组，河里放漂一组，再跪拜纪念，保佑合家平安。

拜桥忏　拜桥忏是一种民间信仰，是新桥建成后（包括重建）民间自行组织的一种祭拜礼仪。主持人（发起人、召集人）首先确定拜桥忏日期，一般成双日子为宜（旧时要请风水先生定日子），主持人分别告知附近村民祭拜日期及要准备的物品。到祭拜当天，桥两旁彩旗招展（两旁彩旗必须插得高度一样），桥中搭上厂，厂中摆上八仙桌，桌上放上猪蹄、鸡、鸭、鱼四大件荤菜及糕团、水果、茶点等物品。有的请和尚来拜忏，祭桥神时点上大香、大蜡烛，手持几支香在桥上来回走上几趟，据传将来寿终后免走奈何桥，同时拜桥神希望自己全家一切顺利平安。

立夏日　民间盛行吃立夏塌饼，称重，吃蚕豆饭，小孩有烧野豆饭的习俗。

第六节 饮食习俗

中华民族有着 5000 多年的文明历史。历代先辈们在古老的中华大地上生产、生活，代代相传，积累了许多宝贵的经验，养成了许多科学的、健康的食俗。久而久之，这些食俗成为一种传统而流传下来，被子孙后代所承袭。

清明节与青团子

青团子（粑粑）历史久远，起始何时，无从考证，传说孟姜女千里寻夫，一路上跌了无数次跤，将白团子跌成青团子，然后用青团子祭祀丈夫。从此民间有清明节用青团子上坟祭祀祖先的习俗。正因为如此，青团子在江南一带的民间食俗中显得格外重要。村域内的先民承袭了这一习俗，在清明节用青团子上坟祭祀祖先，一直流传至今。

制作用料：糯米和粳米（7∶3）、草头、豆沙馅。

制作方法：将草头（甜女头、艾草叶、浆麦草及预制好的南瓜叶）洗净煮熟后，倒入米粉中揉搓均匀，然后制作成粉团，团子的馅为细腻的豆沙，将制成的青团子放入蒸笼蒸熟，蒸煮 25—30 分钟，出笼时用毛刷将熟菜油均匀地刷在团子表面，这时青团子油绿如玉，糯韧绵软，清香扑鼻，人人爱吃。

南瓜叶草头的制作方法：草头是做青团子（俗称青粑粑）不可缺少的辅料。做青团子时加入适量的草头，做出来的青团子外观油绿如玉，吃起来有一股清香。用甜女头、艾青叶、浆麦草作为草头，洗净后煮烂可直接使用。用南瓜叶作为草头的制作方法是在深秋时节，这时南瓜叶大、厚实，采集时将整张南瓜叶摘下，去掉南瓜叶上的筋络，取其叶面，洗净后将其放入锅内加水煮熟，捞出后浸在清水中，待其冷却，再用水清洗，然后用手把南瓜叶中的水分挤尽，捏成一个个比拳头略小的圆团，将南瓜叶团在预先准备好的生石灰粉中滚动，让南瓜叶团外表全部粘满石灰粉后，放入甏内密封。密封程度越高，保存的时间越长，一般一两年内不会变质。需要时随时可取，一般一个南瓜叶团可作两三公斤米粉的辅料。20 世纪 50—60 年代以后，少有村民制作南瓜叶草头了。

立夏塌饼

旧时村民在立夏日有吃塌饼的习俗。塌饼也叫麦芽塌饼，历史久远，起始于何时无从考证。它是嘉善的特色时令点心。塌饼的主要原料是麦芽粉、糯米粉、黑芝麻、赤豆、核桃仁、白糖、草头（佛耳草，也叫甜女头或艾草叶等）。

制作方法：先把草头煮烂备用，把糯米粉放入容器中，再加进麦芽粉搅拌均匀（一般以 1.5 千克糯米粉加 0.05 千克麦芽粉），将煮烂的草头倒入糯米粉中，揉搓成墨绿色粉团，由于麦芽糖化过程中会发酵，粉团越揉越软，当揉到有点粘手时，就不要再加麦芽粉了。然后在大粉团上先后摘取一块块橘子大小的粉团，揉搓成圆团后，中间捏出凹槽，放入猪油、桃核仁、赤豆（蚕豆）细沙馅，然后收口搓圆，垫上剪成方形的粽叶，放入蒸架内，做满一蒸架后，放在镬子上隔水蒸煮 25—30 分钟，冷却后把塌饼揿扁用油煎，将塌饼两面煎成焦黄色即可出锅，抹上糖水，就成为香甜可口的麦芽塌饼。

豆沙的制作方法：豆沙是制作塌饼的馅，其原料有赤豆和蚕豆两种。糕饼食品店一般选用赤豆为原料，本村村民大部分则选择蚕豆作原料。制作豆沙时，先将蚕豆在清水中浸泡一昼夜，待其膨胀，吸足水分，捞出后洗净，放入压力锅内将蚕豆烧酥（旧时村民用陶罐盛蚕豆，利用木柴余热煨酥蚕豆），冷却后倒在容器内用手将蚕豆捏成糊状蚕豆泥，然后倒入有网眼的塑料盆内，网眼越细、越密越好，然后将塑料盆或淘米箩置于容器内，一边用水冲，一边用手掏，让蚕豆泥流入容器内，直到只剩下蚕豆壳，最后将容器内已经混合为液体的蚕豆肉泥和水倒入布袋内，扎紧袋口，挤干水分，便是豆沙。将豆沙加入适量红糖和少些水烧煮后，豆沙馅就制成了。赤豆沙的制作方法与蚕豆沙制作方法大体相同。

端午粽子

村域内的村民一直有在端午节裹粽子吃粽子的习俗，有句流传的谚语“端午不吃粽，老来无人送”，意思是临终时没有子女在身旁送终。

粽子用料：糯米、五花肉、酱油、食盐、白糖、味精、白酒。

制作方法：1.制馅：用肥瘦适中的五花肉，加入适量的食盐、白糖、味精、白酒等。用手反复拌搓，直到肉块出现小白泡为止，这样的肉馅煮熟后特别香嫩，有火腿风味。2.淘米：糯米是粽子的主料，不仅讲究米质好，而且淘米时也有诀窍，要淘得快，洗得净，最后用清水一冲，不再用手去搅拌，如此过 15 分钟左右，米中积水就可以沥干了。因为这样淘过的米吸水量少，用酱油拌米时，咸味容易吸收进去。3.裹粽子：将洗净的粽叶折成锥形，先放一半米，然后放入猪肉馅，最后加满米，把馅裹住，将两边翘出的粽叶分别折过来包住原来的锥体，形成三面三角形，用浸泡好的稻柴或棉线扎紧粽子（扎得越紧粽子就越香）。4.烧煮：烧煮粽子时和一般煮法不同，不是用冷水而是用开水落锅，而且水量要足，水位要漫过粽子，在烧煮过程中还要看一下镬子内的水如果少了，要继续加入开水，这样烧煮，粽子的味道不会流失。

剥开粽叶，放在瓷盆内，用筷子均匀地夹成四块，块块有肉，糯而不烂，吃起来鲜滋滋，油津津，油而不腻，独具风味。

粽子的种类很多，有豆沙粽、鲜肉粽、香菇鸡腿粽、赤豆粽、蜜枣粽等。

春节做方糕

春节（习惯叫新年）是民间最隆重的传统节日，旧时村域内在春节前有做方糕（又叫松糕）的习俗。农历腊月二十四一过，家家户户都要遣磨（磨米粉），准备做方糕的材料，解放前及 20 世纪 50 年代，农村不通电，遣磨只能靠人力用石磨磨粉，磨粉时需三个人合作，二人推拉磨坊使磨盘转动，另一人一只手把住磨坊顶端，顺随磨盘转动，另一只手将米一小把一小把地放入石磨的圆孔内（称澳磨），磨盘不停地转动，米粉像雪片一样纷纷落下。遣磨往往要持续一整天，其间邻里互帮互助，家家要遣（磨）一二十公斤粉，备足做方糕的原料。

方糕是用糯米粉、粳米粉、糖等做成的一种甜味点心，因形状为方形，故称方糕。

方糕与民间的团子、粽子、馄饨等食品一样，都有着久远的历史，具体时间无法考证，嘉善农村家家都有做方糕、吃方糕的习俗，“糕”与“高”谐音，有吉祥的寓意，所以在“祭灶”“抛梁”“婚嫁”等重要传统节日和活动中都要用方糕。

制作方法：选用糯米、粳米，以 2∶1 的比例混合，然后放在冷水里淘洗干净，晾干后将米磨成粉，用绢筛筛两遍，以保证粉的质量（细度）。根据粉的数量烧一定比例的糖水倒入粉中，用双手揉搓均匀，直到没有结块（称为手粉），然后将筛好的粉倒在一块铺有红纸的方形糕蒸上，用直尺把粉撸干稍压实，然后用直尺按蒸边框上的刻线拿薄片刀把粉划成方块（深度为粉厚的一半，不能划断），如果做有馅的方糕，先放一半粉，在上面放上各种馅料，再将另一半粉放在馅料上，然后撸实米粉划成方块（一般 16 块），划好后在每块上面放些红绿瓜丝、蜜枣等，然后再把蒸架放在镬子上蒸 20—30 分钟即可，出镬后用糕印蘸上红水在糕上印上“福”“喜”“状元及第”等吉庆字样或图案，方糕有红糖方糕和白糖方糕两种，可根据具体要求制作。

方糕软糯韧香，是人们喜爱的点心。

第七节　宗教信仰

洪溪村域内的宗教主要有佛教和基督教，佛教历史悠久，信众甚广，佛教活动盛于明清，一直延续到解放初期，“文化大革命”时停止活动，20 世纪 80 年代起又逐步恢复活动。基督教解放前传入，“文化大革命”时停止活动，80 年代起恢复活动。

佛事活动

据史籍记载，佛教始于南宋，盛于明清，一直延续到解放初期，农业合作化时活动减少。“文化大革命”时期停止活动，20 世纪 80 年代又逐步恢复活动。洪溪村域内信奉佛教的以中老年妇女为主，每逢农历初一、月半，在家中点一支清香，附近有寺庙的还要去烧香点烛，有村民认“观世音菩萨”为娘亲，“刘王老爷”“杨老爷”为继伯，“佛女儿”

家中设敬台，供着佛像，每天早晨上香、点烛、敬茶。每逢祭祀（清明节、七月半、冬至节、年节）先烧好一桌菜，大鱼、大肉、水果、糕点，斟上酒，烧香点烛叩拜菩萨，三巡酒过后，焚烧锡箔，送佛上天，然后再祭祀祖宗。除此之外，“佛女儿”每年还要替菩萨做生日，这一天互有来往的“佛女儿”带着供品、礼金前来拜佛。附近的信众也会来烧香，场面很是热闹，仪式也比较隆重，供品也极其丰盛，十六样素菜摆在大圆桌东边，十六样荤菜摆在西面，称文东武西，荤菜有猪蹄、鸡、鸭、鱼、大版肋条肉、大肠、块头肉等，还有各色水果、松糕、粑粑，满满一圆台，然后由主办生日的“佛女儿”点上两对大红蜡烛，焚上香，敬上酒，率先行三跪九叩大礼，来拜佛的“佛女儿”和信众依次行三跪九叩大礼，接着由专业的人做佛事，中午吃素斋，下午 3 时左右佛事完毕，焚化锡箔、元宝送佛。晚饭才吃荤食，整个活动持续一天。

寺庙

寺庙是供奉祭祀佛祖和圣贤之场所，解放前村域内有朱天庙（龙王宫）、永宁庵、自灵庵。农历初一、月半，附近香客都要进庙（庵）烧香，香火旺盛，解放初朱天庙内佛像被毁，庙堂改作他用。“文化大革命”期间永宁庵被拆除，1978 年后重建。2013 年，朱天庙（龙王宫）重建。自灵庵解放后被国家征作粮仓，后发还给大队集体使用，得以保留至今。

朱天庙（陈佳杰 摄）

朱天庙（龙王宫） 朱天庙始建于清末民国初，坐落在村域内北汇头，庙内供有朱天菩萨、龙王老爷、三继妈、杨继伯等诸多佛像，每逢初一、十五，附近信众都进庙烧香拜佛。解放初期众佛像被毁，庙堂改作他用，一大半被洪溪小学扩展为教室，四分之一被洪溪商会改建为救火会，存放救火器材，剩余部分改建作为民房。20 世纪 80 年代后，烧香拜佛活动逐渐恢复，原来镇救火会存放的救火器材已不适应救灾灭火，场所已经腾空，信众就在原址烧香。2013 年 6 月，洪溪村信女俞静芳（女）、何关妹（女），募集资金重建朱天庙（龙王宫），占地 300 平方米，建筑面积 250 平方米，庙堂东西向，坐北朝南，建筑面积 120 平方米，东首为东海龙王佛像，西首为西海龙王佛像，居中为朱天菩萨佛像，西面为三继妈等八位女菩萨，西南为杨继伯杨老爷佛像，最西面是天井和卫生间，南面建有厨房，餐厅面积 120 平方米。香客进香的日期和永宁寺一样，不是初一、十五，而是每月初八，叫作“八佛忏”，具体做法也是参照永宁寺。一年十二期由二十四位信女自愿轮流主办，每年腊月初八还要烧腊八粥给香客们吃，同时还要送给附近老年体弱的人喝。

永宁寺（陈佳杰 摄）

永宁寺　永宁寺原名永宁庵，坐落于西周浜口，始建于清代咸丰三年（1853），庵内供有朱府“英烈侯”“福增王”两座老爷佛像，被村民视为地方保护神，倍受崇拜。初一、十五，附近香客纷纷前来烧香点烛，顶礼膜拜，香火旺盛。每年二月廿二，两位老爷出会，远近信众纷至沓来朝拜，人数有近千人，整个庙会热闹非凡。解放后破除迷信，烧香拜佛活动停歇。1971 年“文化大革命”期间庵堂被拆，佛像被毁。1978 年改革开放后，逐步恢复。1985 年，村域内信女薛巧宝（女）多方筹集资金，在西周浜口（原址稍西南）重建庙宇，仍取名“永宁庵”，庙宇较小，信众烧香拜佛场地十分狭窄，2008 年 9 月薛巧宝（女）再次牵头，在塘上（马塔塘北岸）重建永宁庵，各界信士慷慨解囊，寺庙得以落成，遂改名为“永宁寺”。重建后的“永宁寺”占地 789 平方米，建筑面积 582 平方米，东首两间为客堂。朝南第一殿内供有本方二老爷。西隔壁供有弥勒尊佛（弥陀菩萨）、韦驮菩萨，最西面是财神菩萨和关公佛像，北面是天井，天井的西墙上有一块石刻的碑记，上面刻有资助建造“永宁庵”各界信士的名单及资助金额。天井北面是后殿，观世音菩萨朝南居中，东首为如来佛像，西首为地藏王佛像，东南角置放一只铜钟。永宁寺主持释昌又于 2008 年年末扩建永宁寺，在寺西面又建客堂、斋堂、卫生间，整座寺庙气势雄伟，雕梁画栋，十分壮观，被浙江省民政宗教事务委员会指定为“浙江省民间信仰活动场所”，有所不同的是永宁寺香客不是初一、十五进香，而是每月初七进香，信士们称之为“七佛忏”，每一期的“七佛忏”有两人主办，都是自愿的，没有特殊情况是终生一贯制，初七这天主办者要早早到庙，开庙门，迎香客，筹备中午斋饭，请人念佛等，一切费用均由两人承担，“七佛忏”的香客有 200 多人，但用斋饭的也只有近 20 人。永宁寺重建后，两位老爷又在二月廿二日出会。

自灵庵（陈佳杰 摄）

自灵庵　自灵庵坐落于高浜永安桥北。民国初由王姓女士出资建造，建有山门、仪门、前后两殿，各五开间，二殿的东面两间建有矮楼，占地约 300 平方米，前殿正中为韦驮殿，东侧为二老爷殿，西侧为关帝殿，前殿与正殿之间是天井，正殿中有如来殿、观音殿，正殿后面又是天井，自灵庵内除王女士外，有尼姑 5 人，每天诵经念佛。农历初一、月半，附近香客、信众纷纷前来烧香拜佛，解放后庵内佛像被毁，众尼姑还俗。庵堂被国家征作粮库，得以保存至今，后政府将该庵归还给大队集体使用，先作幼儿园，后作老年活动室。2004 年附近村民出资重塑观音、如来、护法四大天王等佛像，如原先一样每逢初一、月半进庵烧香拜佛。

基督教

基督教活动（做礼拜） 清代中期，嘉善开始有基督教，解放前有少数基督教信徒参加天凝、干窑等地基督教活动。解放初期，村域内基督教信徒王永年因洪溪镇没有教堂，到陶庄去参加做礼拜活动，一直到农业合作化时期，后停止活动。直到 20 世纪 80 年代初，洪溪乡基督教活动恢复，最早在洪溪老街俞昌生家，每个礼拜天下午举行唱诗、祷告活动。后基督教活动场所几经搬迁，先在洪溪老医院东隔壁王佩珍（女）租用的租房内活动，后转到海朝庵屠珠宝（女）租用的租房内聚会，再转到厍港沈秀珍（女）家做礼拜。1984 年，成立以夏荣珍（女）为堂务主任的天凝镇基督教堂，凌福根管理洪溪聚会点。1993 年 3 月搬回集镇，在原吴厅活动。1997 年 3 月，成立洪溪镇基督教堂，堂址设在购入的原供销社棉布店六间楼房内，凌福根为堂务主任。开展基督教活动。2007 年 9 月，迁入新建的基督教堂。

洪溪基督教堂（顾梅森 2015 年摄）

基督教堂（礼拜堂） 坐落于洪溪集镇洪溪路西南，建于 2007 年，由信徒捐赠，筹资 140 万元，征用土地，建筑总面积 1499.34 平方米。其中礼拜堂面积 1015.18 平方米。2007 年 9 月 18 日，举行新教堂落成典礼，1000 余人参加。洪溪基督教堂每个星期天上午做礼拜。教堂内设“奉献箱”，信徒全年捐赠约 10 万元，每年用于照顾贫困户信徒、帮扶贫困学生、赠送敬老院老人礼包、支援灾区等。2007 年度，被评为嘉善县平安教堂。2008 年度，被评为嘉兴市平安宗教活动场所。

第二十五章 方言 俗语

第二十五章　方言　俗语

洪溪村地处浙北，地方语言属吴语系嘉善方言区。

洪溪虽地域不大，但在语音基调上也有所差异。红旗塘南因绍兴人比较多，语言混杂，带有绍兴语音，红旗塘北语言变化不大。

第一节　称谓用语

直系亲属称谓一览表

表 25-1

关系	称谓	俗称	当面称呼	自称
生父	父亲	爷、爸	爷、阿爸、爹、爸爸	儿子、女儿
生母	母亲	阿妈、娘	姆妈、妈妈	儿子、女儿
养父	养父	爷、爸	爷、阿爸、爹、爸爸	儿子、女儿
养母	养母	阿妈、娘	姆妈、妈妈	儿子、女儿
后父	继父	晚爷	阿爸、爸爸、叔叔、伯伯	儿子、女儿
后母	继母	晚娘	姆妈、婶妈、阿姨	儿子、女儿
父之父	祖父	阿爹、大爹	爷爷、阿爹、大爹	孙子、孙女
父之母	祖母	娘娘、奶奶	娘娘、奶奶	孙子、孙女
父之祖父	曾祖父	男太	太太	曾孙子、曾孙女
父之祖母	曾祖母	女太	太太	曾孙子、曾孙女
兄、弟	兄弟	哥、弟	哥哥、弟弟，或呼名	弟、哥
姐、妹	姐妹	姐、妹	姐姐、妹妹，或呼名	妹、姐
夫妻	丈夫	男客、当家人	呼名，或儿女名加“啦爷”	夫
	妻子	家婆、屋里厢	呼名，或儿女名加“啦娘”	妻

旁系亲属称谓表

表 25-2

关系	称谓	俗称	当面称呼	自称
父之兄、弟	伯父、叔父	伯、叔	大伯、伯伯、叔叔	侄子
父之姐妹	姑母	姑母	姑妈	内侄
父之兄、弟妻	伯母、叔母	大妈、婶	大妈、妈妈、婶妈	侄子、侄女
伯、叔父之子	堂兄、弟	哥、弟	哥哥、弟弟，或呼名	弟、哥
伯、叔父之女	堂姐、妹	姐、妹	姐姐、妹妹，或呼名	妹、姐
兄、弟之妻	兄嫂，弟媳	嫂、弟媳	嫂嫂、阿嫂、弟媳	弟、兄、妹、姐
		伯姆、妯娌	以姐妹相称，或呼名	弟媳、嫂

姻亲关系称谓表

表 25-3

关系	称谓	俗称	当面称呼	自称
母之兄、弟及配偶	舅父	娘舅	舅舅、娘舅	外甥、外甥女
	舅母	舅妈	舅母、舅妈	
母之姐妹及配偶	姨娘	姨妈	寄妈、姨妈	姨甥、姨甥女
	姨夫	姨丈	寄爹、姨夫	
母之父母	外祖父	外公	外公、阿爹	外孙、外孙女
	外祖母	外婆	外婆、娘娘	
舅父之子女	舅表	表兄、表弟、表姐、表妹	以兄、弟、姐、妹相称或冠其“表”字，或呼名	表弟、表哥、表妹、表姐
姑之丈夫	姑父	姑夫	姑父、寄爹	内侄、内侄女
姑之子、女	姑表	表哥、表弟、表姐、表妹	以兄弟姐妹相称或冠“表”字，或呼名	表弟、表兄、表妹、表姐
婿、媳之父母	亲家	亲家父、亲家母	以兄、弟、嫂、妹相称或呼婿、媳之爹、娘	亲家公、亲家母
夫之父	公	公阿爹	阿爹，或随夫称呼	媳
夫之母	婆	婆阿妈	姆妈，或随夫称呼	媳
妻之父	岳父	丈人	阿爸、爸爸	婿
妻之母	岳母	丈母	姆妈、妈妈	婿

第二节　方言词汇

生活用语

吾	我	亨	强
吾拉	我们	拳	缩紧身体

依	他	邪	奔跑
依那	他们	撸	用手抹去
奈	你	刮	盛、装菜肴
奈啦	你们	焐	用火煨煮
蹦	跳	滚	伤口发炎
踵	身体向前倾	饫	喂
偃	比量长短（高低）	拔	给
先点	秤杆向上翘	兀	拾取
皮点	秤杆向下跌	呛	咳嗽
捩	绞、拧干	净	洗
极	害怕	局	好、灵光
歇	揭开	应	偷看
叶	用手携住	影	冷、凉
揪	用手抓牢	窨	熄
丘	坏	谱	汁液往外溢
垦	寻找	轧	挤人
巩	摇溅	得	粘
桥	不平	勃	转过身
登	居住	梗	卡住
哇	表示疼痛	翘	死
差	做什么	揿	按、向下压
蛮	玩	坍	损坏、倒塌
茄	抱	牙	啃
哈	什么	担	拿
擀	跳上、跳下	串	跟人胡闹
受	集聚财物	仓	浪费
傍	比	摧	用手推
缩	吮吸	斗	推销货物
掏	搅拌	闯	踩
哏	凉	炀	溶化
湔	逐步洗	派啦	恶待亲属
那介	怎样	百坦	不着急
坍宠	丢脸，难为情	几化	多少

臭韧	不爽快	笃定	有把握
齐巧	恰好	识相	知趣
齐整	漂亮、好看	懊老	后悔
偏生	偏偏	交关	许多
便则	只有	搭浆	马虎
便当	方便、便利	惬意	舒适、快乐
热麻	舍不得	杜热	羡慕、眼红
有素	晓得	料作	原材料
蓬尘	灰尘	潦唐	不正经
屑粒	细碎的小粒	窝荡	地方，场所
米懊	等等	有嘿	在
事体	事	有拉	在这里
舒齐	安排妥当	关照	嘱咐，照顾
门门	该得的份儿	划开	割破皮肤
怨命	自杀	噱头	装腔作势
叨嘴	咬字不清的人	虚头	夸大不实的成分
光火	生气	白相	玩
吊火	引发生气	横对	不讲理
调排	捉弄	定规	果然
命扎	密封	拉采	起床
板扎	牢固、扎实	唔不	没有
包衫	罩衣，短外衣	唔管	没有用处
布衫	衬衣	末事	东西，物品
挂肩	背心	得神	愉快，适意
夹里	衣/被的内层	出松	走脱，溜走
涓头	手帕	格瘩	多事，多病
余巾	围巾	用脏	肥料
布袄	棉袄	回头	告诉
门柱	蚊帐	促客	难弄
饭滞	锅巴	来山	能干
点心	中饭	打棚	开玩笑
绿酥	茄子	今朝	今天
麻吊	麻雀	昨日	昨天

田鸡	青蛙	日脚	日子
拉司	癞蛤蟆	上昼	上午
曲蟮	蚯蚓	下昼	下午
百脚	蜈蚣	顺手	右手
弯转	虾	济手	左手
毛豆	黄豆	脚梗	小腿
大豆	蚕豆	嘴婆	嘴
勃萄	葡萄	腰股	腰
葡萄	核桃、胡桃	唔啥	没有什么，不错
抢刀	锅铲	草纸	卫生纸
铜勺	勺子	墩头	砧板
汤罐	灶上的热水罐	洋机	缝纫机
夜壶箱	床头柜	夜来快	傍晚
半夜里	半夜时分	洋火纸	火柴
麻花雨	毛毛小雨	汤婆子	扁圆形金属暖壶
小巴戏	儿童	哈辰光	什么时候
小囡头	小孩子	哈末事	什么东西
喜货色	小女孩	哈里担	什么地方
额骨头	额头	格里担	那里
后靠山	后脑勺	脚节头	脚趾
节头干	手指	夹落作	腋窝
眼窝珠	眼睛、眼珠	头绳衫	绒线衫
脚馒头	膝盖	长生果	花生果
叉胸袋	幼儿围胸布	野葡萄	山核桃
洋山薯	马铃薯	珠珠粟	玉米

习俗用语

出门——出嫁

有喜——怀孕

待客——招待

上坟——祭祖

黄笺纸——鬼钱

吹打——大夫吹唢呐

好日——结婚

做客人——走亲眷送礼

吃豆腐——吊丧

烧香——上庙进供

老媒相——泛指媒人

做女婿——到女家成婚

占火进——男子倒插丧夫妇家成婚

惯用语

勿入调	不规矩，不正派	惯纱帽	甩手不干
勿齐头	不恰当	脚碰脚	相差无几
一眼眼	一点点	落场势	收场的台阶
打圆场	劝解	搭勿够	交情浅、难求人
勿连牵	靠不住，勿齐头	搭死惯	懒散，凑合
发热昏	说话颠三倒四	窜坏板	背后说人坏话
有清头	懂事，有头脑	搬乱说	搬弄是非
有心相	能自娱，不烦闷	偷水怪	偷懒
扣克扣	正好，不多不少	插蜡烛	故障，又指生病
吃家生	挨打	三脚猫	懂一点，不精通
吃牌头	受责备	定头货	固执的人
讲白话	闲聊天	寻吼势	寻衅闹事
走脚路	找人通融	现世宝	受人歧视
扳错头	挑刺，找茬	扳雀丝	找岔子
唔设法	不知怎样才好	听壁脚	偷听他人说话
触壁脚	暗中中伤他人	话鬼话	瞎说
保身价	不肯担风险	造乱说	说谎话
造勿是	赔不是，认错	黄牛肩胛	不负责任

四字方言

一天世界	摊放得杂乱	七桥八裂	不平，不光生
大推八扳	差异很大	飞龙活跳	形容鱼很鲜活
五嗨六肿	臃肿	勿二勿三	不太正派，不正规
勿入流品	较差而不入品级	地陌生疏	不熟悉当地情形
死样活气	无精打采	百热飞烫	形容食品很烫
行尽行市	极多	滞五搭六	形容人糊里糊涂
寿头寿脑	傻里傻气	赤括全新	物品很新
极出胡拉	发极的样子	哭出胡拉	哭丧脸
一脚锣鼓	总共	神子胡子	头脑不清，糊涂
极形极状	惊慌失措	恶形恶状	不顾体面，乖戾

的角四方	方方正正
牵丝攀藤	不干脆
涓光滴滑	十分光滑
则末收梢	最后，后来
假痴假呆	假傻
面熟陌生	面善失记
咪里吗啦	喇叭声
海外奇谈	形容程度很深
搅七念三	胡搞，捣蛋
滑脱精光	一点不剩
瞌铳懵懂	似睡似醒
夯碰冷打	全部
脱底棺材	穷光蛋
根牢果实	诚恳老实
关门落闩	毫无商量余地
敲钉转脚	拍板敲定
昏头七冲	昏头昏脑
厚滋呐答	厚面皮，不羞耻
贼皮连牵	厚着脸纠缠不休
猪五石六	不识相的说个没完
踢脚扳手	障碍多，不易行进
老三老四	说话傲慢，不谦虚
活灵活现	形容像真的一样
格里糊涂	啰唆，纠缠不休
清水光汤	形容粥稀
横七竖八	杂乱，不整齐
一塌刮子	全部
勒杀吊死	久拖不决
油腔滑调	圆滑不老实
航尽航似	许许多多
狗比倒搔	小气，不大方
冤枉鬼叫	受委屈

第三节　歇后语

肉骨头滚豆腐——软硬不匀
端午节吃立夏塌饼——过时货
钥匙挂啦胸口头——开心
顶是石臼做戏——吃力勿讨好
黄连树下弹琴——苦中作乐
叉袋里背钉——里触出
脚炉盖当镜子——看穿
棺材里伸出手来——死要铜钿
尖尖头碰斜坡头——对手
弄堂里掮木头——直进直出
床底下放鹞子——大高而不妙
脚馒头上打瞌铳——自靠自
豆芽菜碰屋檐——老嫩
额头上放扁担——头挑
秤砣落啦棉花里——一声勿响
缺嘴吃鼻涕——落路
瞎子吃馄饨——肚里有数
柴草人救火——自身难保
哑子吃黄连——有苦说不出
石灰叉袋——到塌白塌
三只节头拾田螺——稳拿
豆腐里挑骨头——硬板错头
自摆砖头自踢脚——自作自受
竹篮打水——一场空
热水袋放啦心口头——窝心
飞机上挂蟹——悬空八只脚
瘌痢头撑伞——无法无天
活猢屁股——坐不住

螺蛳壳里做道汤——兜勿转
临时上轿穿耳洞——匆忙
关云长买豆腐——人硬货不硬
打碎砂锅——纹（问）到底
屋背后晾衣裳——北晒（库）
王江径过去——盛泽（常着）
鸭吃砻糠——空靠活
六节头卡角——轮勿着
蛇吞蝎子——以毒攻毒
老鼠钻在风箱里——两头受气
癞狮拉拉戳盘里——自称自赞
蜻蜓吃尾巴——自吃自
蚊子叮石臼——勿觉着
石头上掼乌居——硬碰硬
麻子拍粉——蚀煞老本
狗捉老鼠——多管闲事
秀才碰到兵——有理讲勿清
烧香赶出和尚——反客为主
螺蛳壳打墙——两面难看
六月里着棉鞋——热脚难过
两亲家公拜年——男会（南汇）
暗头里带缆——掏桩（陶庄）
猪鼻孔插葱——装象（相）
老鼠过街——人人喊打
脱裤子放屁——多此一举
兔子尾巴——长（常）不了
江西人补碗——自顾自
黄鼠狼拉拉鸡棚牢——不安好心
竹竿里煨鳅——死到笔挺
外国人勿识拉风箱——触出触进气
六十岁学吹打——气脉短
买个炮仗叫人放——寿头
猫哭老鼠——假慈悲

第四节　谚　语

自然谚语

惊蛰一声雷，七七四十九日雪花飞。
春风昼夜平，天晴满天星。
小满勿满，夏至勿管。
六月六，猫狗要洗浴。
若要谷，处暑边里摸。
白露白迷迷，秋分稻秀齐。
秋风勿抽头，割来好饲牛。
有稻无稻，立冬割稻。
大雪小雪，豆麦休息。
腊里勿倒泥，冬至还个礼。
十月一声雷，翻转做黄霉。
秋前勿搁田，秋后喊黄天。

豆要升罗泥，菜麦要穿衣。
戏要看夏至日，困要困冬至夜。
东吼日头西吼雨（吼：彩虹）。
早看东，夜看西。
东南风，干松松，东北风，雨太公。
朝雾晴，夜雾阴，雾露不散便是雨。
东风急溜溜，半夜雨绸绸。
日晕风，夜晕雨（晕：推云）。
棉花云，雨淋淋，缸爿云，晒煞人。
今朝鸡鸭早进笼，明朝太阳红彤彤。
燕低飞，披蓑衣。
朝西夜东风，日日好天宫。
闪电不打雷，大雨不会来。
南显雨门开，北显就落来（闪电）。
三朝重雾发西风。上看初三，下看十六。
蜻蜓成群绕天空，不过三日雨蒙蒙。
东南阵，有雨落勿成。
西南阵，带雨落三寸。
六月六，晒到鸭蛋熟。
白露身勿露，赤膊当猪猡。

生产谚语

人误地一时，地误人一年。
人勤地生宝，人懒地生草。
种子年年选，产量节节高。
人靠饭饱，田靠肥料。
精耕勤除草，秧苗长得好。
肥是农家宝，种田不可少。
养猪不赚钱，回头望望田。
人在屋里热得跳，稻在田里哈哈笑。
种田三件宝，猪灰、河泥、红花草。
犁田看三头，垄头、牛头和犁头。
千金难买夜落株。

现拔现种，打个瞌铳。
毛焦火辣，田荒地白。
笃悠笃悠，生活倒有。
人要补桂圆荔枝，田要肥河泥草子。
人要补白烧蹄，田要肥塘河泥。

廉洁谚语

自古清官民赞颂，从来污吏法难容。
自古清白无遗祸，从来贪赃有后殃。
为官莫做贪心事，报国还需有志人。
安于清贫无后患，沉溺享乐必多忧。
革除积弊民康乐，根治腐败保太平。
位卑未泯济世志，权重不移公仆心。
反腐务必先己后人，倡廉还须协力同心。
一步难以上高山，一步却能入深渊。
名位利禄皆为身外之物，品格事业才是立身之本。
荣辱不惊，笑看人间花开花落。
物利两忘，冷观世上云卷云舒。
清官流芳百世，贪官遗臭万年。

生活谚语

家里有个老，赛过一件宝。
媳妇勿讨懒婆娘，嫁囡勿嫁赌博郎。
造房子看梁，讨娘子看娘。
饭前汏汏手，活到九十九。
药补勿如食补。
衣服洗得勤，病菌难近身。
穷灶口，富水缸。
吃得油，穿得绸，不如一双老茧手。
靠山山倒，靠水水流，只有靠自己两只手。
会打会算，吃着勿愁，不会打算一世忧。
吃来吃去鱼肉好，看来看去红绿好，好来好去爷娘好。
弟兄勤耕耘，泥土变成金。

一日夫妻百日恩，百夜夫妻海洋深。
一天三餐粥，安枕就是福。
鱼不为水，人不为财。
人心齐，泰山移。
一个篱笆三个桩，一个好汉三人帮。
一人有难众人帮，一家有事百家忙。
勿怕走得慢，只怕路上站。
十个指头有长短，荷花出水见高低。
秤里可以量轻重，言语可以量人品。
豆腐莫打老，大话莫说早。
不听老人言，吃苦在眼前。
人怕出丑，狗怕主人抽。
亲帮亲，邻帮邻。
邻舍好，无价宝；邻舍不好活倒灶。
远亲不如近邻，近邻不如对门。
急难之中见真情。
与人方便，自己方便。
百步无轻担，轻担让重担。
做事要稳，改错要狠。
心静自然凉，心平茅屋稳。
酒落肚肠，钱落赌场，人落法场。
日日滥赌，吃饭淘臭卤。
勤是摇钱树，俭是聚宝盆。
千样生活百样难，只要肯做就不难。
一粒谷子也是汗，一滴芝麻也有油。
人要衣装，佛要金装，画要裱装。
人往高处走，鸟往高枝飞。
着衣看门坊，吃饭量家当。
死要面子活受罪。
家和万事兴。
一家人，心连心，打断骨头连着筋。
三兄四弟一条心，门前黄土变成金。
篱笆扎得紧，野狗钻不进。

怕鬼鬼要迷。
村看村户看户，社员看干部。
日里勿做亏心事，半夜敲门不得知。
有理无理，出在众人嘴里。
棉纱线扳倒石牌楼，纸头里包不住火。
生活常淡淡，腌菜常下饭。
黄鼠狼给鸡拜年，不安好心。
砖要黑，瓦要白，做人要清白。
国富民强，国破家亡。
国家兴旺，匹夫有责。
有志不怕穷，有米不怕晚。
坐得正，立得正，哪怕和尚尼姑合板凳。
走路看脚印，一步一个印。
心正理直，胜过烧香念佛。
明人不做暗事，真人不说假话。
不饮过量酒，不贪意外财。
行善流芳百世，作恶遗臭万年。
气头话少说，亏理事莫作。
做到老，学到老，活到八十学个巧。
智者比才干，愚者比吃穿。
火要空心，人要虚心。
金钱如粪土，仁义值千金。
公事公办，老爷烧饭。

窑工谚语

饿煞田脚子，天下尽得知。
滴滴搭搭雨勿停，极勿出窑烟勿停，天下行业尽绝门。
窑白脚落田，窑户叫皇天。
窑师傅乱和调，连烧几个南瓜窑。
窑上姑娘，有样无看相。

第二十六章 人物

第二十六章　人　物

洪溪村人杰地灵，自古以来人才辈出。解放后也出现不少优秀人物，有中国科学院学部委员、著名地球物理学家顾功叙，农民篮球运动员吕瑞泉，全国第五届人大代表黄志刚，还有县级以上先进人物 6 人、担任过村级主要领导的 16 人，从洪溪村走出去的科级以上党、政、军、事业单位干部 14 人、副教授 3 人、副主任医师 4 人、高级工程师 6 人、高级律师 1 人、护师 3 人、会计师 1 人、中学高级教师 6 人。

第一节　人物传略

顾功叙（1908—1992）

洪溪镇洪溪村高浜人。清光绪三十四年（1908） 6 月 25 日出生，1992 年 1 月 14 日逝世于北京，享年 84 岁。著名地球物理学家、中国科学院院士、原国家地震局地球物理研究所名誉所长、全国人民代表大会代表。

顾功叙

顾功叙出生于洪溪村高浜，父亲叫顾祖尧，字仰堂，乡村小学教师，他对子女的家训是：抱恒德、保恒业、守恒心。教导子女要有志气，要有抱负。顾功叙从小家里清贫，读了三年小学，母亲去世，后由姨妈等人资助到嘉兴秀洲中学读书。顾功叙从小学习刻苦、勤奋。放寒暑假也不休息，他用四年时间完成六年的中学全部学业。在大学求学期间用三年时间学好所有学科，提前一年毕业。

民国 18 年（1929）毕业于上海大同大学物理学系，任教于浙江大学。民国 23 年公费留学于美国科罗拉多州矿业学院，学习地球物理勘探专业。民国 25 年获硕士学位。同年，赴加利福尼亚州理工学院地球科学系从事科研工作。抗日战争爆发不久，中断在美国的研究，毅然回国，在昆明的北平研究院物理研究所任研究员，深入云贵高原，进行矿产资源的地球物理勘探，取得很有价值的研究成果。中华人民共和国成立后，任中国科学院地球物理研究所副所长、研究员，兼任地质部地球物理勘探局总工程师、副局长，领导和指挥鞍山铁矿、包头铁矿、大冶铁矿等地球物理勘探和研究，指导开展全国地球物理石油普查，对松辽平原的石油勘探，发现大庆油田起了重要作用。1966年邢台地震以后，领导中国科学院地球物理研究所把工作重点转移到地震监测预报和深入探索地震本质的研究方面，发展了以震报震、以磁报震以及地电、重力、地声、地应力等监测预报地震的方法，使中国的地震预测预报和科研水平跻身于世界行列。

顾功叙为祖国培养了大批地球物理和地震学研究人才，许多学生已成为地质矿产、地球物理和地震研究部门的栋梁和骨干。为开展国际科技交流活动多次率领中国地球物理及地震代表团访问美国、日本及欧洲一些国家，出席许多重要的国际学术会议，促进了中国与国外同行的学术交流和合作，有较高的国际声望。1977年，担任国际大地测量和地球物理学联合会中国委员会主席。1988年，获美国勘探地球物理工作者协会名誉会员称号。

顾功叙1950年加入九三学社。1957年加入中国共产党。曾当选为第一至七届全国人民代表大会代表，先后任中国地球物理学会理事长、中国地震学会理事长、中国石油勘探地球物理学会名誉理事长、《中国大百科全书》编委、《地震学报》主编。著有《两种扭秤探矿地形改正的新方法》《在中国西南部山地测定地电流的新现象》《云南巧家汤丹铜矿之自然电流法探测》《贵州赫章铁矿山铁矿之磁电探测》《地球物理勘探基础》等。

附：顾功叙生平

清光绪三十四年（1908）6月25日，出生于浙江省嘉善县高浜。

民国18年（1929），上海大同大学物理系毕业，到杭州浙江大学物理系任助教。

民国22年（1933），被清华大学录取为公费留学生，指定去美国学习地球物理勘探。

民国23年（1934）8月，到美国科罗拉多州矿业学院，攻读地球物理勘探硕士学位。

民国25年（1936），通过论文答辩，取得硕士学位。毕业后到加利福尼亚加州理工学院，在著名的地球物理和地震学家古登堡教授指导下做研究工作。

民国27年（1938），中断在美国的研究工作回国，到抗战后方的云南省昆明，任北平研究院物理研究所研究员。

民国28年（1939），参加中国物理学会。

民国29年（1940），参加中国地质学会。

民国36年（1947）2月，发起和创建了中国地球物理学会，创刊编辑出版《地球物理学报》。历任该学会常务理事、理事长、名誉理事长和《地球物理学报》主任委员、主编、名誉主编。

1950年，加入九三学社。

1951年，国家地质工作计划指导委员会成立，顾功叙被任命为委员和地质矿产勘探局地球物理勘探处处长。

1952年，中华人民共和国地质部成立后， 顾功叙先后任该部地质矿产司副司长、地球物理勘探局副局长、总工程师。具体组织和指导地质部系统的地球物理勘探工作。

1953 年，参加组建北京地质学院地球物理勘探系，并在该系开办国家各部物探技术人员大规模的冬训班。

1955 年，被选聘为中国科学院学部委员（院士）。

1957 年，加入中国共产党。

1966 年，河北省邢台大地震之后，遵从周恩来总理要求地质和地球物理工作者加强地震预测预防研究的指示，把主要精力转移到地震预报研究方面，主管中国科学院地球物理研究所的地震科学研究工作。

1971 年，任国家地震局地球物理研究所副所长、 研究员。

1977 年，被选为国际大地测量和地球物理学联合会（IUGG）中国委员会主席。

1979 年，发起和创建中国地震学会，创办编辑出版《地震学报》。历任该学会理事长、名誉理事长和《地震学报》主编、名誉主编。

1982 年，参与领导的“大庆油田发现过程中的地球科学工作”，获国家发明集体一等奖。

1985 年，退居二线。

1988 年，任美国勘探地球物理工作者协会（SEG）荣誉会员。

1992 年 1 月 14 日，逝世于北京，享年 84 岁。

吕瑞泉（1950—2009）

吕瑞泉

洪溪村洪港岸人，农民篮球运动员，18 岁起开始打篮球，20 岁就进入县队，21 岁进嘉兴地区队，一生和篮球运动结下不解之缘。20 世纪 60 年代，出于对篮球运动爱好，他和一些青年农民用水泥、木板、渔网等材料做成篮球架。1968 年洪溪公社篮球队成立后，他带领球队经常与附近公社的球队进行比赛，数次夺冠，成为嘉善县一支远近闻名的球队。1972 年 6 月中旬，吕瑞泉叔侄等人摇着五吨水泥船到上海闵行割草，与生产万吨级自由锻造水压机的上海闵行重型机械厂进行一场篮球友谊赛，洪溪队获胜，从此“五吨”胜“万吨”的佳话被球迷们传颂至今。在吕瑞泉的带领下，洪溪农民篮球队先后获得首届浙江省农民篮球联赛冠军、首届“农业银行储蓄杯”和“丰收杯”农民篮球联赛冠军，并在全国“丰收杯”农民篮球赛分区赛上获得了第五名。1993 年，担任洪溪中学篮球班业余教练，在他的带领下，洪溪中学生篮球队自 2000 年以来连续五年获得全县中学生篮球赛冠军，2004 年、2005 年分别获得全市中学生三人制篮球赛第二名、第一名。2003 年，他患鼻癌，除到上海化疗的时间，几乎每天坚持到球场上为受训的球员讲解、指点。在洪溪举办的每一场篮球赛中他都是场场必到。在随后的几年中，吕瑞泉带病带领洪溪队参加各级篮球比赛，都获得了优异的成绩。2007 年 5 月，洪溪村发

2007 年，吕瑞泉教练在指导球员

起“种文化”百村竞赛篮球擂台赛，已经身患癌症的吕瑞泉又当起了篮球教练，组织队员日夜操练。擂台赛期间，吕瑞泉应去医院化疗，但放心不下正在举行的篮球赛，瞒着家人，去医院请求推后化疗时间。擂台赛后，他获得浙江省“种文化”能手的称号。2009 年 9 月，与篮球结缘 40 余年的吕瑞泉离开了人世。吕瑞泉对篮球事业的发展倾注了毕生精力，见证了洪溪篮球的发展。

黄志刚（1936—2016）

黄志刚

洪溪村中龙港人。1936 年 4 月 27 日出生，2016 年 10 月 21 日去世。中共党员。1959 年 8 月至 1961 年 4 月任七一生产队党支部书记，1961 年 4 月至 1969 年 10 月任七一大队党支部书记，1970 年 5 月至 1979 年 10 月任洪溪大队党支部书记。1968 年 3 月至 1969 年 10 月任七一大队革命委员会主任，1969 年 10 月至 1979 年 10 月任洪溪大队革命委员会主任。1977 年 4 月至 1980 年 3 月任洪溪公社党委书记。1978 年 2 月当选为全国第五届人大代表。1978 年 9 月至 1984 年 2 月任嘉善县委副书记。

黄志刚主政洪溪大队期间，带领大队干部、群众开展水利建设活动。是年，开挖内河一条，东起中龙港，西接西周浜，全长 800 米。1974 年秋冬，全大队对农田进行田园化建设，对全大队的灌溉渠道进行改造。由地面明渠灌溉，改为地下暗渠灌溉，节约了土地资源。1975 年初春起，对外围圩岸构筑块石护岸，两年时间构筑外围块石护岸 3804 米，提升了抵御洪涝灾害的能力，成为嘉善县水利建设示范大队。1977 年，在全县最先规划启动新农村建设，拆除农民旧房，评估折价，由大队统一建造 4 米 × 9 米，檐高 5.8 米连体两层楼房，按每人 15—20 平方米分配给社员，三年时间共建造楼房 42 幢，308 间（两层），22176 平方米，269 户社员入住。成为全县最先开展新农村建设与农业水利建设的先进典型。

第二节　人物简介

解放后至 2020 年，担任过村主要领导的有 16 人（已故 9 人），他们在各个不同时期为洪溪村作出了重要贡献。

冯连生（1927—1987）

洪溪村塘上人，1927 年 4 月 20 日出生。1949 年 8 月至 1953 年 9 月任西周村村长，在上级党组织的领导下，建立村政权，废除保甲制，进行剿匪反霸、土地改革、镇压反革命，开展互助组工作，带领全村人民摆脱穷根子。1987 年 8 月 15 日病逝。

张志飞（1911—1959）

洪溪村高浜人。1911 年 4 月 17 日出生。1949 年 9 月至 1953 年 9 月任高浜村村长，在上级党组织的领导下，建立村政权，废除保甲制，进行剿匪反霸、土地改革、镇压反革命，带领全村人民摆脱穷根子，开展互助组工作。1959 年 4 月 23 日病逝。

江有三（1907—1956）

洪溪村北汇头人，1907 年 8 月 11 日出生。1949 年 10 月至 1953 年 9 月任洪溪村村长，在上级党组织的领导下，建立村政权，废除保甲制，进行剿匪反霸、土地改革、镇压反革命，带领全村人民摆脱穷根子，开展互助组工作。1956 年 5 月 15 日病逝。

刘桂林（1910—1983）

洪溪村北汇头人，1910 年 5 月 13 日出生，中共党员。1953 年 9 月至 1957 年 2 月任洪溪代表区主任。在上级党组织的领导下，宣传贯彻中国共产党在过渡时期的总路线和第一个五年计划。成立初级农业合作社和高级合作社，引导农民走合作社道路。1963 年 5 月当选洪溪公社第五届人大代表，1966 年 5 月至 1969 年 10 月任洪联大队党支部书记。1983 年 5 月 28 日病逝。

黄书根（1933—2004）

洪溪村中龙港人。1933 年 6 月 14 日出生，中共党员。1953 年 9 月至 1957 年 2 月任西周代表区主任。在上级党组织的领导下，宣传贯彻中国共产党在过渡时期的总路线和第一个五年计划。成立初级农业合作社和高级合作社，引导农民走合作社道路。1956 年 11 月当选洪溪乡第二届人大代表。1959 年 3 月至 1959 年 8 月任七一生产队党支部书记。2004 年 7 月 17 日病逝。

傅福庆（1929—1995）

天凝镇三发村人。1929 年 1 月 20 日出生，中共党员。1956 年 2 月至 1957 年 11 月任洪溪乡党总支书记。1961 年 5 月至 1966 年 5 月任洪联大队党支部书记。1966 年 5 月至 1968 年 3 月任洪溪公社卫生院主任。1980 年 10 月至 1982 年 12 月和 1985 年 8 月至 1990 年 11

月任洪溪居民会主任。1995 年 6 月 29 日病逝。

黄明高（1919—1958）

洪溪村中龙港人。1919 年 5 月 18 日出生，中共党员。1956 年 2 月至 1957 年 2 月任西周村临时党支部书记。在上级党组织的领导下，建立了西周村临时党支部，领导开展土改运动。1958 年 9 月 5 日病逝。

陈公望（1914—1987）

洪溪村中龙港人，1914 年 5 月 15 日出生，中共党员。1957 年 2 月至 1958 年 3 月任七一高级社党支部书记。1959 年 3 月至 1960 年 10 月任七一生产队队长。1961 年 4 月至 1962 年 12 月任七一大队大队长。在任时期领导由高级社过渡为人民公社七一生产大队。1987 年 10 月 30 日病逝。

陈福荣（1942—2007）

洪溪村北汇头人。1942 年 10 月 31 日出生，中共党员。1963 年 10 月至 1969 年 10 月任洪联大队团支部书记、民兵连长。1979 年 10 月至 1983 年 5 月任洪溪大队党支部书记。1984 年 11 月至 1988 年 2 月、1992 年 2 月至 1992 年 9 月任洪溪水泥厂党支部书记。1995 年 6 月至 1996 年 7 月任洪泰铁业党支部书记。1997 年 8 月至 2000 年 4 月任镇工办党支部书记。2007 年 1 月 29 日病逝。

黄志荣　1943 年 10 月 31 日出生。1972 年 10 月加入中国共产党，小学文化程度。1969 年 12 月任大队民兵副连长。1978 年 1 月至 1984 年 11 月任洪溪大队党支部副书记。1984 年 11 月至 1986 年 12 月任洪溪村党支部书记。1987 年 3 月至 1994 年 6 月担任洪溪碳酸钙厂党支部书记。1995 年 5 月至 1997 年 8 月担任洪溪镇工办党支部副书记。

沈明善　1945 年 10 月 19 日出生。1974 年 7 月 1 日加入中国共产党，初中文化程度。1973 年 3 月至 1982 年 12 月任洪溪大队平瓦厂厂长。1983 年 1 月至 1985 年 1 月洪溪糯米纸厂厂长。1986 年 12 月至 1995 年 6 月任洪溪村党支部书记。1995 年 7 月至 2000 年 3 月任洪溪镇开发办副主任。

费福林　1946 年 9 月 18 日出生。1979 年 4 月 6 日加入中国共产党，小学文化程度。1979 年 10 月至 1984 年 2 月任洪溪大队支部委员，1986 年 12 月至 1995 年 2 月任洪溪村支部副书记。1984 年 3 月至 1987 年 6 月任洪溪村村民委员会副主任。1987 年 7 月至 1996

年 3 月任洪溪村村民委员会主任。1996 年 4 月至 10 月在洪溪乡农技站工作。

顾雪昌 1957 年 1 月 15 日出生。1988 年 7 月 22 日加入中国共产党。初中文化程度。1983 年 10 月至 1986 年 10 月任洪溪碳酸钙厂车间主任。1986 年 11 月至 1994 年 5 月任厂长助理、副厂长。1997 年 1 月至 1999 年 3 月任洪溪村党支部副书记。1999 年 3 月至 2001 年 12 月任洪溪村党支部书记。

陆盛林 1965 年 6 月 18 日出生。1996 年 10 月加入中国共产党。大专文化程度。1999 年 3 月至 2011 年 3 月任洪溪村党支部副书记、党总支副书记。1994 年 3 月至 1996 年 2 月任村民委员会主任助理。1996 年 3 月至 2011 年 3 月任洪溪村村民委员会主任。2011 年 3 月在天凝镇镇政府工作。

金懿龙 1976 年 5 月 16 日出生。2000 年 6 月 13 日加入中国共产党，大专文化程度。1995 年 12 月至 1999 年 12 月在厦门水警区服役。2011 年 3 月至 2020 年 9 月任洪溪村党总支副书记、党委副书记。2020 年 9 月任洪溪村党委书记。2004 年 1 月至 2013 年 11 月任村民委员会主任助理。2013 年 12 月任洪溪村村民委员会主任至今。2016 年度，被评为县级优秀党员。

陈俐勤 1963 年 2 月出生，1991 年 9 月加入中国共产党，大学文化程度。1986 年 10 月至 2003 年 8 月先后任村委会委员、妇女主任、洪溪村支部委员。2003 年 9 月任洪溪村支部书记，2009 年 10 月任洪溪村党总支书记。2018 年 7 月至 2020 年 9 月任洪溪村党委书记。2020 年 11 月任洪溪村党委第一书记。2010 年 5 月至 2011 年 5 月任中共天凝镇洪溪总支部委员会书记，2011 年 3 月至 2013 年 12 月任洪溪村村民委员会主任。2003 年 1 月起，先后当选嘉善县第十一、十二、十三、十四届党代会代表，嘉兴市第六、七、八届党代会代表。

2003 年任洪溪村党支部书记，当时村里集体经济收入不足 30 万元，村里社会矛盾突出。她主政洪溪村以来，村里的经济和社会面貌发生了翻天覆地的变化，今日的洪溪村，村民富裕、社会和谐、村容整洁、乡风文明、文化体育、乡村旅游、民主法治大大提升。2019 年，村级经常性收入 419.04 万元，人均收入 43351 元，位于全镇 22 个建制村前列。2014 年，获浙江省新农村建设金牛奖，全国民主法治示范村。2004 年，首创“重大村务决策公决”，2015 年入选“中国全面小康十大民生决策”。洪溪篮球 2016 年被中国合作经济学会、农村社区小康建设专业委员会评为“中国小康村篮球发祥地”和“中国小康村篮球总决赛永久承办地”。组建于 2007 年的“辣妈宝贝”两度登上“中国达人秀”，五次登上中央电视台，并参加西班牙第 42 届隆达国际民间艺术节。2015 年开始连续三次荣获“浙江省文化礼堂排舞大赛金奖”。2016 年荣获“全国村晚最美村花奖”。2015 年，开展美丽乡村建设，到 2020 年总投资 3000 万元，建设完成项目 18 个，取得了阶段性成果。2017 年，获县“环境优美村”“中国最美村镇人文奖”“中国最美村镇 50 强”“中国乡风文明示范村”等荣誉，高浜自然村获评 AAA 级景区村庄。在党委书记陈俐勤（女）的带领下，洪溪村获得众多的荣誉，其本人先后获得：2008 年度市级优秀共产党员；2009 年嘉善县三八红旗手；2010 年县级优秀共产党员，2010 年嘉善县第二届勤廉好干部；2012 年嘉善县创先争优优秀共产党员；2013 年县域科学发展示范点建设十大标兵，2013 年最美嘉兴人·十佳嘉禾女性；2014 年嘉善县十佳善美女性，2014 年“嘉兴市三八红旗手”，2014 年中国最美村干部、浙江省新农村建设带头人金牛奖；2016 年浙江省优秀党务工作者，2016 年嘉兴市优秀党务工作者，2016 年浙江省“美丽乡村突出贡献奖”，2016 年“嘉兴市保障服务重大国际峰会先进个人”；2017 年嘉兴市“先锋书记”。

第三节　人物名录

县级以上先进个人一览表

表 26–1

姓名	性别	出生年份	出生地	荣誉称号
魏镜清	男	1935	高浜	1956 年浙江省先进生产（工作）者
陆坤林	男	1941	高浜	1990 年全国第四次人口普查省级先进工作者
吕幼元	男	1942	北汇头	1988 年全国农村先进体育工作者
俞仁杰	男	1942	北汇头	2007 年度县级优秀党员
孙福泉	男	1956	蔡家浜	1979 年全国新长征突击手标兵
金懿龙	男	1976	高浜	2016 年度县级优秀党员

科级以上党、政、军、事业单位干部一览表

表 26–2

姓名	性别	出生年份	出生地	工作单位	职务
倪学礼	男	1921	中龙港	嘉善县政协	县政协副主席、嘉善县工商联主委
徐希良	男	1926	高浜	嘉善县工商行政管理局	局长
徐希达	男	1928	高浜	嘉兴市公安局	局长
贝品明	男	1934	中龙港	嘉兴市政协	政协主席
陈海荣	男	1946	北汇头	嘉善县商业局	副局长

续表 26-2

姓名	性别	出生年份	出生地	工作单位	职务
冯四新	男	1946	塘上	嘉善县委统战部	正科级干部
俞勇	男	1963	洪港岸	嘉善县人民法院	法警大队长
钱亚畅	男	1963	洪溪村	嘉兴市统计局	调研员
储旭东	男	1963	洪溪村	国家税务总局 嘉善税务局	主任科员
俞新华	男	1964	洪溪村	南湖区政协	副主席
何镇	男	1965	北汇头	嘉善县卫生局	局长、党委书记
刘勇	男	1967	中龙港	嘉善县人民法院	党组成员、审判委员会专职委员
浦似石	男	1968	洪溪村	嘉善县委党校	副校长
顾体标	男	1979	洪溪村	西塘镇行政执法中队	中队长

副教授、副研究员一览表

表 26-3

姓名	性别	出生年份	出生地	工作单位	职称
沈一龙	男	1918	北汇头	浙江大学外语系	副教授
沈庆根	男	1935	北汇头	浙江大学化工机械研究所	副教授
吕震	男	1972	北汇头	浙江大学城市学院	副教授

主任、副主任医师一览表

表 26-4

姓名	性别	出生年份	出生地	工作单位	职称
李娟	女	1965	蔡家浜	嘉善第一人民医院	副主任医师
钱亚平	男	1965	西周浜	嘉兴市食品药品检验检测院	主任药师
李刚	男	1970	蔡家浜	嘉兴第二医院	副主任医师
顾体梅	女	1974	高浜	嘉善第一人民医院	副主任医师

高级工程师、工程师、经济师一览表

表 26-5

姓名	性别	出生年份	出生地	工作单位	职称
周宏良	男	1966	西周浜	浙江电视台经济生活频道	高级工程师
仲洪根	男	1963	北汇头	嘉善声源电子有限公司	工程师
仲洪生	男	1966	北汇头	浙江土畜产进出口公司	经济师

续表 26-5

姓名	性别	出生年份	出生地	工作单位	职称
黄逸凡	男	1982	独圩	中国科学院深圳先进技术研究院	教授级高工
章剑锋	男	1982	北汇头	Hortonworks 软件	工程师
倪剑平	男	1975	北汇头	上海汉得信息技术有限公司	高级工程师

高级律师一览表

表 26-6

姓名	性别	出生年份	出生地	工作单位	职称
俞新民	男	1968	北汇头	嘉兴三利律师事务所	高级律师

护师、检验师一览表

表 26-7

姓名	性别	出生年份	出生地	工作单位	职称
黄海珍	女	1956	西周浜	嘉善第一人民医院	护师
顾学红	女	1969	高浜	干窑卫生院	检验师
顾漪	女	1987	高浜	宁波北仑区白峰镇卫生院	护师

注册会计师一览表

表 26-8

姓名	性别	出生年份	出生地	工作单位	职称
顾秀雯	女	1981	高浜	中国金茂控股集团有限公司	注册会计师

中学高级教师一览表

表 26-9

姓名	性别	出生年份	出生地	工作单位	职务
王建政	男	1962	北汇头	嘉善县第四中学	中学高级教师
冯泉荣	男	1965	西周浜	嘉善县第一中学	中学高级教师
潘金妹	女	1966	蔡家浜	嘉善高级中学	中学高级教师
周福兰	女	1967	高浜	嘉善县泗州中学	中学高级教师
俞霞清	女	1968	北汇头	嘉善县第三中学	中学高级教师
顾韵秋	女	1970	高浜	嘉善县教育局	中学高级教师

第二十七章 专记

第二十七章　专　记

专记一　窑乡旧事

洪家滩是嘉善县县内的窑乡之一，窑业生产历史悠久，洪溪村域在洪家滩四周，历代村民大多从事窑业，烧制出千砖万瓦，创造了丰富的窑文化。沧桑变幻，岁月流逝，世代更替，先辈们早已作古，他们所烧制的砖瓦，几经风雨或许已经风化、溶蚀，不复存在，但数百年来积淀的窑文化和窑工们的生产、生活习俗仍深深地留在窑乡人们的记忆里。

窑业兴衰

据 1995 年版《嘉善县志》记载，民国 19 年（1930）至民国 25 年（1936）嘉善全县有窑墩 725 座，其中洪溪镇有 210 座。洪溪村域内有 24 座，黄合顺是村域内的大窑商，烧 6 座窑墩，其烧制的砖瓦在民国 9 年（1920）全国建筑展览会上展出时获得优质奖。民国 26 年（1937）嘉善沦陷，窑业生产一落千丈。洪家滩全镇停烧 140 座，仅烧 70 座，洪溪村域内只烧 8 座。

倪增茂商标（陈佳杰 摄）

黄合顺商标（陈佳杰 摄）

抗战胜利后，窑业复苏，全县有 827 座窑墩，其中洪溪镇有窑墩 245 座，居全县之首。村域内共烧 25 座。村民倪定高是继黄合顺后享有盛誉的一位窑商，最多时曾烧 11 座窑墩（部分是租窑墩），他烧制的砖瓦密度高、分量重、不易断裂，是远近建筑用户的首选，为了创品牌，倪定高挑选做坯质量好的坯农，与他们建立合作关系，预付一定比例的土坯款，在坯农生产土坯的模具上刻上倪增茂字样的商标，土坯制作好后，由倪定高全部收购、烧制成砖块。为了扩大知名度，倪增茂商标青砖在上海南京路上设立办事处，由其儿子负责洽谈生意，由于砖瓦质量好，产品广销上海、杭州、苏州等地。解放初期，百废待兴，窑业生产依然兴旺，洪溪村域内有 19 位村民经营窑业，共烧 23 座窑墩。窑业的兴盛带动了制坯业的发展，村域内除窑户、窑工、盘窑、烧窑师傅以及经商手工业户外，家家户户都做泥坯，以此作为家庭经济收入的主要来源。洪溪村的村民被外界戏称为“窑白脚”，意思是虽然是农民，但赤脚下田干农活的时间少。1956 年国家对私营工商业进行社会主义改造，部分窑墩、人员参加公私合营，一部分窑墩归高级农业合作社集体所有，其余的窑墩逐年荒废，以致坍塌。1961 年调整人民公社、生产大队规模后，生产大队以农业生产为主，窑业只是一项副业，村民在农闲时节才做泥坯，而且是由生产队经营，以量计分，窑业生产就此萎缩。1963 年，洪溪域内的洪联大队、七一大队各烧一座窑墩，1967 年停烧。1973 年洪溪大队利用废弃的窑墩恢复烧窑，1980 年新建窑墩一座，烧制砖瓦。恢复烧窑的窑墩于 1991 年停烧，新建的窑墩在 1993 年 5 月村办企业体制改革时转为民营企业，2000 年停烧。县政府为保护土地资源，明令取缔土窑产业，停烧的窑墩于 2006 年拆除，大队转给民营企业的窑墩于 2007 年拆除。从此村域内再无窑业生产，也无人做坯，如今窑业生产已成为历史，留给村民们的只是一种记忆。

解放初期洪溪村域内窑业情况表

表 1

地址	窑户姓名	窑墩（座）	地址	窑户姓名	窑墩（座）
北汇头	黄啓东	1	中龙港	倪学礼	2
北汇头	黄合顺	1	中龙港	周品山	1
北汇头	倪学良	1	中龙港	倪文涛	2
北汇头	周小弟	2	中龙港	倪阿德	1
北汇头	俞其生	1	中龙港	二大娘	1
北汇头	吕元勋	1	中龙港	朱根生	1
洪港岸	李隆昌	1	中龙港	倪金观	1
洪港岸	周之兴	2	中龙港	黄金荣	1
库港	吕继昌	1	中龙港	冯天顺	1
塘上	邱林根	1	合计	19 户　23 座	

砖坯制作工艺

俗话讲，靠山吃山靠水吃水，坯农们靠窑业做坯增加家庭经济收入。洪溪是窑区，流传着这样一句谚语“穷人难过二月八”，解放前农民生活贫困，过完春节，家中柴米所剩无几，难以度过农历二月初八，而过了二月初八，气候转暖，少有下雪结冰现象。坯农可以开始做坯了，也就能够向窑业主预支一定的土坯款用以购米买柴渡过难关。制作土坯不需要大的成本，工具也比较简单，坯盒一副，掼坯砖凳一条，大小泥君（切割坯泥工具）各一只，砖板若干块，铁搭、铁铲各一把，小矮

土　窑

凳一条，遮雨用草皮、草荐（均为稻草编织）若干。制坯所用的泥，解放前由专业的卖泥船运送，泥款可以赊欠，人民公社化后由生产队提供。制坯前，先平整好场地，做好坯埂（晾土坯用），场地越大储存的泥越多，坯埂也做得多，土坯的生产周转也越快，坯埂要做得平、直，这样在以后的勤坯（把长方形的泥坯砖横着直立排列叠放，俗称勤坯）不会坍塌，坯埂的长短、多少则根据场地的大小而定。坯埂与坯埂之间的间隔尽量大一些，以利通风。制坯的第一道工序是润泥（用水湿润坯泥），一般是在开始做坯前一天的傍晚，用铁搭将坯泥扒成高约 50 厘米的长方体土堆，边扒边将泥块削细，土堆体积大小以自己能在两三天内做完为宜，用水均匀地泼在泥土上，一直泼到底层泥土里流出水来为止。第二道工序是踏泥，经过一个晚上，土堆的泥土已经吸足了水分，变得松散湿润、柔软，这时赤脚用力将堆泥全部踏实，用铁铲由上而下铲到底部，泥片不能铲得太厚，一般 5 厘米左右为宜。铲起的泥片堆在前方，堆成高约 40—50 厘米的长方体，铲土时要将泥土中的杂草根、砖块、石子等物捡除，直到土堆的泥全部被翻铲一遍，然后再在泥土上均匀地泼上水，水分的多少视泥土的干湿情况而定，但不能让底层的泥土里流出水来，泼好水后待泥土吸收水分（约 20—30 分钟）再用力踏实。第二次铲翻泥土，与第一次相同，堆成高约 40—50 厘米的长方体，再泼水醒土、踏实。第三次用铲翻土时将土堆成高约 20 厘米、长约 1.5 米、宽约 30 厘米的长方体，堆一层用脚踏实一层，直至将泥土堆完。经过三次的翻、铲、踏，泥土已经踏熟，然后在泥墩四周和上面用草垫盖实，防止日晒风吹使熟泥变硬，影响制坯的质量和数量，整个踏泥过程要花费将近半天时间。第三道工序是制坯，建好 4—5 平方米的坯棚，四周用竹竿支架，在上面用草垫盖好遮蔽阳光。然后取泥，用大泥君（铁制品，呈正方体，方框下面用铁丝连接）将熟泥切割成长、宽、高各 30—40 厘米的泥块，堆放在砖凳旁，制坯时再将堆在旁边的泥切割成比土坯略大的泥块，在砖凳上掼实后用力甩进坯盒内，再用小泥君（竹片下面用铁丝连接），割去露出坯盒外的泥土，然后用砖刮在坯盒上面来回刮去凸出的泥土，盖平土坯表面，翻过坯盒，再用砖刮来回刮平另一面坯面，即可脱盒。脱盒时土坯下面用砖板托住，放在旁边的小矮凳上，在做第二块土坯前用少些草灰撒在坯盒内四面木框上，以防止土坯泥黏住坯盒，影响脱盒，以后每次做坯都要撒草灰。第二块土坯脱盒后叠在第一块上面，一堆可叠 6—8 块土坯。快手做坯一人一天可生产 1000 块左右。第四道工序是勤坯，勤坯就是将脱盒后的土坯一块一块地勤到坯埂上面晾干，勤满第一埭坯埂后，勤第二层，勤第一层之前先在第一层土坯的头尾分散放一些稻草，防止泥坯头尾坍塌，起到在坯块之间牵扯作用。第一层与第二层土坯坯埂头尾泥砖保持垂直，勤第三块土坯时骑缝勤在第一层土坯上，此后每层依此方法。一个坯埂可勤十一层土坯。勤完土坯后须立即将腰皮盖上，防止土坯直晒开裂。一个星期左右，土坯基本晾干，揭去盖在土坯上面的草皮，让其风吹日晒两三天后，土坯彻底干燥，可进窑烧制。

瓦坯制作工艺

瓦坯制作与砖坯制作无论在工艺上，还是在原材料（泥土）的选择上，都有很大的不同，从工艺上讲制作瓦坯工艺比较精细、复杂，有一定的技术含量。而砖坯制作工艺相对比较简单粗放，技术含量较低。在原材料的选择上，瓦坯需要黏性强、收缩性小的黄墒泥，而砖坯制作对泥土几乎没有什么要求。

制作瓦坯的主要工具：瓦骨一副（两只木制瓦筒），瓦盘一个，刮切一只，木手一只，大小泥君各一只，薄片刀一把，铁搭、铁铲各一把，草荐若干。

制作瓦坯前先做好坯场，清除杂草、砖块、石子等异物，夯实、夯平场地，使坯场在做瓦坯期间经常保持地面平整。

制作瓦坯的第一道工序也是润泥，方法与制作砖坯的润泥相同，第二道工序是踏泥，也与制作砖坯的踏泥方法一样，只是瓦坯泥要踏四五遍，以增加泥土的密度和韧性。踏好泥后也要用草荐在泥墩四周和上面盖好，防止风吹、日晒使熟泥变硬。第三道工序是打坨子，将熟泥用大泥君切割成 20 厘米 × 30 厘米 × 40 厘米左右的泥块，运至坯棚内，两块连接在一起，将泥踏平、踏实，叠到高约 1.5 米、宽 0.2 米、长 0.6 米左右，再用两根木撑，撑住坨子两面，以防坍塌。20 世纪 60 年代为提高生产效率，将坨子打成高 1.5 米，长宽各 0.6 米，泥君扣一下就有了 3 张泥片可以生产 3 筒瓦坯，坨子两面已不用木撑。第四道工序是制作瓦坯，在瓦骨上套上瓦衣布，将瓦骨套进瓦盘，用刮切从坨子上切下与瓦坯厚度相同的泥片，张开双手用掌心托起，双手同时将泥片贴在瓦骨上（双手手指与泥片的一端要触住瓦盘底部）并快速地连接泥片两端，用手摘除连接后多余的坯泥，然后一手转动瓦盘，一手拿着木手将放在旁边水盆内的水，均匀地泼到坯泥上，待整筒坯泥泼上水后，再用木手在坯筒上拍、打、撸、磨，使瓦坯表面光滑、外部圆整、内部结实，再转动瓦盘，用木手扣掉高于瓦坯高度部分的泥土（木手上钉着瓦坯高度的钉子）。在做第二筒瓦坯时先在瓦骨与瓦盘接触处撒些草灰，防止瓦坯泥粘连瓦盘，以后每做一筒，撒一次草灰。第五道工序是晾晒（称拎筒子），将做好的瓦坯提到场地上，瓦筒堆放在场地上后，掰开瓦骨，从坯筒中抽出瓦骨，摘下瓦衣布。第六道工序是整划（俗称圆划），先整后划，待瓦坯筒将近半干时双脚分别伸进两个瓦坯筒内（瓦坯筒内空间小，整脚无法着地，只能踮着脚趾），将不圆整的瓦坯筒整理好，修补有裂缝和缺陷的瓦坯筒。瓦坯筒半干后用薄片刀沿着坯筒内的标记由下而上划 4 条缝（该标记在瓦骨上，泥片贴在瓦骨上后就会留在瓦坯上），叫划坯。第七道工序是拍坯，瓦坯干燥后就可以拍坯，双手拿起瓦坯筒，手指和掌根对准瓦坯上的 4 条缝轻轻拍打瓦坯筒即一分为四张瓦坯，一手两张堆在地上，全部拍完后搬进屋内等待烧制。

制作瓦坯的技术，不仅仅在于泥土的选择，在制作过程中也有体现，踏泥时泥片要铲得薄，泥土中不能有一丁点的杂物，刮切切泥片时厚薄均匀与瓦坯的厚度相同，太厚了既浪费原料，窑业主也不会接受，太薄了影响质量。制作瓦坯时，双手托起泥片的同时将它贴在瓦骨上的动作要一气呵成，泥片在手中停留的时间长就会断裂，拍、打、撸、磨，要掌握好轻重，泥厚的地方拍打重一点，把泥撸到薄的地方。在磨的时候用力要均匀，瓦坯的厚薄才会均匀，圆划的时间要掌握准，圆得早了，难以成圆形，圆得迟了，瓦坯变硬，难以圆整、修补。划坯时间早了容易划断瓦坯，时间迟了划的坯缝太浅影响拍坯，一定要在适当的时间圆划。拍坯时双手用力要轻重有度，对瓦坯缝较浅的，用力稍重些，用力过大瓦坯就会碎掉，只有实践经验丰富的坯农才能熟练地掌握这些技术。

京砖制作工艺

京砖（俗称方砖）是一种特型砖，早先是民间用于墁地的普通方砖，后因皇宫需要质量上乘的墁地砖，遂将方砖精细加工，被官方称之为京砖，也因价格昂贵而称“金砖”。在古籍《金砖墁地》中记载：“京砖是专门为皇宫烧制的细料方砖，颗粒细腻，质地密实，敲之作金石之声，又称‘金砖’。”关于金砖名称的由来还有另一种说法，在明代价格非常昂贵，一块砖要 50 两银子，远远不是一般人家消费得起的，因而人们称之为“金砖”，民间有所谓“一两黄金一块砖”的说法，“金砖”由此得名。

普通金砖的制作工艺和制砖坯的工艺基本相同，比较简单。工艺流程如下。

（1）做好场地，清除杂草、杂物，夯实、夯平泥土，保持场地平整。

（2）选择原料（泥土）：不是所有泥土都可以作为金砖的原料，有的只适合做砖坯，做京砖的泥土要求比较高，上层的泥土不能用，下层的泥土也不能用，只有中间的泥土适合做京砖，嘉善铁路以南的泥土比较优质，是理想的原料。

（3）取土：泥土取到后让其风化一段时间。如果没有经过风化，制作出来的京砖质量就不好。

（4）润泥：方法与制作砖坯的润泥相同，在制作京砖前一天傍晚进行。

（5）踏泥：按制作瓦坯时踏泥的方法，翻铲泥土四五遍，甚至六七遍。

（6）制作：方法也和制砖坯相同，将坯泥放入模具中，用脚将坯泥踏平、踏实，特别是模具四角一定要踏结踏实，用泥君扣除高出模具部分的坯泥，再用砖刮（木制）在模具上面来回刮平。翻过模具再用砖刮刮平，使表面光滑，然后脱模，脱模后搬坯晾晒，并立即盖上草荐。防止被太阳光晒裂成为废品，待坯发白之后就可以揭去草荐等待进窑。

（7）烧制：京砖坯进窑（称装窑）需 1 天时间，烧窑需要 15 天时间，挑水需要五六天时间，冷却需要四五天，出窑 1 天，烧熟一窑大约为一个月（26—28 天）。

（8）打磨：普通京砖不需要打磨，有特殊用途的客户才会要求打磨，在古代运用极其简单的工具，在一个圆形的水槽里进行边打磨、边冲水，要让京砖表面变得平滑光亮，甚至可以当镜子用。遗憾的是让京砖变得像镜子一样的打磨技术如今已经失传了，现代打磨主要用机械带水打磨，切边打磨成一定的规格，即成品交易。

砖窑的种类

砖窑有现代窑和传统窑两种。现代窑又分轮窑和隧道窑。传统窑分土窑、川窑、竹管窑、柿子窑、荸荠窑、小方窑。

轮窑　轮窑是一座很长的窑，将土坯从一头装进去，另一头出来即是已经烧熟的红砖。轮窑上面有工人 24 小时加煤烧窑，这是 20 世纪 70 年代以后兴起的现代窑。

隧道窑　隧道窑是 20 世纪 70 年代以后兴起的现代窑，机械化操作，一头进坯，一头出砖，连续出与装。

土窑　土窑是散播在田间、河边、村旁的农家窑。

川窑　川窑是四座窑连在一起“串”起来的窑。有四扇门，省燃料，烧制青砖。

竹管窑　形似竹管，窑身挺直，窑围上下基本一样，以烧青砖（八五砖）为主。

柿子窑　形似柿子，以烧小瓦为主。

荸荠窑　形似荸荠，以烧小瓦为主。

小方窑　外观是方的，容量小，周转快，上午装窑，下午出窑，但牢固性差。

另外还有两座窑相连的和合窑，有两个各自单独的烟囱、单独的火门，但合用一个踏渡（砖梯），合用一个窑屋。

每一座窑墩都有一个窑屋和一片窑场，烟囱置于窑顶，高约 2 米，专供排气与察看砖瓦是否烧熟之用，窑门前设置窑屋，贮藏燃料和泥坯，外面有窑场作堆货之地。

砖瓦的种类

根据不同用途，砖有普通砖与花式砖两类，每类又有很多品种。瓦有普通瓦、花式瓦两大类，每一类瓦都有很多品种与用途。

普通砖品种一览表

表 2

品种	用途	品种	用途
二五十	主要用于砌墙	海墁	屋面
九寸砖	砌墙	夹五斤	贴泥墙、砌灶、屋面出线用砖
八寸砖	砌墙	花砖	铺地，以水泥制成面，有图案
干三	砌墙与九寸砖相同	大号方砖	铺地
善三	砌墙	11 号桔榔砖	砌墙门堂园洞
二二	砌墙	合方桔榔砖	砌墙门堂园洞
廿斤头	砌墙	八吉黄道	腰壁用
三砖	砌墙	定胜黄道	腰壁用
KS 砖	砌墙又称标准砖	大号黄道	砌平房单墙

续表 2

品种	用途	品种	用途
二寸	砌墙	台丘黄道	铺场地用
杭墁	屋面	—	—

花式砖品种一览表

表 3

品种	用途	品种	用途
夹铺头	落地铺面	顶龙	杂用以助美观
三十方	筑墩	金凳子	杂用以助美观
料半方	筑墩	扬州方	杂用以助美观
尺八方	筑墩	人九方	杂用以助美观
夹尺四	江粉厂用	薄面砖	装饰用
单尺四	江粉厂用	—	—

普通瓦品种及用途一览表

表 4

名称	用途	名称	用途
大反水	屋面用	斜沟瓦	屋面用
中反水	屋面用	弓形瓦	屋面用
大印进	屋面出檐及屋面用	脊瓦	屋面用
中印进	屋面出檐及屋面用	一号平瓦	屋面用
天蝴蝶	屋面用	二号平瓦	屋面用
花边	屋面出檐及屋面用	三号平瓦	屋面用
滴水	屋面檐底用	西班牙平瓦	宫殿式屋面用
天沟瓦	屋面用	—	—

花式瓦品种及用途一览表

表 5

名称	用途	名称	用途
头统沟	出檐用	五寸同	亭台殿阁用
二统沟	出檐用	二寸同	亭台殿阁用
太史沟	出檐用	五寸走水	亭台殿阁用
头通同	亭台殿阁用	三寸走水	亭台殿阁用
二通同	亭台殿阁用	头通鸡	用于屋脊两头
太史同	亭台殿阁用	二通鸡	用于屋脊两头
七寸同	亭台殿阁用	三通鸡	用于屋脊两头

砖瓦烧制工艺

装窑（顾梅森 摄）

装窑　装窑是将土坯装入窑内，工作人数根据窑墩容量而定，一般窑内需 12—16 人，其中上装 2 人、下装 2 人、中工 8—12 人，窑外小工 10—12 人。装窑时需用滑板（俗称趟板），十分光滑，长约 1.8 米、宽约 0.2 米，用竹片钉在滑板两侧并高出滑板 3—4 厘米，防止土坯滑出，窑外的小工将储存在窑屋内的土坯搬放到滑板上（每人每次搬 10 块坯），由排坯人将坯推进窑门洞（滑板须定时抹清油，经常保持光滑），窑内的中工再将坯一层一层地往上传，砖窑的第一圈坯，称“野墙”，由上装师傅装，上装师傅技术最高，接下来由下装师傅一层一层地往上装，一般一天时间装满窑。

烧窑（顾梅森 摄）

烧窑　烧窑一般由三人组成，分为“正伙”（大伙）、“皮伙”（二伙）、“打杂”（三伙），以正伙为主，皮伙、打杂各司其职，相互配合。“正伙”技术最高，掌握加料、加砖（囱砖）的时间和顺序；“皮伙”负责烧火，添加燃料；“打杂”则在里面帮忙打杂，只有“正伙”可以动“囱”，“皮伙”只能添加燃料。打杂是替班，临时代替他们。纯砖窑容量在 10 万—12 万块砖的一般烧 7—8 天即可闭窑（砖烧熟），烧小瓦的则要烧 8—10 天，烧平瓦的要烧 10—12 天。烧窑的燃料在解放前一般都是稻柴，解放后烧煤。20 世纪 70 年代以后改烧砻糠（稻谷皮）、木屑。

挑水（顾梅森 摄）

挑水　窑墩烧闭后即挑水，挑水工先做好护荡（储水池），然后将水挑上窑顶倒入护荡备用，挑一担水要上 70 多个台阶，每个台阶面积只有 15 厘米 × 60 厘米，高约 10 厘米，每逢晚间，挑水工为了能在黑暗中辨清台阶，不致跌下来，就在砖梯（俗称“踏渡”）两侧涂上石灰水。有的把灯笼叼在嘴里（双手各扶着一只桶不让晃动），若遇冬天下雪结冰，走不上砖梯，则用人一桶水一桶水地往窑顶传递。窑八字内喷出来的蒸气缓慢，举双手张开掌心接触蒸气不烫手，表示水挑得正好，已经足水。也可用一小把稻柴绕紧前端，在 15 厘米处弯成直角勾开囱砖，插入放置 10—15 分钟后看稻柴是否被烧掉，若未烧掉仅颜色转黄，说明水挑得正好，一般纯砖窑挑水 3—3.5 天，小瓦窑 3.5—4 天，平瓦窑 5 天就足水了。20 世纪 70 年代以后，挑水改为用电水泵输水。

出窑　出窑是将已经烧制好的砖瓦从窑内搬到窑场叠好，工作人数也因容量而定，一般窑内 9—10 人，窑外 10—14 人。窑内正拔窑 1 人，其他拔窑 3—4 人，正拔窑在窑内先掸去砖上烟尘，将砖起下来，传给下面的人（称上窑传），上窑传将砖传给下面的人（称翻窑传），翻窑传再将砖传给下面的人（称推堂），推堂接住砖后（推堂在窑门口）放在堂板上用腿推出窑门，由绸堂（在窑门外）将滑板上的砖传给出窑小工，由小工搬到窑场，负责叠货的（3—4 人）按砖、瓦质量分别叠好，出窑一般一天内完成，从装窑、烧窑、打水、冷却到出窑，整个过程约 17—20 天。

出窑（顾梅森 摄）

窑工习俗

祭六眼　旧时窑工们信奉之神有鲁班、太上老君、土地公公和窑神，所以在烧窑点火前必须先要祭“六眼”，祭拜鲁班先师，仪式比较隆重，在窑门一侧贴上印有鲁班神像的纸，在窑门前叠几块坯为桌，供一个猪头、一只鸡、一条鱼等供品，俗称祭“六眼”（这三件供品共有六只眼），窑墩也有六只眼，窑门、烟囱、天齐、观火洞及窑底（两个洞）。点上香、斟上酒，正伙（大伙）率先跪拜，皮伙（二伙）、打杂（三伙）依次叩拜，祭毕他们将供品分食，然后点火开始烧窑。

请窑路头　如果连续几窑烧出来的砖瓦质量都不好，俗称“老式窑”，也叫“南瓜窑”（砖瓦呈淡红色），窑户就会请“窑路头”，由窑户主持仪式，在窑屋内用土坯搭成桌，供上猪头、鸡、鸭、水果，点上香烛，斟上酒。由窑户率领正伙、皮伙、打杂、上装、正拔窑等师傅祭拜窑神，敬酒三遍后，焚化锡箔、纸元宝。

头浴　窑工的等级观念分明，连洗澡也会体现出来，装窑完成后第一个去浴缸堂洗澡的是上装师傅（俗称头浴），然后依次是下装、中工、小工。出窑时第一个洗澡的是正拔窑师傅，接下来是上窑传、翻窑传、推堂等。

肚兜、柴护　装窑时窑外的小工身上都戴一个肚兜，肚兜用好几层布像纳鞋底那样一针一线密密缝制，又厚又结实，能够经受砖瓦长期摩擦。出窑时还要在腰间围一根柴护。柴护是用稻柴制作的，中间部分粗大（约 5—6 厘米），两端搓成手指般粗的绳子，砖瓦搁在柴护粗大部分的上面，出窑小工有时一次要搬三叠砖瓦，可能还会高出头顶，有了这个柴护，腰分担了砖瓦的重量，走路稳当，也不会感觉太沉重。

蒲鞋、盖脚布　窑内的大工、中工，无论是装窑还是出窑，脚上一般不穿布鞋，穿蒲鞋（稻草编织成的鞋），而且蒲鞋的后跟是不提上的。工作时双手在不停地传递砖瓦，一旦砖屑、泥块掉入鞋内，无法用手脱鞋。用脚一甩异物就被清除了。每个人的脚背上都罩着一个盖脚布，是夹层的或棉的，万一砖瓦掉在脚上也会减轻伤害。

吃讲茶　一旦窑工之间发生矛盾或纠纷，由领班大师傅（盘窑师傅、上装师傅、正拔窑、正伙）带着当事人与另一方当事人及领班在茶馆店里一边吃茶，一边论理交涉，用这种方式来调解纷争，俗称“吃讲茶”。

背节头　窑工的双手每时每刻在传递砖瓦，戴上手套既不灵活，又会影响工作，手指在砖瓦的摩擦下就会开裂出血，特别是到冬天，天气干燥，手指头更容易开裂出血，为了减少工作时的疼痛，在冬天窑工们用剪刀把布剪成比自己指甲稍宽的布条，用米饭涂在布条上，然后将布条紧紧地绕在每个手指的第一节，俗称“背节头”。

窑工用语　窑工的出装窑，工作节奏极快，双手不停地在传递砖瓦，接到别人传递过来的砖瓦时，必须立即传递出去，不能在手中有丝毫停留，否则再有砖瓦传递过来，就没有办法接了，出现这种情况时必须要喊“看”，而且要喊得短促、响亮，让窑内所有人都能听到，窑工们听到这声“看”就立刻停止工作。

窑工歌　窑工歌，是指窑业人员从事生产劳动时所唱的民歌。洪溪窑乡流传有不少窑工歌。有一首《窑户娘娘打算好》唱道：

窑户娘娘打算好，
煤炭心肠蜜糖包。
出窑肉斩到薄罳罳，
顺风吹到乐荆桥。

窑工歌也有直接唱窑业生产的：

这首流传于洪溪一带的窑工歌，风趣地唱出了一个不善烧窑的窑工“连烧”几个南瓜窑的经过。南瓜窑，意思是没有烧好的窑、废窑。

阿金烧窑真好笑，
十三大抄两小抄，
乌烟氽到上匍庙，
下匍庙望来当是大火烧。
西塘干窑洋龙都出浇，
连烧几个南瓜窑。

《做坯苦》的窑工歌，唱出了做坯的艰苦：

半夜三更起阵头，

跨出棹板头，
点着蜡烛头，
踢牢碎砖头，
身上披件蓑衣头，
跑出门口头，
走进坯棚头，
拎牢草荐头，
堆到坯子头，
敲开脚节头，
想想真苦头。

搬坯时有《唱坯歌》：

奈未哎，落窑……一诶；
奈未哎，落窑……二诶；
奈未哎，落窑……三诶；
奈未哎，落窑……一百诶；
……

为什么要唱《唱坯歌》呢？

这与搬坯时计数有直接关系。如果搬坯时报一个数字，声音间断，容易引起第二个搬坯数目难记。《唱坯歌》唱出调子，唱出了数字，唱时拉长了声音，可以记住下面的数字，使坯户数目明确。

搬坯的窑工唱坯，坯户自己站在船的跳板上听，数数字，如唱错，坯户就要喊停、更正，这就直接有利于计数。

窑工歌也有反映窑工生活的：

窑户小姐两个郎，
搬坯姐姐守空房，
有郎不知吭郎苦，
搬坯姐姐盼情郎。

专记二　农家往事

从 1953 年成立互助组开始，到 1983 年家庭联产承包责任制，洪溪村农民经历 30 年农业集体经营的发展与变迁，其间有几件特别深刻的农家往事，值得回味。

灌溉三车

人力水车　古代叫龙骨水车，在江南平原一带是常用的灌溉农具，靠人力用脚踏水车转动来取水，故叫脚踏水车。

水车

人力水车

据传水车起始于东汉，是东汉毕岚发明的，三国时发明家马钧改进以后在农业上发挥重大作用，也有人说是诸葛亮改造完善后在蜀国推广使用，所以有的地方叫孔明车。古代叫龙骨水车，称呼来自民间，南宋陆游《春晚即景》诗中描写“龙骨车鸣水入塘，雨来犹可望丰穰”。苏轼《天锡道中赋水车》一诗中，有两句“翻翻联联衔尾鸦，荦荦确确蜕骨蛇”，把脚踏水车的场景，刻画得惟妙惟肖，他想象丰富，把水车翻转的动态比作排列有序的群鸦，把木链条比作一副蛇骨。清朝人蒋炯的《踏车曲》也对踏车的情景作形象刻画，具体介绍了水车大小形别和操作方法，农夫劳作特点，诗云：“以人运车车运辐，一辐上起一辐伏，辐辐翻水如泻玉，大车二丈四，小车一丈六。小以手运大以足，足心车柱两相逐，左足才过右足续，踏水浑如在平陆。高田低田足灌沃，不惜车劳人力尽，但愿秋成获嘉谷。”脚踏水车提水扬程一般在 1—2 米，适宜平原近水。解放前后每个村落都有脚踏水车，是灌溉的主要农具。脚踏水车结构比较简单，一根木制的横轴上有一个木齿轮，上面挂着木链条似的斗板链。横轴上有 2 对至 4 对踏脚，通常是 3 对。每对踏脚有两组十字形交叉的木踏脚。踏脚的形状就像木榔头。这根带着几对踏脚的横轴支在架子上，两边竖着木杆。两根木杆之间还有一根横杆，与横轴的距离与踏车人的手臂长度相近。横杆一般就是一段毛竹竿，是踏水车的人用来支撑身体的。村民通过人力脚踏横轴上的踏脚，使横轴转动，装在横轴上的木龄轮带动水槽内的木板链上下来回运动，使水槽内的木板带着河水从河中运到农田。踏水车是一项非常费劲的农活，两人或三人之间要相互配合，掌握踏脚转动的力度和节奏，掌握好身体的稳定性。踏水车要有一定的转速，慢了等不到水从水槽流出来，半路上就都漏光了。为了秋后收获，踏水车农民起早贪黑，脚底全是血泡。解放初期，洪溪在域内每个合作社和生产小队都有几台人力水车，到 20 世纪 60 年代机电化灌溉时被淘汰。

畜力水车　牛力水车是古代江南平原一带的灌溉农具之一，驱使牛绕着圈子走动，拉动车盘转动，带动水车引水。

畜力水车

木制水车有 1700 多年的历史，古人在人力水车的基础上经过改进，创造了以牛为动力的提水农具——牛车盘。据史料记载，牛车盘提水的出现不晚于唐代。

安装牛车盘前，先做好一块能装牛车盘的圆形场地，中间挖一个圆洞，正中竖着一根硬木做的轴，牛车盘就套在轴芯上，离轴心 2 米左右，四周有凸出部分环绕着像牙齿一样的木质齿轮，与一根木制横轴组成，横轴上也有两个木质齿轮，直径约 0.5 米，连接牛车盘。横轴的另一端有木齿轮，与龙骨水车配套，只要牛一走，车盘就旋转，车盘外围的齿轮拨动横轴上的齿轮，横轴就转动，带动龙骨水车的车骨、车板挂着河水从车槽送上农田。

安装牛车盘水车是一项技术活，如果装得不标准，可能损坏水车，也要调整好水车扬程，过高或过低都不利于出水。

夏日江南天气热，一般在牛车盘上搭一个凉棚避暑。一则保护耕牛；二则牛车盘地处地基高，四周无遮挡很通风，是农民农活累时小憩的好去处；三则可避雨，牛车盘上用牛压头套在牛的肩颈上，将牛鼻绳固定在牛车盘上，牛沿着牛车盘走，一般有人看管，牛偷懒时就得用竹梢在牛屁股上打一下，如人要离开时就用黑布罩住牛眼睛，牛就会乖乖地挨着牛车盘转。

风力水车　旧时一到水稻播种时节，一架架风车，长长的车水箱一头搁在河畔的河水里，随风而转的篷帆，牵动着几个木齿轮轴发出“叽咕噜、叽咕噜”的声音，车水箱内

风力水车

的木板由下而上把河里的水送到田间。一架风力水车一天能灌溉 25 亩左右的农田。

风力水车有六扇篷叶，都是用竹竿做骨架，由白色的龙头细布做成，风力最小时要扯六扇篷叶，风车才会转动，风力大时需要落下三扇篷叶，风力鼓起篷帆转动，风车轴转动木齿轮牵动水槽木齿轮，木齿轮带动木槽链条木板，把河水从下而上带到田间。风力水车在工作期间要有人看管，起大风时要及时落篷，不然帆会被大风损坏。因整架风力水车是用木头和竹子做成的，平时也要检修各部零件，才能确保在灌溉季节能用得上。

风力水车的发明者无从考证，有说是一位从海外归来学土木工程的留学生回乡探亲时，目睹父老乡亲用人力踏水车灌溉农田，干活劳累，事倍功半，于是在家潜心研究。一天他在河边闲游时看到一艘艘帆船驶过，从帆在风力的作用下向前行驶中得到启示，结合家乡本地的材料研究出利用风力的水车。

风力水车灌溉解放了农民的劳动力，得到农民的青睐。解放前，洪溪村域内有 5 架风车，分别坐落于独圩、杨家渡、塘上、洪港岸义浜、湾里浜港南，后来随着机械和电力灌溉而被淘汰。

农肥三宝

捻河泥　捻河泥是江南农村传统的积肥方法，在没有化肥的年代里，河泥是个宝，可用作肥料。

洪溪是典型的水乡，河流纵横，在人民公社时代，每年农忙过后，生产小队就要组织捻河泥积肥，捻河泥的好处，既能积肥，又能疏浚河道。那个年代，洪溪大队在大年初一捻河泥，是全县的学习榜样。

捻河泥，既是技术活又是体力活，因此通常由青壮年劳力来承担。先将小木船撑到河中央，然后在船头、船尾的固定孔中插入竹篙直至河底，固定住船只（绍兴船）。本地船上除了竹篙还会在船头放一块上百斤重的石头，并用绳系住，届时沉入作业区域河底，用来固定船只。捻河泥船可单人作业，也可双人搭档，捻的时候，捻泥人站在船舷上双手握住捻竿，将整只捻插入水中直至河底，然后握住两根篙竹露在水面以上的部分，用力一张一合四五下，捻袋里就有不少的淤泥，并有沉重的感觉。这时双手握住两根捻杆竹，借着水的浮力往上提。当捻即将离开水面的时候，双手变换动作，一手往下握住支点部位，另一手握紧双捻杆，腰和脚手合力借势将整只捻提进船舱，这一连串动作必须在短时间内一气呵成，一船泥两人搭档一般需要两个小时左右。河泥捻满后将船摇到河边泥塘嘴下，用

捻河泥

泥勺

长柄泥勺，一勺一勺地将泥舀上去，先送到河边挖好的泥塘里，再由两人勺到岸堤内的泥塘里。捻来的河泥，有的用粪桶一担一担挑走，做小塘泥（用猪羊灰、草皮、水草放在一个泥塘里堆积成肥），是次年早稻的基肥；有的直接浇在麦板上作肥料。捻河泥所用的捻洪溪一带有两种，一种是夹捻，另一种是推捻，夹捻由捻竿、捻担、捻白竹、捻袋几个部分组成，大约 5 公斤重。制作夹捻是一项技术活，不是所有的人都会，只有“老把式”才能胜任。做的时候先把捻竿（一根 4 米左右长的竹竿）装进捻担（铁制品，呈“T”形，三四十厘米长，纵向顶端有一个直径五六厘米的箍，用来装捻竿）。接着，将两根捻竹（50 厘米左右长的毛竹片）厚的一端用几只方形的铁箍牢牢地固定在捻担的两端，薄的一端（事先用竹刀削薄，使其变得有弹性）各钻一个小孔。然后把两根捻竿交叉合起来，用麻绳打一个可活动的方关节（从杠杆原理来说，这个关节是支点），同时用细绳将捻竹薄的一端与另一端牢牢固定，最后就是用细绳把捻袋（用麻皮编织而成的网兜，呈圆锥形。为了增强牢度，事先还得用猪血浸润，再晒干）开口的一端固定在四根捻白竹上，把捻袋的尖端系在捻竿上。这样做好的捻，类似挖土机的抓斗，双手握住捻竿的上端，一张一合，下面的捻袋随着四根捻白竹的弹力也一张一合。

推捻（捻箁）的组成，有一根粗的竹头叫推杆，一根小的有点弯的叫发杆，头上一只箁，发杆撑开箁张开，发杆收拢箁闭合。开始学捻河泥时在推杆上用力，使捻箁有向前移动的感觉，但要用巧力不能用力过大，用力过大捻箁就会像篙子一样插入河泥里不能动，这样只会使船迅速倒退，河泥却进不了捻箁，拎起来的只是一捻箁水。捻满河泥后，稍拎一下捻箁，一只手肘靠着膝盖手托着推杆，另一

捻　箁

只手压着推杆，这样一压一托就把捻篰托出水面拖进了船里，再撑开发杆，河泥就从捻篰里倒了出来。此方法的优点是进入船里的水少。

捻泥工也有撑船捻泥的乐趣。他们一边捻泥，一边哼哼“捻泥经”，有时捻泥夹里会有意外的收获，裹在泥团中卸进船舱的，有“蹲塘”的黑鱼、卧底的鳖，还有河蚌，都是常见的“福利品”。

那年月，为防止“磨洋工”（指出工不出力），生产队规定捻河泥讲定额，捻的船数越多，挣的工分就越多。一个男劳力干别的农活一天只能算 10 个工分，捻泥就不一样了。如果捻一船算 10 分的话，一天起早贪黑捻上三四船，就等于挣了三四天的工分，所以轮到捻泥这一天，男壮力们都很高兴，但一天下来腰酸腿痛是免不了的。

捻泥高潮的时候，一个生产队往往会安排几艘捻泥船在一天内同时出动。本地河道捻遍了，实在无泥可捻，就得想办法开辟新的水域，由于各地每年都要捻河泥，所以河道里基本没有厚的淤泥堆积，河水比现在要干净得多，淘米做饭等生活用水都是直接从河里挑上来的。

到 20 世纪 80 年代，化肥开始大量供应，土杂肥不再吃香，河泥成了无人问津的东西。从此，农民就不再捻河泥了，现今捻河泥已是村民们的一种记忆。

割青草　20 世纪 70 年代初，为了提高粮食产量，全面实行三熟制种植。要提高粮食产量仅靠扩大种植面积是不够的，肥料是关键和基础。但在那个年代，嘉善县县内化肥供应奇缺，于是村域内各个生产队开展了声势浩大的广积土杂肥运动。早稻播种结束（农历六月初）至早稻收割前（农历七月二十日）是割青草的最佳时机，生产队内除留下部分农田管理人员外，其他的村民都出去割青草。各个生产队每天要开出 1—2 艘船，每艘船上 8—10 人。上海郊区的青浦县、金山县、闵行区一带的农村，化肥供应比洪溪村相对要多，那里的青草当地农民不割，因此这些地方是洪溪人割青草的理想地方，每天清晨 4 点多，各个生产队的船只陆续出发，3 小时左右的路程到达各自目的地开始割草，割青草是以斤计酬的，各生产队计酬的高低略有差异，有每百斤计 3 分的，也有每百斤计 3.5 分的。每艘船上有专人负责称重记录，一般是由带班的妇女队长或生产队长负责称重记录。下午 3—4 点就返回，到达生产队后将青草堆放在已挖好的草泥塘边上，隔一天做成小塘泥，以备晚稻基肥。那时生产大队对各生产队的基肥有指标任务，每一爿田要有一潭小塘泥，每亩连作晚稻要有 30 担小塘泥作基肥。因此在早插结束至连作晚稻插秧前的不足 50 天时间里，除了下雨，必须天天开船割草。特别是到了 7 月份，天气炎热，酷暑难当，外出割草的村民十分辛苦。1977 年 7 月，3 队村民在外出割草时，有一位村民因中暑而死亡。但也正由于割青草，在 20 世纪 70 年代才有“五吨胜万吨”的佳话传颂。

削草皮　削草皮与割青草同时兴起于 20 世纪 70 年代初，并一直延续到土地联产承包到户时，其声势和影响力远比割青草大，虽然时间已经过去四十多年，但 70 岁以上的洪溪村村民，至今仍记忆犹新。在那个时期，洪溪公社提出春粮种植面积不少于生产队总田亩的50%。在春粮种植中减少或不种蚕豆，全部种植大麦、小麦，同时要求在大麦、小麦播种后全部盖上草皮泥，消灭露籽麦。因此各大队生产队在农忙 结束（8 月 10 日前后）至连作晚稻收割前（10 月底）这段时间内组织村民外出削草皮。洪溪公社境内是削不到草皮的，因为各个大队都在削草皮，邻近东边的其他公社或上海市郊区青浦、金山一带的农村是削草皮最理想的地方，每当双抢一结束各生产队纷纷开船外出削草皮。清晨三四点或四人一组，或六人一组各自摇着 5 吨水泥船向早已确定的目的地进发。削草皮一般在圩岸上，连草带泥一起削走。被削过草皮的圩岸像理了发的光头，光秃秃，圩岸顿时低了三分，对抗洪排涝埋下了隐患，因此当地农民对削草皮十分反感，一看到有人削草皮就立即上前阻止和驱赶。削草皮的计分方式各个生产队不同，有按立方米计算的，也有按船计算的，但报酬普遍较高。生产队将草皮泥全部堆放在场地上，像小山一样高。大麦、小麦播种一结束，就将草皮泥覆盖在上面。这时候的草皮泥经过长时期堆放已经充分发酵变得非常松散，盖在大小麦上面保暖防冻，有利于麦苗生长，为下一年的丰收打好了基础。削草皮在粮食生产上发挥了一定的积极作用，但对圩岸防御洪涝有负面影响。

附录

附 录

附录一 媒体看洪溪村

“五吨”胜“万吨”

坐落在闵行的上海重型机器厂（注:应为上海重型机械厂，下同）灯光球场上十二盏大灯铿亮，看台上早早满了座……

听说浙江有个球队来赛场，机器厂的球迷们自不必说，就连周围一些厂，也都开厂车赶来了，大家一起看机器厂球队教练，一边在等待客队的到来。

突然，场子里一阵骚动，人们纷纷引颈相看。只见入口处进来一队黑黝黝的汉子，个个晃动着滚圆的肩脑，有的穿白背心，有的穿蓝布衫，有的甚至赤膊、赤脚，六个汉子一进场，就像一个巨大的问号摆开在球场中央，人们惊住了：“什么，这就是浙江来的球队?”四面看台嘤嘤嗡嗡，“农民！”“农民!”有一堆小青年干脆大声地打着哈哈……

其实，客队的小伙子们，此时也着实不自在的很呢。要说赛球，他们也算是球场老将了，可那差不多都是在乡下，在和自己一样的“红脚梗”中间，乡下狮子乡下调。可今天儿不同了，在这个全国最大城市的球场看台上，白衬衣白的像雪团，花衣服美得似彩霞。对手们个个身材魁梧，一色的苹果绿汗背心、白色田径短裤、白球鞋……夹在其中，真有些别扭。他们只好和着观众的笑声，也笑了。

昨天，这些青年农民摇着三只五吨船来到黄浦江边。晚上，他们到区体育场看篮球赛。看到一半，小伙子们不安起来。是的，他们路远迢迢出来并不是来看人家打球的，他们有任务，到这儿来割野草积肥料，通过“侦察”，发觉公路边的草不茂，石子又多。有几个大厂的厂区辽阔，绿草茵茵，就是门卫制度严格，进不去，小伙子们正为这事伤脑筋呢。这时，他们中间年龄最大的吕幼元（因为儿时跌断过门牙，得了个“老太婆”的雅号）和生产队长俞丽华、弟弟“小毛”（大名吕瑞泉）、侄子“百嘴”（大名吕正明）嘀咕了几句，就一起悄悄离开了座位。

他们跑进了体委。体委里静悄悄的，办公室只有一个中年人在翻阅报纸。

“江教练！”说来正巧，他们认识这位中年人。

“你，你们是……好面熟啊。”江教练一时没回忆起来。

“我们是浙江农村来的，上半年来打过球”，“百嘴”说，“我们想联系打球，联系割草。”

江教练终于记起来了，听说他们要通过打篮球联系割草，就爽快地答应了，但是，草能不能割，要由厂里定。

就这样，第二天傍晚他们来到了这家装备着中国第一台万吨水压机的重型机器厂打球。

哨声响，比赛开始。

机器厂的队员们轻松地跑跳，漫不经心的传球，花样繁多的投篮，中距离、远距离，侧身投、翻身投、定点投……好像这儿不是在举行比赛，而是在进行一场技巧表演。机器厂球队的确不愧为一支硬队，他们个人攻、防基本技术突出，在高度上又占了优势。比赛才进行五分钟，连进三个球!

农民队打的是二一二区域联防。在这危急的情况下，表现了良好的意志品质和信心。“百嘴”接到球后，一边缓缓地运球，一边用左手向队员们指点什么。突然，农民队由区域联防转入全场紧逼，人盯人，主队阵营一下子乱了，农民队乘势勇猛地拼抢篮板球，不断地“断球”，不断地“盖帽”，不断地长传进攻。他们敏捷机智地传球加上巧妙莫测的假动作，进球，又进球!只有两分钟，比分拉平。四面看台，乃至高楼宿舍的窗口，轰起一片人声：欢呼、惊叹、失望、惋惜、埋怨、嘲骂……机器厂队要求暂停，重新换上主力。然后由于农民队速度耐力大大优于他们，越打越猛，最后，主队竟像遭了霜打的禾苗，挺不起腰了。

比赛一结束，看台上的观众突然倾泻到球场上，把农民队围了个水泄不通。有的还问长问短。听说他们住在五吨船上，就说“哈哈，‘五吨’胜‘万吨’……”“农民兄弟，向你们学习……”

观众渐渐散去，主队离场了，哎呀，割草的事还没联系好呢，农民队的几个人在场上你望望我，我望望你。这时候，有几个上海青年跑进场来，说：“人家早被你们的球气跑了。这样吧，阿拉厂车送你们到五吨船上去，不过，你们要答应打场球。阿拉轴承厂，厂里草多来西，跟阿拉打球，任你们割草，怎么样?”小伙子们一听，高兴还来不及，哪有不同意的道理呢。

下一天晚上，他们真的去轴承厂了。这天，俞丽华和另一个队员装废水回了家，老大和一个小青年补缺上场。这晚比赛结果，轴承厂球队赢了一分球！虽说是一分球，却是大鼓了轴承厂队员和球迷的士气，要知道，在以前轴承厂和机器厂的屡屡交战中，一向是脚碰脚，雌雄难决的呀。

轴承厂工会立即发通知，号召各车间科室来个里里外外大扫除，除杂草，清垃圾，把农民队的五吨船装得船舷压水面，小伙子们睡在软乎乎的青草堆上，望着蓝天白云，心满意足地回家了。

亲爱的同志们，你知道吗，这个五吨胜万吨的球队就是我们嘉善县洪溪公社的洪溪大队农民篮球队。他们所在的洪溪公社，是 1973 年全国群众体育先进单位，1982 年省基层体育先进单位。就是这个球队曾在 1975 年、1978 年，代表嘉兴地区两次参加浙江省农民篮球分区比赛，两次都获得了冠军，也是 1970 年以来，在我县历次全县性的篮球比赛中，一直立于不败之地光荣球队。

（《嘉善文化》1983 年第 2 期）

“辣妈宝贝”很拉风

在嘉善天凝镇洪溪村，有一支由农妇组成的篮球宝贝啦啦队，队员平均年龄 48 岁。你可千万别小瞧这群“辣妈宝贝”，身着热裤的她们还跳上了“中国达人秀”的舞台——

“篮球村”里跳出来

说起这支“辣妈宝贝”啦啦队，就不得不提洪溪村的篮球传统。

“我们村的篮球氛围真叫好！”“辣妈宝贝”发起人陈俐勤说，看球、打球是洪溪村民的最爱，他们一个村就拥有 3 支篮球队，每年都举行“全国最小的篮球联赛”——洪溪村社级篮球赛。参赛球员年龄最大的 64 岁，最小的 18 岁。每逢球赛，村民们放下手中的活从四处赶来，球场上“加油、加油”的呐喊声此起彼伏。

可是，每次球赛间隙，没有啦啦队助兴，观众总觉得缺了点什么。2007 年的一天，陈俐勤准备在村里成立一支篮球宝贝啦啦队，年轻人响应者寥寥，一批上了年纪的农妇却异常踊跃，于是成立了这支“辣妈宝贝”啦啦队。

如今，“辣妈宝贝”已壮大到 20 人，都是地地道道的农妇。细细一数，就会发现队员中有葡萄种植户、有食堂洗菜工，还有经营小超市的，大多数人家里还有田地，农忙时还要下田干农活。

“泥腿子”跳健身操，别有一番风味。“头一回穿热裤，浑身不自在。”今年 49 岁的金玉琴说，她第一次在村里的灯光球场表演时心理压力很大，“就怕别人背后指指点点，说我们老不正经呢。”金玉琴说。

让金玉琴没想到的是，她们第一次的表演虽然跳得“七零八落”，可赢得了观众的叫好声。“辣妈宝贝”也因此一炮走红，自那以后，这些队员们跳舞的劲头更足了。

如今，几乎每天晚上，这些“辣妈”都要去村文化活动中心动动筋骨。“如果两天不来，我浑身不自在。”在一家企业当会计的宗毓说，她前段时间动了一次大手术，在家休养时满脑子都是节拍和舞步。

跳上上海“大舞台”

前段时间，“辣妈宝贝”出尽了风头——她们站上了“中国达人秀”的舞台，生平头一回走进了上海音乐厅。

“我们差点就可以让全世界吓一跳呢。”领队陈俐勤有点惋惜地说，由于新编排的节目合练时间短，再加上队员紧张，最终没能进入总决赛。

52岁的王志英说起比赛，至今还为自己跳错了几个步伐而懊悔。“从来没见过这么大的场面。”王志英说，紧张得快要窒息了。

虽然不够完美，但“辣妈”们的表演还是让现场的三位评委吃了一惊，他们评价“辣妈”是“新农村妇女代言人”。

“我们爱上了舞台，爱上了带给别人快乐的感觉。”陈俐勤说，去年举行的全国女排联赛，嘉善是浙江开元女排的主场，得知比赛间隙需要啦啦队表演，“辣妈”们毛遂自荐，从嘉善舞蹈协会手里“抢”到了一半的出场机会。

11场比赛下来，“辣妈”们的表演十分抢镜，竟将专业啦啦队比了下去。通过电视转播，让更多人知道了这支“辣妈宝贝”啦啦队，网络上也流传她们表演的照片和视频。

其实，每一次掌声背后，是“辣妈”们认真的付出。

没有专业教练，“辣妈”们就从网上找视频自学，“有时候为了编排一个舞蹈，我要找上几十个视频。”宗毓说，百度视频、土豆网等视频网站就是她的创意来源。每次看到有创意的舞蹈，她就将视频下载下来，细细琢磨。

就是靠这样的“笨方法”，“辣妈宝贝”们去年一年内就编排了近 20 个舞蹈。特别是为准备参加“中国达人秀”，队员们每天晚上都铆足劲，一次排练往往要耗上三四个小时，没一个人叫苦。

“跳”出生活新滋味

自参加舞蹈队后，这些“辣妈宝贝”变成了农村的“时尚达人”。

见到金玉琴时，我们有点不敢相信自己的眼睛：一袭碎花连衣裙、脖间点缀着一个闪闪挂件，脸上化着淡淡的妆容。

要知道，金玉琴可是个地道的农民，平日在一家企业的食堂帮忙烧饭。“现在，越活越年轻，当然要把自己装扮得美一点。”

变的不只是形象。“辣妈”们为了上网看视频、学动作，大多学会了上网，她们还建了一个QQ群。排练结束后，就在QQ群里交流经验，发现好的舞蹈节目视频，就发到群里共享。有时，大家还在群里拉拉家常，“我们的QQ群里叽叽喳喳，可闹猛了。”宗毓说。

精明的“辣妈”们还学会了网购。从网上看到漂亮的演出服，她们就在淘宝网上“淘”合适的布料，再让村里的裁缝依样画葫芦做一套，既实惠，又漂亮。陈俐勤说，去上海参加“中国达人秀”的演出服就是让人裁制的，每套衣服连布料加人工不到100元。

为了让更多人分享快乐，精通电脑的李亚飞将一段《激情篮球》的视频上传到土豆网。许多网友点击、跟帖，短短几天就有300多人点看。有网友直夸“太有激情了！顶”！有网友大呼“太好了，辣妈篮球宝贝们”！

队员杨爱琴的儿子在澳大利亚留学，不仅看到了自己母亲的精彩表演，还将视频转发给国外同学。让这些外国年轻人十分惊讶，“没想到，中国的农村妇女这么新潮，这么有活力！”

（2011 年 9 月 27 日 10:13:43 浙江在线新闻网站）

一个乡村女干部眼里的小村巨变

“健全自治、法治、德治相结合的乡村治理体系”——去年，发轫于嘉兴的“三治合一”基层治理创新，被正式写入党的十九大报告。

同样地处嘉兴的嘉善天凝镇洪溪村，则以 15 年“小村巨变”为其写下了生动注脚：以自治“激发活力”，以法治“定分止争”，以德治“春风化雨”，推动小村逐步走向善治境界。

洪港岸港

走进洪溪村，小桥流水、粉墙黛瓦、别墅连排，河面上正在修建的是水上舞台，路口的路标标注着往东是“3D 墙面”“民宿”“先锋公园”，往北是“垂钓中心”“开心农场”……

56 岁走路带风的陈俐勤出现在我们的镜头里。这个从 24 岁就开始担任村妇女干部的女子，在村干部这个岗位上一干就是 32 年。

身处历史洪流，她和她所在的这个小村究竟是什么样的存在，陈俐勤没空去想太多，但是她和她的邻居们所感受的最深切的变化，就是 15 年前的上访村变成了全国闻名的和谐村幸福村。

乡村是国家治理体系的“神经末梢”，改革开放，根本出发点和落脚点是让老百姓过上幸福生活。

1】一条公路逼出了“村务公决”

15 年前，由于征地补偿等问题，洪溪村几乎每天都有村民挤在村委会里争吵。村里吵不出结果，村民就去省里上访，镇村干部为此头疼不已。十年间，村支书走马灯似的换了五任，没一个干得长。

2003 年，原洪溪镇洪溪村第一次不设候选人，让 29 名党员一人一张白纸选书记。书记选出来了，是那个在村里做妇女主任的陈俐勤。那一年她 41 岁。

她遇见的第一件事就是修建通社公路。公路要修筑，占用的土地涉及 100 多户村民，还要拆掉一处甲鱼塘和几处村民的房子。按照老办法就是让几十个村民代表举手表决，但是村民代表是怎么定出来的，村民不认可，而好些村民代表也吃不消举这手。

陈俐勤想了好几天，终于琢磨出了一种在洪溪村从来没有过的新办法，也可以说是一种笨办法。她每天晚上挨家挨户走访，说明修路的利益得失，再召开户代表会议，然后给每家发一张《建桥筑路征求意见表》，还针对资金缺口专门列出了“捐款意向”栏。

景点指向牌

表格收上来一看，村民不仅100%签字同意修路，还踊跃捐款5万余元。

陈俐勤说，那个时候她还不知道什么叫“村务公决”，但是当时她就想通了一个问题，从原本的为民做主到由民做主。2004年初，洪溪村率先成立村民议事会。

这些年，30个重大事项经由“村务公决”顺利实施，从集体投资到土地征用，从宅基地安排到二轮土地承包，从修桥铺路到村庄整治……洪溪村面貌随之日新月异。

2】一纸合同逼出了“依法治村”

2003年那一年，陈俐勤遇到的挑战远不止一条路，她做出的决定也远不止这一个。

“那一年村里账上只有2.4元。怎么会这样？”陈俐勤告诉记者，其中有一份村里和承包户签的租地合同一签就是20年，租金签死一年50元，远远低于市场价。

在经过和律师的反复商量后，陈俐勤做了个让村民都吃惊的决定，她动员村民联名起诉村委会。通过打官司，村委败诉，合同也就宣告无效了。

而这件事情的结果是承包户主动和解，双方重新按照市场价签订合同，并明确每年涨幅。

从此以后，村里的大小合同，事务决策，都会先叫律师来做个法律体检。

15年来，村里的桥是怎么建起来的，这棵树哪一年栽下去的，谁家的娃在哪里读书，陈俐勤都一清二楚，更别说村里哪几个女人心里有小疙瘩。

在洪溪村，解开村民心结的办法也很有意思，“晚上一起跳舞的，白天还能吵得起来？”陈俐勤说的是他们村著名的“辣妈宝贝啦啦队”。

成立舞蹈队最初是为了给村里的篮球队做啦啦队。篮球是洪溪村的“村球”，村里道路两旁的垃圾箱都被做成了篮球的形状。为了助兴，陈俐勤召集村里妇女组了一支舞蹈队，平均年龄在45岁。

跳着跳着，有女人关了自家的棋牌房，跳着跳着，“辣妈宝贝”从村里一直跳到了“中国达人秀”的舞台，跳进了省人民大会堂、北京人民大会堂。2015年，还跳到了西班牙，受到当地人的热烈追捧。

辣妈宝贝在西班牙表演

2013 年 5 月，辣妈宝贝在第一轮舞出我人生的节目现场

3】我是谁依靠谁为了谁

三个问题背后的善治密码

心气平了，事情顺了，村经济也滚雪球般地好起来了。这些年洪溪村先后投入 600 多万元，修建了村便民服务中心、文化礼堂、篮球馆、排舞场等。

今年 66 岁的村民顾禹玉说，现在吃穿不愁，旁边就有学校、卫生院，进城有公交直达，村里人和城里人没啥差别。2015 年，他和几个老伙计投资了 1000 多万元，承包了村里 150 多亩地，做成联合大棚，种果蔬，不仅卖农产品还打算打造采摘游。

陈俐勤当了这么多年的村干部，有过厌倦的时候吗？

这个如今 56 岁的女人说，每天走在村里，大家都乐呵呵地跟我打招呼，多幸福啊。

她说当村干部要先问自己三个问题，我是谁、依靠谁、为了谁。

比如每个月她都有个习惯，要翻一翻村民的看病报销账户，如果发现哪一户当月看病支出特别多，她就要上门了。生了什么病，家里还吃不吃得消。村里对这户村民进行一个充满人性化的评估，比如有个村民得了尿毒症，长期血透的费用家里根本吃不消。村委出面，给他争取到了血透免费，还找来了供电所跟村民结对帮扶。

乡村治，百姓安，国家稳。

转型期的中国乡村，乡土规则与国家法律交织，传统习俗与现代意识并存，如何适应这种复杂特征？洪溪村的“三治合一”恰恰就蕴含着“善治密码”——融合运用多元治理资源，以党建为引领，以人民为中心，以自治为基础，以法治为保障，以德治为支撑，使民意、法律和道德相辅相成，最终达至善治。

（2018 年 11 月 25 日 15:17:39，浙江 24 小时—《钱江晚报》）

嘉善洪溪村村民上网参与村庄治理——

“建设好家乡，是正道，是本分。”11月13日早上6时09分，嘉善县天凝镇洪溪村五社的“红色E家园”微信群内，71岁的村民李一鸣早早就开始了他的“早广播”。村民杨爱琴等人马上响应：“李大爷，五社有你一定能创建得更美丽！”

洪溪村位于嘉善县西北部，曾是一个“后进村”。2003年，村里有名的“辣妈”陈俐勤高票当选村党总支书记。凭着活络的想法和敢做敢担当的性格，陈俐勤带着村民把村子建成了无一例上访的和谐村，先后获得省全面小康建设示范村、省文化示范村、省民主法治村等多项荣誉。

但是，新的问题又来了。“村庄是富了，但还不够美。要做到这一点，得大家一同出力，从身边小事做起，把屋里屋外都打扫干净。”陈俐勤说，难点是做这件事的主力——年轻人大都到县城或外地工作去了，村里平时开个会都很难召集齐人，怎么办?

就在此时，活络的“辣妈”又想到了点子：利用年轻人常用的微信、QQ等网络社交平台，构建了一个“红色E家园”，通过线上线下融合的方式把年轻人带动起来。

说干就干。陈俐勤先是组建了村党总支微信群，试行后效果不错，于是向全村12个村民小组推广这一做法，每个小组请一位积极负责的年轻党员牵头建群，每户人家派一名代表加入。

“你看，冬天到了，小年轻们也会在里面提醒老人们注意保暖，叫我们要注意不要乱买保健品……”65岁的老党员顾新成戴着老花眼镜，粗糙的手指在手机屏幕上下划拉。他笑着说，有了这个群，感觉自己年轻了很多，和小辈们也更有共同话题了。

加强沟通与了解，“红色E家园”从原先的党建平台拓展为融合“互联网+乡村治理+公共服务”的平台。小到公交车时刻表、修理厂的电话，大到村里年底准备怎么搞“村晚”，村干部们都会把消息发到群里。

洪溪村流动人口较多，李一鸣等老人还经常会把可疑陌生人的照片拍到群里。镇派出所驻洪溪警务室的民警黄金茅笑着说：“我们现在不仅有治安的‘人网’，还有‘天网’，村里的一举一动随时可以看到。”

“红色E家园”对年轻人的改变更大。80后小伙陈龚杰工作在嘉兴市区，平日里不常回家，“尼伯特”台风来袭前，他看到村里正组织抗台，便马上联系陈俐勤赶了回来。陈俐勤说，互联网连接了村里人，人与人、心与心贴得更近了，现在只要村里有事，在外的年轻人都会主动联系她要求回来帮忙，“我们年底准备搞‘村晚’，已经有10多名年轻人联系我说要回来参加表演呢！”

（2016年11月15日 09:17:37《浙江日报》）

天凝镇洪溪村美丽庭院户李亚飞家　花香袭人　爱满庭院

这几日，走进天凝镇洪溪村洪港岸小区李亚飞家中，一袭桂花香令人心旷神怡。

在李亚飞家门前的围墙上，挂着一块星级美丽庭院户的标牌，说起这个，李亚飞骄傲地说，这是村里经过层层评比，颁发给她的。品类齐全的多肉植物，高低错落的果树、郁郁葱葱的乔木……走进李亚飞家房前的小院，目之所及，都是绿色。“这些‘多肉’是我媳妇种的，一共有 10 多盆，原来还有更多，有几十种，今年夏天天热，热死了很多，这些睡莲、蟹爪兰、吊兰是我种的，平时浇水的活都是我老公做的，他很喜欢照顾这些花花草草……”从李亚飞的描述中，不难想象出平日里他们一家人闲时围在小院里一起浇水除草、其乐融融的场面。走在洪港岸小区，记者发现，像李亚飞这样的美丽庭院户不在少数，几乎家家房前屋后都种植着花花草草，高低错落的美丽景色令人流连忘返。李亚飞说，这样的现象得益于洪港岸小区新农村建设的成果，该小区自 2005 年规划开始，村里就投入了巨大的人力、物力，尤其是在绿化上，不仅种植了种类繁多的绿植，还定期派人修剪，一旦发现绿植枯死，还会及时补种，小区周边还修建了两座曲桥——清溪桥和碧波桥，与岸边的垂柳相映成趣，是小区居民散步、垂钓、纳凉的好去处……

“既然村里把小区的环境弄得这么漂亮，我们总得要把自己庭院也弄弄漂亮。”采访中，李亚飞反复提到这句话，简单朴素的话语，却道出了她和其他居民为何如此倾心打造美丽庭院的内在动因。

住在洪港岸小区多年，回忆起以前的生活，李亚飞显得幸福满满。“我们一家原本是住在自然村北汇头那里的，那时房前屋后都很杂乱，没有现在这么好的居住条件，房前也没有专门的庭院，也就没有心思种花花草草，2008 年搬到这里后，村里在小区房前屋后都种上了绿化，很漂亮，村干部也经常动员我们自己种植绿化，美化庭院……”李亚飞指着院子里的枇杷树和柿子树说，这些都是当年入住时种下的，如今已经长成了大树，每到收获时节，她会和家人一起动手采摘，别有一番生活情趣。

如此美丽多姿的庭院，也离不开李亚飞热爱生活的积极心态。李亚飞平日里在集镇上经营着一家复印店，同时，她作为洪溪村“辣妈宝贝”的成员，经常随队到各地演出，丰富多彩的文化活动不仅让她开阔了眼界，也让她的身心更加年轻。“我们经常会去一些新农村小区交流演出，当看到有好的植物品种时，我总会忍不住跟居民讨教，前不久去嘉兴凤桥镇演出时，我还跟当地一户人家讨来了金边吊兰，现在已经长得很不错了呢……”

（2016 年 10 月 19 日　《嘉兴日报》嘉善版）

中国小康村篮球赛在嘉善决赛

中国小康村篮球赛在嘉善决赛 本报记者李锐 11 月 23 日，第八届中国小康村篮球赛总决赛在浙江省嘉善县天凝体育馆正式拉开帷幕，来自浙江、江苏、安徽、河北等省的六支劲旅杀出重围会师总决赛……

本报记者 李 锐

11 月 23 日，第八届中国小康村篮球赛总决赛在浙江省嘉善县天凝体育馆正式拉开帷幕，来自浙江、江苏、安徽、河北等省的六支劲旅杀出重围会师总决赛。这六支乡村、社区篮球俱乐部将捉对厮杀，争夺本年度的总冠军。

2008 年，由农业部中国合作经济学会农村社区小康建设专业委员会联合山西大寨、湖南韶山、江苏华宏等全国 100 个知名小康村共同发起的第一届中国小康村篮球赛在江苏省如皋市搬经镇湖刘村开赛。到 2016 年，中国小康村篮球赛已经成为覆盖全国 30 个省市自治区直辖市，直接参与人群超过 30 万人，辐射人群超过 4000 万人的大型民间体育赛事。中国合作经济学会副会长兼秘书长陈建华说：“篮球不仅可以增强人们的体魄，还可以激发人们团结、积极、拼搏的体育精神，这也是中国小康村篮球赛连续举办八届的根本原因。另外，篮球赛之所以受到人们的欢迎和关注，是因为篮球扎根于群众生活之中，有深厚的群众基础，与全面建设小康社会的目标一致。”

此次篮球赛主办地代表、浙江省嘉善县洪溪村书记陈俐勤说：“篮球是洪溪村一项传统活动，热爱篮球是村体育文化和村民业余生活的一大特色。通过举办篮球赛，不仅仅是增加村民的生活方式，更能体现村民的团队精神。村民们在篮球场上竞技，可以增强村民的凝聚力，让每个村民都知道，我们洪溪人是一家人。”

中国合作经济学会小康建设专业委员会副主任罗雨介绍，中国小康村篮球赛落实农民健身工程，丰富乡村体育活动，以打造中国农村群众体育运动的精品品牌，办成中国农民的“NBA”为目标，努力建立社会主义新农村新农民“休闲旅游——娱乐健身——交流比赛——学习合作”小康生活的新模式。

作为扎根农村、为广大农民服务的篮球赛事，本届小康村篮球赛还特设了“小康带投人”环节，邀请各参赛村的村主任或村书记参加。在每场比赛的中场休息时，进行罚球比赛，每人罚 3 次，罚中分数将计入本队上半场比分。这个环节既增加了比赛的趣味性，也增强了球队与小康村之间的交流。此外，为了进一步扩大赛事的影响力，本届赛事充分利用移动互联网的渠道，在合作伙伴、全国最大的业余篮球社区火星篮球 APP 上，对赛事进行全程网络视频直播，赛程赛事全部移动互联网化。

（2016 年 11 月 26 日 12:00:32 央广网）

“问题村”的一条“翻身路”

陈俐勤花了很长时间，才适应了洪溪村眼下的这种平和状态。她被上访户堵过门，浩浩荡荡几十号人的那种，僵持到深夜，最后是老党员出面解了围；办公室的茶几玻璃，数不清被砸过多少次；还有村民当着面说她“做村干部是为了捞好处，否则干吗这么劳心”，她只能半夜躲在被窝里哭，擦干泪第二天接着干。

“洪溪多‘刁民’，谁管都一样”，这句话曾经在嘉兴市流行。可就是这个当地远近闻名的“问题村”，这些年却频频和“民风淳朴”“邻里和谐”挂上钩。很多人大为不解：以前是这 1700 个村民，现在也是这 1700 个村民，变化咋这么大？作为见证人的陈俐勤心里却门儿清：巨变的秘诀，就掌握在老百姓自己手里。

一张白纸选出“当家人”

后来发生的所有故事，都得从上世纪 90 年代说起。

天凝镇洪溪村，这个位于嘉善县西北部的小村庄，曾顶着“明星”光环，村办企业一片红火，可 90 年代一次村干部的决策失误，导致村里一下亏掉 500 多万元，让原本富裕的洪溪村“一夜回到解放前”。

关于这段历史，不少洪溪人都讳莫如深——毕竟对于他们来说，这并不是什么光彩的事。但它所引发的连锁反应，此后却不断发酵。

“投资项目拍脑袋，征地补偿不落实，老百姓怨声载道！”现年 70 岁的村民徐连根回忆，那些年，几乎每天都有村民挤在村委会吵，吵红脸的抡起烟灰缸就砸，还有的村民带着铺盖撂狠话：“解决不了我就睡在这里！”

村里吵不出结果，村民就组队上访。最凶的一次，一帮人说要跑到省里反映情况，县领导心急火燎地赶到火车站去拦，场面无异于打游击。

十年间，洪溪村换了五任村支书。到了 2003 年，当第五任也撂担子坚决不干时，一道难题摆在了原洪溪镇领导班子面前：让谁来接受这个“烫手山芋”？

无奈之下，镇里只得让洪溪村 27 名党员，每人发张白纸选书记——这次“无候选人直选村支书”，开了嘉善的先河。大家一人一票，最终把快人快语的村妇女主任陈俐勤选了出来。

矛盾纠纷集中大爆发，大伙儿自然把气都撒在了新上任的村支书头上。那段日子，陈俐勤不是在办公室，就是在村民家，针对大家反映的情况，她不分昼夜地工作，紧盯问题找症结、化心结。

“过去村里的很多重大事项执行都由一两个村干部说了算，别说普通党员和村民，就连我这样的村两委班子成员都不了解情况，洪溪怎么能和谐？”陈俐勤明白，要化解矛盾，当务之急是实现村民自治，让大家有当家作主的意识。

就在这时，一条通村公路“当家人”陈俐勤来了个“下马威”，也给她带来了机遇。

一条公路逼出“村务公决”

“你看这树，当年种的时候树干才手指粗细。”洪溪高浜自然村永安大道两边，树木已亭亭如盖。看着眼前的景致，陈俐勤脑海里浮现出了一张完整的地图，哪棵树是何时栽的，哪块砖是何时砌的，她都一清二楚。这条路对洪溪来说，意义重大，也正是从这个地方开始，洪溪步入安定团结的康庄大道。

要致富先修路。在陈俐勤当选村支书以前，高浜没条像样的路。2004 年，村里决定置换高浜 20 多亩宅基地，这个项目通过验收并获得土地复耕补助款 40 余万元。有了启动资金，高浜要修路的事就提上了日程。可这条路要拓宽到 5 米，占用的土地涉及 100 多户村民，咋办？

修路牵涉到那么多村民的切身利益，前期工作不做到位，等真正实施起来肯定麻烦不断。深思熟虑后，陈俐勤作出了惊人的决定：她和村干部利用晚上时间挨家挨户走访，说明修路的利益得失，再给每家发一份建桥筑路征求意见表，并事先讲明：只要一户人家不同意，这路就不修！

“如此大费周章，就是为了形成意识，要让大家都明白，这路不是村里要修，而是老百姓自己家要修。”随后的民意让陈俐勤大为惊喜：同意率 100%！村民还踊跃捐款，共计 4.8 万余元。

这边修路的事平静没多久，与高浜一江之隔的洪港岸小区又“热闹”了。2004 年、2005 年，为了申请宅基地，洪港岸小区的村民兴起“假离婚”，闹得人尽皆知。陈俐勤毫不退缩，一方面向上级领导汇报，另一方面召开全村党员、村民代表大会说明情况，充分发挥党员和村民代表作用，形成了“洪港岸新村点补充决议”，最终“假离婚”事件得到平息。

自此，陈俐勤充分认识到实现村级民主的重要性，以后村里涉及利益的大事，如土地复耕争取政策奖励、建造厂房收租金……都广纳民意，进行村务公决。洪溪村还总结出村务公决“八步工作法”：公决事项酝酿、公决事项论证、提出公决草案、合法性审查、完善公决方案、组织村务公决、决议实施及监督、实施结果发布。2006 年以后，村里再无一例群体性上访事件。

“刚开始很不适应。一天没声响我就纳闷了，今天怎么还没人来和我吵？”说起这段往事，陈俐勤哭笑不得。2017 年，洪溪村华丽逆转，一跃成为富裕村。

一场演出让两人冰释前嫌

深秋的洪溪，天高云淡清景美。走在村子里看，当年陈俐勤心中的图景已逐一实现：交通要道都是水泥硬化过的路面， 原先各种堆放的杂物早已不见踪影；成排的老旧房屋外墙粉刷一新，墙画“四处开花”；滨河绿道在草木掩映下，成为一道亮丽的风景线，行走其间无比惬意。

最让陈俐勤自豪的还是位于洪港岸东岸的嘉善唯一一座乡村水上舞台和音乐喷泉。夜幕降临，路灯彩灯相交辉，村民载歌载舞有说有笑，甚是热闹。这个曾经矛盾丛生的“问题村”，终于迎来了属于自己的高光时刻。

“陈书记很不容易，让我们这个小村有了大变化，以前不服气的村民现在个个心服口服。”66岁的朱美根是村里的网格员，她至今记得，早些年陈俐勤说想成立腰鼓队，请她一起张罗，两个人就这样骑着自行车风里来雨里去地挨家挨户动员。朱美根当时想不通，组建这类文艺队，村干部劳心又劳力，何苦自讨没趣。

直到后来，常带头闹事的村民成了舞龙队的队长，昔日的上访户成了村文艺队的骨干，还有闹了矛盾几十年没互相搭理的吴阿姨和计阿姨，因为一场同台演出冰释前嫌，朱美根才恍然大悟：当文化成为人与人之间的纽带，保持和谐稳定的难题也就迎刃而解。

今年9月，陈俐勤因年龄原因退下来，担任驻村第一书记，指导村里党建等事务。只要记者上门，她还是认真对待每一个采访，每次都说得富有激情。那些重复了几十遍的观点，对她来说，好似第一次发表一样。

“乡村治理，全民参与共建共治是关键！”刚上任的村党委书记金懿龙也点头应声，凡是村民一起拍板定下来的事，推进起来就特别顺。他还补充说，如今，从基础设施损坏到邻里矛盾纠纷等各类情况，村民们动动指尖，通过嘉兴“微嘉园”治理服务平台就能解决问题，使得社会治理愈加顺畅。

全国有近70万个行政村。对中国来说，洪溪或许并无特殊之处，但从洪溪出发，我们却可以清晰地看到中国基层治理的生动实践。

（2020年11月9日《浙江法制报》）

附录二　村规民约

洪溪村村规民约

（2017年6月24村民代表会议表决通过）

第一章　总　则

第一条　为全面深化基层民主法治建设，促进解决农村基层治理中的实际问题，促进家庭和睦、邻里和洽、家园和美，保障村民群众安居乐业，加强基层政权建设，根据《中华人民共和国宪法》《中华人民共和国村民委员会组织法》和有关法律、法规、政策，经全体村民讨论通过，制定本《村规民约》。

第二条　坚持党的领导，坚持法治、德治、自治相结合，培育和践行社会主义核心价值观和当代嘉善人共同价值观，倡导爱国敬业、诚信友爱、崇德向善，传承优良传统文化，树立良好村风民风。

第三条　本村村民应当自觉遵守本《村规民约》。党员村民要带头遵守本《村规民约》，充分发挥先锋模范作用。

第二章　婚姻家庭

第四条　遵循婚姻自由、男女平等、尊老爱幼原则，共建团结和睦的家庭关系。

第五条　夫妻双方在家庭中地位平等，应互尊互谅，共同承担家庭事务，共同管理家庭财产，禁止家庭暴力。

第六条　遵守计划生育政策，提倡优生优育。

第七条　子女应尽赡养老人义务，关心老人、尊重老人；外出子女要经常回家看望父母，父母应尽抚养未成年人子女和无生活能力子女的义务，不虐待儿童。

第八条　倡导立家规、传家训、树家风；倡导文明新风，喜事新办，丧事简办、节庆俭办，不铺张浪费，不盲目跟风攀比；不搞封建迷信活动，不搞宗派活动。

第九条　倡导良好文明习惯。讲卫生、护环境、有礼貌、重信用、献爱心、讲奉献。文明出行、文明旅游、文明用餐、文明上网、文明交往，共同营造良好社会风尚。

第三章　邻里关系

第十条　坚持互尊互爱、互帮互助、互让互谅，共建和谐融洽的邻里关系。

第十一条　遵循平等自愿、团结友善、互惠互利原则，在生产、生活和社会交往中以诚相待，相互支持配合。

第十二条　提倡邻里守望，邻居外出走亲访友、务工经商，帮助照看，遇到异常情况及时联系相关人员；主动关心和帮助孤寡老人和残疾人员；与外来人员和谐相处，不欺生、不排外。

第十三条　孩子之间发生冲突，家长首先教导自家孩子；注意呵护孩子自尊，避免在公共场合责罚孩子。

第四章　美丽家园

第十四条　积极配合参与“五水共治”、“三改一拆”、“四边三化”、剿灭劣Ⅴ类水、小城镇环境综合整治、低小散企业腾退、低端产业专项整治、“美丽乡村”、优美庭院建设等中心工作，共建美丽家园、共创美好生活。积极支持集体实施的惠及广大村民的实事工程项目，对无正当理由阻挠集体项目实施的，村委会将对其作出批评教育。

第十五条　共同遵守村庄整体规划，严禁搭建违章建筑或非法占用基本农田、耕地建造违章建筑；生产生活设施建设要先报批，严禁未批先建、少批多建，不得违反规划或损害他人利益。

第十六条　共同维护村庄整洁，认真做好包卫生、包绿化、包秩序“门前三包”，提倡实行垃圾源头分类、减量处理、定点投放；提倡护水爱水，不侵占河道、不在河道沿岸乱搭乱建、不向河道违法排放各类污水、不破坏污水处理设施，严禁向河道、沟渠丢垃圾、排污水。

第十七条　增强生态环保意识，不得使用明令禁止的农药，降低农药、化肥施用强度，推广生物防治技术，推广施用有机化肥、缓释肥；禁止焚烧农作物秸秆。巩固生猪退养和畜禽养殖转型升级成果，减少污染源。

第十八条　保护文物古迹、古树名木、古建筑，珍惜和保护农田、水源、水产等资源，爱护公共设施、草木花卉。积极配合、踊跃参与，以实际行动支持美丽家园建设。

第五章　平安建设

第十九条　发扬主人翁精神，积极参与平安村创建活动，积极参加平安志愿者、义工、义务巡逻等群防群治活动，共同维护村庄平安和谐，共享平安建设成果。

第二十条　支持配合和积极参与“网格化管理、组团式服务”，发现安全生产隐患、消防安全隐患、食品药品安全隐患、社会治安问题、环境污染问题、各类矛盾纠纷以及各种可疑人员、违法犯罪行为，及时告知网格员、村民小组长或村干部。

第二十一条　家庭有易肇事肇祸精神病人、刑释人员、社区服刑人员或误入邪教人员的，要加强教育引导和管理帮扶，发生异常情况及时向村党组织和村民委员会报告，并配合做好相关工作。

第二十二条　提倡用协商办法解决各种矛盾纠纷，协商不成功的，可申请到村、镇（街道）调委会调解，也可依法向人民法院起诉。依法理性表达利益诉求，不得无理信访、越级信访和集体上访，不闹事滋事、扰乱社会秩序。

第二十三条　自觉遵法、学法、守法、用法，主动做好平安宣传，村民之间、家庭成员之间要互相提醒帮助、教育监督，不沾“黄毒赌”，不参加邪教组织，不参与传销活动，严防发生火灾、生产、交通、溺水等安全事故。

第二十四条　自觉维护本村消防安全管理，爱护消防设施，不堵塞消防通道，学习和掌握消防安全知识和灭火扑救、自救逃生技能，防止火灾发生。

第六章　民主参与

第二十五条　积极参与村级民主管理，珍惜自身民主权利，坚持从本村公益事业发展和全体村民共同利益出发，认真提建议、作决策、选干部。积极参与党组织领导下的村级民主协商活动，拓宽村民言论渠道，合理表达个人诉求。村民不任意造谣、中伤、诽谤村干部和同村村民。

第二十六条　严格遵守村级组织换届选举纪律，自觉抵制拉票贿选等违法违纪行为，不以个人关系亲疏、感情好恶、利益轻重为标准进行推荐和选举。

第二十七条　推选奉公守法、品行良好、公道正派、廉洁自律、热心公益、具有一定文化水平和工作能力的人员担任村干部。涉及有“五不能”“六不宜”情形的人员，不得作为村级组织成员候选人（自荐人），如果当选，当选无效。

第七章 新居民管理

第二十八条　新居民与当地村民应做到团结互助，邻里和睦相处，不搞派别活动；崇尚科学，反对邪教，不搞封建迷信；抵制黄、赌、毒，自觉参与平安建设。

第二十九条　新居民有义务维护村内的和谐安定，自觉遵守社会公德，发扬中华民族优良传统，积极参与村各种公益福利项目的建设。

第三十条　居住出租房屋实施“旅馆式”管理模式，建立居住出租房屋“旅馆总台”，“旅馆总台”由村民委员会组织领导，由村民会主任担任“总台经理”，负责“旅馆总台”的基础建设、日常运行、人员管理、监督检查等工作。成立消防网格员为主其他工作人员为辅的巡查检查队伍，定期对出租房屋开展安全检查，发现消防隐患责成消除或改正。

第三十一条　出租房屋实行准入制，根据县府令 43 号《嘉善县居住房屋出租管理暂行规定》出租的居住房屋应当具备基本居住功能，符合消防、建筑等安全要求；具备基本的治安安全功能，卫生干净整洁，有专人负责管理。符合条件的，由出租人自行申报，经居住出租房屋旅馆总台同意后办理出租房屋登记备案手续。

第三十二条　出租人违反本村规民约有关居住出租房屋管理规定的，应当立即改正；经指出后仍不改正的，由居住出租房屋旅馆总台予以停租一周并挂牌限期改正，必要时呈请有关部门依法依规处理。

第三十三条　居住在本村的新居民参照执行本《村规民约》。

第八章　奖惩措施

第三十四条　村民委员会每年进行先进评比，经村两委联席会议商议后，由村民委员会表彰奖励模范遵守《村规民约》的家庭和村民个人。

第三十五条　凡违反本《村规民约》的，经村两委联席会议商议后，由村民委员会对行为人酌情作出批评教育、责成赔礼道歉、写出悔改书、公开通报、恢复原状和可暂缓需村委会出具的有关证明等相应处理决定；在本年度不得参与村级各项评选活动，损害个人和集体利益的应照价赔偿，情节严重触犯法律的，移交相关部门，依照法律法规处理。

第九章　附　则

第三十六条　本村规民约由村党组织和村民委员会负责解释。

第三十七条　本村规民约自村民代表会议通过之日起施行。

后 记

编修村志是本地区和本村的首例，通过修志，以还原本村的历史和现状，记载本村的人文、地理和经济社会发展状况等。

《洪溪村志》的编纂工作开始于 2018 年，在天凝镇领导和县档案馆的支持下，洪溪村成立了《洪溪村志》编纂委员会，聘请原《洪溪镇志》编志人员沈纪昌，本村老党员、会计俞仁杰，本村籍摄影师顾梅森，组成编志组，着手纲目设置、材料收集、资料整理等，由沈纪昌、俞仁杰同志负责编写村志。2019 年 8 月形成《洪溪村志（初稿）》。经镇指导组戴根荣和薛其荣审核，村志编纂委员会对志稿进行核实和补充，于 2019 年 11 月形成《洪溪村志》评审稿。2020 年 8 月 28 日经嘉善县村志编纂专家组评审通过，12 月完成出版稿。

本志资料主要来源于四个方面：一是档案资料、统计年鉴，其中主要为村内留存的档案资料；二是书籍和文献资料，如明朝万历《嘉善县志》、1995 年版《嘉善县志》《洪溪镇志》及洪溪村各个时期的创建总结、宣传、日记等资料；三是记忆资料，由村内熟悉本村发展变迁的人讲述历史史实；四是实物资料，村域地形地貌、村民住宅、古迹物品和图片等。

编史修志，历来都是一个大工程，需要众人配合，仅凭一两个人之力，要记录一个村的前世今生，几乎难以做到。

在编写《洪溪村志》的过程中，得到了洪溪村民的热心帮助和大力支持，特别是一些老村民、老党员、老干部，积极为村志的编纂献计献策，提供资料，这是本书能够完成的重要因素。

需要诚恳说明的是，虽经多方努力，但终因史料匮乏，资料收集不足，加上编者能力所限，本志内容尚欠丰厚，有些条目缺乏更多事实支持。此外错谬之处不在少数，敬请读者不吝赐教。

值此《洪溪村志》出版之际，我们对关心和为本志编写提供资料素材的同志，以及洪溪村全体村民致以诚挚的谢意。

编辑组

2021 年 1 月 28 日